업무 효율을 위한 **문서 자동화 프로그래밍**

엑셀 2016
매크로
&
VBA
기본+활용

업무 효율을 위한 문서 자동화 프로그래밍
엑셀 2016 매크로 & VBA 기본+활용

초판2쇄 발행일 2019년 07월 25일
초 판 발 행 일 2018년 05월 04일

발 행 인 박영일
책 임 편 집 이해욱
지 은 이 김복희

편 집 진 행 임채현
표 지 디 자 인 안병용
본 문 디 자 인 임옥경

발 행 처 시대인
공 급 처 (주)시대고시기획
출 판 등 록 제 10-1521호

주   소 서울시 마포구 큰우물로 75(도화동 538 성지 B/D) 9F
전   화 1600-3600
팩   스 02-701-8823
홈 페 이 지 www.sidaegosi.com

I S B N 978-11-254-4478-7(13000)

정   가 20,000원

※저자와의 협의에 의해 인지를 생략합니다.
※이 책은 저작권법에 의해 보호를 받는 저작물이므로, 동영상 제작 및 무단전재와 복제를 금합니다.
※잘못된 책은 구입하신 서점에서 바꾸어 드립니다.

Prologue

직장 생활을 하다 보면 필수적으로 사용하는 프로그램 중에 하나가 엑셀이 아닐까 생각합니다. 엑셀의 기능과 함수만 이용해도 업무의 효율은 향상될 것이며, 여기에 매크로(VBA)라는 강력한 날개를 달면 업무 자동화, ERP 구축 등도 가능하게 됩니다.

본서는 VBA를 처음 접하는 초급 사용자와 제대로 배우지 않아 날것 같은 코딩을 하는 분까지도 이해할 수 있게 체계적으로 구성하였고, 실용적인 예제를 수록하여 업무에 응용하여 사용할 수 있습니다.

본서에 나오는 예제는 엑사모(온라인 커뮤니티 사이트)에서 많이 물어보는 질문을 기초로 재구성하였고 관공서나, 대기업, 대학교 등의 프로젝트를 개발한 경험을 바탕으로 집필하였습니다.
예제는 데이터 통합, 사진 대지, 설문조사, 명함관리, 매출관리, 전표관리 프로그램 등을 단계별로 설명하였고 업무에 필요한 부분만 응용하여 업무 효율을 높일 수 있습니다.

끝으로 본서의 출간에 도움을 주신 시대고시 관계자 여러분들에게 감사의 마음을 전하며, 본서가 많은 분들에게 조금이나마 도움이 되기를 바랍니다. 본서와 관련한 질문은 필자가 운영하는 엑사모 카페의 게시판이나 이메일을 이용해 주시기 바랍니다.

김 복 희
https://cafe.naver.com/ex4mo
cab2da@naver.com

Chapter 5 프로시저의 이해

010 프로시저(Procedure)의 정의 ······················ 047
011 프로시저(Procedure)의 종류와 사용 범위 ······· 048
 1. 프로시저의 종류 ································ 048
 2. 프로시저의 사용 범위 ·························· 049

Chapter 6 Sub 프로시저

012 프로시저, 상수, 변수, 인수의 이름을 지을 때의
 규칙 ·· 053
013 Sub 프로시저 작성 방법 ························ 054
 1. 프로시저 이름을 [코드] 창에 직접 입력하는 방법 ······ 054
 2. [삽입] – [프로시저] 메뉴를 이용하는 방법 ········· 055
014 변수 선언 방법 및 사용 범위 ···················· 057
 1. 일반적으로 사용하는 구조 ······················ 057
 2. 하나의 Dim 문으로 여러 개의 변수를 선언하는 방법 ····· 058
015 상수 선언 방법 ································· 063
 1. 상수를 사용하지 않는 방법 ····················· 064
 2. 상수를 사용하는 방법 ·························· 064
 3. 상수의 사용 범위 ······························ 065
016 변수 상수의 데이터 형식 ······················· 066
017 지정문 ·· 070
 1. Let 문 ··· 070
 2. Set 문 ··· 070
018 배열 선언 방법 ································· 072
 1. 정적 배열 선언 ································ 072
 2. 동적 배열 선언 ································ 073
019 주석 처리 ······································· 074
020 Option 문 ····································· 075
 1. Option Base 문 ································ 075
 2. Option Compare 문 ····························· 076
 3. Option Explicit 문 ······························ 077
 4. Option Private 문 ······························ 077

Chapter 7 디버깅과 오류 처리

021 디버깅하면서 단계별로 오류 체크하기 ·········· 079
 1. 변수에 저장된 값을 알아보는 방법 ·············· 080
 2. 조사식을 추가하는 방법 ······················· 080
022 오류 분기하기 ·································· 082
023 오류 무시하고 진행하기 ························ 084

Chapter 8 범위(RANGE) 다루기

024 범위 선택하기 ·································· 087
 1. Range 속성 ···································· 087
 2. Cells 속성 ····································· 087
 (예제1) Range.Offset(RowOffset, ColumnOffset) 속성을
  이용하는 방법 ······························ 090

Chapter 1 엑셀 VBA 시작하기

001 매크로와 VBA의 개요 ·························· 010
002 VBA 사용을 위한 준비 ························· 011
 1. [개발 도구] 탭 표시하기 ························ 012
 2. 매크로 보안 설정하기 ·························· 013
 3. 매크로 사용하기 ······························· 015
003 첫 번째 VBA 작성하기 ························· 016

Chapter 2 매크로 기록기

004 매크로 기록하기 ································ 019
005 매크로 실행 방법 ······························· 023
 1. 리본 메뉴를 이용하는 방법 ····················· 023
 2. 단추(양식 컨트롤)를 시트에 삽입하고 매크로를
  지정하는 방법 ······························ 024
 3. 명령 단추(ActiveX 컨트롤)를 시트에 삽입하고
  매크로를 지정하는 방법 ····················· 026
 4. 도형이나 그림을 삽입하고 매크로를 지정하는 방법 ····· 028
 5. 바로 가기 키(단축 키)를 이용하는 방법 ············ 029
 6. 빠른 실행 도구 모음에 등록하여 이용하는 방법 ····· 029

Chapter 3 VBE(Visual Basic Editor)

006 VBE의 레이아웃 둘러보기 ····················· 034
 1. 프로젝트 탐색기(Project Explorer Window) ········· 035
 2. 속성 창(Property Window) ······················ 036
 3. 코드 창(Code Window) ························· 037
 4. 직접 실행 창(Immediate Window) ················ 037
007 VBE에서 자주 사용하는 메뉴 둘러보기 ········· 038
 1. [파일] 메뉴 ···································· 038
 2. [편집] 메뉴 ···································· 039
 3. [보기] 메뉴 ···································· 039
 4. [삽입] 메뉴 ···································· 040
 5. [디버그] 메뉴 ·································· 040
 6. [실행] 메뉴 ···································· 041
 7. [도구] 메뉴 ···································· 041

Chapter 4 모듈

008 모듈 삽입 ······································· 044
009 모듈 제거 ······································· 045

(예제2) Range.Cells(Row, Column) 속성을 이용하는
     방법 ··· 092
025 범위에 값(또는 수식) 입력하기 ············· 094
   1. 값을 입력하는 방법 ······················· 094
   2. 수식을 입력하는 방법 ···················· 094
026 범위값 지우기 ································· 097
   1. Clear 메서드 이용 ························ 097
   2. Value 속성 이용 ·························· 098
027 범위 복사(또는 잘라내기) 및 붙여넣기 ······ 099
   1. 범위 복사 ································· 099
   2. 범위 이동(잘라내기) ····················· 099
   3. 붙여넣기 ·································· 100
028 범위 서식 적용하기 ························· 102
   1. 글꼴 서식 적용하기 ······················ 102
   2. 채우기 서식 적용하기 ··················· 104
   3. 테두리 서식 적용하기 ··················· 105
   4. 맞춤 서식 적용하기 ······················ 108
   5. 표시 형식 적용하기 ······················ 111
   6. 보호 적용하기 ···························· 111
029 동적(가변적) 범위 지정하기 ················ 112
   1. Worksheet.UsedRange 속성을 이용하는 방법 ······ 112
   2. Range.CurrentRegion 속성을 이용하는 방법 ······ 113
   3. Range.End 속성을 이용하는 방법 ········· 113
030 범위 변경하기 ································· 115
   1. 범위 이동 ································· 115
   2. 범위의 크기 변경 ························ 116

Chapter 9 시트(WORKSHEET) 다루기

031 시트 선택하기 ································· 119
   1. 시트 이름으로 선택하는 방법 ············ 119
   2. 코드네임으로 선택하는 방법 ············ 120
032 시트 추가 및 시트 삭제하기 ················ 122
   1. 시트 추가 ································· 122
   2. 시트 복사 ································· 123
   3. 시트 삭제 ································· 124
033 시트 숨기기 / 숨기기 취소 ················· 125
034 시트 보호 / 보호 해제 ······················ 127
   1. 시트 보호 ································· 127
   2. 시트 보호 해제 ··························· 128

Chapter 10 통합 문서(WORKBOOK) 다루기

035 통합 문서(파일) 열기 / 닫기 ··············· 130
   1. 통합 문서 열기 ··························· 130
   2. 통합 문서 닫기 ··························· 132
036 통합 문서 저장하기(암호 설정하기) ········ 133
   1. 통합 문서를 처음 저장할 때 ············· 133
   2. 변경된 내용 통합 문서에 저장 ··········· 135
037 통합 문서(파일) 이름 / 경로 구하기 ······· 136

   1. 통합 문서 이름 구하기 ··················· 136
   2. 경로를 포함한 통합 문서 이름 구하기 ···· 137
   3. 통합 문서의 경로 구하기 ················· 137

Chapter 11 엑셀 다루기

038 엑셀 모드 설정하기 ························· 139
   1. Application.ScreenUpdating 속성 ········· 139
   2. Application.Calculation 속성 ············· 140
   3. Application.DisplayAlerts 속성 ··········· 141
   4. Application.EnableEvents 속성 ············ 142
039 작업 화면 설정하기 ························· 145
   1. Application.DisplayFullScreen 속성 ······· 145
   2. Application.DisplayFormulaBar 속성 ······ 146
   3. Application.DisplayScrollBars 속성 ······· 146
   4. Application.DisplayStatusBar 속성 ········ 147
   5. Window.DisplayGridlines 속성 ············ 147
   6. Window.DisplayHeadings 속성 ············ 148
   7. Window.DisplayHorizontalScrollBar 속성 ··· 148
   8. Window.DisplayVerticalScrollBar 속성 ···· 149
   9. Window.DisplayWorkbookTabs 속성 ······· 149
040 엑셀 프로그램 보이기 / 숨기기 ············ 150
041 엑셀 프로그램 종료하기 ····················· 151

Chapter 12 분기문

042 IF 문 ··· 153
   1. 단일 선택 구조 IF 문 ····················· 153
   2. 이중 선택 구조 IF 문 ····················· 155
   3. 다중 선택 구조 IF 문 ····················· 156
   4. 조건이 여러 개인 경우 ··················· 159
043 Select Case 문 ································ 161
044 GoTo 문 ······································ 168

Chapter 13 순환문

045 For…Next 문 ································· 171
046 For Each…Next 문 ··························· 174
047 Do…Loop 문 ·································· 177
   1. Do While…Loop ··························· 178
   2. Do Until…Loop ··························· 179
   3. Do…Loop While ··························· 180
   4. Do…Loop Until ··························· 181

Chapter 14 Function 프로시저

048 Function 프로시저 작성 방법 ················ 183
   1. 프로시저 이름을 코드 창에 직접 입력하는 방법 ······ 183

2. 메뉴의 [삽입] – [프로시저]를 이용하는 방법 ········ 184
049 사용자 정의 함수 만들기 ························185
　　1. 사용자 정의 함수를 워크시트에서 사용하기 ········ 185
　　2. VBA에서 사용자 정의 함수 사용하기 ················ 186

Chapter 15 알면 유용한 내장 함수

050 Array 함수로 배열 구현하기 ···················· 191
051 Dir 함수로 파일 유무 파악하기 ················ 193
　　1. 파일 이름 구하기 ·· 194
　　2. 파일의 존재 여부 파악하기 ··························· 194
　　3. 폴더에 있는 파일 이름 구하기 ······················· 194
　　4. 지정된 폴더의 하위 폴더 이름 구하기 ············· 196
052 Format 함수로 셀 서식 표현하기 ············ 197
　　1. 시간 형식의 셀 서식 ···································· 197
　　2. 날짜 형식의 셀 서식 ···································· 197
　　3. 사용자 정의 형식 ·· 198
053 IIF 함수로 분기 처리하기 ························ 199
054 InputBox 함수로 값 입력 받기 ················ 201
　　1. VBA의 InputBox 함수 ································ 201
　　2. 엑셀의 InputBox 메서드 ····························· 202
055 Instr 함수로 찾는 문자열 위치 구하기 ···· 205
　　1. InStr 함수 ··· 205
　　2. InStrRev 함수 ··· 207
056 Int, Fix, Round 함수로 정수 만들기 ······ 208
　　1. Int와 Fix ·· 208
　　2. Round ··· 209
057 Is 계열 함수로 데이터 형식 구하기 ········ 211
　　1. IsArray 함수 ··· 211
　　2. IsDate 함수 ·· 212
　　3. IsEmpty 함수 ··· 213
　　4. IsError 함수 ··· 214
　　5. IsNull 함수 ··· 215
　　6. IsNumeric 함수 ·· 216
058 TypeName 함수로 데이터 형식 구하기 ········· 217
059 Join 함수로 배열값 연결하기 ················· 219
060 LBound, UBound 함수로 배열 크기 구하기 ······ 221
061 LCase, UCase 함수를 이용해 영어
　　　대/소문자로 변환하기 ···························· 223
062 Len 함수로 문자열 길이 구하기 ············· 224
063 Left, Right, Mid 함수로 문자열 자르기 ·········· 226
　　1. Left 함수 ··· 226
　　2. Right 함수 ·· 227
　　3. Mid 함수 ··· 228
064 LTrim, RTrim, Trim 함수로 공백 제거하기 ········· 229
　　1. LTrim 함수 ·· 229
　　2. RTrim 함수 ··· 230
　　3. Trim 함수 ·· 230
065 날짜 및 시간 관련 함수 ·························· 232
　　1. Date 함수 ··· 232
　　2. Now 함수 ·· 232
　　3. Year 함수 ·· 233

　　4. Month 함수 ··· 233
　　5. Day 함수 ··· 234
　　6. Time 함수 ··· 234
　　7. Hour 함수 ··· 235
　　8. Minute 함수 ·· 235
　　9. Second 함수 ··· 236
066 날짜와 시간으로 변환하기 ···················· 237
　　1. DateSerial 함수 ·· 237
　　2. DateValue 함수 ·· 238
　　3. TimeSerial 함수 ··· 239
　　4. TimeValue 함수 ·· 240
067 날짜 계산하기 ·· 241
　　1. DateAdd 함수 ··· 241
　　2. DateDiff 함수 ··· 242
　　3. DatePart 함수 ·· 243
068 MsgBox 함수로 메시지 창 표시하기 ········· 245
069 Replace 함수로 값 바꾸기 ····················· 248
070 Split 함수로 값을 나누어 배열에 담기 ········· 250

Chapter 16 형식 변환 함수

071 형식을 변환하는 함수 이해하기 ············ 253
　　1. CBool 함수 ··· 254
　　2. CByte 함수 ··· 254
　　3. CDate 함수 ··· 255
　　4. CLng 함수 ··· 255
　　5. CStr 함수 ·· 256

Chapter 17 워크시트 함수 활용하기

072 워크시트 함수 사용 방법 ······················· 258
　　1. SUM 함수 ··· 258
　　2. MAX 함수 ··· 259
　　3. SUMIF 함수 ·· 259

Chapter 18 이벤트(Event)

073 시트 이벤트 ·· 262
　　1. Worksheet.Activate 이벤트 ······················ 263
　　2. Worksheet.BeforeDoubleClick 이벤트 ········· 264
　　3. Worksheet.BeforeRightClick 이벤트 ·········· 265
　　4. Worksheet.Calculate 이벤트 ····················· 265
　　5. Worksheet.Change 이벤트 ························ 265
　　6. Worksheet.Deactivate 이벤트 ··················· 266
　　7. Worksheet.FollowHyperlink 이벤트 ··········· 266
　　8. Worksheet.PivotTableChangeSync 이벤트 ········ 266
　　9. Worksheet.PivotTableUpdate 이벤트 ········ 267
　　10. Worksheet.SelectionChange 이벤트 ········ 267
074 통합 문서 이벤트 ··································· 268
　　1. Workbook.Activate 이벤트 ······················· 270
　　2. Workbook.AfterSave 이벤트 ····················· 270

3. Workbook.BeforeClose 이벤트 ············· 270
4. Workbook.BeforePrint 이벤트 ············· 271
5. Workbook.BeforeSave 이벤트 ············· 271
6. Workbook.Deactivate 이벤트 ············· 272
7. Workbook.Open 이벤트 ············· 272
8. Workbook.SheetActivate 이벤트 ············· 272
075 이벤트 우선 순위 ············· 273

Chapter 19 사용자 정의 폼(UserForm)

076 사용자 정의 폼 만들기 ············· 276
　1. 사용자 정의 폼 만들기 ············· 276
　2. 사용자 정의 폼 화면에 표시하기 ············· 281
077 사용자 정의 폼의 도구 상자 알아보기 ············· 283
　1. 개체 선택 ············· 283
　2. 레이블 ············· 284
　3. 텍스트 상자 ············· 284
　4. 콤보 상자 ············· 285
　5. 목록 상자 ············· 285
　6. 확인란 ············· 286
　7. 옵션 단추 ············· 286
　8. 토글 단추 ············· 287
　9. 프레임 ············· 287
　10. 명령 단추 ············· 288
　11. 연속 탭 ············· 288
　12. 다중 페이지 ············· 289
　13. 스크롤 막대 ············· 289
　14. 스핀 단추 ············· 290
　15. 이미지 ············· 290
　16. RefEdit ············· 291
078 사용자 정의 폼 만들고 값 시트에 입력하기 ······ 292
　1단계 : 사용자 정의 폼 만들기 ············· 292
　2단계 : 워크시트에서 버튼을 클릭하여 유저 폼 보이기 296
　3단계 : 거래처 정보 누적하여 입력하기 ············· 296
079 사용자 정의 폼에 시트 값 불러오기 ············· 297

Chapter 20 피벗 테이블

080 피벗 테이블 생성하기 ············· 300
081 피벗 테이블 범위 구하기 ············· 306
　1. 피벗 테이블의 필터 해제 ············· 307
　2. 피벗 테이블의 모든 필드를 초기화 ············· 308
　3. 기존 피벗 테이블에 데이터 필드 추가 ············· 308

Chapter 21 차트

082 차트 생성하기 ············· 311
　1. Shapes.AddChart 메서드를 이용하는 방법 ············· 311
　2. ChartObjects.Add 메서드를 이용하는 방법 ············· 313

　3. 차트 종류 ············· 314
083 차트 옵션 설정하기 ············· 317

Chapter 22 액세스(Access) 파일 연동하기

084 액세스(Access) 파일 생성하기 ············· 322
085 테이블 생성하기 ············· 324
086 데이터 입력하기 ············· 327
　1. INSERT 절 ············· 327
　2. VALUES 절 ············· 327
087 데이터를 불러와서 시트에 출력하기 ············· 329

Chapter 23 알면 유용한 활용 팁

088 짝수 행 삭제하기 ············· 334
089 중복되는 셀 하나로 합치기 ············· 336
090 특정 색으로 채워진 셀 모두 찾기 ············· 338
091 평균 이하의 셀에 채우기 색상 적용하기 ············· 340
092 일부 시트를 제외한 모든 시트 선택하기 ············· 343
　1. 시트의 인덱스 번호를 이용하는 방법 ············· 344
　2. 시트의 이름을 이용하는 방법 ············· 345
093 시트에 있는 그림을 파일(JPG)로 저장하기 ······ 346
　1. HTML 파일 형식을 이용하는 방법 ············· 347
　2. 압축(ZIP)을 이용하는 방법 ············· 347
　3. Chart의 Export 메서드를 이용하는 방법 ······ 348
094 시트 정렬하기 ············· 350
095 지정한 폴더에 있는 파일 이름 일괄 변경하기 ···· 352
096 셀 스타일 삭제하기 ············· 355
097 메일 발송하기 ············· 357
098 웹 브라우저 실행하기 ············· 360
099 웹 데이터 가져오기 ············· 361
100 열려 있는 통합 문서 모두 저장하기 ············· 364
　1. 열려 있는 모든 통합 문서 저장하기 ············· 364
　2. 프로시저가 작성된 통합 문서를 제외한 통합
　　문서 저장하고 닫기 ············· 365

Chapter 24 사용자 정의 함수 만들기

101 문자열 계산하기 ············· 367
102 문자에서 숫자나 영문자, 한글만 추출하기 1 ······ 374
103 문자에서 숫자나 영문자, 한글만 추출하기 2 ······ 378
104 색상별 합계 구하기 ············· 383
105 조건을 만족하는 경우의 최대값 구하기 ············· 386
106 중복된 항목 제거하고 고유값만 추출하기 ········ 389
　1. 컬렉션 개체를 이용해 고유값만 개체에 추가하기 ··· 390
　2. 컬렉션 개체의 구성원 제거하기 ············· 391
107 함수 마법사 기능 흉내내기 ············· 393

Chapter 25 데이터 통합 프로그램 만들기

- 108 모든 시트의 데이터를 한 시트에 통합하기 ········ 398
- 109 지정 폴더 내의 모든 파일 데이터를 한 시트에 통합하기 ·································· 401

Chapter 26 사진 대지 프로그램 만들기

- 110 병합된 셀의 크기에 맞게 사진 불러오기 ········· 406

Chapter 27 텍스트 파일 생성 및 불러오기

- 111 텍스트 파일 생성하기 ································ 412
- 112 텍스트 파일 불러오기 ································ 415

Chapter 28 설문조사 프로그램 만들기

- 113 설문조사 데이터 누적하여 입력하기 ············· 418

Chapter 29 명함관리 프로그램 만들기

- 114 명함 데이터 누적하여 입력하기 ··················· 422
- 115 검색 조건에 만족하는 데이터 불러오기 ········· 432

Chapter 30 매출관리 프로그램 만들기

- 116 매출 데이터 누적하여 입력하기 ··················· 442
- 117 거래명세서 양식에 데이터 불러오기 ············· 458
- 118 조건에 만족하는 거래처의 거래명세서 전체 인쇄하기 ································ 466
- 119 거래처별, 상품별, 월별 매출 현황 작성하기 ····· 469

Chapter 31 전표관리 프로그램 만들기 -액세스(Access) DB 연동

- 120 테이블 설계하기 ······································· 480
- 121 테이블에 데이터 입력 및 수정, 삭제하기 ········ 486
- 122 전표 조회 및 수정, 삭제하기 ······················· 504

Chapter 32 워드 파일의 페이지 수 구하기

- 123 워드 파일의 페이지 수 구하기 ····················· 515

▶ 참고 파일 다운로드 방법

인터넷에서 시대인 홈페이지(www.sdedu.co.kr/book)에 접속하여 [로그인] 한 후 아래쪽 [빠른 서비스]의 [자료실]을 클릭합니다. [Data Center]에서 [프로그램 자료실]을 클릭하고 파일을 다운 받으신 후 참고하시면 됩니다.

* 다운 받은 파일에는 참고용 소스코드와 완성파일이 들어있습니다. 소스 코드 입력이 번거로울 경우 소스파일을 참고하여 작성하시고, 책의 예제 코드를 작성하고 확인 시 문제가 발생했다면 완성파일을 열어 비교해봅니다. 소스코드와 완성파일은 작업이 번거로운 소스와 완성예제 위주로 작업된 파일입니다. (파일명은 과정 번호와 동일합니다.)

Chapter 1

엑셀 VBA 시작하기

엑셀(Microsoft Excel)은 데이터 처리 및 분석 작업을 하고 결과를 이해하기 쉽게 표시하는데 사용할 수 있는 매우 효율적인 도구입니다. 또한 엑셀 등의 Office 응용 프로그램을 확장할 수 있도록 VBA라는 강력한 프로그래밍 언어를 제공합니다.

VBA는 Visual Basic으로 작성된 단계별 프로시저인 매크로를 실행하는 방식으로 작동합니다. 프로그래밍이기 때문에 배우는 방법이 어렵다고 생각할 수 있지만 이 책에서 제공하는 코드를 조금만 응용하면 업무를 좀 더 쉽게 수행할 수 있으며, 기존에는 불가능했던 작업을 자동화할 수 있습니다. 예제 중심으로 설명을 진행하기 때문에 한 단계씩 따라 해보기 바랍니다.

001 | 매크로와 VBA의 개요

매크로(Macro)란 반복되는 작업을 자동화하기 위해 사용되는 여러 개의 명령을 그룹화 한 것으로 동일한 작업을 여러 번 수행해야 할 때 동작 한 번으로 여러 개의 명령을 수행할 수 있는 프로그램입니다.

VBA는 Visual Basic for Applications의 줄임말로 오피스 시리즈에 탑재된 프로그래밍 언어입니다. 엑셀 5.0 버전에 처음으로 탑재되었으며 엑셀이나, 워드, 파워포인트 등의 오피스 제품군에 포함되어 있는 Microsoft Visual Basic의 매크로 언어 버전입니다. 매크로와 VBA는 다르지만 같이 혼용해서 사용하기도 합니다.

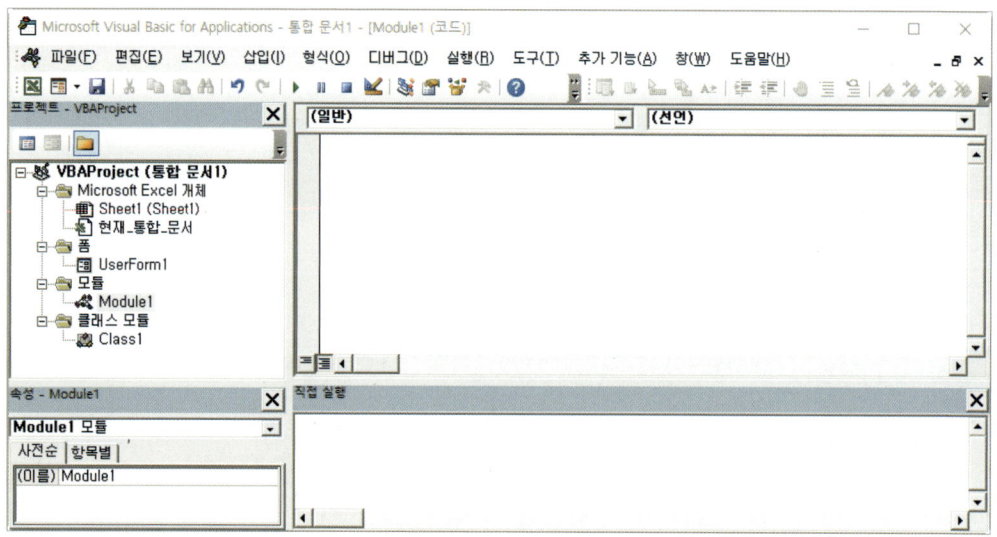

VBA 사용을 위한 준비

VBA를 사용하기 위해서는 엑셀 프로그램 설치시 VBA를 포함해서 설치해야 합니다. 또한 매크로 보안 설정에서 매크로 설정을 통해 사용자가 사용을 승인해야 합니다.

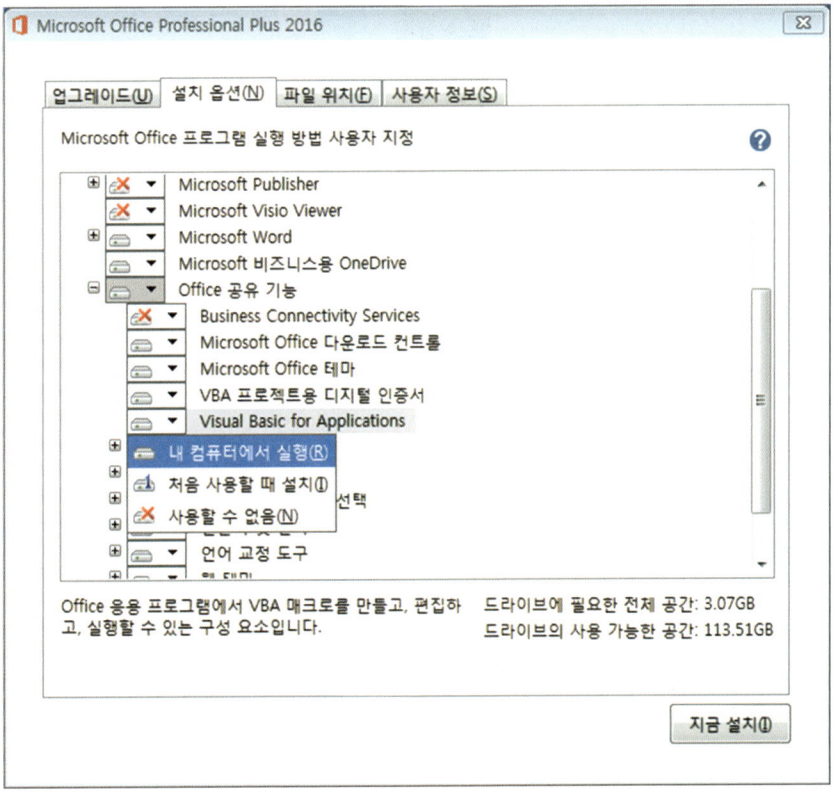

1. [개발 도구] 탭 표시하기

[개발 도구] 탭이 보이지 않아도 VBA를 작성할 수 있지만, 원활한 사용을 위해 리본 메뉴에 표시하도록 하겠습니다.

01. [파일] - [옵션]을 클릭합니다.

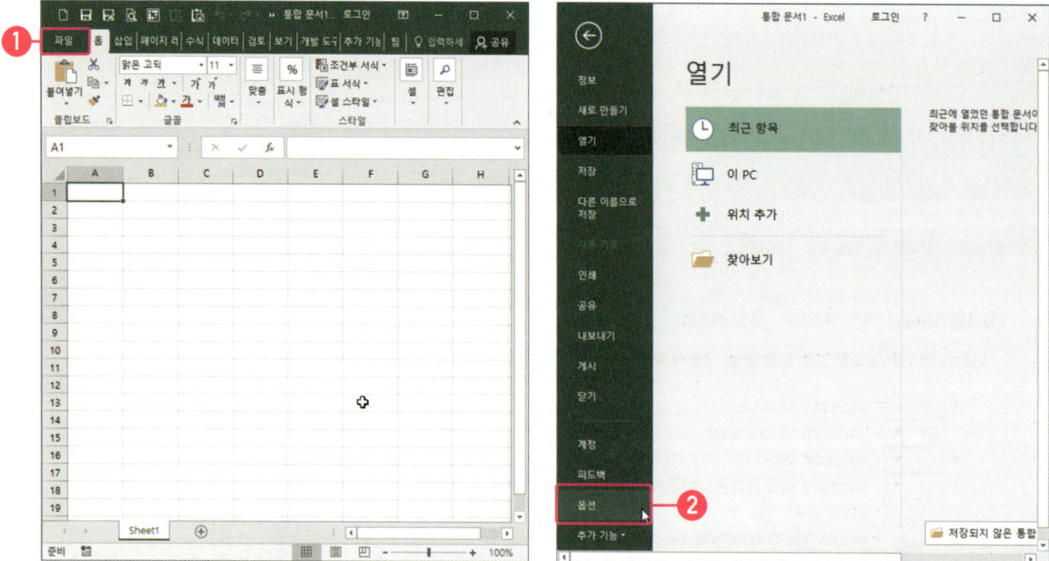

02. [Excel 옵션] 대화상자에서 [리본 사용자 지정]을 클릭하고 오른쪽 '리본 메뉴 사용자 지정' 리스트에서 [개발 도구]를 체크한 다음 [확인]을 클릭합니다.

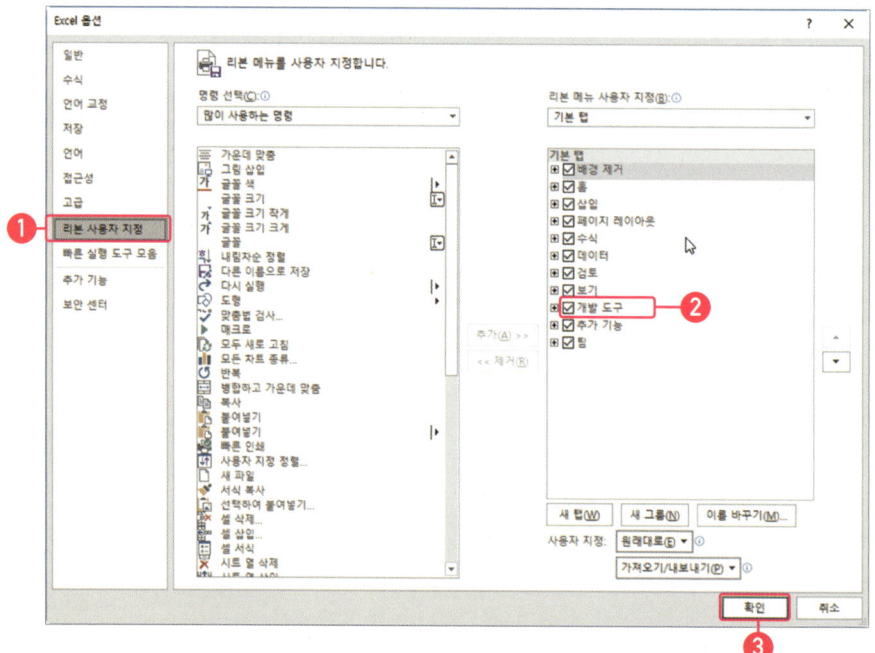

• [개발 도구] 체크 전

• [개발 도구] 체크 후

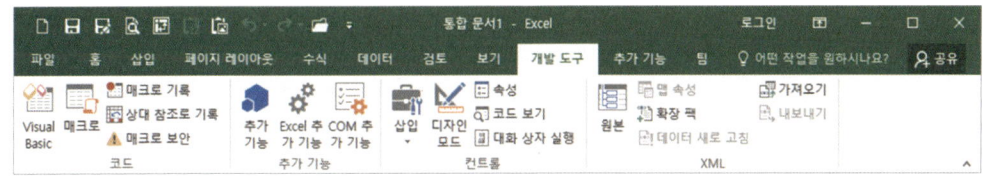

2. 매크로 보안 설정하기

매크로가 포함된 파일을 열 때 매크로 보안 설정에 따라 매크로 사용 유무를 결정할 수 있습니다.

01. [파일] - [옵션]을 클릭합니다.

02. [Excel 옵션] 대화상자에서 [보안 센터]를 클릭하고 오른쪽 'Microsoft Excel 보안 센터'에서 [보안 센터 설정]을 클릭합니다.

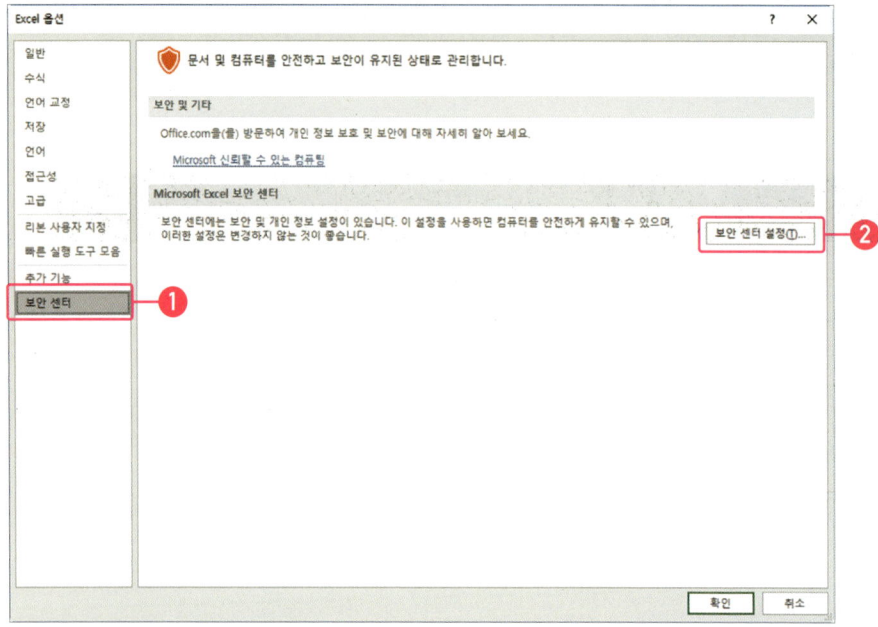

03. [보안 센터] 대화상자에서 [매크로 설정]을 클릭하고 매크로 설정에서 '모든 매크로 제외(알림 표시)'를 선택한 다음 [확인]을 클릭합니다.

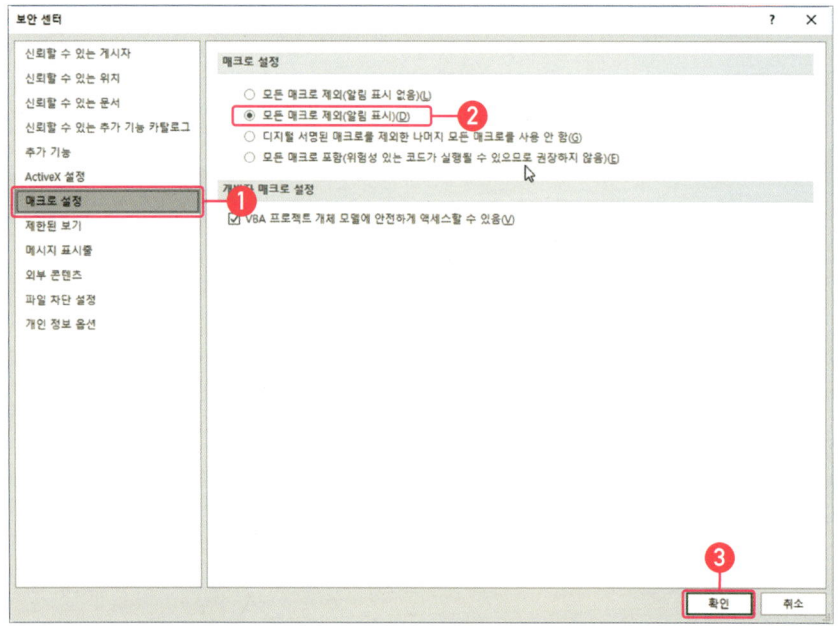

- 매크로 설정

매크로 설정	작동 방식
모든 매크로 제외(알림 표시 없음)	신뢰할 수 있는 위치를 제외한 모든 파일의 매크로와 매크로에 대한 보안 경고가 사용되지 않습니다.
모든 매크로 제외(알림 표시)	기본 설정입니다. 매크로가 있을 경우 매크로를 실행하지 않고 보안 경고가 표시되며, 사용자가 매크로 사용 여부를 선택할 수 있습니다.
디지털 서명된 매크로만 포함	모든 매크로 제외(알림 표시) 옵션과 동일합니다. 단, 디지털 서명한 매크로는 실행할 수 있습니다.
모든 매크로 포함(권장하지 않음)	모든 매크로가 보안 경고 없이 실행됩니다. 악의적인 코드에 노출될 수 있으므로 특별한 상황이 아니면 선택하지 않는 것이 좋습니다.

※ 매크로 설정에서는 [모든 매크로 제외(알림 표시)] 사용을 권장합니다.

- 개발자 매크로 설정

매크로 설정	작동 방식
VBA 프로젝트 개체 모델에 안전하게 액세스할 수 있음	이 설정은 개발자를 위한 것이며, 임의의 자동화 클라이언트에서 VBA 개체 모델에 프로그래밍 방식으로 액세스하는 것을 의도적으로 차단하거나 허용하는 데 사용됩니다.

3. 매크로 사용하기

매크로가 포함된 파일을 사용하기 위해서는 사용자가 매크로를 사용할 수 있도록 설정해야 합니다. 매크로 설정에서 [모든 매크로 제외(알림 표시)]로 설정한 경우 매크로가 포함된 파일을 열 때 다음과 같은 과정으로 진행하면 됩니다.

01. 모든 매크로가 제외되어 열리고 보안 경고 메시지가 나타납니다.

02. 보안 경고 알림 표시에서 [콘텐츠 사용]을 클릭하면 모든 매크로가 포함됩니다.

003 첫 번째 VBA 작성하기

VBA 사용을 위한 준비가 모두 끝났으면 파일을 하나 만들고 정상적으로 작동을 하는지 확인해보겠습니다. 만약 원활하게 작동하지 않는다면 [002. VBA 사용을 위한 준비]를 확인해봅니다.

파일을 열면 [안녕하세요?]가 출력되는 간단한 예제를 만들어 보겠습니다. 한 단계씩 천천히 따라해보세요.

01. 엑셀을 실행합니다.
02. [개발 도구] - [Visual Basic]을 클릭하거나 바로 가기 키 [ALT] + [F11]을 누릅니다.

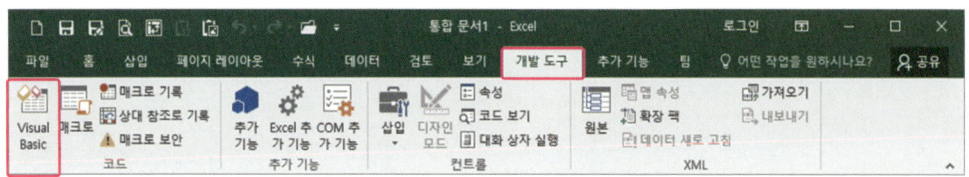

03. [VBE] 창의 [프로젝트] 창에서 '현재_통합_문서'를 선택한 다음 마우스 오른쪽 버튼을 클릭하고 빠른 실행 메뉴 창에서 [코드 보기]를 클릭합니다. 또는, [현재_통합-문서]를 더블클릭해도 됩니다.

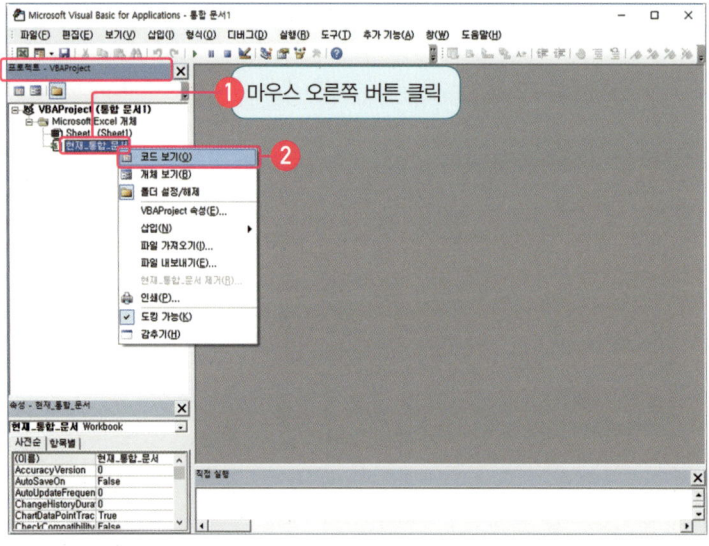

04. 오른쪽 코드 창에 다음과 같이 입력합니다.

```
Private Sub Workbook_Open()
    MsgBox "안녕하세요?"
End Sub
```

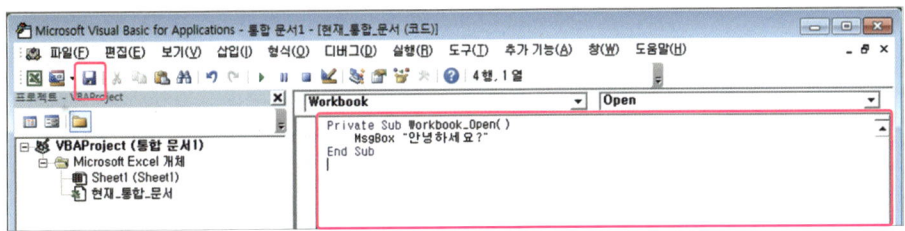

05. 입력이 끝나면 저장(🖫)을 클릭합니다. [다른 이름으로 저장] 대화상자에서 '파일 이름(V01-003)'은 원하는 이름으로 입력하고 '파일 형식'은 꼭 다음의 2개의 형식에서 하나를 선택합니다.
    - Excel 매크로 사용 통합문서 (*.xlsm)
    - Excel 바이너리 통합 문서 (*.xlsb)

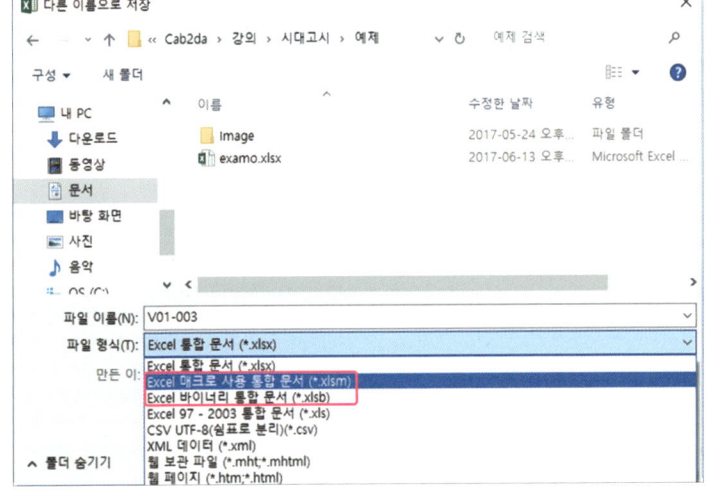

06. 저장이 끝나면 파일을 닫고 다시 열기합니다. '보안 경고' 알림 표시에서 [콘텐츠 사용]을 클릭하고 '안녕하세요?'라는 메시지 박스가 보이면 성공한 것입니다.
(바로 열 경우 '보안 경고' 알림 표시 없이 바로 실행될 수 있습니다.)

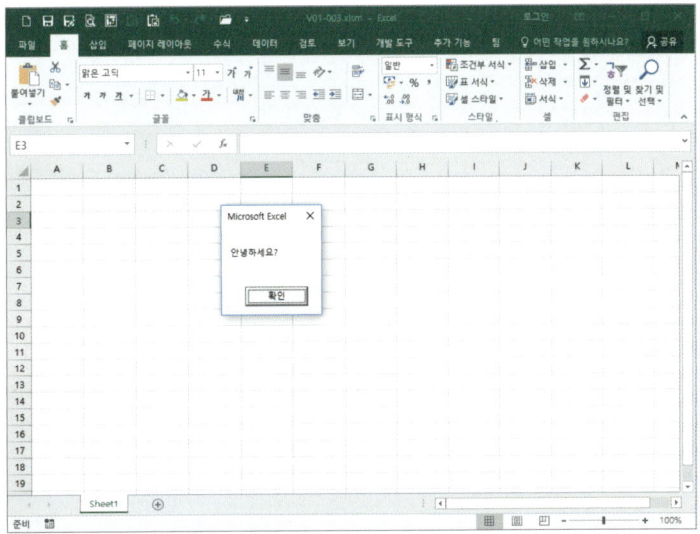

Chapter 2

매크로 기록기

매크로 기록기는 사용자의 작업 내용을 엑셀이 자동으로 기록해 주는 기능입니다. 다만, 이 매크로 기록기는 불필요한 작업내용까지 기록하거나, 기록하고 싶은 작업내용을 기록하지 못하는 경우도 종종 있습니다. 또한 구문을 반복하거나 변수에 값 할당, 조건문 실행, 대화상자 표시 등은 기록하지 못합니다. 이런 단점에도 처음 사용하는 분들에게는 매우 유용한 도구입니다. 물론 능숙한 사용자도 매크로 기록기를 이용해 원하는 정보를 얻기도 합니다.

04 매크로 기록하기

매크로 기록기를 이용해 매크로를 기록하는 방법은 다음과 같습니다.

01. [개발 도구] 탭 – [코드] 그룹 – [매크로 기록]을 클릭합니다. 또는 화면 왼쪽 아래에 있는 [매크로 기록]을 클릭합니다.

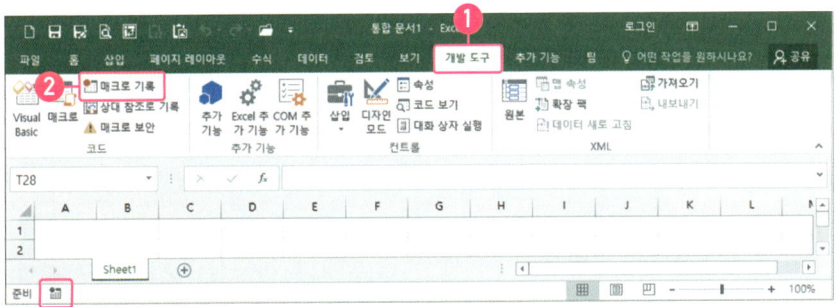

02. [매크로 기록] 대화상자가 나타나면 다음과 같이 설정합니다.

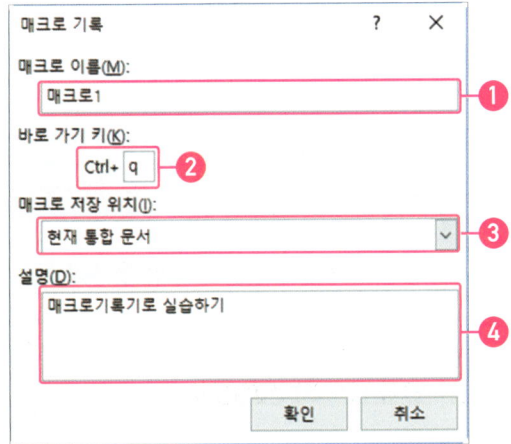

① 매크로 이름 : 필수 입력 항목입니다.
　매크로 기록기로 기록될 매크로의 이름으로 사용자가 지정합니다.
　· 문자나 밑줄(_)로 시작합니다.
　· 허용되지 않는 공백 또는 문자는 사용할 수 없습니다.
　· 통합 문서에서 기존 이름과 같은 이름은 사용할 수 없습니다.

② 바로 가기 키 : 선택 입력 항목입니다.

바로 가기 키를 이용해 매크로를 실행할 수 있습니다. 바로 가기 키는 영문자로 지정할 수 있으며, 소문자일 경우에는 'Ctrl + 사용자 지정 영문자', 대문자일 경우 'Ctrl + Shift + 사용자 지정 영문자'로 지정됩니다.

＊ 엑셀에서 기본적으로 설정되어 있는 바로 가기 키(예 : Ctrl + C 등)를 지정할 경우 엑셀에서 제공하는 바로 가기 키는 기능이 무시되고 사용자가 지정한 매크로가 실행되므로 주의해야 합니다. 하지만 엑셀 종료 후 다시 실행하면 사용자가 지정하여 무시되었던 엑셀에서 제공하는 바로 가기 키(단축키)는 원상 복구됩니다.

③ 매크로 저장 위치 : 필수 입력 항목입니다.

매크로 기록기에 기록되는 매크로의 저장 위치를 지정합니다.

구분	설명
현재 통합 문서	현재 파일에 매크로가 저장됩니다.
새 통합 문서	새 문서가 하나 만들어지고 새 문서에 매크로가 저장됩니다.
개인용 매크로 통합 문서	개인용 매크로 통합 문서에 매크로가 저장됩니다.

④ 설명 : 선택 입력 항목입니다.

매크로 기록기로 기록할 매크로에 대한 설명을 입력합니다. 다음에 확인할 때 어떤 역할을 하는 매크로인지 쉽게 알 수 있게 입력합니다.

03. 설정을 마쳤으면 [확인]을 클릭합니다. [매크로 기록]이 [기록 중지]로 바뀌게 되고 매크로를 기록할 준비가 되었습니다.

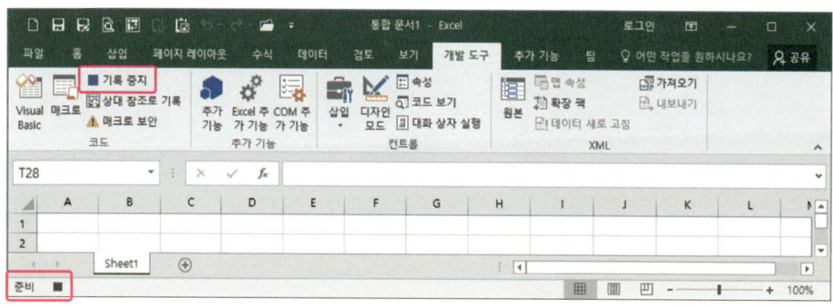

04. [A1] 셀을 선택한 다음 '안녕하세요?'를 입력하고 Enter 키를 누릅니다.

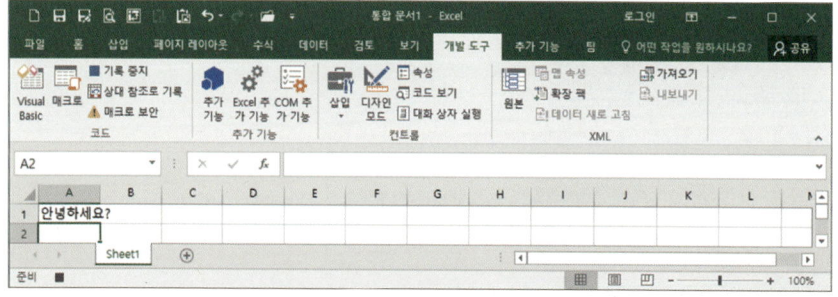

05. [개발 도구] 탭 – [코드] 그룹 – [기록 중지]를 클릭 또는 화면 왼쪽 아래에 있는 [기록중지]를 클릭합니다.

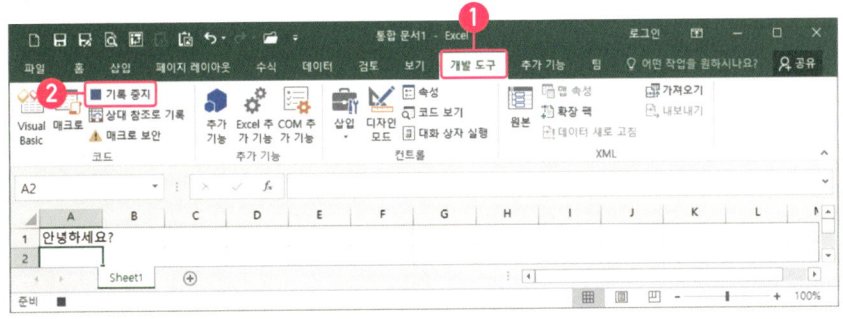

06. [기록 중지] 버튼이 [매크로 기록] 버튼으로 바뀌게 됩니다.

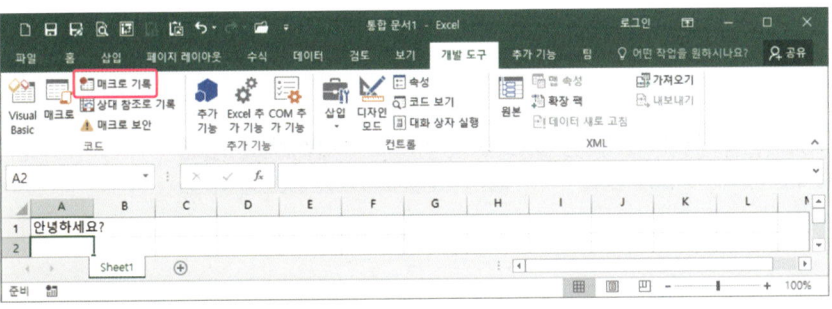

07. 올바르게 매크로가 기록되었는지 확인하기 전에 [A1] 셀을 선택하고 Delete 키를 눌러 내용을 삭제합니다.

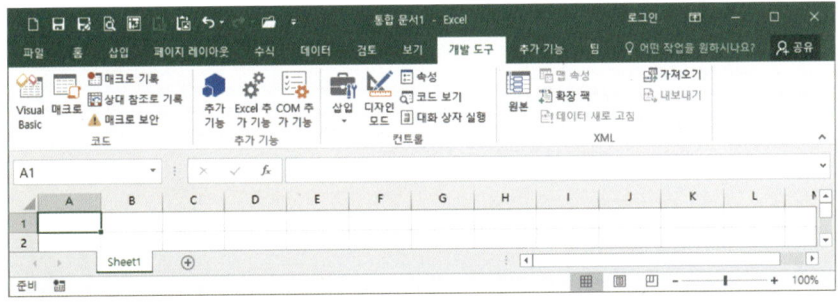

08. [개발 도구] 탭 – [코드] 그룹 – [매크로]를 클릭하거나 바로 가기 키로 설정한 Ctrl + q 키를 누릅니다.

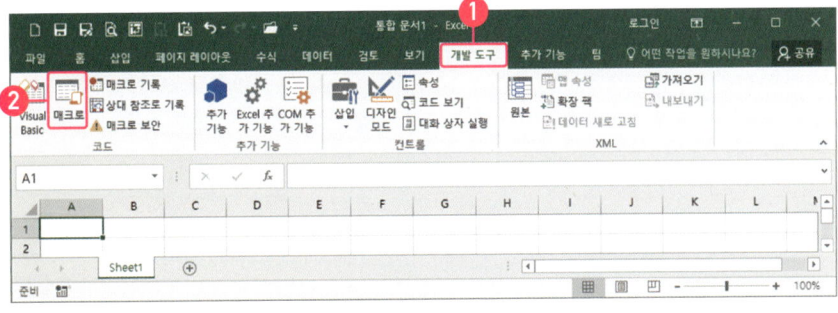

09. [매크로] 대화상자에서 매크로 이름으로 설정한 '매크로1'을 선택하고 [실행]을 클릭합니다. (바로 가기 키로 실행한 경우에는 이 단계가 생략됩니다.)

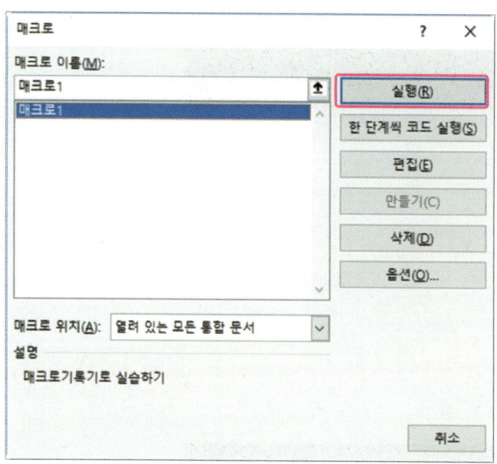

10. [A1] 셀에 '안녕하세요?'가 입력되는 것을 확인할 수 있습니다.

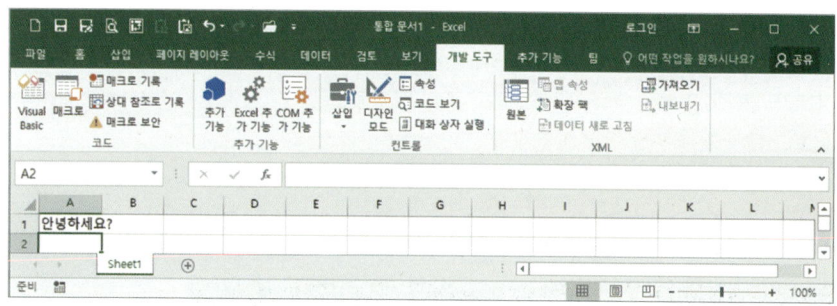

다음 코드는 매크로 기록기로 기록한 코드입니다.

```
Sub 매크로1()
' 매크로1 매크로
' 매크로기록기로 실습하기
' 바로 가기 키: Ctrl+q
    Range("A1").Select
    ActiveCell.FormulaR1C1 = "안녕하세요?"
    Range("A2").Select
End Sub
```

05 매크로 실행 방법

매크로를 실행하는 방법은 다양합니다. 버튼을 시트에 삽입하여 매크로를 지정한 다음 버튼을 클릭하는 방법과 바로 가기 키에 매크로를 지정하여 바로 가기 키를 누르는 방법, 빠른 실행 도구 모음에 등록하여 등록된 메뉴를 클릭하는 방법, 다른 프로시저에서 해당 매크로를 호출하여 사용하는 방법 등이 있습니다. 이번 장에서는 매크로를 실행하는 방법 중 대표적인 방법을 알아보겠습니다.

1. 리본 메뉴를 이용하는 방법

01. [개발 도구] 탭 – [코드] 그룹 – [매크로]를 클릭합니다.

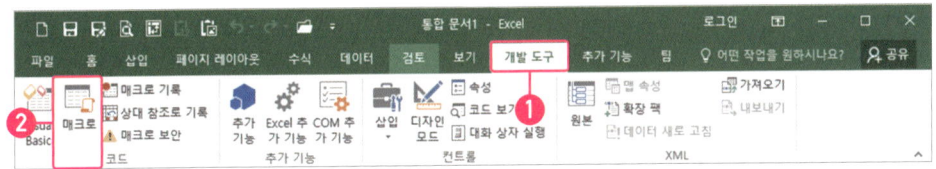

02. [매크로] 대화상자에 있는 '매크로 이름' 목록에서 실행할 매크로 '매크로1'을 선택하고 [실행]을 클릭합니다.

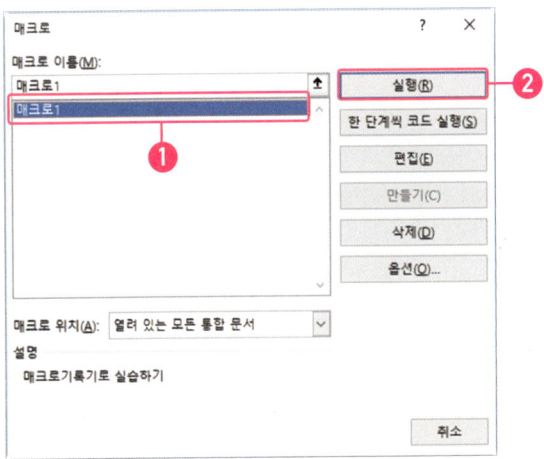

2. 단추(양식 컨트롤)를 시트에 삽입하고 매크로를 지정하는 방법

01. [개발 도구] 탭 - [컨트롤] 그룹 - [삽입]에 있는 양식 컨트롤 중 [단추(양식 컨트롤)]를 선택한 다음 워크시트의 적당한 위치에 드래그하여 삽입합니다.

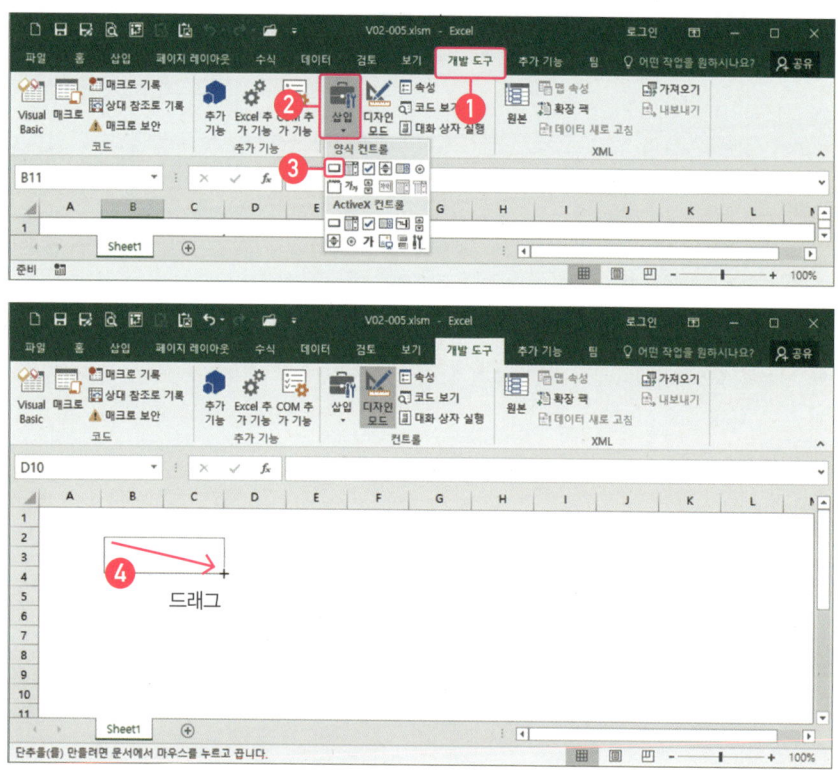

02. 단추(양식 컨트롤)를 삽입하면 나타나는 [매크로 지정] 대화상자에서 연결할 매크로 '*매크로1*'을 선택하고 [확인]을 클릭합니다.

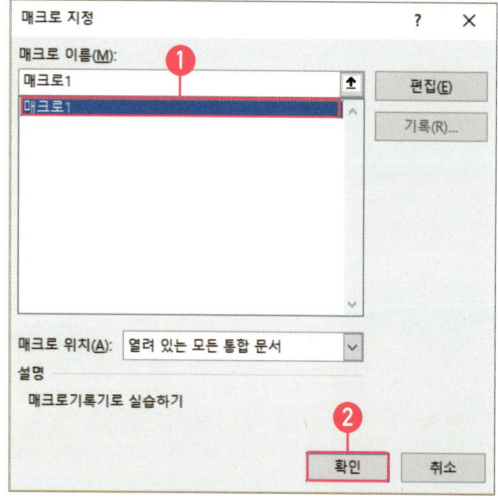

03. 삽입된 단추(양식 컨트롤)의 이름을 알아보기 쉬운 이름으로 변경하기 위해 마우스 오른쪽 버튼을 클릭한 다음 [텍스트 편집]을 클릭합니다. 이름은 '매크로1 실행'으로 변경합니다.

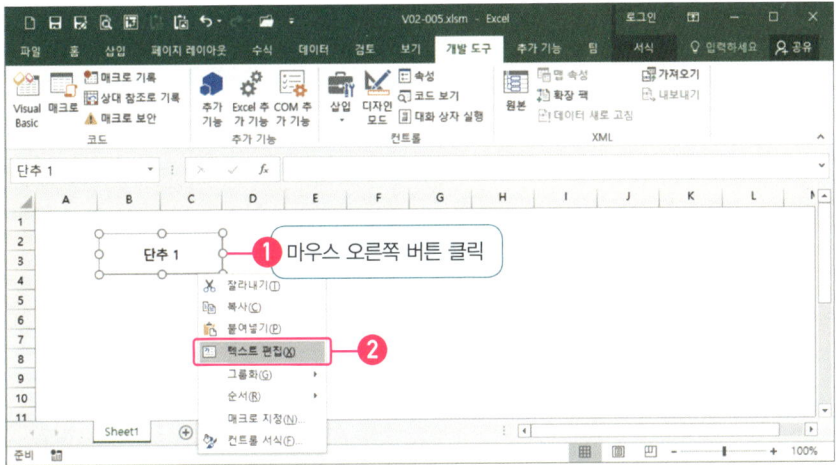

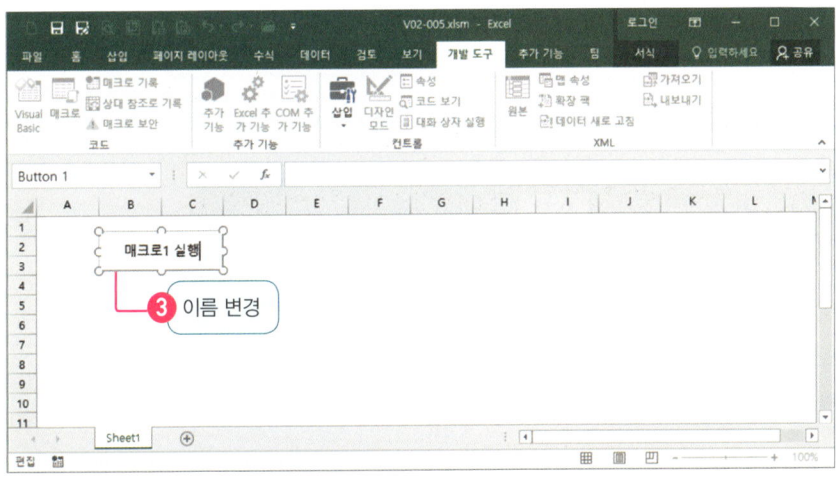

04. [B4] 셀(아무 셀이나 관계 없음)을 클릭하여 단추(양식 컨트롤)의 선택을 해제합니다.

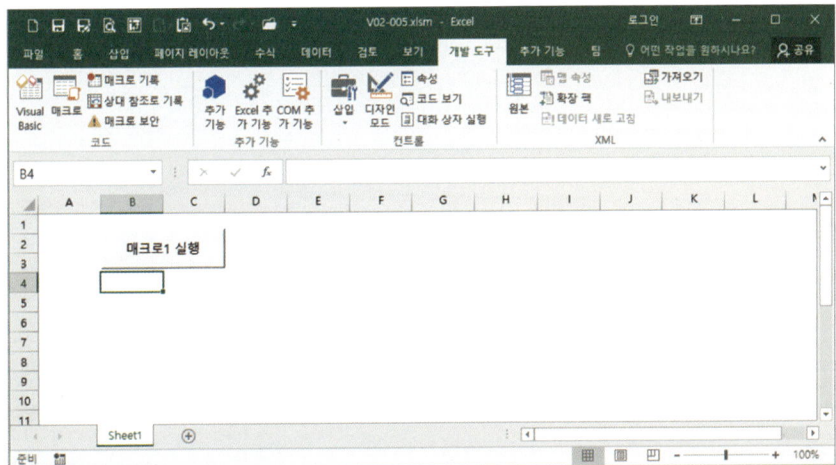

05. [매크로1 실행] 버튼을 클릭하여 '매크로1' 매크로를 실행합니다.

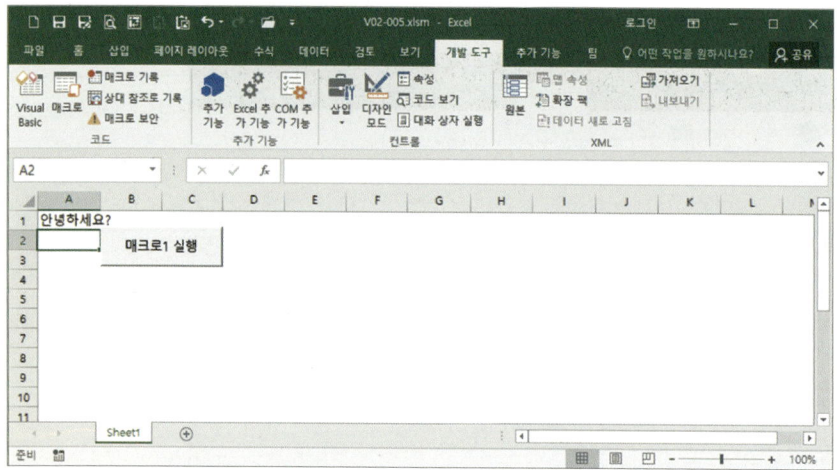

3. 명령 단추(ActiveX 컨트롤)를 시트에 삽입하고 매크로를 지정하는 방법

01. [개발 도구] 탭 - [컨트롤] 그룹 - [삽입]에 있는 ActiveX 컨트롤 중 [명령 단추(ActiveX 컨트롤)]를 클릭한 다음 워크시트의 적당한 위치에 드래그하여 삽입합니다.

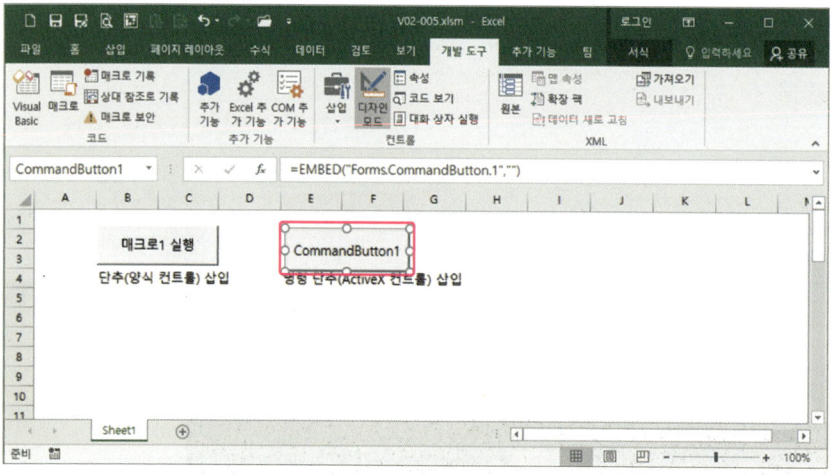

02. 삽입된 명령 단추(ActiveX 컨트롤)를 선택한 상태에서 마우스 오른쪽 버튼을 클릭한 다음 [코드 보기]를 클릭합니다. (해당 컨트롤은 자동적으로 [디자인 모드]로 설정됩니다.)

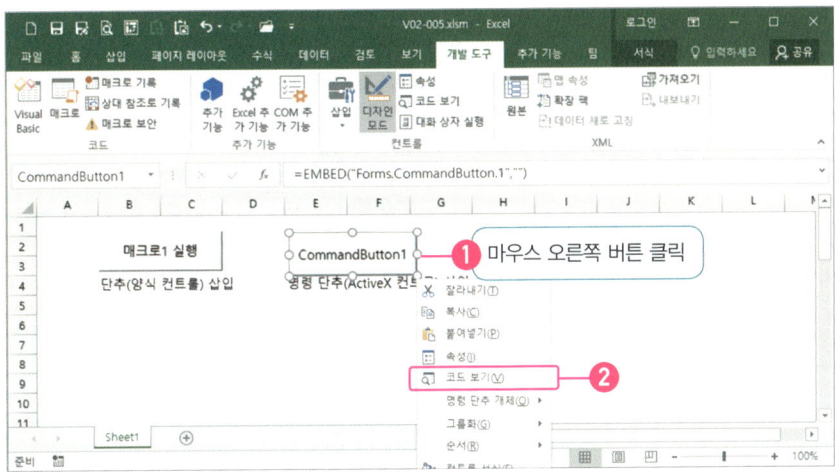

03. [VBE] 창에 자동으로 생성된 프로시저(CommandButton1_Click)에서 매크로를 호출하는 구문을 작성합니다.

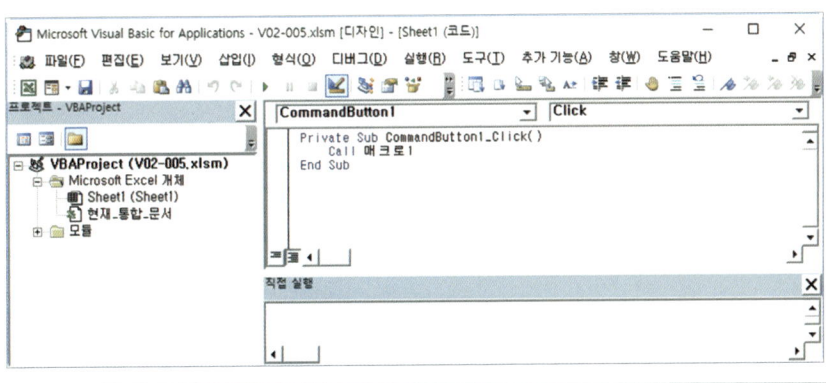

```
Private Sub CommandButton1_Click()
    Call 매크로1    '매크로를 호출하는 구문
End Sub
```

04. 워크시트로 돌아와 삽입된 명령 단추(ActiveX 컨트롤)를 선택한 상태에서 마우스 오른쪽 버튼을 클릭하고 [속성]을 클릭합니다. [속성] 창의 'Caption'을 알아 보기 쉬운 이름으로 변경(매크로1 실행) 합니다.

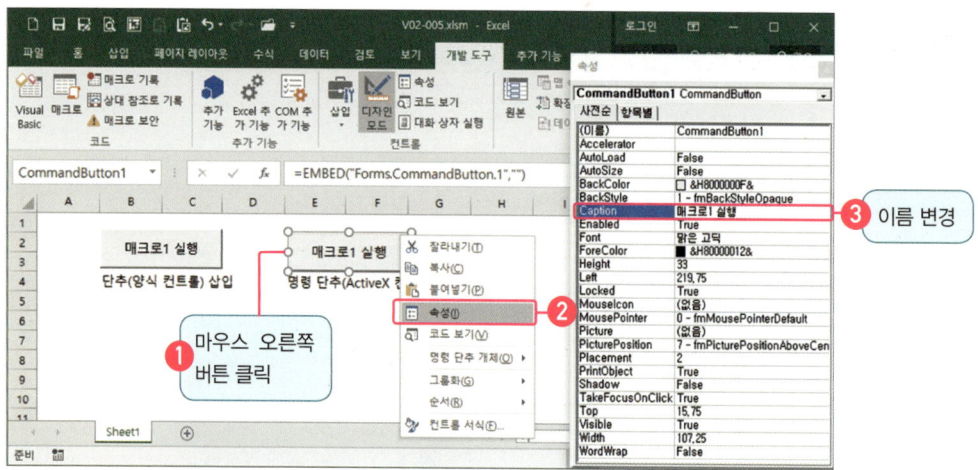

05. [개발 도구] 탭 – [컨트롤] 그룹 – [디자인 모드]를 클릭해서 [디자인 모드]를 해제하고 [매크로1 실행] 버튼을 클릭하여 매크로를 실행합니다.

4. 도형이나 그림을 삽입하고 매크로를 지정하는 방법

01. 도형이나 그림을 삽입하고 마우스 오른쪽 버튼을 클릭한 다음 [매크로 지정]을 클릭합니다.
02. [매크로 지정] 대화상자에서 연결할 매크로(매크로1)를 선택하고 [확인]을 클릭합니다.
03. [B8] 셀(아무 셀이나 관계 없음)을 선택하여 도형이나 그림의 선택을 해제합니다.
04. [매크로1 실행] 도형이나 [그림]을 클릭하여 '매크로1' 매크로를 실행합니다.

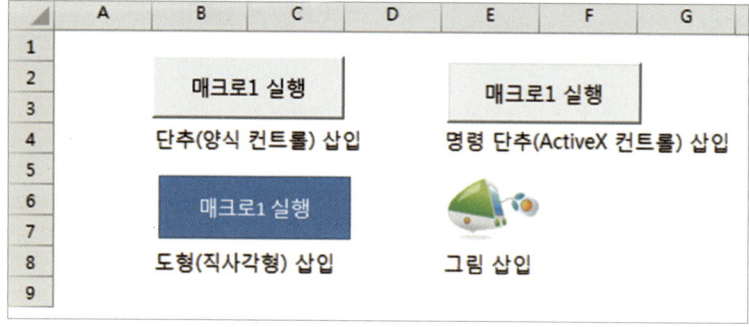

5. 바로 가기 키(단축 키)를 이용하는 방법

01. [개발 도구] 탭 – [코드] 그룹 – [매크로]를 클릭합니다.

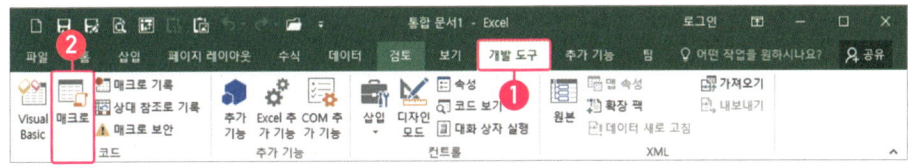

02. [매크로] 대화상자에 있는 '매크로 이름' 목록에서 바로 가기 키를 지정할 매크로(매크로1)를 선택한 다음 [옵션]을 클릭합니다. [매크로 옵션] 대화상자의 '바로 가기 키'에 영문자 'q'를 지정하고 [확인]을 클릭합니다.(바로 가기 키는 영문자 중 사용자가 임의로 지정합니다.)

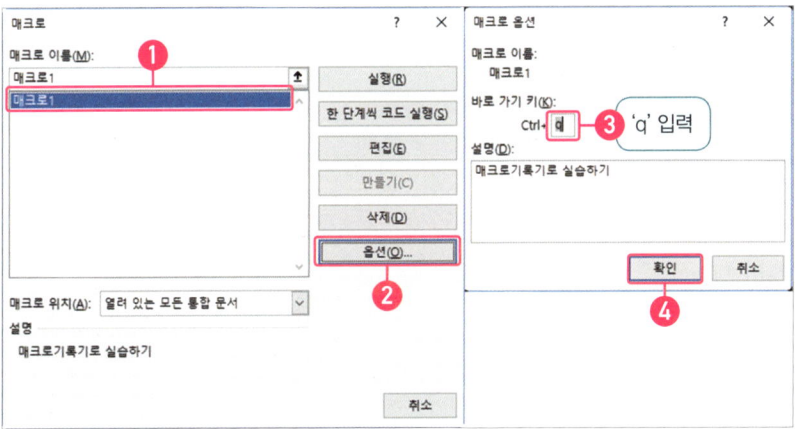

03. 바로가기 키 [Ctrl] + [q] 키를 눌러 '매크로1' 매크로를 실행합니다.

6. 빠른 실행 도구 모음에 등록하여 이용하는 방법

01. [빠른 실행 도구 모음 사용자 지정] 목록 단추를 클릭한 다음 [기타 명령]을 클릭합니다.

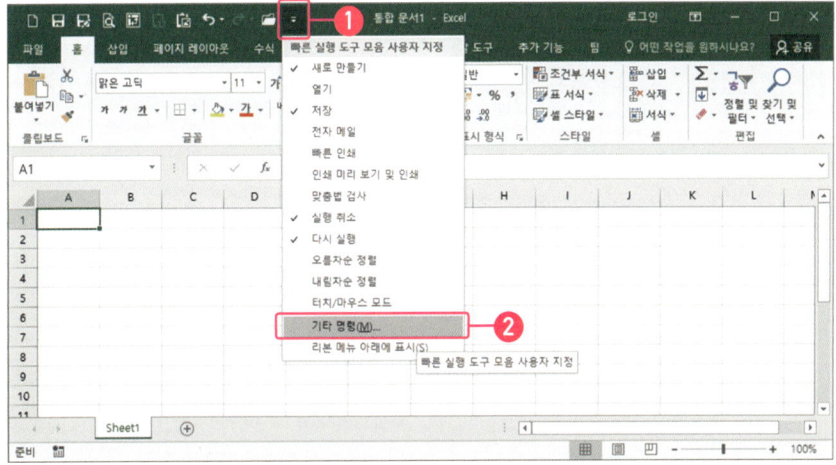

02. [Excel 옵션] 대화상자가 나타나면 [빠른 실행 도구 모음]을 클릭합니다.

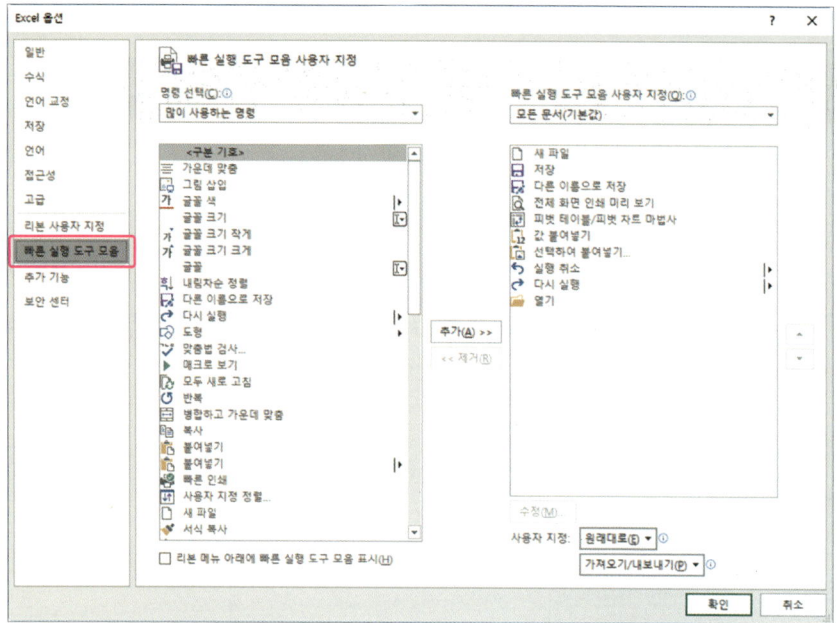

03. '명령 선택' 목록에서 [매크로]를 선택합니다.

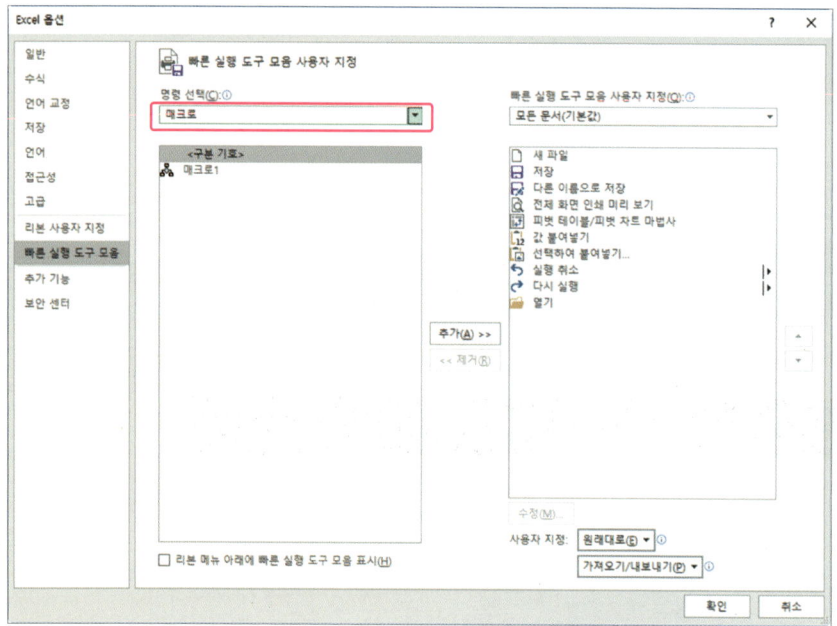

04. 왼쪽 리스트 프로시저 목록에서 등록할 프로시저(매크로1)를 선택하고 [추가]를 클릭합니다.

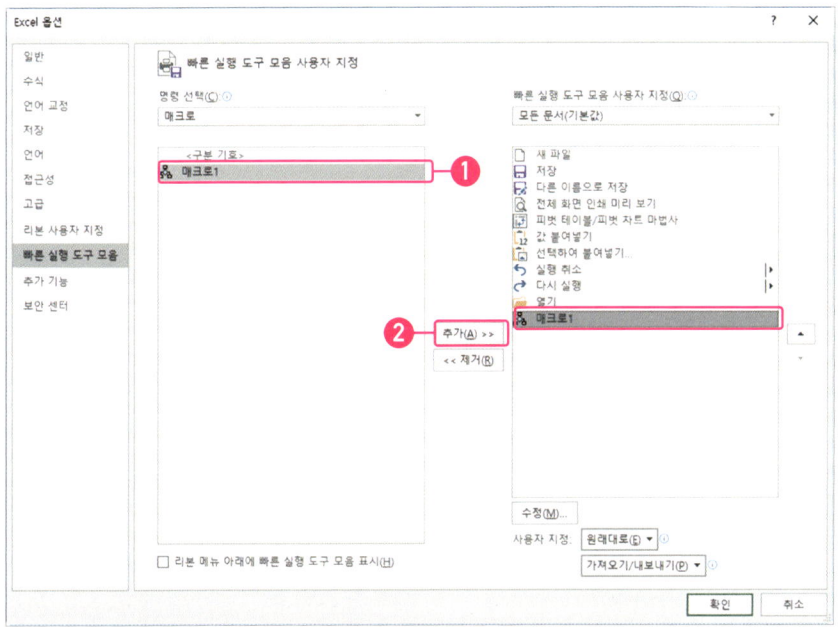

05. 오른쪽 리스트에서 추가된 프로시저(매크로1)를 선택한 다음 [위로 이동], [아래로 이동] 버튼을 이용해 위치를 지정해 줍니다.

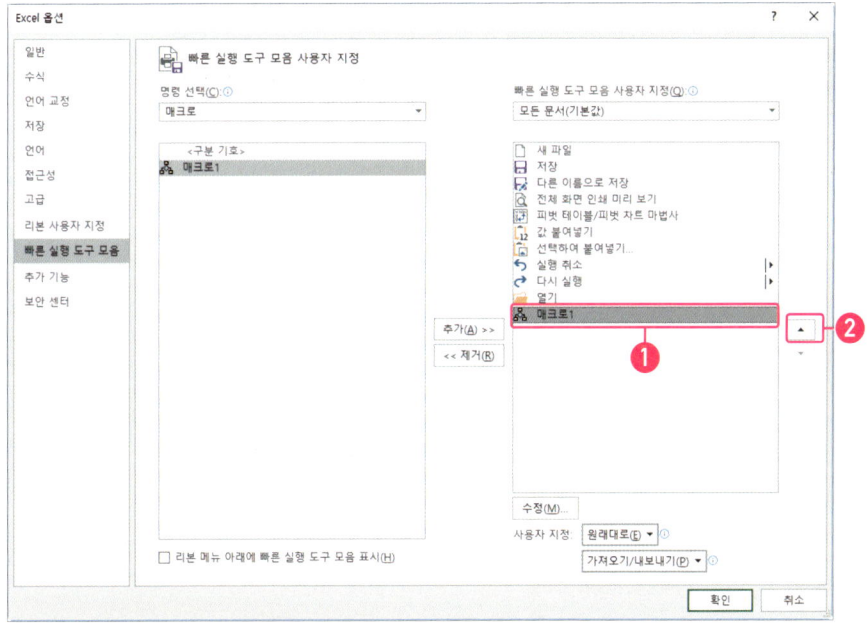

06. [수정]을 클릭하고 [단추 수정] 대화상자에서 원하는 기호와 표시 이름을 지정하고 [확인]을 클릭합니다.

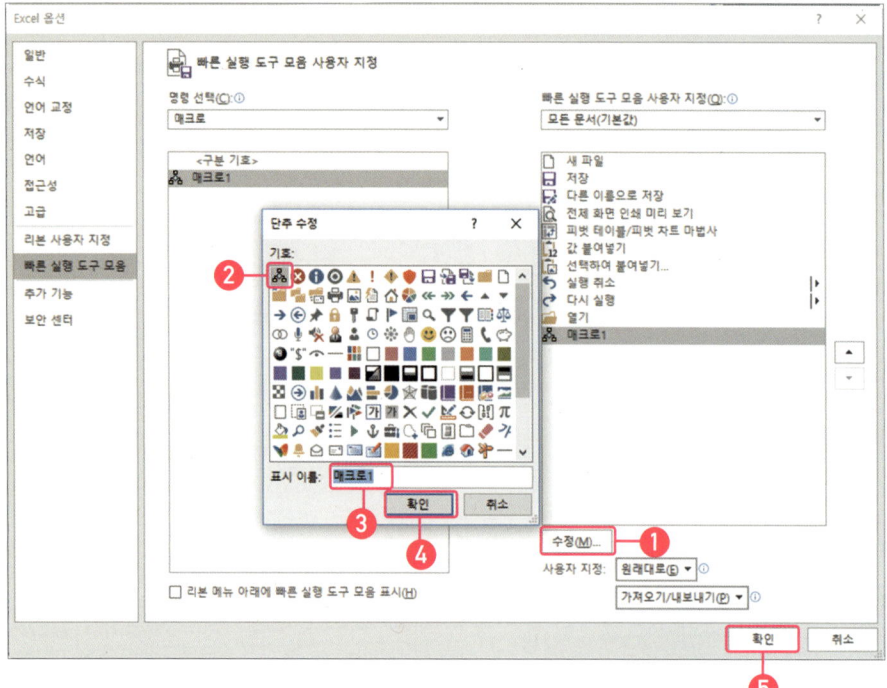

07. 빠른 실행 도구 모음에 매크로가 등록되었습니다. 등록된 아이콘을 클릭하여 '매크로1' 매크로를 실행합니다.

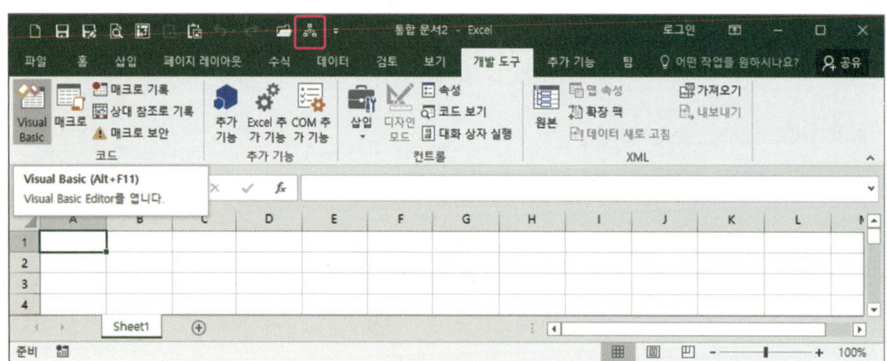

Chapter 3

VBE(Visual Basic Editor)

엑셀의 워크시트(Sheet1, Sheet2, Sheet3)에서 문서를 작성(표를 만들고, 데이터를 입력하고, 함수를 이용해 수식을 입력)하고 보고서를 작성하듯이 매크로를 구현하고 실행하는 VBE(Visual Basic Editor)가 있습니다. 이번 장에서는 VBE에 대해 알아보겠습니다.

006 VBE의 레이아웃 둘러보기

워크시트에서 VBE로 이동하는 방법은 [개발 도구] 탭 - [코드] 그룹 - [Visual Basic]을 클릭하거나 [ALT] + [F11]키를 눌러 이동합니다.

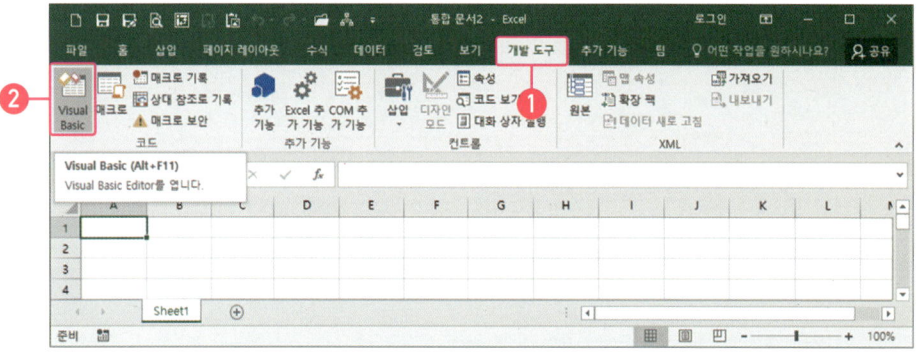

[VBE] 창으로 이동하면 '프로젝트' 탐색기, '속성' 창, '코드' 창, '직접 실행' 창 등이 화면에 분할되어 나타납니다. 각 창의 크기는 테두리를 마우스로 드래그하여 조절할 수 있습니다.

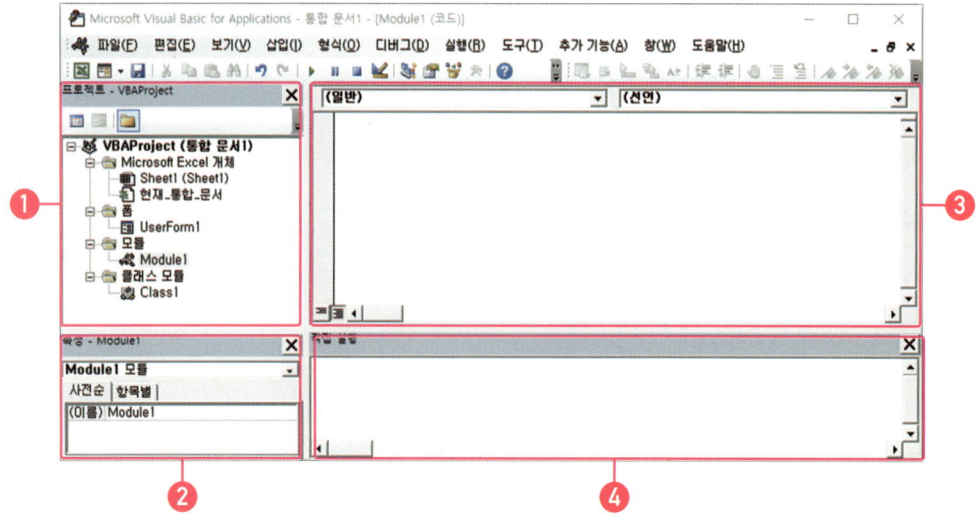

원하는 창이 보이지 않을 때는 [보기] 메뉴에 있는 메뉴를 클릭하면 됩니다.

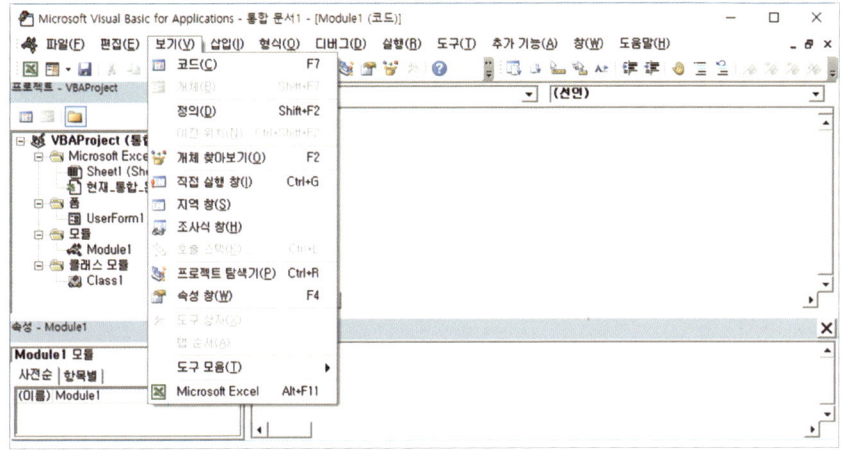

1. 프로젝트 탐색기(Project Explorer Window)

현재 열려 있는 모든 파일(숨겨진 파일 및 추가 기능 파일 포함)들이 나열되어 나타납니다. 하나의 파일에는 Microsoft Excel 개체(시트 및 통합 문서)와 폼, 모듈, 클래스 모듈 등으로 구성되어 있습니다.

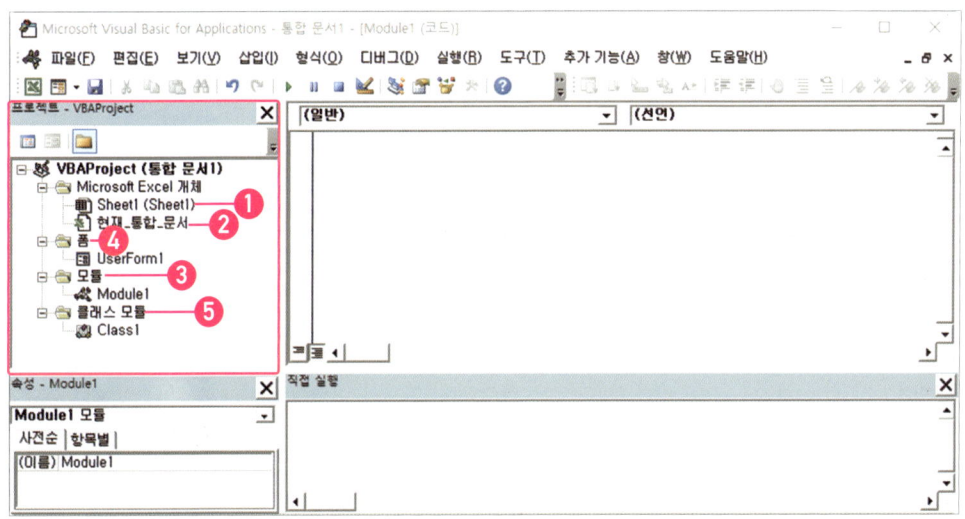

① 시트 모듈 : 시트(Sheet1 등)를 지칭하며 주로 시트 이벤트 코드를 입력합니다.
② 통합 문서 모듈 : 현재_통합_문서(ThisWorkbook)를 지칭하며 통합 문서 이벤트 코드를 입력합니다.
③ 모듈 : 일반 모듈 또는 표준 모듈이라고 하며, 대부분의 코드를 이곳에서 입력합니다.
④ 폼 모듈 : 사용자 정의 폼 코드를 입력합니다.
⑤ 클래스 모듈 : 클래스 코드를 입력합니다.

모듈에 있는 코드를 [코드] 창에서 보는 방법은 다음과 같습니다.

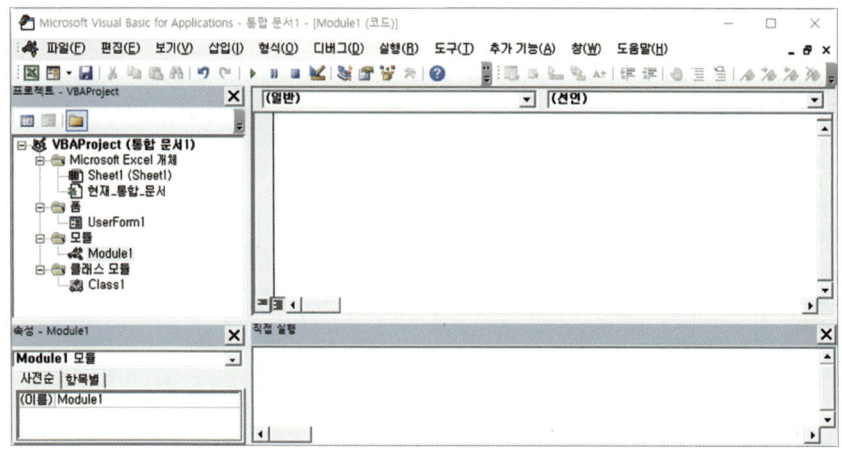

① 모듈 선택 ➡ 마우스 오른쪽 버튼 클릭 ➡ [코드 보기] 클릭
② 모듈 선택 ➡ F7 키 누름
③ 모듈 선택 ➡ 마우스 왼쪽 버튼 더블클릭

2. 속성 창(Property Window)

개체마다 가지고 있는 고유의 속성들을 관리하는 창입니다. [속성] 창에서 속성 값들의 변경이 가능합니다.

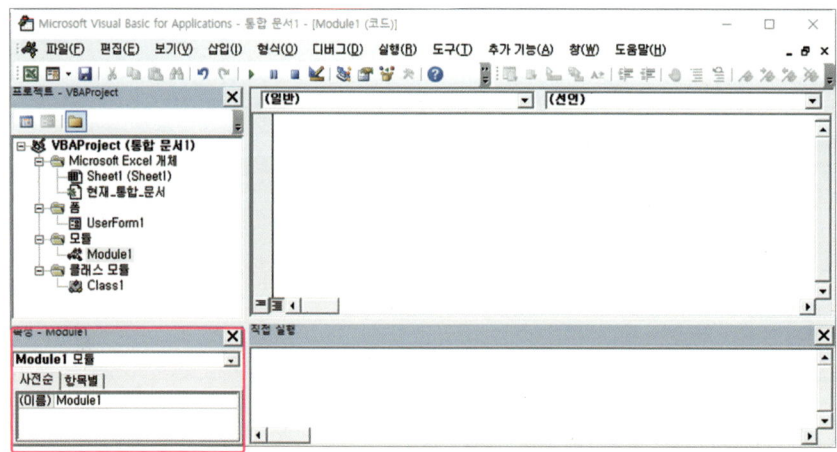

3. 코드 창(Code Window)

VBA 코드를 작성하는 창으로 앞으로 배울 코드를 이곳에 입력하게 됩니다.

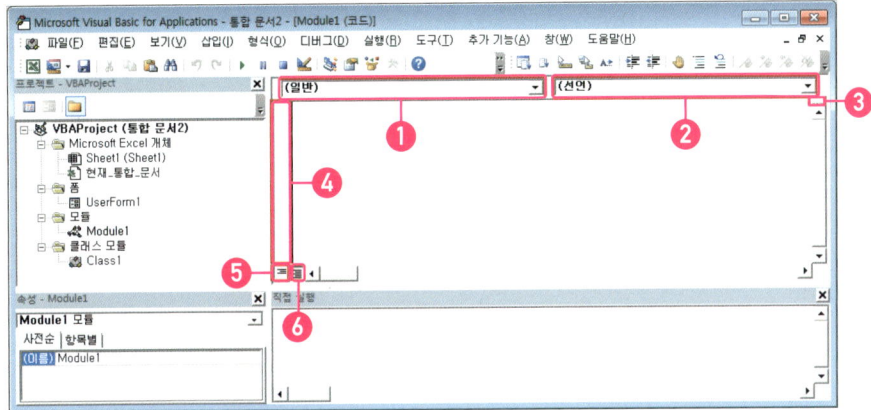

① 개체 상자 : 선택된 개체의 이름을 표시합니다. 오른쪽 목록상자(▼)의 버튼을 클릭하여 나타나는 개체 목록에서 선택할 수 있고 개체가 선택되지 않으면 (일반)으로 표시됩니다.

② 프로시저 상자 : 선택된 프로시저의 이름을 표시합니다. 오른쪽 목록상자(▼)의 버튼을 클릭하여 나타나는 프로시저 목록에서 선택할 수 있고 개체 상자에서 선택된 개체에 해당하는 목록만 보여줍니다. 프로시저가 선택되지 않으면 (선언)으로 표시됩니다.

③ 나누기 : 나누기 줄을 나눌 위치에서 드래그하면 코드 창이 2개로 나누어집니다. 나누기 취소는 나누기 줄을 더블클릭하거나 코드 창의 맨 위나 맨 아래로 드래그 합니다.

④ 여백 표시바 : 디버깅 시 현재 실행하는 코드의 위치를 화살표(⇨)로 표시해줍니다.

⑤ 프로시저 보기 : 선택된 프로시저 하나만 코드 창에 보여집니다.

⑥ 전체 모듈 보기 : 모듈에 있는 모든 프로시저가 코드 창에 보여집니다.

4. 직접 실행 창(Immediate Window)

디자인 모드나 디버깅 모드일 때 명령문 등을 입력하여 결과를 확인할 수 있습니다. 단계별로 계산되는 값을 검증하거나 'Debug.Print 변수 이름'을 통해 변수 이름의 값을 출력할 수 있습니다.

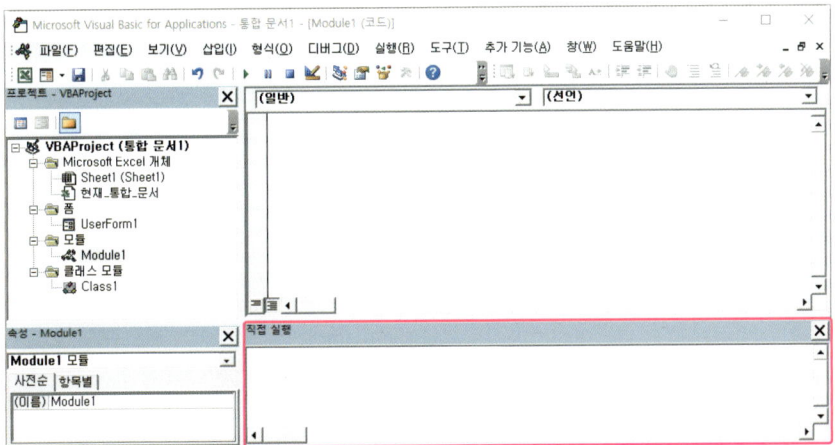

007 VBE에서 자주 사용하는 메뉴 둘러보기

[VBE(VB 편집기)] 창에는 많은 메뉴들이 있습니다. 그 중에서 자주 사용하는 메뉴에 대해 알아보겠습니다.

1. [파일] 메뉴

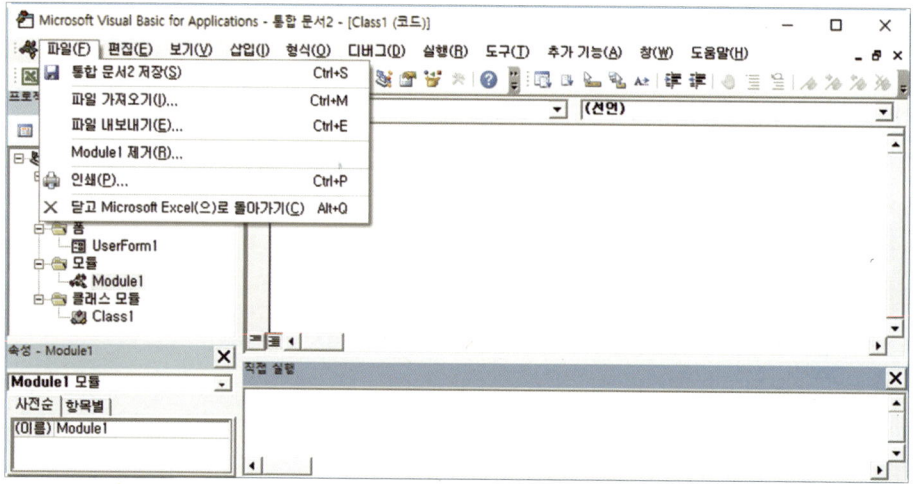

1) 파일 가져오기 / 파일 내보내기

[파일 내보내기]를 하여 다른 파일에서 활용하거나 코드 이력 관리를 할 수 있고 저장된 파일은 [파일 가져오기]를 통해 간단하게 해당 코드를 삽입할 수 있습니다. [파일 내보내기]를 할 경우 다음과 같은 확장자로 저장됩니다.

구분	확장자	예시
현재 통합 문서 모듈	cls	현재_통합_문서.cls
시트 모듈	cls	Sheet1.cls
클래스 모듈	cls	Class1.cls
일반 모듈	bas	Module1.bas
폼	frm	UserForm1.frm

2) 불필요한 모듈이나 폼 등을 제거할 수 있습니다.

제거할 모듈을 선택한 다음 마우스 오른쪽 버튼을 클릭하여 나타나는 빠른 메뉴 중에서 [Model1 제거], [Class1 제거] 등을 클릭합니다.

3) 워크시트로 화면 전환하기

[닫고 Microsoft Excel(으)로 돌아가기]를 클릭하면 [VBE] 창을 닫고 시트로 돌아갈 수 있습니다.

2. [편집] 메뉴

일반적으로 많이 사용하는 [복사]나 [붙여 넣기], [찾기 및 바꾸기] 등의 메뉴로 구성되어 있습니다. 책갈피 설정을 하면 [다음 책갈피]나 [이전 책갈피]를 이용해 쉽게 해당 위치로 찾아갈 수 있습니다.

3. [보기] 메뉴

[VBE] 창에 프로젝트 탐색기 등을 보이게 하는 메뉴입니다.

4. [삽입] 메뉴

프로시저나 사용자 정의 폼, 모듈, 클래스 모듈을 삽입합니다.

5. [디버그] 메뉴

① VBAProject 컴파일 : 코드를 작성한 후 컴파일을 실행합니다.

② 한 단계씩 코드 실행 : 디버깅을 한 단계씩 실행합니다. 코드를 분석할 때 유용하게 사용하며 바로 가기 키는 [F8] 입니다.

③ 커서까지 실행 : 디버깅을 커서가 위치한 줄까지 실행합니다. 바로 가기 키는 [Ctrl] + [F8] 입니다.

④ 조사식 추가 : 특정 배열의 값을 분석할 때 유용합니다.

⑤ 중단점 설정/해제 : 중단점이 설정되어 있으면 프로시저 디버깅 시 더 이상 진행하지 않고 멈추며, 특정 코드부터 집중적으로 분석할 때 설정합니다.

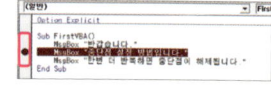

중단점 설정 방법은 여백 표시 바를 마우스로 클릭하거나 바로 가기 키 [F9]를 누릅니다. 중단점이 설정되면 여백 표시 바에 자주색의 원이 표시되고 여백 표시 바를 마우스로 한 번 더 클릭하면 중단점이 해제됩니다.

⑥ 모든 중단점 지우기 : 설정된 모든 중단점의 설정을 해제하며 바로 가기 키는 [Ctrl] + [Shift] + [F9] 입니다.

6. [실행] 메뉴

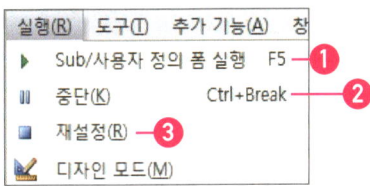

① Sub/사용자 정의 폼 실행 : 프로시저를 실행합니다. 바로 가기 키는 [F5] 입니다.
② 중단 : 실행 중인 프로시저를 일시 중지시킵니다. 바로 가기 키는 [Ctrl] + [Break] 입니다.
③ 재설정 : 실행 중인 프로시저를 중지시킵니다. 실행하던 프로시저를 종료할 때 사용합니다.

7. [도구] 메뉴

① 참조 : 사용 가능한 오브젝트를 추가하여 해당 오브젝트가 제공하는 기능을 활용할 수 있습니다. 버전에 따라 지원이 안되는 경우도 있으니 기본 제공 외에 참조 추가는 신중하게 선택합니다. 대표적인 예로 Access 파일 작업을 하기 위해서는 Microsoft ActiveX Data Objects *.* Library를 참조해야 합니다. (중간 *.* 은 버전입니다.)
② 옵션 : [VBE] 창의 옵션을 설정합니다.

- 편집기
  - 자동 구문 검사 : 구문이 올바른지 검사합니다.
  - 변수 선언 요구 : 변수를 사용할 경우 선언을 요구하도록 강제합니다. 설정이 되어 있으면 코드 창의 첫 번째 줄에 'Option Explicit'가 자동 생성됩니다. 설정하지 않아도 사용상에는 문제가 없지만 프로시저 분석 시 유용하므로 설정하기를 권합니다.
  - 자동 들여쓰기 : 탭 너비에 입력된 값만큼 들여쓰기가 됩니다. 탭 너비에 4가 입력되어 있으면 탭을 한번 누르는 것과 스페이스 바 4번을 누른 것이 같아집니다.

- **편집기 형식**

    코드 색의 전경색과 글꼴, 크기 등을 설정합니다.

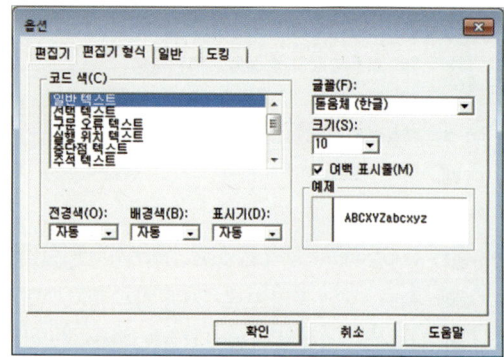

- **일반**

    모눈 표시 : 사용자 정의 폼의 모눈 간격을 조절합니다.

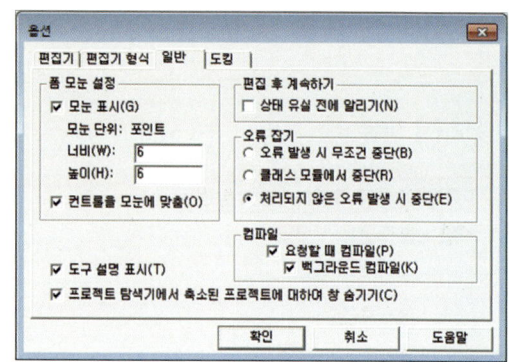

③ VBAProject 속성 : Project의 이름과 설명을 입력할 수 있고 암호를 지정해 VBA를 보호할 수 있습니다. 실행은 [도구]탭 - [VBAProject 속성]을 클릭합니다.

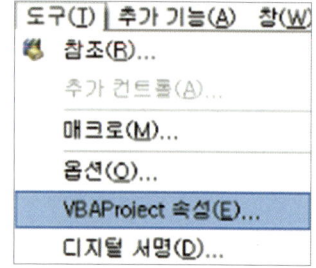

[VBAProject - 프로젝트 속성] 대화상자에서 [보호] 탭을 클릭하고 '프로젝트 잠금'의 '읽기 전용으로 프로젝트 잠금'에 체크한 다음 '프로젝트 속성 보기 암호'에서 '암호'와 '암호 확인'을 동일하게 입력하고 [확인]을 클릭합니다. 만약 암호를 잊어버리면 코드를 보거나 추가, 수정 등을 할 수 없으므로 주의합니다.

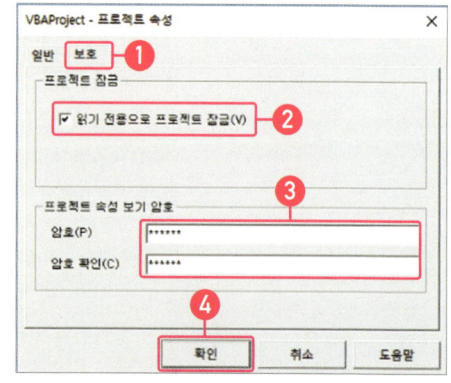

Chapter 4

모듈

모듈은 삽입, 제거가 가능한 것과 가능하지 않은 것이 있으며, 시트 모듈이나 통합 문서 모듈은 삽입하거나 제거할 수 없습니다. 시트 모듈은 [VBE] 창이 아닌 워크시트에서 시트를 추가하면 '시트 모듈'이 자동으로 생성되고 시트를 삭제하면 '시트 모듈'도 함께 제거됩니다.

일반 모듈이나 클래스 모듈은 하나의 모듈에 많은 프로시저로 구성할 수 있습니다. 하지만 관리의 편의성을 위해 모듈을 여러 개 만들어 모듈의 성격에 맞는 프로시저로 구성하는 것이 좋습니다. 이번 장에서는 모듈을 삽입하거나 제거하는 방법을 알아보겠습니다.

008 모듈 삽입

[삽입] 메뉴의 [모듈]이나 [클래스 모듈], [사용자 정의 폼]을 클릭하면 해당 모듈이 삽입됩니다. 모듈은 [Module1, Module2…]처럼 'Module + 일련번호' 형식으로 이름이 삽입되고, 클래스 모듈은 [Class1, Class2…], 폼 모듈은 [UserForm1, UserForm2…] 형식으로 이름이 삽입이 됩니다. 모듈 이름은 [속성] 창의 '이름'에서 수정이 가능합니다.

009 모듈 제거

제거할 모듈을 선택한 다음 [파일] 탭의 [(모듈이름) 제거]를 클릭합니다(마우스 오른쪽 버튼을 클릭하고 [(모듈이름) 제거]를 클릭해도 됩니다). 제거된 모듈은 복구할 수 없기 때문에 주의가 필요합니다.

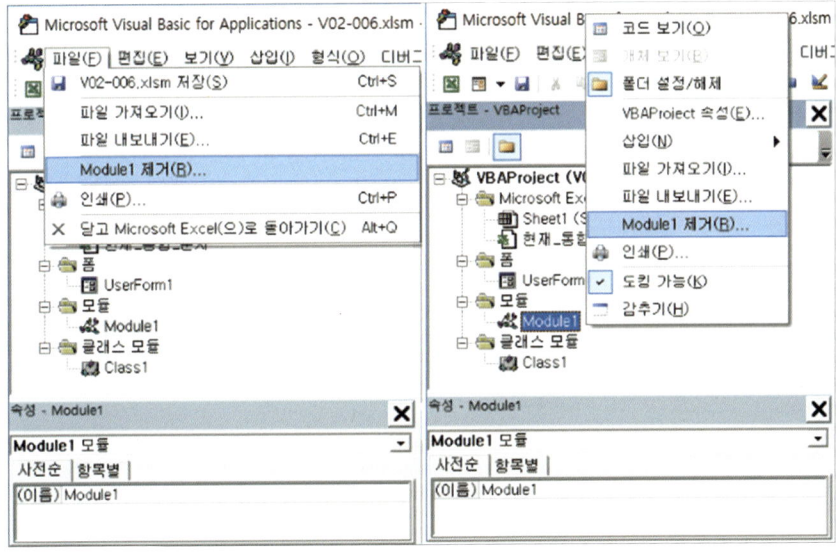

제거하기 전에 나타나는 '제거하기 전에 (모듈 명)을(를) 내보내시겠습니까?' 의미는 다음과 같습니다.

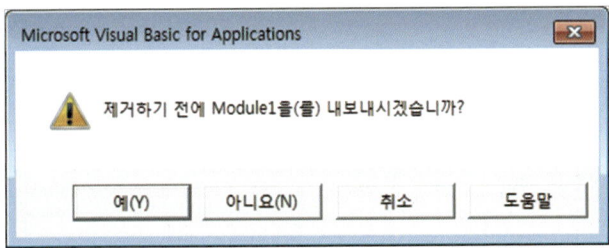

- 예 : 파일 내보내기를 한 다음 모듈을 제거합니다.
- 아니오 : 파일 내보내기를 하지 않고 모듈을 제거합니다.
- 취소 : 모듈 제거를 취소합니다

Chapter 5

프로시저의 이해

프로시저는 하나의 매크로를 의미하며, 원하는 작업을 수행하도록 하는 하나 이상의 명령어로 구성됩니다. 이번 장에서는 프로시저의 정의와 종류에는 어떤 것들이 있는지 알아보겠습니다.

프로시저(Procedure)의 정의

프로시저란 VBA로 작성된 하나의 프로그램입니다. 프로시저는 한 줄의 코드나 여러 줄의 코드로 작성된 작은 단위의 묶음입니다. 앞에서 살펴보았던 매크로 이름 중 '매크로1'을 프로시저라고 합니다. 프로시저의 길이에 특별한 제한은 없지만, 너무 많은 기능을 수행하도록 지나치게 긴 프로시저를 작성하는 것은 추천하지 않으며, 단순한 기능을 수행하는 몇 개의 프로시저로 나누어 작성하는 것이 좋습니다. 여러 개로 나눈 프로시저를 메인 프로시저에서 호출하여 사용하며, 이런 방식이 작성한 코드를 관리하기에도 용이합니다.

프로시저는 사용 성격에 따라 Sub 프로시저, Function 프로시저, Property 프로시저로 구분할 수 있습니다. 연산을 수행한 후 결과값을 반환 받는 Function 프로시저와 구문을 실행하는 Sub 프로시저에 대해 앞으로도 다룰 예정입니다. 여기서는 간단히 프로시저가 어떻게 이루어져 있는지만 살펴보도록 하겠습니다.

```
Sub 매크로2()
    MsgBox Habsan (3, 5)
End Sub
Function Habsan(lngA As Long, lngB As Long)
    Habsan = lngA + lngB
End Function
```

- '매크로2'는 Sub 프로시저입니다. 'Habsan'이라는 Function 프로시저를 호출하여 계산된 결과 값을 반환 받아 메시지 박스로 출력합니다.

- 'Habsan'은 Function 프로시저입니다. Sub 프로시저에서 넘겨준 인수 2개를 더하여 계산된 값을 '매크로2' 프로시저에 반환합니다.

011 프로시저(Procedure)의 종류와 사용 범위

매크로 기록기로 기록하여 생성된 프로시저와 사용자가 직접 작성하는 일반적인 프로시저를 서브 프로시저라고 하고 엑셀 함수처럼 사용하는 용도의 프로시저를 함수 프로시저라고 합니다. 이렇게 작성된 프로시저는 지정하는 방법에 따라 사용 범위가 다릅니다. 이번 장에서는 프로시저의 종류와 사용 범위에 대해 알아보겠습니다.

1. 프로시저의 종류
프로시저의 종류는 3가지가 있습니다.

1) Sub 프로시저
일반적인 처리를 위한 프로시저로 사용자나 다른 프로시저가 실행할 수 있습니다. 'Sub 프로시저이름()'으로 시작하고 'End Sub'로 끝나는 형식입니다. 여기서 'Sub'는 프로시저의 시작을 표시하는 키워드로 필수 입력 항목이고 앞에 사용 범위를 지정할 수 있습니다.

2) Function 프로시저
사용자가 정의한 함수로 연산을 수행한 후 결과값을 반환합니다.
'Function 프로시저이름()'으로 시작하고 'End Function'으로 끝나는 형식입니다. 여기서 'Function'은 프로시저의 시작을 알리는 키워드로 필수 입력 항목입니다.

3) Property 프로시저
사용자가 속성을 만들거나 저장하기 위한 프로시저입니다. 일반적으로 크게 사용되지 않습니다.

2. 프로시저의 사용 범위

프로시저를 다른 프로시저가 호출할 때 호출 가능 유무에 따라 사용 범위가 달라집니다.

1) Public 프로시저

프로시저는 기본적으로 Public이며, 생략하거나 명시한 경우 모두 Public입니다.
통합 문서에 작성된 모든 프로시저에서 해당 Sub 프로시저를 호출하여 사용할 수 있습니다.
다음 예제의 프로시저는 모두 Public 프로시저입니다.

```
Sub PublicFirstDemo()

End Sub
Public Sub PublicSecondDemo()

End Sub
```

다음 예제는 'Module1' 모듈에 Public 프로시저를 하나 만들고 'Module2' 모듈에서 Public 프로시저를 호출하는 예제입니다.

- 'Module1' 모듈

```
Public Sub PublicDemo()
    MsgBox "안녕하세요?"
End Sub
```

- 'Module2' 모듈

```
Sub PublicSubCallDemo()
    Call PublicDemo
End Sub
```

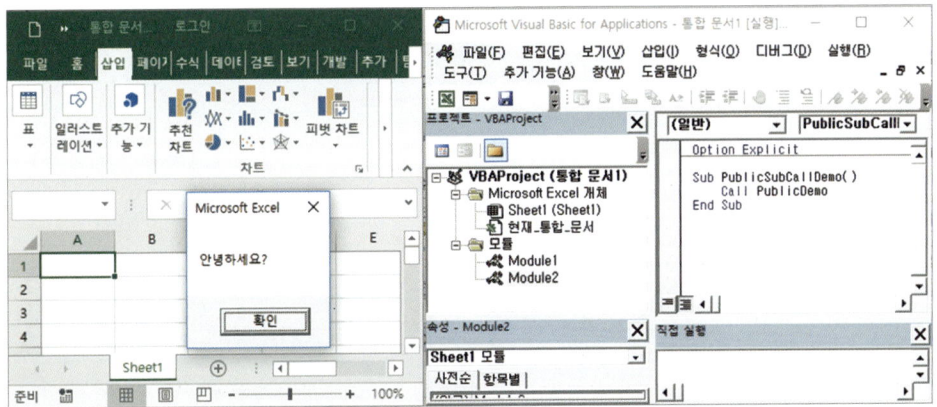

2) Private 프로시저

Private 프로시저는 같은 모듈 내에 있는 프로시저만 호출이 가능하고 다른 모듈에 있는 프로시저에서 호출하면 오류가 발생합니다.

'*Module1*' 모듈에 Private 프로시저를 하나 만들고 '*Module2*' 모듈에서 Private 프로시저를 호출하는 예제입니다. 다른 모듈(Module)에 있는 Private 프로시저를 호출했기 때문에 [컴파일 오류]가 발생합니다.

• 'Module1' 모듈

```
Private Sub privateDemo()
    MsgBox "안녕하세요?"
End Sub
```

• 'Module2' 모듈

```
Sub PrivateSubCallDemo()
    Call privateDemo
End Sub
```

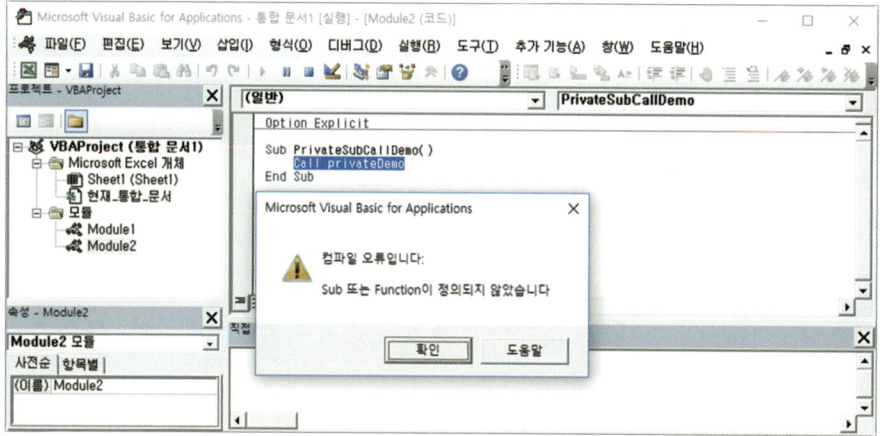

[개발 도구] 탭 - [매크로]를 클릭하면 나타나는 [매크로] 대화상자에서 매크로 이름 목록을 살펴보면 Private 프로시저는 나타나지 않습니다. 이 목록에는 Public으로 선언한 프로시저만 나타납니다.

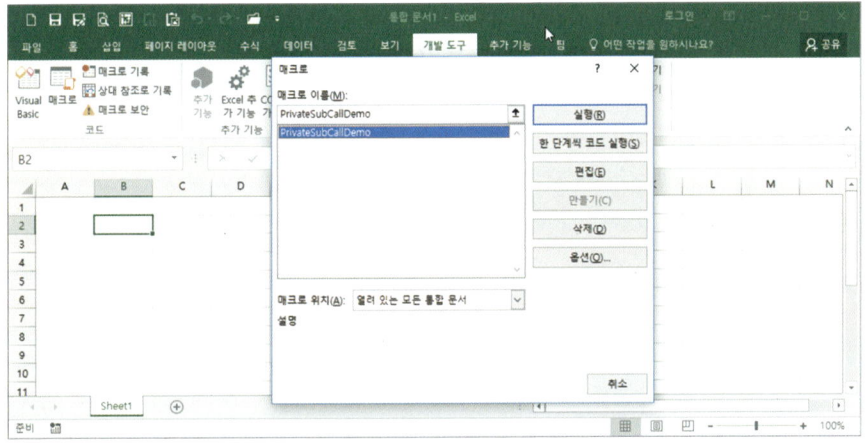

'*Module1*'에 있는 '*PrivateDemo*' 프로시저는 '*Private*' 프로시저이므로 매크로 이름 목록에 나타나지 않습니다. 따라서 해당 프로시저는 [매크로] 대화상자에서 실행할 수 없습니다.

Chapter 6

Sub 프로시저
(Procedure)

일반적인 처리를 위한 프로시저를 Sub 프로시저라고 합니다. 매크로 기록기로 기록한 '매크로1'도 Sub 프로시저에 해당되며, 우리가 사용하는 대부분의 프로시저가 Sub 프로시저라고 이해해도 무방합니다. Sub 프로시저는 작성된 코드에 의해 작업을 수행하며, 수행한 결과값을 반환하지는 않습니다. 수행한 결과값을 반환하는 것은 다음에 다룰 FUNCTION 프로시저를 이용해야 합니다.

012 프로시저, 상수, 변수, 인수의 이름을 지을 때의 규칙

모든 프로시저에는 각자의 이름이 있습니다. 한 가정에서 자녀의 이름을 동일하게 짓지 않듯이 모듈 내에서도 프로시저의 이름을 똑같이 지을 수 없습니다. 'Module1'이라는 프로시저는 이름만 보았을 때 어떤 작업을 하는지 알 수 없습니다. 이처럼 내용을 알 수 없는 이름은 가급적 사용하지 않는 것이 좋지만 프로시저로 모든 것을 표현하기 위해 문장처럼 너무 길면 프로시저의 역할은 잘 설명할 수 있지만 작성하기가 어렵다는 단점도 있습니다. 혹자는 이름을 정하는 것이 제일 어렵다고도 합니다. 이름을 지을 때는 해당 프로시저가 어떤 작업을 하는지를 간단명료하게 작성합니다.

프로시저나 상수, 변수, 인수의 이름을 지을 때의 규칙은 다음과 같습니다.
규칙에서 벗어나면 오류가 발생하므로 주의가 필요합니다.

① 첫 번째 문자는 문자를 사용해야 합니다.
② 공백이나 마침표(.), 느낌표(!), 특수문자(@, $, #)는 이름에 사용할 수 없습니다.
③ 이름은 255자를 넘을 수 없습니다.
④ Visual Basic의 함수, 문, 메서드와 동일한 이름은 사용할 수 없습니다.
⑤ 같은 수준의 범위에서 중복으로 이름을 사용할 수 없습니다.
⑥ 대문자, 소문자는 구분하지 않습니다..

구분	잘못된 이름	올바른 이름	설명
① 예시	Sub 123()	Sub A123()	첫 번째 문자가 문자가 아닙니다.
② 예시	Sub A#123()	Sub A123()	특수문자(#)가 포함되어 있습니다.
④ 예시	Sub Date()	Sub Date_1()	Date는 Visual Basic의 함수입니다.

013 Sub 프로시저 작성 방법

[VBE] 창의 프로젝트 탐색기에서 프로시저를 작성할 모듈을 선택한 다음 마우스 오른쪽 버튼을 클릭하여 [코드 보기]를 클릭하거나 모듈을 선택한 다음 더블클릭하면 [코드] 창으로 이동합니다. 이동한 [코드] 창에서 프로시저를 작성하면 해당 모듈에 속한 프로시저가 됩니다.

1. 프로시저 이름을 [코드] 창에 직접 입력하는 방법

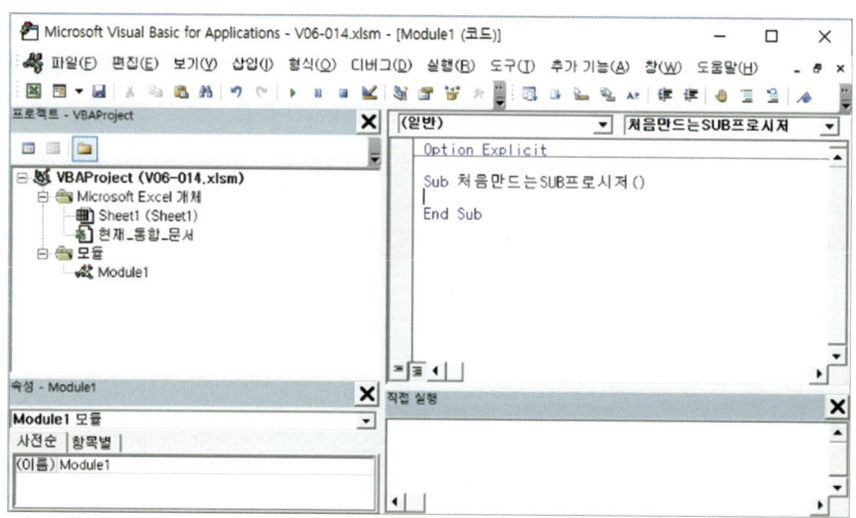

[코드] 창에 'Sub 처음만드는SUB프로시저'라고 입력한 다음 Enter 키를 누르면 VBE가 다음과 같이 자동으로 코드를 완성합니다.(입력 시 작은따옴표(' ')는 제외하고 입력합니다.)

```
Sub 처음만드는SUB프로시저()
End Sub
```

완성된 구문을 보면 하나의 프로시저는 'Sub'로 시작해서 'End Sub'로 끝나는 것을 알 수 있습니다. '처음만드는SUB프로시저'는 프로시저 이름으로 사용자가 임의로 지정하면 됩니다.

프로시저 이름은 〈이름을 지을 때의 규칙〉에 맞게 정의해야 합니다. 규칙에서 벗어나면 '프로시저 이름이 잘못되었습니다'라는 오류가 발생하므로 주의가 필요합니다.

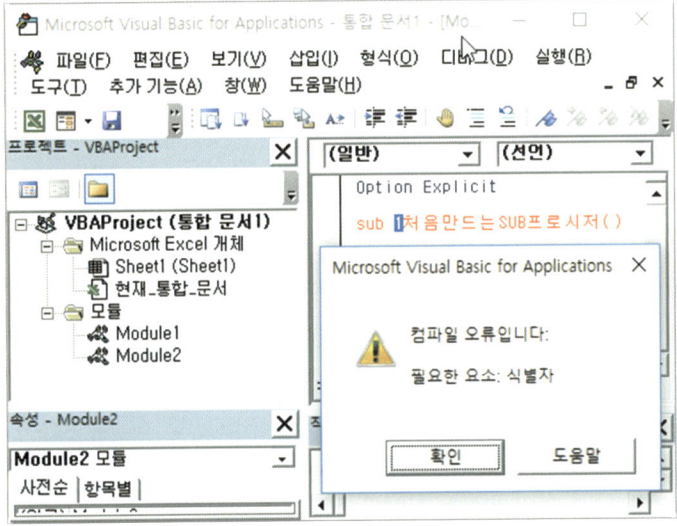

2. [삽입] - [프로시저] 메뉴를 이용하는 방법

VBE의 메뉴 중 [삽입] - [프로시저]를 클릭합니다.

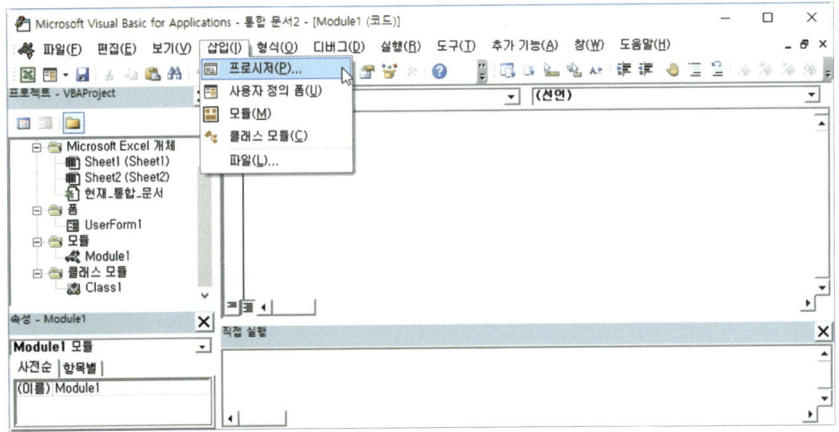

[프로시저 추가] 대화상자가 나타나면 이름은 '처음만드는SUB프로시저'라고 입력하고 형식은 'Sub'를, 범위는 다른 모듈에서도 사용이 가능한 'Public'을 선택한 다음 [확인]을 클릭하면 VBE가 다음과 같이 자동으로 코드를 완성해줍니다.

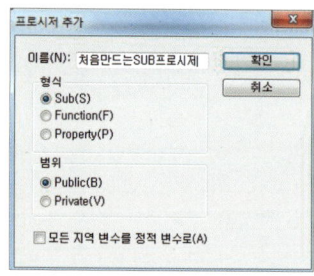

```
Public Sub 처음만드는SUB프로시저()
End Sub
```

이렇게 만들어진 'Sub'와 'End Sub'안에 다음과 같이 원하는 코드를 작성하면 됩니다.

메시지를 출력하는 코드는 다음과 같습니다.

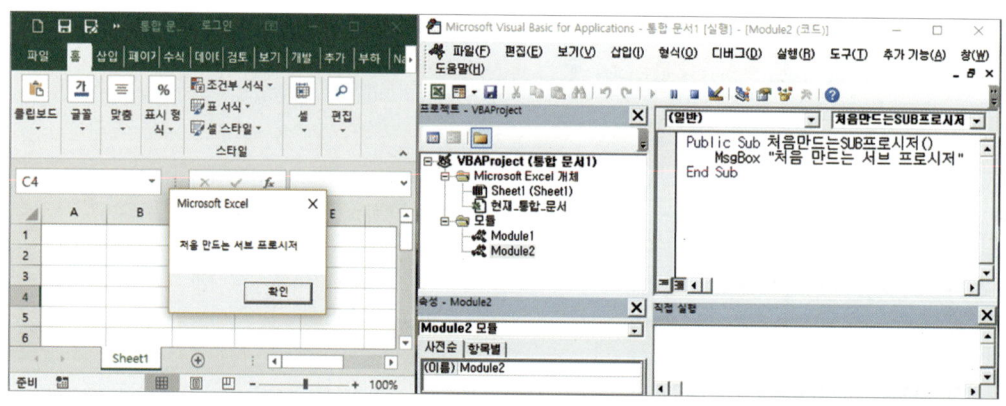

```
Public Sub 처음만드는SUB프로시저()
    MsgBox "처음 만드는 서브 프로시저"
End Sub
```

014 변수 선언 방법 및 사용 범위

변수(變數, variable)는 값이 변할 수 있는 수를 말합니다. 변수에 값을 할당하면 컴퓨터의 메모리 내에 존재하며 프로그램에서 변수값을 사용할 수 있습니다. 중간에 변수값을 다른 값으로 할당하면 그 순간부터 변수에는 할당된 값으로 변경됩니다. 프로시저가 종료되면 변수는 더 이상 존재하지 않으며 메모리에서 삭제됩니다. 프로시저가 종료되어도 변수가 그 값을 유지해야 할 경우 변수를 'Static'으로 선언합니다. 일반적으로 변수를 선언하는 방법은 [Dim] 문을 이용합니다.

앞에서 만든 Sub 프로시저에 변수를 선언해보겠습니다.

```
Sub 처음만드는SUB프로시저()
    Dim 변수1 As String      ' 변수 선언 구문
End Sub
```

Dim 문의 구조는 다음과 같이 복잡합니다.

```
Dim [WithEvents] varname[([subscripts])] [As [New] type] [, [WithEvents]
varname[([subscripts])] [As [New] type]] . . .
```

1. 일반적으로 사용하는 구조

```
Dim 변수이름 As 데이터 형식
 ❶    ❷    ❸    ❹
```

❶ Dim : 변수를 할당하는 문으로 필수 입력 항목입니다.
❷ 변수 이름 : 사용자가 임의로 지정한 변수 이름으로 필수 입력 항목입니다.
❸ As : 절(節)이라고 하며 선택 입력 항목입니다. As 절이 사용되면 반드시 데이터 형식이 지정되어야 하고 As 절이 생략되면 데이터 형식은 Variant(기본값)가 됩니다.
❹ 데이터 형식 : 데이터의 형식을 지정하며, 선택 입력 항목입니다. As 절이 사용되면 반드시 지정해야 합니다.

2. 하나의 Dim 문으로 여러 개의 변수를 선언하는 방법

```
Dim 변수1 As String, 변수2 As String, 변수3 As String
```

Dim 문은 처음에 한번만 정의하고 변수와 변수 구분은 콤마(,)를 이용합니다. 변수의 데이터 형식이 모두 같다고 다음처럼 선언하면 변수3만 String 형식이고 변수1, 변수2는 데이터 형식이 생략되었으므로 기본값인 Variant 형식이 됩니다.

```
Dim 변수1, 변수2, 변수3 As String
```

Dim 문의 사용 방법을 예제를 통해 알아보겠습니다.

변수에 이름을 할당 받아 메시지 박스로 출력하는 코드는 다음과 같습니다.

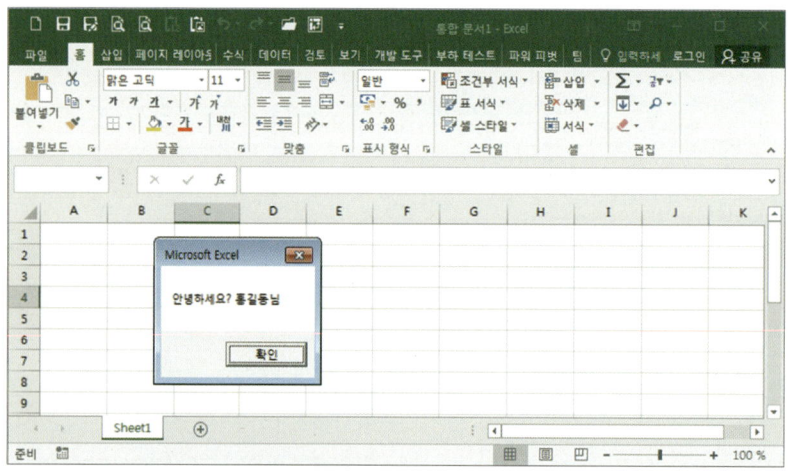

```
1   Sub 처음만드는SUB프로시저()
2       Dim 변수1 As String
3       변수1 = "홍길동"
4       MsgBox "안녕하세요? " & 변수1 & "님"
5       MsgBox "안녕하세요? " + 변수1 + "님"
6   End Sub
```

02. 변수 이름은 '변수1'이고 데이터 형식은 '문자열'입니다.

03. 변수에 '홍길동'이라는 값을 할당합니다. 문자값은 큰따옴표(")를 사용합니다

04. ~ 05. MsgBox : 메시지 박스를 띄우기 위한 함수로 문자열과 변수를 연결할 때 '&'나 '+'를 사용해 연결합니다. 04와 같은 방식을 권장하며, 05와 같은 방식은 권장하지 않습니다. 프로시저를 실행하면 '안녕하세요? 홍길동님'이라는 문자열의 값을 메시지 박스로 띄우게 됩니다.

변수의 선언은 Sub 명령문과 End Sub 명령문 내에서 선언이 가능하고 변수 선언이 된 다음부터 적용을 받습니다.

1) 프로시저의 시작 부분에 선언하는 방법(권장 방식)

```
Sub variableFirstDemo()
    Dim 변수1     As Long
    Dim 변수2     As String
    Dim 변수3     As String
    변수1 = 20
    변수2 = "홍길동"
    변수3 = 변수2 & "님의 나이는 " & 변수1 & "세 입니다"
    MsgBox 변수3
End Sub
```

2) 프로시저의 중간 부분에 선언하는 방법

```
Sub variableSecondDemo()
    Dim 변수1     As Long
    변수1 = 20
    Dim 변수2     As String
    변수2 = "홍길동"
    Dim 변수3     As String
    변수3 = 변수2 & "님의 나이는 " & 변수1 & "세 입니다"
    MsgBox 변수3
End Sub
```

데이터 형식이 문자일 때 변수의 크기를 지정하고 싶은 경우 변수 선언 시 크기를 설정할 수 있습니다.

```
Sub stringSizeDemo()
    Dim 변수1     As String * 20
    변수1 = "좋아요"
    MsgBox "[" & 변수1 & "]"
End Sub
```

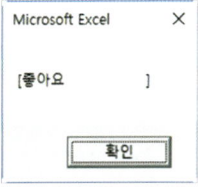

'변수1'의 값(좋아요)은 3글자이지만 변수를 선언할 때 크기를 '20'으로 지정했기 때문에 나머지 '17'자는 공란으로 표시됩니다. 만약 글자 수가 '20' 글자를 초과하면 '20' 글자까지만 보여지게 됩니다.

3) 변수의 사용 범위

변수의 지정을 어느 수준에서 하는지에 따라 사용 범위가 달라집니다.

선언 수준	변수 선언 방법으로	설명
단일 프로시저	프로시저 내에서 Dim, Static, Private 문으로 선언	해당 프로시저만 사용합니다.
모듈 수준	모듈의 첫 프로시저 위에 Dim 문으로 선언	모듈 내에 있는 모든 프로시저에서 사용합니다.
모든 모듈	모듈의 첫 프로시저 위에 Public 문으로 선언	모든 모듈에 있는 모든 프로시저에서 사용합니다.

4) 단일 프로시저 수준의 사용 범위

```
Sub procedureFirstDemo()
    Dim 변수1     As Long
    Dim 변수2     As String
    변수1 = 20
    변수2 = "홍길동"
    MsgBox 변수2 & "님의 나이는 " & 변수1 & "세 입니다"
End Sub
```

'변수1'과 '변수2'는 'procedureFirstDemo' 프로시저에서만 사용이 가능합니다.

5) 모듈 수준의 사용 범위

```
Option Explicit
    Dim 변수1     As Long
    Dim 변수2     As String
Sub procedureFirstDemo()
    변수1 = 20
    변수2 = "홍길동"
    MsgBox 변수2 & "님의 나이는 " & 변수1 & "세 입니다"
    Call procedureSecondDemo
End Sub

Sub procedureSecondDemo()
    MsgBox 변수2 & "님의 나이는 " & 변수1 & "세 입니다"
End Sub
```

'변수1'과 '변수2'를 모듈 수준으로 선언하기 위해 모듈 내에 있는 첫 번째 프로시저 위에 선언합니다. 변수를 선언한 다음 'procedureFirstDemo' 프로시저를 실행하면 '변수1'과 '변수2'에 값을 할당하여 메시지를 출력합니다. 메시지를 닫으면 'procedureSecondDemo' 프로시저를 호출(Call procedureSecondDemo)

하여 'procedureSecondDemo' 프로시저가 실행이 됩니다.

'procedureSecondDemo'프로시저에는 '변수1'과 '변수2'에 값을 할당하는 구문이 없어도 'procedureFirstDemo' 프로시저에서 할당한 값을 사용하여 같은 내용의 메시지를 출력하게 됩니다.

주의해야 할 부분은 프로시저 수준에서 모듈 수준의 변수 이름과 동일한 변수를 선언하면 모듈 수준보다 우선하므로 모듈 수준에서 할당한 값을 사용할 수 없게 됩니다.

```
Option Explicit
    Dim 변수1     As Long
    Dim 변수2     As String
Sub procedureFirstDemo()
    변수1 = 20
    변수2 = "홍길동"
    MsgBox 변수2 & "님의 나이는 " & 변수1 & "세 입니다"
    Call procedureSecondDemo
End Sub
Sub procedureSecondDemo()
    Dim 변수1     As Long
    Dim 변수2     As String
    MsgBox 변수2 & "님의 나이는 " & 변수1 & "세 입니다"
End Sub
```

'procedureSecondDemo' 프로시저에 프로시저 수준의 변수를 선언했기에 변수가 초기화 됩니다.

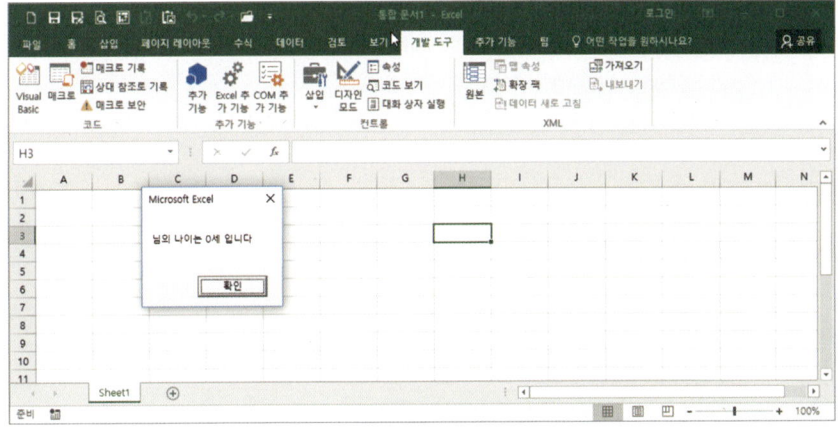

6) 통합 문서 수준(모든 모듈)의 사용 범위

- 'Module1' 모듈

```
Option Explicit
    Public  변수1    As Long
    Public  변수2    As String

Sub procedureFirstDemo()
    변수1 = 20
    변수2 = "홍길동"
    MsgBox 변수2 & "님의 나이는 " & 변수1 & "세 입니다"
    Call procedureSecondDemo
End Sub
```

모듈 내의 첫 번째 프로시저 위에 'Public'으로 변수를 선언해야 합니다.

- 'Module2' 모듈

```
Sub procedureSecondDemo()
    MsgBox 변수2 & "님의 나이는 " & 변수1 & "세 입니다"
End Sub
```

15 상수 선언 방법

상수(常數, Constant)는 값이 변하지 않는 수로 상수값을 중간에 다른 값으로 다시 할당할 수 없습니다. 일반적으로 상수를 선언하는 방법은 'Const' 문을 이용하고 구조는 다음과 같습니다.(상수도 실제 구조는 변수처럼 복잡합니다.)

```
Const 상수이름 As 데이터 형식 = 값
```

- Const : 상수를 할당하는 문으로 필수 입력 항목입니다.
- 상수 이름 : 사용자가 임의로 지정한 상수 이름으로 필수 입력 항목입니다.
- As : 절(節)이라고 하며 선택 입력 항목입니다. As 절이 사용되면 반드시 데이터 형식이 지정되어야 하고 As 절이 생략되면 데이터 형식은 값에 따라 자동으로 형식이 지정됩니다.
- 데이터 형식 : 데이터의 형식을 지정하며 선택 입력 항목입니다. As 절이 사용되면 반드시 지정해야 합니다.
- 값 : 상수에 할당할 값입니다.

상수에 이름을 할당하고 메시지 박스로 출력하는 방법입니다.

```
1  Sub 상수예제()
2      Const 상수1 As String = "홍길동"
3      MsgBox "안녕하세요? " & 상수1 & "님"
4  End Sub
```

02. 상수 이름은 '상수1' 이고 데이터 형식은 '문자열'이며 값은 '홍길동'입니다. 문자값은 큰따옴표(" ")를 사용합니다.

03. '안녕하세요? 홍길동님'이라는 문자열 값을 메시지 박스로 띄우게 됩니다. 문자열과 변수를 연결할 때 '&'나 '+' 로 연결합니다.

이해를 돕기 위해 반지름의 값이 '10' 일 때의 원주와 원의 넓이를 구하는 프로시저를 작성해보겠습니다. 공식은 몰라도 관계없습니다.
- 원주(둘레) 구하는 공식 : 원주율 X 반지름 X 2
- 원의 넓이 구하는 공식 : 원주율 X 반지름 X 반지름

1. 상수를 사용하지 않는 방법

```
Sub 상수미사용()
    원주 = 3.141592654 * 10 * 2
    원넓이 = 3.141592654 * 10 * 10
End Sub
```

2. 상수를 사용하는 방법

```
Sub 상수사용()
    Const 파이 As Double = 3.141592654
    원주 = 파이 * 10 * 2
    원넓이 = 파이 * 10 * 10
End Sub
```

파이값을 수정해야 할 경우(3.14까지만 계산하는 정책으로 변경) 상수를 사용하지 않은 경우에는 파이의 값이 입력된 수식을 처음부터 끝까지 찾아 수정해야 하지만 상수를 사용한 경우에는 파이값이 입력된 상수 값만 변경하면 되기 때문에 유지보수가 쉽고 정확하게 수정할 수 있습니다.

만약 상수값을 프로시저 내에서 변수처럼 값을 변경하면 오류가 발생합니다.

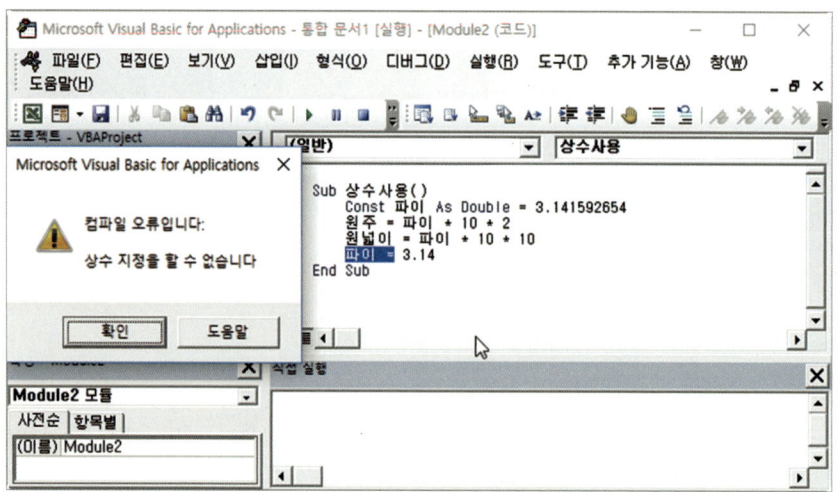

```
Sub 상수사용()
    Const 파이 As Double = 3.141592654
    원주 = 파이 * 10 * 2
    원넓이 = 파이 * 10 * 10
    파이 = 3.14
End Sub
```

3. 상수의 사용 범위

상수의 사용 범위는 변수의 사용 범위와 같습니다.

프로시저 내에서만 사용해야 하는 경우 Sub 명령문과 End Sub 명령문 내에서 선언합니다. 상수를 모듈 내에 있는 모든 프로시저에서 사용하려면 모듈 내에 있는 첫 번째 프로시저 위에 선언해야 하고 통합 문서에 있는 모든 모듈 내의 모든 프로시저에서 사용하려면 모듈 내에 있는 첫 번째 프로시저 위에서 'Public'으로 상수를 선언해야 합니다.

```
Public Const 파이 As Double = 3.141592654
Sub 상수사용()
    Dim 원주     As Double
    Dim 원넓이   As Double
    원주 = 파이 * 10 * 2
    원넓이 = 파이 * 10 * 10
End Sub
```

016 변수 상수의 데이터 형식

앞에서 변수와 상수를 정의할 때 데이터 형식을 언급했었습니다.
데이터 형식이란 데이터를 메모리 상에 어떻게(정수, 실수, 문자, 논리 등) 저장할 것인지를 지정하는 것입니다. 저장되는 메모리를 효율적으로 관리하기 위해서는 데이터에 맞게 데이터 형식을 지정해야 합니다.

데이터 형식	저장 용량	범위		형식 선언 문자
		부터	까지	
Byte	1 Byte	0	255	
Boolean	2 Byte	True나 False		
Integer	2 Byte	−32,768	32,767	%
Long(긴 정수)	4 Byte	−2,147,483,648	2,147,483,647	&
Single (단정도 부동소수점)	4 Byte	음수인 경우 −3.402823E38 / 양수인 경우 1.401298E−45	음수인 경우 −1.401298E−45 / 양수인 경우 3.402823E38	!
Double (배정도 부동소수점)	8 Byte	음수인 경우 −1.79769313486232E308 / 양수인 경우 4.94065645841247E−324	음수인 경우 −4.94065645841247E−324 / 양수인 경우 1.79769313486232E308	#
Currency (통화형)	8 Byte	−922,337,203,685,477.5808	922,337,203,685,477.5807	@
Decimal	14 Byte	소수값 없음 +/−79,228,162,514,264,337,593,543,950,335 소수점 이하 28자리의 경우 +/−7.9228162514264337935543950335 0이 아닌 최소 수치 +/−0.0000000000000000000000000001		
Date	8 Byte	날짜와 시간		

Object	4 Byte	모든 개체 참조		
String(가변 길이)	10 Byte + 문자열 길이	0	약 20억	$
String(고정 길이)	문자열 길이	1	약 65,400	$
Variant(숫자)	16 Byte	Double형 범위 내의 모든 숫자		
Variant(문자)	22 Byte + 문자열 길이	변수 길이 String과 같은 범위		
사용자 정의 형식 (Type 사용)	요소가 사용 하는 숫자	해당 데이터 형식의 범위 값과 각 요소의 범위 값이 같음		

데이터의 크기보다 작은 데이터 형식으로 지정하면 오버플로(Overflow) 오류가 발생합니다. 오류를 배제하기 위하여 큰 저장 용량으로 지정하면 처리 시간이 많이 소요되므로 데이터의 크기에 따라 적당한 데이터 형식을 지정하는 것이 좋습니다.

[사용 예]

월은 1년 중 12월이 가장 큰 달이므로 변수의 데이터 형식을 *Byte*로 지정하고, 일은 366일이 가장 큰 날이므로 변수의 데이터 형식을 *Integer*로 지정합니다. 이때 일을 *Byte*로 지정하면 *Byte*의 범위는 0 ~ 255이므로 오버풀로(*Overflow*) 오류가 발생합니다.

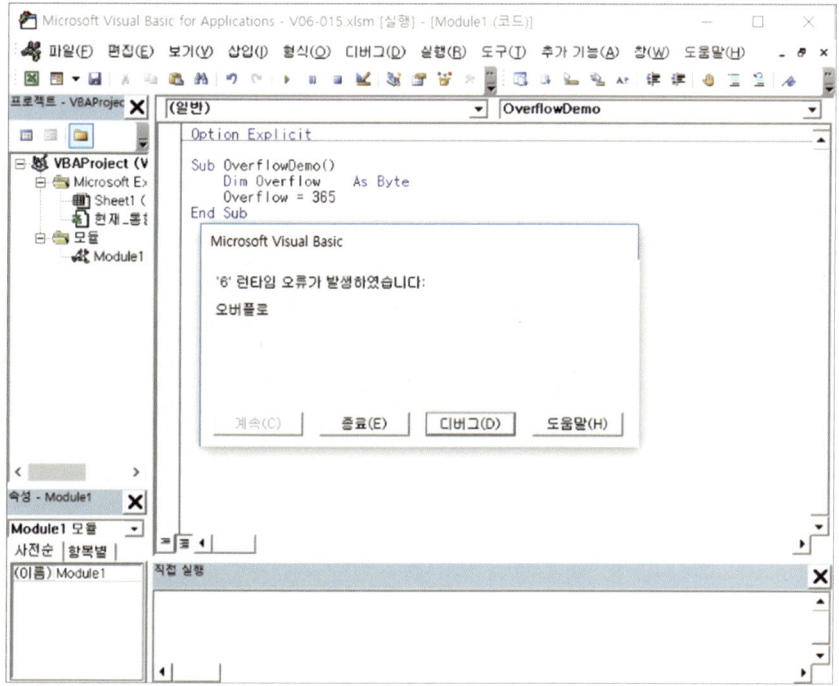

데이터 형식 지정에 따라 처리 속도 비교에 차이가 있습니다.

데이터 형식을 지정하지 않으면 Variant로 지정됩니다. 변수의 데이터에 맞게 데이터 형식을 지정한 경우의 처리 시간과 데이터 형식을 지정하지 않은 경우의 처리 시간을 비교해 보겠습니다.

```
1   Sub dataTypeDemo()
2       Dim i               As Long
3       Dim k               As Long
4       Dim lngA            As Long
5       Dim lngB            As Long
6       Dim lngC            As Long
7       Dim dteStartTime    As Date
8       Dim dteEndTime      As Date

9       dteStartTime = Timer
10      For i = 1 To 10000
11          For k = 1 To 10000
12              lngA = i + k
13              lngB = i - k
14              lngC = i * 2 + k
15          Next k
16      Next i
17      dteEndTime = Timer
18      MsgBox Format(dteEndTime - dteStartTime, "0.0")
19  End Sub
```

09. 시작 시간을 변수(dteStartTime)에 할당합니다.
10. 1부터 10,000까지 10,000번 순환합니다.
11. 1부터 10,000까지 10,000번 순환합니다.
12. 변수 lngA에 변수 i 값에 변수 k값을 더한 값을 할당합니다.
13. 변수 lngB에 변수 i 값에 변수 k값을 뺀 값을 할당합니다.
14. 변수 lngC에 변수 i 값에 2를 곱하고 변수 k의 값을 더하여 할당합니다.
    * 12~14에 할당한 변수를 사용하지는 않습니다.
15. 두 번째 순환문의 순환 카운터 값(k)이 증가합니다.
16. 첫 번째 순환문의 순환 카운터 값(i)이 증가합니다.
17. 종료 시간을 변수에 할당합니다.
18. 종료시간(dteEndTime) – 시작 시간(dteStartTime)을 메시지로 출력합니다.

'dataTypeDemo' 프로시저를 실행하면 약 2.1초가 소요됩니다. 다시 Dim 문으로 변수를 선언한 'Dim i' 부터 'Dim dteEndTime'까지 주석처리를 하였고 변수를 선언하지 않았으므로 기본 데이터 형식(Variant) 으로 처리되고 그 결과 약 9.0초가 소요되었습니다. 변수를 선언하여 데이터 형식을 지정한 것과의 차이는 4.5배 정도 더 많이 소요된 것입니다. 데이터 형식에 따라 처리 속도에 영향을 미치므로 작업 시 올바르게 선언하는 것이 중요합니다.

* Timer 함수 : 자정 이후 경과한 초의 수를 나타내는 Single형 값을 반환합니다.

017 지정문

지정문(Assignment Statement)은 변수나 상수에 특정 값을 할당하거나 수식을 정의하는 문으로 Set 문과 Let 문, LSet 문이 있습니다.

1. Let 문

식의 값을 변수 또는 속성에 지정하는 경우에 사용하며 생략이 가능합니다.(보통 생략)
현재 셀에 '안녕하세요?'를 입력하는 구문은 다음과 같습니다.

```
Sub letDemo()
    ActiveCell.Value = "안녕하세요?"
    Let ActiveCell.Value = "안녕하세요?"
End Sub
```

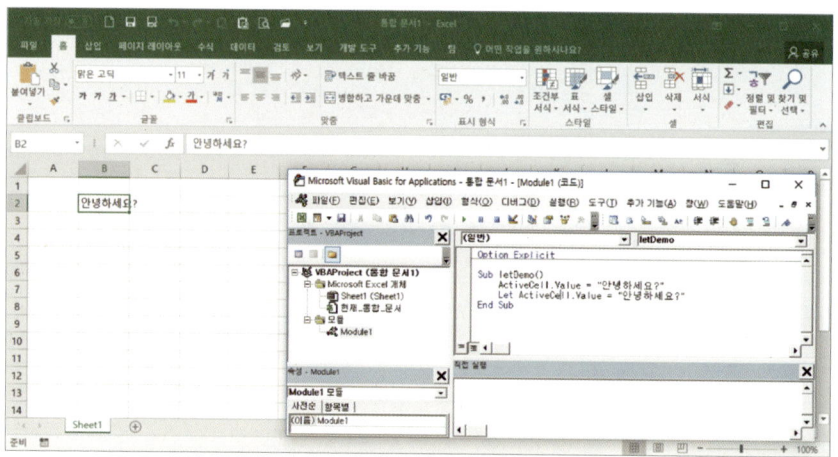

2. Set 문

변수에 개체를 참조하도록 할당하는 경우에 사용하며, 변수는 Object 형식으로 선언합니다. Set 키워드는 Let 키워드와 달리 필수적으로 사용해야 합니다. Set 문은 보통 Workbook, Worksheet, Range 등 통합 문서와 관련된 부분에 많이 사용됩니다.

1) 통합 문서를 참조하는 방법

```
Dim wb As Workbook
Set wb = Workbooks("Book1.xlsx")
```

'*Book1.xlsx*' 라는 통합 문서를 변수 '*wb*'에 할당합니다.

2) 워크시트를 참조하는 방법

```
Dim wb      As Workbook
Dim sht     As WorkSheet
Set wb = Workbooks("Book1.xlsx")
Set sht = wb.Sheets("Sheet1")
```

'*Book1.xlsx*' 통합 문서에 있는 '*Sheet1*' 이라는 워크시트를 변수 '*sht*'에 할당합니다.

3) 범위를 참조하는 방법

```
Dim wb       As Workbook
Dim sht      As WorkSheet
Dim rngDb    As Range
Set wb = Workbooks("Book1.xlsx")
Set sht = wb.Sheets("Sheet1")
Set rngDb = sht.Range("A1:A10")
```

'*Book1.xlsx*' 통합 문서에 있는 '*Sheet1*' 워크시트의 '*A1:A10*' 범위를 변수 '*rngDb*'에 할당합니다.

Set 문으로 할당한 개체를 해제하는 방법은 다음과 같고 이전에 참조된 개체에 연계된 모든 시스템과 메모리 리소스를 해제합니다.

```
Set wb = Nothing
Set sht = Nothing
Set rngDb = Nothing
```

018 배열 선언 방법

배열은 앞에서 설명한 변수와 같이 Dim, Static, Private, Public 문으로 선언합니다. 배열의 크기가 지정된 것을 정적 배열이라고 하고 프로그램 실행 중 크기가 변경될 수 있는 배열을 동적 배열이라고 합니다. 배열의 기본 인덱스는 0부터 시작하고, 인덱스를 1부터 시작하려면 모듈의 맨 위에 'Option Base 1'로 설정해야 합니다.

1. 정적 배열 선언

고정 크기인 3행 2열로 된 Long 데이터 형식으로 선언된 배열입니다.
첫 번째 인수(2)는 행을 나타내고 두 번째 인수(1)는 열을 나타냅니다.

```
Sub 정적배열데모()
    Dim 정적배열(2, 1) As Long
    정적배열(0, 0) = 1
    정적배열(0, 1) = 2
    정적배열(1, 0) = 3
    정적배열(1, 1) = 4
    정적배열(2, 0) = 5
    정적배열(2, 1) = 6
End Sub
```

2. 동적 배열 선언

동적 배열을 선언하면 프로그램 실행 중 배열의 크기를 변경할 수 있습니다.
배열의 크기를 프로그램 실행 과정에서 구하고 구한 크기로 배열의 크기를 적용하는 방법입니다.

```
Dim 동적배열() As Long
```

'*ReDim*' 문을 사용하여 차원의 수를 변경하거나 요소의 수를 정의하고 각 차원의 하한값과 상한값을 지정합니다. '*ReDim*' 문을 사용하면 지정한 배열의 크기를 변경할 수 있지만 기존에 저장되어 있는 배열값을 잃어버리게 됩니다. 기존에 저장되어 있는 배열값을 보존하면서 배열을 확장하려면 '*ReDim Preserve*'를 사용합니다. 다음 코드는 기존 요소의 현재값을 보존하면서 배열의 크기를 '*10*'요소만큼 확장합니다.

```
1  Sub 동적배열데모()
2      Dim 동적배열() As Long

3      ReDim 동적배열(1 To 10, 1 To 5)
4      ReDim Preserve 동적배열(1 To 10, 1 To 15)
5  End Sub
```

03. 처음에 선언한 배열의 크기는 10행(1 To 10) 5열(1 To 5)입니다
04. 배열에서 열의 크기를 5에서 15로 변경합니다. (10행 15열)

* 주의 : '*Preserve*' 메서드를 동적 배열과 함께 사용하면 마지막 차원의 상한값만 변경할 수 있고 차원의 수는 변경할 수 없습니다. 변경할 상한값이 변경 전 상한값보다 작으면 기존에 저장된 배열 중 작아진 부분에 해당하는 값은 잃어버리게 됩니다.
  • 첫 번째 인수인 1차원(1 To 10)의 상한값은 변경(1 To 12)할 수 없습니다.
  • (1 To 10, 1 To 5)로 선언한 2차원 배열을 3차원 배열로(1 To 10, 1 To 5, 3 To 4) 변경할 수 없습니다.

019 주석 처리

주석 처리를 하면 프로그램을 실행할 때 주석에 해당하는 코드를 무시하게 됩니다. 코드의 기능이나 계산 방법 등 코드에 대하여 설명할 때 주로 사용합니다. 주석은 아포스트로피 (')로 시작하거나 공백 다음 Rem 문을 사용합니다. 코드 중간에서 주석 처리를 하면 주석만 무시되고 다음 명령은 반영됩니다.

```
Sub 주석데모()
    ' 나이를 구하는 프로시저입니다.
    Rem 나이를 담을 변수입니다.
    Dim lngAge As Long
    lngAge = 20 ' 나이를 변수에 지정
End Sub
```

'주석데모' 프로시저를 실행하면 첫 번째 주석과 두 번째 주석은 무시하고 'lngAge = 20'의 코드를 실행한 후 코드 중간에 있는 주석은 무시됩니다. 아포스트로피는 동일한 줄에서 명령의 뒤에 사용할 수 있지만 Rem 문은 줄의 맨 앞에서만 사용이 가능하고 명령 뒤에는 사용할 수 없습니다.

주석을 사용하는 것은 좋은 습관이지만 불필요한 내용까지 나열하는 것은 메모리를 낭비하기 때문에 좋지 않습니다. 다음은 주석을 작성하면 좋은 경우입니다.

① 프로시저의 목적을 간략하게 설명합니다.
② 프로시저를 변경할 때 그 변경 내용에 대해 설명합니다.
③ 주요한 변수에 대한 용도를 설명합니다.
④ 계산 방식을 구현한 경우를 설명합니다.
⑤ 코드를 작성하면서 설명의 필요성을 느끼는 구문에 설명합니다.

특정 코드를 반영한 경우와 반영하지 않은 경우의 값을 비교해야 하는 경우 해당 코드를 지우지 말고 주석 처리를 하여 비교한 다음 주석 기호를 제거하고 다시 명령문으로 복구하면 됩니다.

• 주석 블록 설정과 주석 블록 해제 방법

선택된 블록의 각 행에 주석을 나타내는 부호인 아포스트로피를 추가/삭제 합니다.
여러 줄을 주석 처리할 때 유용합니다.(여러 줄 선택 – [주석블록설정/주석블록해제] 버튼 클릭)

20 Option 문

Option 문의 종류는 Option Base 문, Option Compare 문, Option Explicit 문, Option Private 문이 있으며 사용 방법은 다음과 같습니다.

1. Option Base 문
배열에서 하한값에서 기본을 지정하는 구문입니다.

- Option Base 0 또는 생략

```
1   Option Base 0
2   Sub OptionBase_0_Demo()
3       Dim 정적배열(2, 1) As Long
4       정적배열(0, 0) = 1
5       정적배열(0, 1) = 2
6       정적배열(1, 0) = 3
7       정적배열(1, 1) = 4
8       정적배열(2, 0) = 5
9       정적배열(2, 1) = 6
10  End Sub
```

03. 변수 '정적배열'의 하한값을 명시하지 않았고 'Option Base'이므로 0부터 시작하여 정적배열 (0 to 2, 0 to 1)과 같습니다.

- Option Base 1

```
1   Option Base 1
2   Sub OptionBase_1_Demo()
3   Dim 정적배열(2, 1) As Long
4       정적배열(1, 1) = 4
5       정적배열(2, 1) = 6
6   End Sub
```

03. 변수 '정적배열'의 하한값을 명시하지 않았고 'Option Base 1'이므로 1부터 시작하여 정적배열 (1 to 2, 1 to 1)과 같습니다.

Option Base 문은 선택요소이고 생략하면 기본 인덱스인 0의 값을 갖습니다. 모듈 내에서 한 번만 선언이 가능하고 모듈의 맨 위에서 선언합니다. 모듈에 있는 모든 배열의 하한값에만 영향을 주고, Array 함수와 ParamArray 메서드에는 영향을 주지 않습니다.

2. Option Compare 문

문자열 데이터를 비교할 때 사용하는 문자열 비교 메서드를 지정합니다. 모듈 내에서 한 번만 선언이 가능하고 모듈의 맨 위에서 선언합니다.

```
Option Compare {Binary | Text | Database}
```

Option Compare 문은 모듈에 대한 문자열 비교 메서드(*Binary*, *Text*, *Database*)를 지정합니다. 선언하지 않은 모듈의 텍스트 비교 메서드는 '*Binary*' 입니다.

1) Option Compare Binary

문자의 내부 이진 표현 방식에 의한 정렬 순서(이진 정렬 순서)에 따른 문자열을 비교합니다.
A < B < E < Z < a < b < e < z < A < E < Ø < a < e < ø

```
1  Option Compare Binary
2  Sub OptionCompareBinaryDemo()
3      Dim blnCompare  As Boolean
4      blnCompare = ("A" = "a")
5  End Sub
```

01. 영문자 대문자와 소문자를 구분합니다.
04. 대문자 'A'와 소문자 'a'는 다르므로 거짓(False)을 반환합니다

2) Option Compare Text

대문자, 소문자의 텍스트를 같은 문자로 비교합니다. 즉, 대/소문자를 구분하지 않습니다.
(A=a) < (B=b) < (E=e) < (Z=z) < (Ø=ø)

```
1  Option Compare Text
2  Sub OptionCompareTextDemo()
3      Dim blnCompare  As Boolean
4      blnCompare = ("A" = "a")
5  End Sub
```

01. 영문자 대문자와 소문자를 구분하지 않습니다.
04. 대문자 'A'와 소문자 'a'가 같은 문자로 비교하여 참(True)을 반환합니다

3) Option Compare Database

Microsoft Access에서만 사용할 수 있습니다. 정렬 순서에 따른 문자열 비교값은 문자열 비교가 일어난 데이터베이스의 현지 ID(로케일 ID)가 결정합니다.

3. Option Explicit 문

모듈 수준의 모든 변수를 명시적으로 선언할 때 사용하는 구문입니다.

Option Explicit 문이 선언되면 해당 모듈에 있는 모든 변수는 Dim 문 등을 사용하여 명시적으로 선언해야 합니다. 선언하지 않은 변수가 있으면 컴파일 오류가 발생하고, 변수 이름을 잘못 지정하거나 사용 범위가 불분명할 경우에 발생하는 문제를 피하기 위해 Option Explicit 문 사용을 권장합니다.

[VBE] 창의 [도구] - [옵션]을 클릭합니다. [옵션] 대화상자에 있는 [편집기] 탭에서 [변수 선언 요구]에 체크하면 모듈을 추가할 때마다 자동으로 Option Explicit 문이 선언됩니다.

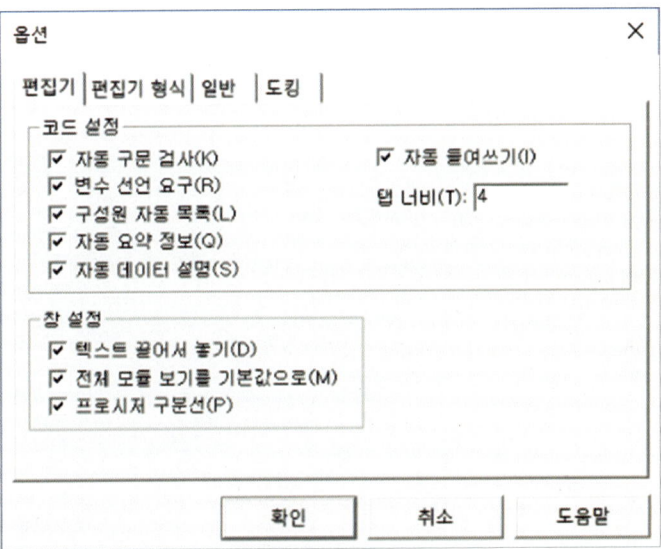

4. Option Private 문

Option Private Module을 선언하면 Private로 선언되지 않은 모듈 수준은 프로그램 내의 다른 모듈에서 사용이 가능하지만 다른 프로그램에서는 사용할 수 없습니다.

Chapter 7

디버깅과 오류 처리

프로시저를 작성하여 실행하면 오류가 발생할 수 있습니다. 명령문을 실행하기 전에 발생하는 문법 오류 (오타 등)나 프로시저 실행 도중에 발생하는 오류, 프로시저 실행이 완료되었지만 정확한 결과가 나오지 않는 오류가 있을 수 있습니다. 이런 여러 종류의 오류 원인을 찾아내어 수정, 보완해야 할 때가 많습니다. 이번 장에서는 디버깅하는 방법과 실행 중에 발생하는 오류에 대한 처리에 대하여 알아보겠습니다.

021 디버깅하면서 단계별로 오류 체크하기

코드를 작성하다 보면 많은 오류를 만나게 됩니다. 오류가 발생하거나 정확한 결과가 나오지 않을 때에는 단계별로 디버깅을 하면서 결과값 또는 오류의 원인을 분석하여 수정해야 합니다.

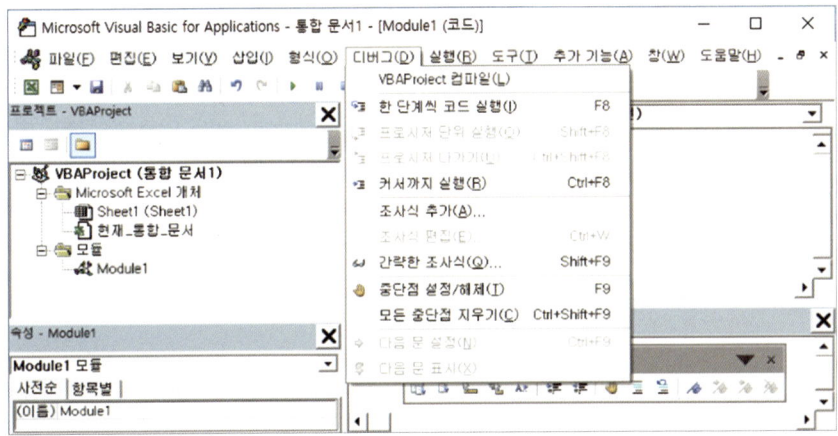

디버깅 할 프로시저 내의 아무 곳이나 클릭하여 활성화한 다음 [디버그] – [한 단계씩 코드 실행]을 클릭하거나 바로 가기 키 F8 을 누릅니다. 프로시저 내에 있는 코드(주석 처리한 코드 제외)가 한 단계씩 실행되며, 확인해야 할 구문이 있는 곳에서 실행을 멈추고 값이나 구문 등을 분석합니다.

다음 예제는 변수에 랜덤 데이터를 받아서 직접 실행 창에 출력하는 코드입니다.

Sub 디버깅()부터 End Sub 구문 안의 아무 줄이나 클릭하여 활성화 한 다음 바로 가기 키 F8 을 누르면 Sub 디버깅()부터 한 단계씩 코드가 실행됩니다.

```
1   Option Explicit
2   Sub 디버깅()
3       Dim dblFunction     As Double
4       dblFunction = Rnd()
5       Debug.Print dblFunction
6   End Sub
```

03. Double 형식의 변수를 선언합니다.
04. 변수에 랜덤값을 할당합니다.
05. 직접 실행 창에 랜덤값을 출력합니다.

1. 변수에 저장된 값을 알아보는 방법

변수에 저장된 값이 올바르게 적용된 값인지 분석하기 위해서는 변수에 저장된 값을 알아야 합니다.

01. 변수 이름에 마우스 포인터를 위치하면 해당 값이 말풍선으로 표시되어 알 수 있습니다.
02. [직접 실행] 창에 '?'와 함께 변수 이름을 입력하고 Enter 를 누르면 해당 값이 직접 실행 창에 출력됩니다.

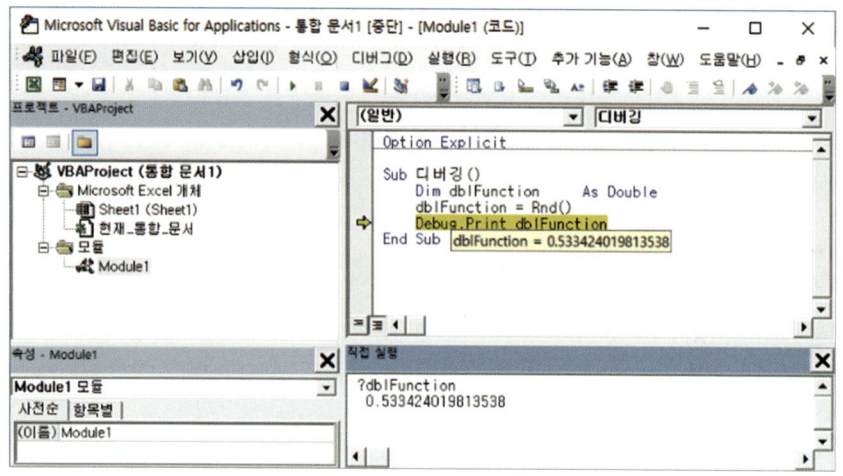

2. 조사식을 추가하는 방법

01. 조사식에서 추가할 변수 이름 위에 마우스 포인터를 위치하고 마우스 오른쪽 버튼을 클릭합니다. 빠른 메뉴에서 [조사식 추가]를 클릭합니다.

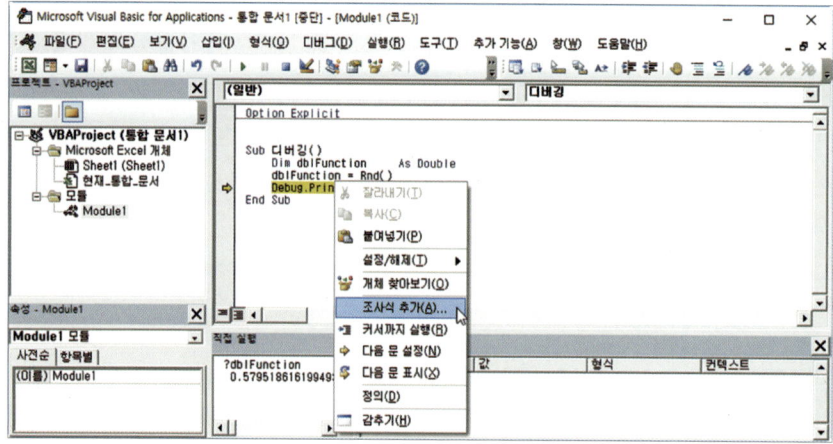

02. [조사식 추가] 대화상자에서 원하는 변수인지 확인하고 [확인]을 클릭합니다.

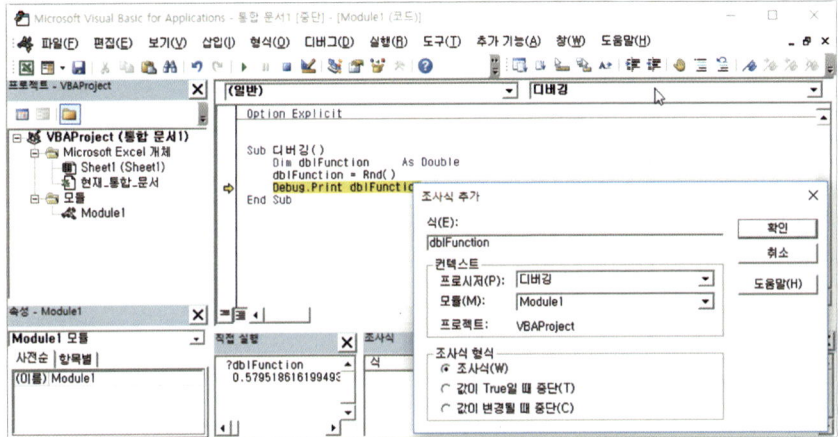

03. [조사식] 창에 변수 이름, 값, 형식 등이 출력됩니다.

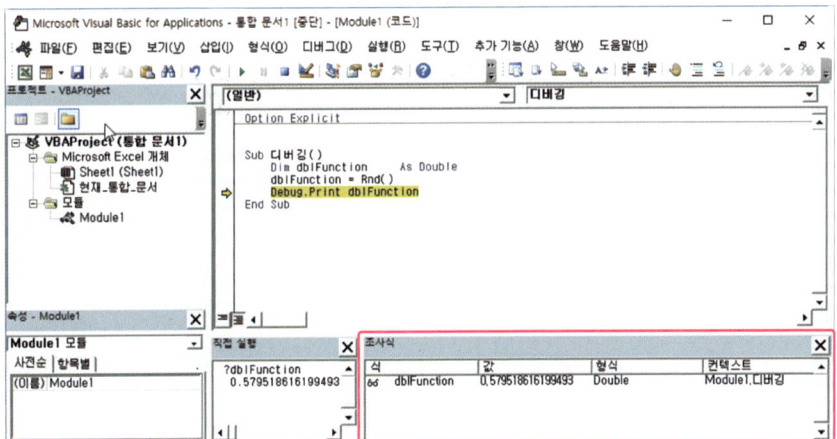

022 오류 분기하기

프로시저를 작성하다 보면 다양한 오류를 접하게 되는데 오류 내용을 파악하여 원인을 제거해야 할 때가 많습니다. 이럴 경우 On Error GoTo 문을 이용해 특정 위치에서 코드를 실행하도록 분기가 가능합니다. On Error GoTo 레이블 이름으로 지정하면 해당 구문 이후에 오류가 발생하면 '레이블 이름'으로 이동하여 실행하게 됩니다.

다음 코드는 랜덤값을 '0'으로 나누어서 발생하는 오류 예제입니다. On Error GoTo 문에 의해 오류가 발생하면 '레이블 이름(Go_Err)'으로 이동하여 메시지를 출력합니다.

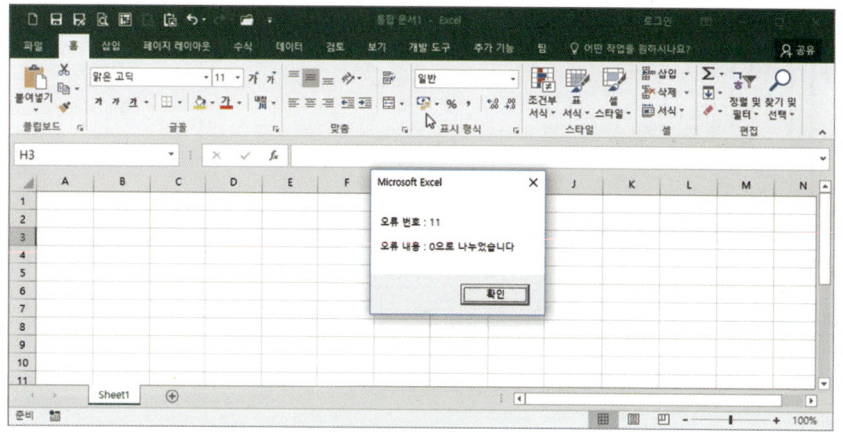

```
1   Sub 오류분기()
2       Dim dblFunction     As Double
3       On Error GoTo Go_Err
4       dblFunction = Rnd() / 0
5       Debug.Print dblFunction
6       Exit Sub
7   Go_Err:
8       MsgBox "오류 번호 : " & Err.Number & vbCr & vbCr & _
9           "오류 내용 : " & Err.Description
10  End Sub
```

02. Double 형식의 변수를 선언합니다

03. 오류가 발생하면 '레이블 이름(Go_Err)'으로 이동하여 코드 실행합니다.

04. 변수에 랜덤값 나누기 0을 한 결과를 할당하는 과정에서 랜덤값을 0으로 나누었기 때문에 오류가 발생하여 레이블 이름(Go_Err)이 있는 곳으로 이동합니다.

05. 직접 실행 창에 랜덤값을 출력합니다.

06. 오류가 발생하지 않았다면 프로시저를 종료합니다. 이 구문이 없다면 오류가 발생하지 않은 경우에도 'MsgBox' 구문에 의해 오류 메세지가 출력되므로 주의가 필요합니다.

07. 오류가 발생하면 이동할 위치를 지정하는 레이블 이름입니다.

08. 오류 번호와 오류 내용을 메시지로 출력합니다.

023 오류 무시하고 진행하기

프로시저를 작성하다 보면 오류에 의도적으로 접근하여 분기처리 하는 경우가 종종 있습니다. 꼭 필요한 기능 중 하나입니다. 간혹 혹시 모를 오류에 대비하여 오류를 무시하고 계속하는 것은 엉뚱한 결과를 반환할 수 있으므로 무분별하게 사용하면 안 됩니다. 꼭 의도적으로 분기처리 할 때만 사용하시기 바랍니다.

- Resume : 오류가 발생한 행과 동일한 행에서 다시 실행합니다.
- Resume Next : 오류가 발생한 다음 행에서 실행합니다.

다음 코드는 'Resume' 문을 사용하여 오류 처리를 끝내고 오류가 발생한 행에서 다시 실행하는 예제입니다.

```
1   Sub resume_Ext()
2       On Error GoTo Go_Err
3       Sheets("Sheet1").Name = "Sheet2"
4   Exit Sub
5   Go_Err:
6       Select Case Err.Number
7           Case 1004
8               Application.DisplayAlerts = False
9               Sheets("Sheet2").Delete
10              Application.DisplayAlerts = True
11              Err.Clear
12              Resume
13          Case 9
14              MsgBox "Sheet1 이 존재하지 않습니다."
15          Case Else
16      End Select
17  End Sub
```

02. 오류가 발생하면 *Go_Err* 레이블로 이동합니다
03. 오류가 발생하지 않았다면 시트 이름을 Sheet2로 바꿉니다
04. 프로시저를 종료합니다.
05. 오류가 발생하면 이동할 위치입니다.
06. Err 개체를 이용해 오류 번호를 구합니다.

07. Sheet2 시트가 존재할 때 발생하는 오류번호입니다.
08. 경고 메시지를 표시하지 않도록 설정합니다.
09. Sheet2 시트를 삭제합니다.
10. 경고 메시지를 표시하도록 설정합니다.
11. Err 개체의 모든 속성을 삭제합니다.
12. 에러가 발생한 행으로 이동합니다.
13. Sheet1이 존재하지 않을 때 발생하는 오류 번호입니다.

다음 코드는 *Resume Next* 문을 사용하여 오류가 발생한 다음 행에서 실행하는 예제입니다.

```
1   Sub resumeNext_Ext()
2       On Error Resume Next
3       Sheets("Sheet1").Name = "Sheet2"
4       If Err.Number <> 0 Then
5           Application.DisplayAlerts = False
6           Sheets("Sheet2").Delete
7           Application.DisplayAlerts = True
8           Err.Clear
9           Sheets("Sheet1").Name = "Sheet2"
10      End If
11      On Error GoTo 0
12  End Sub
```

02. 오류가 발생하면 다음 행에서 실행하는 구문입니다.
03. 'Sheet1' 시트 이름을 'Sheet2'로 변경합니다.
04. 오류 번호가 '0'이 아니면 오류가 발생한 경우이므로 IF 문을 실행합니다.
05. 경고 메시지를 표시하지 않도록 설정합니다.
06. 'Sheet2'를 삭제합니다.
07. 경고 메시지를 표시하도록 설정합니다.
08. Err 개체의 모든 속성을 삭제합니다.
09. 'Sheet1' 시트 이름을 'Sheet2'로 변경합니다.
11. '*On Error Resume Next*'로 지정한 '*Resume Next*'의 기능을 초기화하여 오류 처리기를 사용할 수 없게 설정합니다.

On Error Resume Next 구문에 의해 On Error GoTo 0 구문 이전에 발생한 오류는 무시하고 계속 진행하지만 On Error GoTo 0 구문 이후에 오류가 발생하면 오류 메시지를 출력하고 프로시저의 실행을 중단합니다.

Chapter 8
범위(RANGE) 다루기

프로시저의 대부분이 범위를 다루게 됩니다. 누적된 데이터 범위에서 조건에 만족하는 데이터를 불러오거나 거래 내역 등을 다른 시트에 누적하여 입력할 때도 범위를 알아야 합니다.
범위를 구했다면 그곳의 값이나 수식 입력, 불필요한 데이터 지우기 등을 할 수 있고 'A'라는 범위를 복사하여 'B'라는 범위에 붙여넣기 하는 등의 많은 작업을 할 수 있습니다. 이번 장에서는 엑셀 시트의 범위(RANGE)를 다루는 방법을 알아보도록 하겠습니다.

024 범위 선택하기

범위(RANGE) 개체는 셀이나 행, 열, 연속된 셀들이나 3차원 셀 등을 의미합니다. 시트를 지정하지 않으면 현재 활성화된 시트를 의미합니다.

A1 셀을 표현하는 방법은 다음과 같습니다.

1. Range 속성
Range ("A1") : 열 이름(A)과 행 번호(1)로 이루어집니다.

2. Cells 속성
Cells(1, 1) 또는 Cells(1, "A") : 행 번호와 열 번호 또는 행 번호와 열 이름으로 이루어집니다. 'A'열은 '1', 'B'열은 '2', 'C'열은 '3'… 등으로 열 이름 대신에 숫자로 표시할 수 있습니다.
Range.Select 메서드를 이용하여 범위를 선택합니다.

1) 하나의 셀(A1)을 선택하는 방법

```
Sub RangeSelectDemo()
    Range("A1").Select
    Cells(1, 1).Select
    Cells(1, "A").Select
End Sub
```

2) 연속된 셀(A1:C10)을 선택하는 방법

```
Sub RangesSelectDemo()
    Range("A1:C10").Select
    Range("A1", "C10").Select
    Range(Cells(1, 1), Cells(10, 3)).Select
End Sub
```

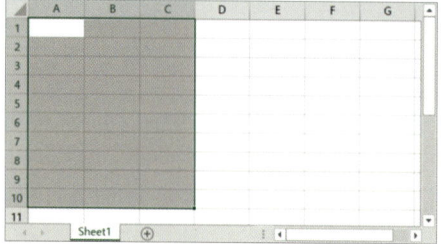

3) 연속되지 않은 여러 셀(A1, C1)을 선택하는 방법

```
Sub RangeEachSelectDemo()
    Range("A1, C1").Select
End Sub
```

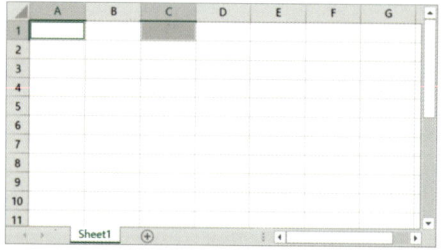

4) 행 전체(2행부터 5행까지)를 선택하는 방법

*Rows*를 이용하거나 *EntireRow* 속성을 이용합니다.

```
Sub RowsSelectDemo()
    Rows("2:5").Select
    Range("A2:A5").EntireRow.Select
End Sub
```

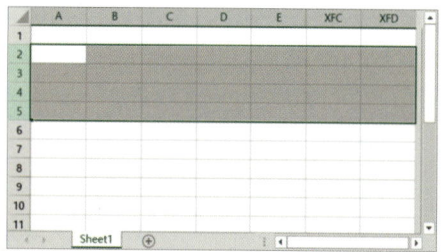

'Range.EntireRow' 속성은 지정한 범위의 전체 행(또는 여러 행)을 나타내는 Range 개체를 반환합니다.

현재 선택된 셀(활성화 된 셀)의 전체 행에서 첫 번째 셀을 선택하는 코드는 다음과 같습니다.

```
Sub FirstCellSelectDemo()
    ActiveCell.EntireRow.Cells(1, 1).Select
End Sub
```

현재 선택된 셀(ActiveCell)이 'F3'이라면 EntireRow에 의해 3행 전체 즉 'A3:XFD3'이 되고 '3행'의 첫 번째 셀(Cells(1, 1))이므로 'A3'셀을 선택하게 됩니다.

5) 열 전체(3열부터 4열까지)를 선택하는 방법

*Columns*를 이용하거나 *EntireColumn* 속성을 이용합니다.

```
Sub ColumnsSelectDemo()
    Columns("C:D").Select
    Range("C1:D1").EntireColumn.Select
End Sub
```

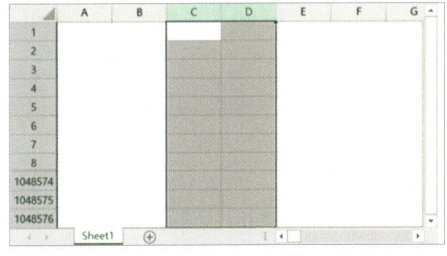

Range.EntireColumn 속성은 지정한 범위의 전체 열(또는 여러 열)을 나타내는 *Range* 개체를 반환합니다.

현재 선택된 셀(활성화 된 셀)의 전체 열에서 두 번째 셀을 선택하는 코드는 다음과 같습니다.

```
Sub SecondCellSelectDemo()
    ActiveCell.EntireColumn.Cells(2, 1).Select
End Sub
```

현재 선택된 셀(ActiveCell)이 'F3'이라면 EntireColumn에 의해 F열 전체 즉 'F1: F1048576'이 되고 'F열'의 두 번째 셀(Cells(2, 1))이므로 'F2'셀을 선택하게 됩니다.

6) 워크시트 전체 셀을 선택하는 방법

```
Sub CellsSelectDemo()
    Cells.Select
End Sub
```

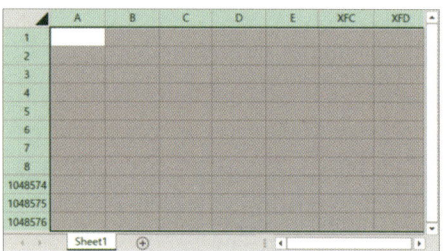

[예제1] Range.Offset(RowOffset, ColumnOffset) 속성을 이용하는 방법

지정된 셀에서 오른쪽, 왼쪽 또는 위쪽, 아래쪽에 위치한 셀을 선택하는 방법입니다.

이름	필수/선택	데이터 형식	설명
RowOffset	선택	Variant 기본값 0	이동할 행의 수입니다. 양수값 : 아래로 이동합니다. 음수값 : 위로 이동합니다.
ColumnOffset	선택	Variant 기본값 0	이동할 열의 수입니다. 양수값 : 오른쪽으로 이동합니다. 음수값 : 왼쪽으로 이동합니다.

Offset 속성을 이용하는 코드는 다음과 같습니다.

```
1   Sub offsetDemo()
2       Range("C3").Offset(1).Select
3       Range("C3").Offset(0, 1).Select
4       Range("C3").Offset(2, 1).Select
5       Range("C3").Offset(-1, -2).Select
6       Range("C3").Offset(-1, 2).Select
7   End Sub
```

02. C3셀에서 아래로 1행 이동한 위치의 C4셀을 선택합니다.
03. C3셀에서 오른쪽으로 1열 이동한 위치의 D3셀을 선택합니다.
04. C3셀에서 아래로 2행 오른쪽으로 1열 이동한 위치의 D5셀을 선택합니다.
05. C3셀에서 위로 1행 왼쪽으로 2열 이동한 위치의 A2셀을 선택합니다.
06. C3셀에서 위로 1행 오른쪽으로 2열 이동한 위치의 E2셀을 선택합니다.

병합된 셀의 경우는 다음과 같습니다.

1) C3:D4셀이 병합된 경우

```
1   Sub offsetMergeDemo()
2       Range("C3").Offset(0, 1).Select
3       Range("C3").Offset(1, 0).Select
4   End Sub
```

02. C3셀에서 오른쪽으로 1열 위치한 E3셀을 선택합니다. (D3셀이 아님)

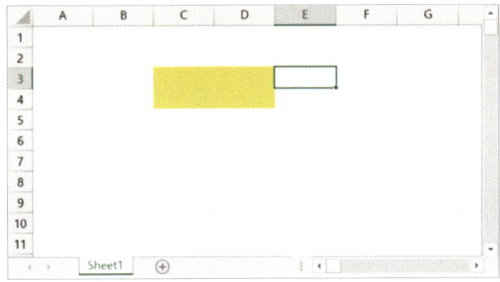

03. C3셀에서 아래로 1행 위치한 C5셀을 선택합니다. (C4셀이 아님)

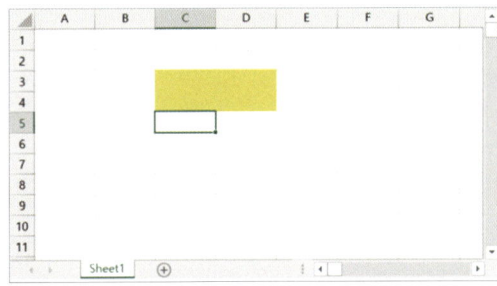

2) D3:E4 셀이 병합된 경우

```
1   Sub offsetMerge2Demo()
2       Range("C3").Offset(, 1).Select
3       Range("C3").Offset(, 2).Select
4       Range("C3").Offset(, 3).Select
5   End Sub
```

02. C3셀에서 오른쪽으로 1열 위치한 D3셀 선택. RowOffset의 값 입력을 생략하면 기본값 0입니다.

03. C3셀에서 오른쪽으로 2열 위치한 E3셀 선택. 하지만 셀이 병합되어 있으므로 화면상으로는 D3셀을 선택한 것처럼 보이게 됩니다.

04. C3셀에서 오른쪽으로 3열 위치한 F3셀을 선택합니다.

[예제2] Range.Cells(Row, Column) 속성을 이용하는 방법

값	Row	Column
>1	기준 셀에서 아래쪽에 해당하는 셀	기준 셀에서 오른쪽에 해당하는 셀
1	변동 없음	변동 없음
<=0	기준 셀에서 위쪽에 해당하는 셀	기준 셀에서 왼쪽에 해당하는 셀

C4셀을 기준 셀로 한 경우의 *Row, Column* 값입니다.

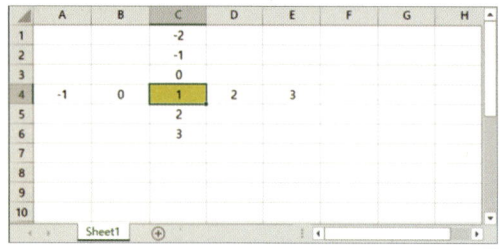

```
1   Sub CellsDemo()
2       Range("C3").Cells(1).Select
3       Range("C3").Cells(0).Select
4       Range("C3").Cells(1, 1).Select
5       Range("C3").Cells(1, 2).Select
6   End Sub
```

02. C3셀부터 1행 위치한 C3셀을 선택합니다.
03. C3셀부터 0행 위치한 C2셀을 선택합니다.
04. C3셀부터 1행 1열 위치한 C3셀을 선택합니다.
05. C3셀부터 1행 2열 위치한 D3셀을 선택합니다.

병합된 셀의 경우는 다음과 같습니다.

1) C3:D4셀이 병합된 경우

```
1   Sub CellsMergeDemo()
2       Range("C3").Cells(1, 2).Select
3       Range("C3").Cells(2, 2).Select
4   End Sub
```

02. C3셀부터 1행 2열에 위치한 D3셀을 선택합니다.
03. C3셀부터 2행 2열에 위치한 D4셀을 선택합니다.

2) D3:E4셀이 병합된 경우

```
1    Sub offsetMerge2Demo()
2        Range("C3").Cells(1, 2).Select
3        Range("C3").Cells(1, 3).Select
4        Range("C3").Cells(1, 4).Select
5    End Sub
```

02. C3셀부터 1행 2열에 위치한 D3셀을 선택합니다.
03. C3셀부터 1행 3열에 위치한 E3셀을 선택합니다.
04. C3셀부터 1행 4열에 위치한 F3셀을 선택합니다.

선택된 셀 중 한 셀을 활성화 하는 방법은 *Range.Activate* 메서드를 이용합니다.

```
Range("A1:C10").Select
Range("B2").Activate
```

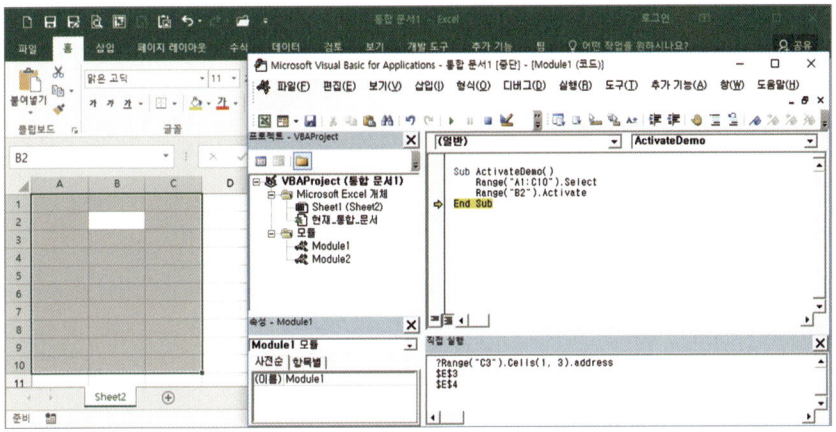

025 범위에 값(또는 수식) 입력하기

1. 값을 입력하는 방법

Range 개체 구성원 중 Value 속성을 이용합니다.

```
Sub 오늘날짜입력()
    Range("A1").Value = Date
End Sub
```

A1셀에 오늘 날짜를 입력합니다. *Range("A1") = Date* 처럼 *Value* 속성을 생략해도 입력은 가능하지만 생략하지 않는 것이 좋습니다.

여러 셀에 같은 값을 입력하는 코드는 다음과 같습니다.

```
Sub 여러셀입력()
    Range("A1:A3").Value = Date
End Sub
```

A1:A3셀에 오늘 날짜를 입력합니다.

2. 수식을 입력하는 방법

Range 개체 구성원 중 'Formula' 속성을 이용합니다.

1) Formula : A1 스타일 표기법의 수식을 입력합니다.

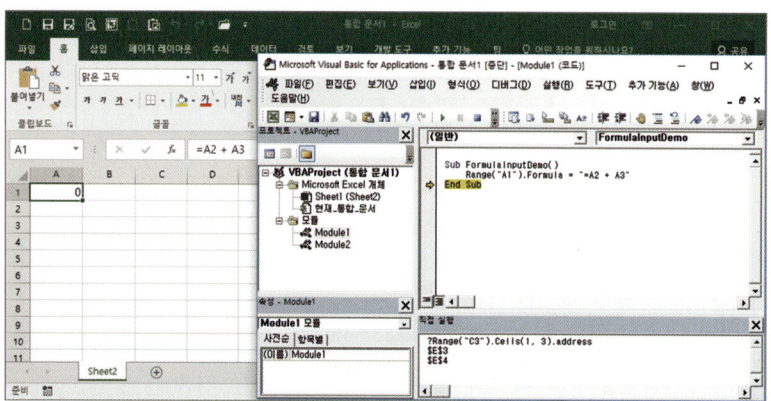

```
Range("A1").Formula = "=A2 + A3"
```

A1셀에는 '=A2 + A3'라는 수식이 입력됩니다.

2) FormulaArray : 배열 수식을 입력합니다.

```
Range("A1").FormulaArray = "=SUM(B1:B3)"
```

A1셀에는 '{=SUM(B1:B3)}'라는 배열 수식이 입력됩니다.

3) FormulaLocal : A1 스타일 표기법의 사용자 언어로 수식을 입력합니다.

```
Sub FormulaLocalInputDemo()
    Range("A1").FormulaLocal = "=A2 + A3"
End Sub
```

A1셀에는 '=A2 + A3'라는 수식이 입력됩니다.

4) FormulaR1C1 : R1C1 스타일 표기법의 수식을 입력합니다.

```
Sub FormulaR1C1InputDemo()
    Range("A1").FormulaR1C1 = "=Sum(R2C1:R3C3)"
End Sub
```

A1셀에는 '=SUM($A$2:$C$3)'라는 수식이 입력됩니다.

5) FormulaR1C1Local : R1C1 스타일 표기법의 사용자 언어로 수식을 입력합니다.

```
Sub FormulaR1C1LocalInputDemo()
    Range("A1").FormulaR1C1Local = "=Sum(R2C1:R3C3)"
End Sub
```

A1셀에는 '=SUM($A$2:$C$3)'라는 수식이 입력됩니다.

* R1C1 스타일 표기법이란?

R은 행 번호를 C는 열 번호입니다. B3셀을 R1C1 스타일로 표현하면 3행 2열이므로 R3C2가 됩니다.

마지막 데이터 다음 행에 합계를 구하는 코드는 다음과 같습니다.

```
1   Sub sumFormulaDemo()
2       Dim lngStartRow      As Long
3       Dim lngLastRow       As Long

4       lngStartRow = 2
5       lngLastRow = Cells(Rows.Count, 1).End(xlUp).Row
6       Range("A" & lngLastRow).Offset(1).Value = "합계"
7       Range("B" & lngLastRow).Cells(2, 1).Formula = "=SUM(B2:B" &
    lngLastRow & ")"
8   End Sub
```

04. 시작 행 번호를 변수에 할당합니다.
05. 입력되어 있는 셀의 마지막 행 번호 구하여 변수에 할당합니다.(Range.End(xlUp)에 대하여는 다음에 자세히 설명하겠습니다.)
06. A열 마지막 셀 다음 셀에 합계를 입력합니다.
07. B열 마지막 셀 다음 셀에 수식을 입력합니다.

마지막 셀 다음 셀 지정은 *Range.Offset* 속성이나 *Range.Cells* 속성을 이용합니다.
합계 수식은 '=SUM(B2:B10)'처럼 셀에 입력합니다. 이 수식을 VBA에서 구현할 때는 '='부터 마지막 괄호까지 문자열 형태로 구해 입력합니다. 수식 중간에 변수값으로 대체할 경우에는 문자열 연결 연산자인 '&'를 이용합니다. 문자열이므로 큰따옴표("")를 앞, 뒤로 묶어줘야 하지만, 변수에는 큰따옴표가 붙지 않습니다.

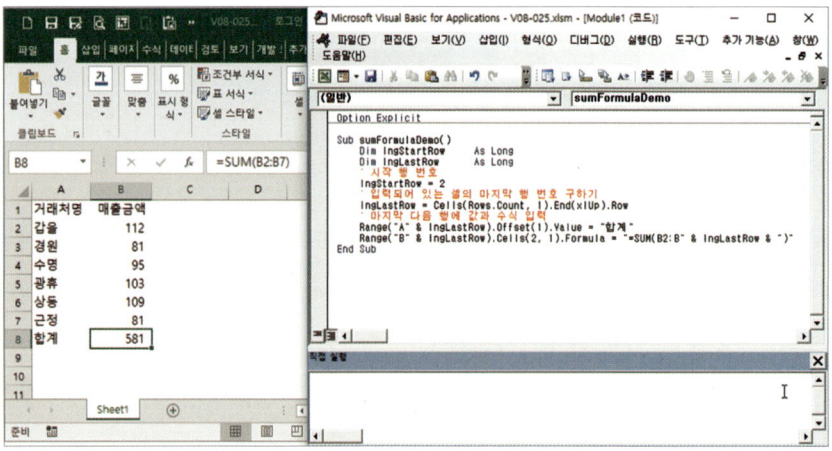

026 범위값 지우기

입력된 값과 적용한 서식 등을 지우는 방법에 대하여 알아보겠습니다.

1. Clear 메서드 이용

셀의 값을 지우는 방법은 Range 개체 구성원 중 Clear 메서드를 이용합니다.

이름	설명
Clear	전체를 지웁니다.
ClearComments	셀 메모를 지웁니다.
ClearContents	값(또는 수식)을 지웁니다.
ClearFormats	서식을 지웁니다.
ClearHyperlinks	하이퍼링크를 제거합니다.
ClearNotes	메모를 지웁니다.
ClearOutline	윤곽선을 지웁니다

```
Range("A1").Clear
```

A1셀에 있는 값(또는 수식)과 적용된 서식을 지웁니다.

셀이 병합된 경우에는 병합된 셀의 크기와 Range의 크기가 같아야 합니다.
C3:D4셀이 병합되어 있을 경우 *Range("C3").Clear*로 입력하면 병합된 셀 크기(2행 2열)와 *Range("C3")* (1행 1열)의 크기가 다르므로 오류가 발생합니다.

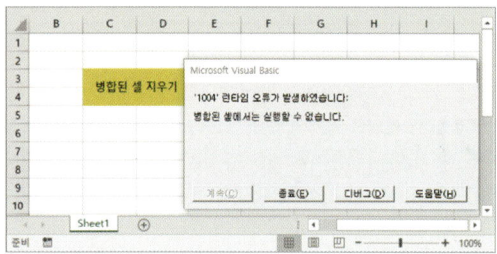

Range("C3:D4").Clear 처럼 크기가 동일해야 합니다.

2. Value 속성 이용

Value 속성을 이용하면 값과 수식을 입력할 수 있고, 셀의 병합 유무에 관계없이 사용이 가능합니다.

```
Range("C3").Value = vbNullString
Range("C3").Value = Null
Range("C3").Value = Empty
Range("C3").Value = ""
```

27 범위 복사(또는 잘라내기) 및 붙여넣기

1. 범위 복사

범위를 복사하는 방법은 Range 개체 구성원 중 'Copy' 메서드를 이용합니다.

```
' 복사 - 붙여넣기 첫 번째 방법
Sub CopyDemo()
    Range("A1:C5").Copy
    Range("D1").PasteSpecial xlPasteAll
End Sub
' 복사 - 붙여넣기 두 번째 방법
Sub CopyDestinationDemo()
    Range("A1:C5").Copy Destination:=Range("D1")
    Range("A1:C5").Copy Range("D1")
    End Sub
```

시트 이름이 생략되었으므로 현재 활성화된 시트의 'A1:C5'셀을 복사하여 D1셀에 붙여넣기 합니다.

2. 범위 이동(잘라내기)

범위를 이동하는 방법은 Range 개체 구성원 중 'Cut' 메서드를 이용합니다.

```
' 첫 번째 방법
Sub moveRange1Demo()
    Range("A1:C5").Cut
    Range("D1").Select
    ActiveSheet.Paste
End Sub
' 두 번째 방법
Sub moveRange2Demo()
    Range("A1:C5").Cut Range("D1")
End Sub
```

시트 이름이 생략되었으므로 현재 활성화된 시트에서 'A1:C5'셀을 잘라내어 'D1'셀로 이동합니다.

3. 붙여넣기

범위를 복사한 개체를 지정한 범위에 붙여넣는 방법은 Range 개체 구성원 중 'PasteSpecial' 메서드를 이용합니다.

이름	필수/선택	데이터 형식	설명
Paste	선택	XlPasteType	붙여넣을 범위의 일부입니다.
Operation	선택	XlPasteSpecialOperation	붙여넣기 작업입니다.
SkipBlanks	선택	Variant	True이면 클립보드의 범위에 있는 빈 셀은 제외합니다. 기본값은 False입니다.
Transpose	선택	Variant	True이면 범위를 붙여넣을 때 행과 열을 바꿉니다. 기본값은 False입니다.

A1셀의 값을 복사하여 A2셀에 붙여넣기 하는 예제입니다.

```
Range("A1").Copy
Range("A2").PasteSpecial
```

A1셀의 값을 복사하여 A2셀에 있는 값과 더하여 붙여넣기 하는 예제입니다.

```
Range("A1").Copy
Range("A2").PasteSpecial Operation:=xlPasteSpecialOperationAdd
```

이름(Operation 등)을 생략할 경우에는 이름의 순서를 지켜야 합니다.
첫 번째 Paste를 생략하기 위해 콤마(,)를 입력하고 두 번째 인수를 입력합니다.

```
Range("A1").Copy
Range("A2").PasteSpecial , xlPasteSpecialOperationAdd
```

A1:A5셀의 값을 B1:F1셀로 행/열을 바꾸어 복사하는 예제입니다.

```
Range("A1:A5").Copy
Range("B1").PasteSpecial Transpose:=True
```

*Past, Operation, SkipBanks*를 생략하기 위해 *Transpose* 이름을 표기 했습니다.

* 데이터 형식 XlPasteType 목록

이름	값	설명
xlPasteAll	−4104	모든 내용입니다.
xlPasteAllExceptBorders	7	테두리를 제외한 모든 내용입니다.
xlPasteAllMergingConditionalFormats	14	모든 내용(조건부 서식이 병합됨)입니다.
xlPasteAllUsingSourceTheme	13	원본 테마를 사용하는 모든 내용입니다.
xlPasteColumnWidths	8	복사된 열 너비입니다.
xlPasteComments	−4144	메모입니다.
xlPasteFormats	−4122	복사된 원본 서식입니다.
xlPasteFormulas	−4123	수식입니다.
xlPasteFormulasAndNumberFormats	11	수식 및 표시 형식입니다.
xlPasteValidation	6	유효성 검사입니다.
xlPasteValues	−4163	값입니다.
xlPasteValuesAndNumberFormats	12	값 및 표시 형식입니다.

* 데이터 형식 XlPasteSpecialOperation 목록

이름	값	설명
xlPasteSpecialOperationAdd	2	복사한 데이터에 대상 셀의 값을 더합니다.
xlPasteSpecialOperationDivide	5	복사한 데이터를 대상 셀의 값으로 나눕니다.
xlPasteSpecialOperationMultiply	4	복사한 데이터에 대상 셀의 값을 곱합니다.
xlPasteSpecialOperationNone	−4142	붙여넣을 때 계산하지 않습니다.
xlPasteSpecialOperationSubtract	3	복사한 데이터에 대상 셀의 값을 뺍니다.

028 범위 서식 적용하기

글꼴의 이름이나 스타일, 크기, 색상 등을 적용하거나 표시 형식, 맞춤, 테두리, 채우기, 보호를 적용하는 방법에 대해 알아보겠습니다.

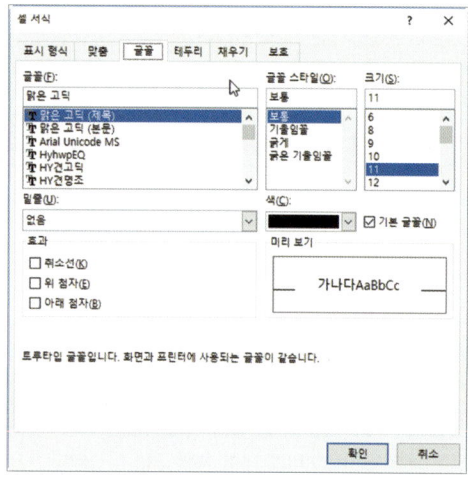

1. 글꼴 서식 적용하기

글꼴은 Font 개체 구성원을 이용합니다. 이곳에서는 대표적으로 많이 사용하는 것을 알아보겠습니다.

이름	설명
Bold	True이면 글꼴이 굵게 표시됩니다.
Color	색상을 반환하거나 설정합니다. 색상 값을 만들려면 RGB 함수를 사용합니다.
ColorIndex	글꼴의 색을 나타내는 Variant 값을 반환하거나 설정합니다.
FontStyle	글꼴 스타일을 반환하거나 설정합니다.
Italic	True이면 글꼴 스타일이 기울임꼴로 표시됩니다.
Name	글꼴 이름을 구합니다.
Size	글꼴 크기를 반환하거나 설정합니다
Strikethrough	True이면 가로줄로 글꼴에 취소선이 표시됩니다

A1셀의 글꼴 서식을 '빨강', 크기 '14', 스타일을 '굵게'하는 코드는 다음과 같습니다.

```
Range("A1").Font.Color = vbRed
Range("A1").Font.Size = 14
Range("A1").Font.Bold = True
```

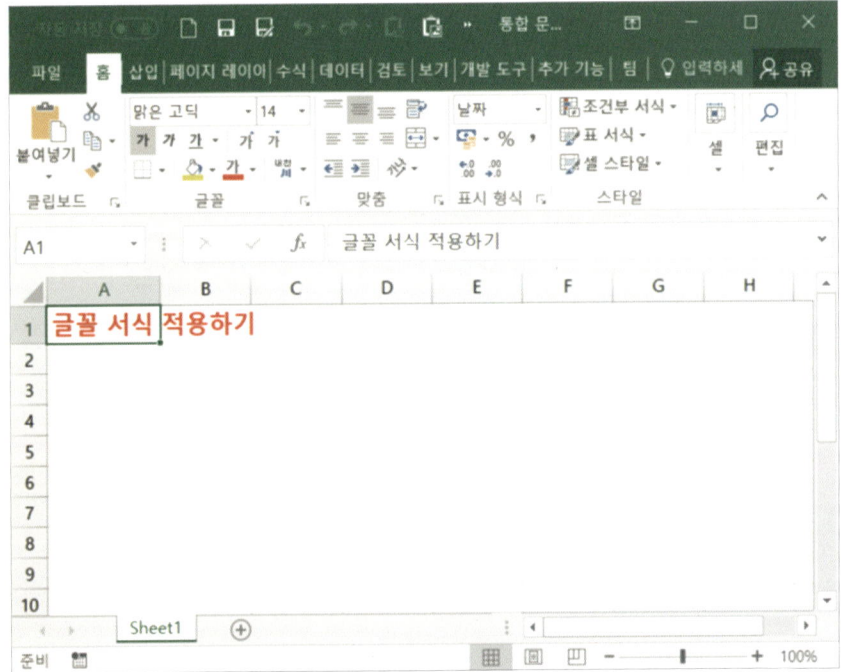

색상을 적용할 때는 *Color* 속성과 *ColorIndex* 속성을 이용합니다.

ColorIndex의 팔레트(palette)

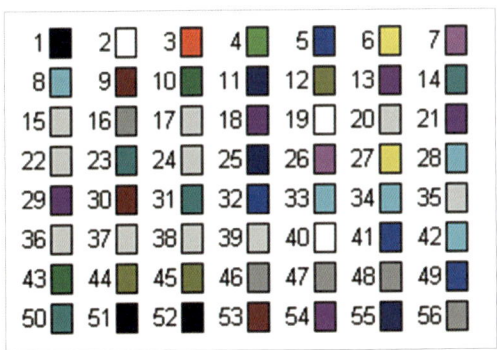

ColorIndex는 1부터 56까지 사용할 수 있으며 범위 외의 값은 오류가 발생합니다.

```
Range("A1").Font.ColorIndex = 3
```

2. 채우기 서식 적용하기

셀 채우기는 Interior 개체 구성원을 이용하며, 대표적으로 많이 사용되는 것을 알아보겠습니다.

이름	설명
Color	색상을 반환하거나 설정합니다.
ColorIndex	내부 색상을 나타내는 Variant 값을 반환하거나 설정합니다.
Gradient	Gradient 속성을 반환하거나 설정합니다.
InvertIfNegative	True이면 항목이 음수일 때 항목의 무늬가 반전됩니다.
Pattern	내부 패턴 Variant 값을 반환하거나 설정합니다.
PatternColor	내부 무늬 색을 RGB 값으로 반환하거나 설정합니다.
PatternColorIndex	내부 무늬 색을 현재의 색상표 인덱스로 반환하거나 설정합니다.
PatternThemeColor	테마 색 무늬를 반환하거나 설정합니다.
PatternTintAndShade	색조 및 음영 무늬를 반환하거나 설정합니다.
ThemeColor	적용된 색 구성표에서 개체에 연결된 테마 색을 반환하거나 설정합니다.
TintAndShade	색을 밝게 하거나 어둡게 하는 Single을 반환하거나 설정합니다.

A1, B1, C1셀을 노란색으로 채우기 하는 예제입니다.

```
Range("A1").Interior.Color = vbYellow
Range("B1").Interior.ColorIndex = 6
Range("C1").Interior.Color = RGB(255, 255, 0)
```

3. 테두리 서식 적용하기

테두리는 Borders 개체 구성원을 이용합니다.

이름	설명
Color	색상을 반환하거나 설정합니다.
ColorIndex	내부 색을 나타내는 Variant 값을 반환하거나 설정합니다.
Count	컬렉션의 개체 수를 반환합니다.
Item	셀 범위 또는 스타일의 테두리 중 Border 개체를 반환합니다.
LineStyle	테두리의 선 스타일을 반환하거나 설정합니다.
Weight	테두리 두께를 반환하거나 설정합니다.

Item 속성의 Border 개체는 다음과 같습니다.

이름	값	설명
xlDiagonalDown	5	범위에 있는 각 셀의 왼쪽 위 모서리에서 오른쪽 아래 모서리로 이어지는 테두리입니다.
xlDiagonalUp	6	범위에 있는 각 셀의 왼쪽 아래 모서리에서 오른쪽 위 모서리로 이어지는 테두리입니다.
xlEdgeBottom	9	범위의 아래쪽에 있는 테두리입니다.
xlEdgeLeft	7	범위의 왼쪽 가장자리에 있는 테두리입니다.
xlEdgeRight	10	범위의 오른쪽 가장자리에 있는 테두리입니다.
xlEdgeTop	8	범위의 위쪽에 있는 테두리입니다.
xlInsideHorizontal	12	범위 밖의 테두리를 제외한 모든 셀의 가로 테두리입니다.
xlInsideVertical	11	범위 밖의 테두리를 제외한 모든 셀의 세로 테두리입니다.

LineStyle의 속성 목록은 다음과 같습니다.

이름	값	설명
xlContinuous	1	연속선입니다.
xlDash	−4115	파선입니다.
xlDashDot	4	교대로 연결된 파선과 점선입니다.
xlDashDotDot	5	파선과 두 개의 점선입니다.
xlDot	−4118	점선입니다.
xlDouble	−4119	이중선입니다.
xlLineStyleNone	−4142	선이 없습니다.
xlSlantDashDot	13	기울어진 파선입니다.

Weight 속성 목록은 다음과 같습니다.

이름	값	설명
xlHairline	1	가는 선입니다. (가장 가는 테두리)
xlMedium	−4138	보통 선입니다.
xlThick	4	굵은 실선입니다. (가장 두꺼운 테두리)
xlThin	2	가는 실선입니다.

범위(A1:B10)의 테두리를 모두 없애는 코드는 다음과 같습니다.

```
Range("A1:B10").Borders.LineStyle = xlNone
```

범위(A1:B10)의 테두리를 모두 실선으로 설정하는 코드는 다음과 같습니다.

```
Range("A1:B10").Borders.LineStyle = xlContinuous
```

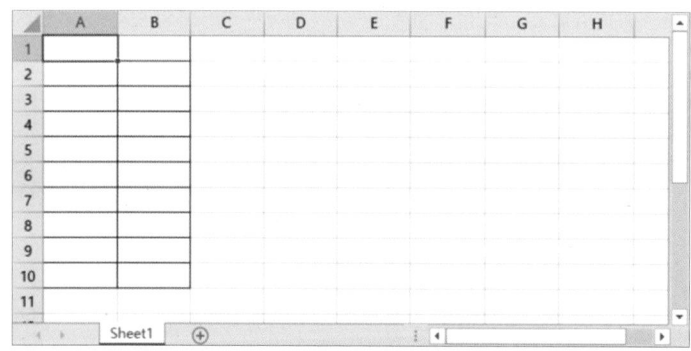

범위(B1:C10)의 왼쪽 가장자리 테두리를 빨간색의 굵은 실선으로 지정하는 코드는 다음과 같습니다.

```
Range("B1:C10").Borders(xlEdgeLeft).LineStyle = xlContinuous
Range("B1:C10").Borders(xlEdgeLeft).Color = vbRed
Range("B1:C10").Borders(xlEdgeLeft).Weight = xlThick
```

코드를 살펴보면 *Range("B1:C10").Borders(xlEdgeLeft)* 구문이 반복됩니다. 이럴 경우 With 문을 사용하여 코드를 간소화 할 수 있습니다.

```
With Range("B1:C10").Borders(xlEdgeLeft)
    .LineStyle = xlContinuous
    .Color = vbRed
    .Weight = xlThick
End With
```

범위(*B1:C10*)의 테두리를 빨간색의 굵은 실선으로 설정하는 방법은 다음과 같습니다.

```
Range("B1:C10").BorderAround LineStyle:=xlContinuous, Weight:=xlThick,
Color:=vbRed
```

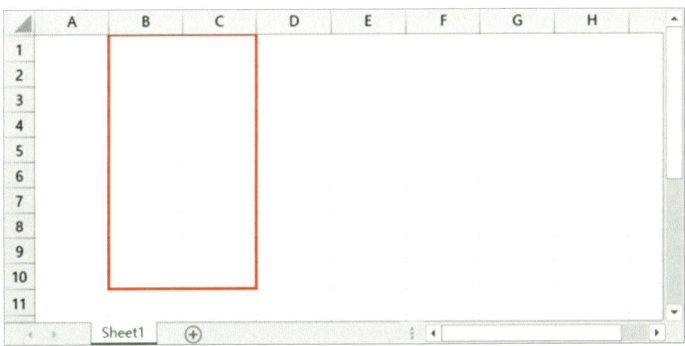

4. 맞춤 서식 적용하기

이름	값	설명
xlGeneral	1	일반 맞춤 형식입니다.
xlLeft	-4131	왼쪽 맞춤입니다.
xlCenter	-4108	가운데 맞춤입니다.
xlRight	-4152	오른쪽 맞춤입니다.
xlTop	-4160	위쪽 맞춤입니다.
xlBottom	-4107	아래쪽 맞춤입니다.
xlFill	5	채우기입니다.
xlJustify	-4130	양쪽 맞춤입니다.
xlCenterAcrossSelection	7	선택 영역의 가운데로 맞춥니다.
xlDistributed	-4117	균등 분할입니다.

셀이나 범위의 가로 맞춤을 가운데로 하는 코드는 다음과 같습니다.

```
Range("A1").HorizontalAlignment = xlCenter
```

셀이나 범위의 세로 맞춤을 위쪽으로 하는 코드는 다음과 같습니다.

```
Range("A1").VerticalAlignment = xlTop
```

가로 왼쪽(들여쓰기)에서 2를 하는 코드는 다음과 같습니다.

```
Range("A1").IndentLevel = 2
```

IndentLevel 속성은 1부터 15까지입니다. 범위 외의 값은 오류가 발생합니다.

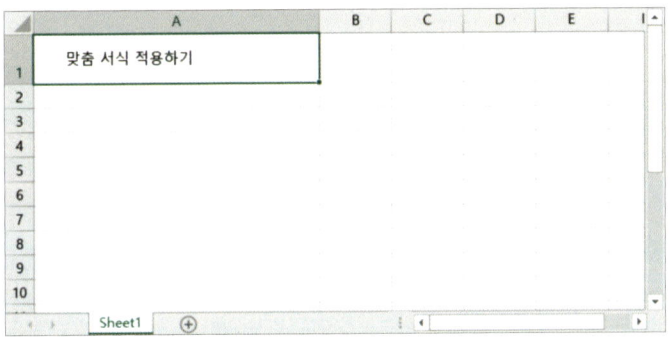

셀에서 텍스트 줄을 바꾸는 코드는 다음과 같습니다.

```
Range("A1").WrapText = True
```

텍스트를 줄 바꿈 하려면 'WrapText' 속성을 'True'로 지정하고, 텍스트 줄이 바뀌지 않게 하려면 'WrapText' 속성을 'False'로 지정합니다.

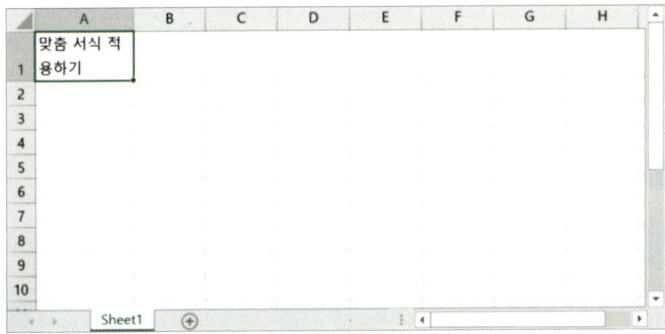

셀에서 텍스트를 셀에 맞춤으로 지정하는 코드는 다음과 같습니다.

```
Range("A1").ShrinkToFit = True
```

셀에 맞춤 하는 속성은 'True'로, 셀에 맞춤을 해제 하려면 속성을 'False'로 지정합니다.

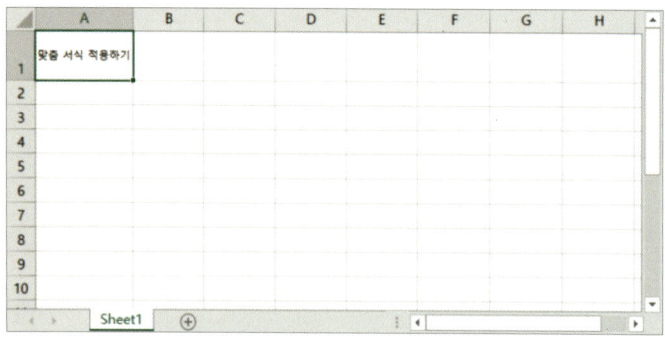

셀 병합 코드는 다음과 같습니다.

```
Range("A1:B1").Merge
Range("A1:B1").MergeCells = True
```

셀 병합 해제 코드는 다음과 같습니다.

```
Range("A1:B1").UnMerge
Range("A1:B1").MergeCells = False
```

5. 표시 형식 적용하기

[셀 서식] 대화상자의 사용자 지정 형식과 동일한 형식으로 지정합니다.

천 단위 구분 기호(,)로 지정하는 코드는 다음과 같습니다.

```
Range("A1").NumberFormat = "#,##0"
```

개체의 서식 코드를 사용자 언어로 된 문자열로 나타내려면 '$NumberFormat$' 속성 대신 '$NumberFormatLocal$' 속성을 이용합니다.

```
Range("A1").NumberFormatLocal = "#,##0"
```

6. 보호 적용하기

셀을 잠그거나 수식을 숨기기 합니다. '$True$'이면 잠금/숨김으로 지정되고 '$False$'이면 잠금 해제/숨김 해제로 지정됩니다. 이 기능은 시트 보호가 되어 있어야 정상적으로 작동을 합니다.

```
1  Range("A1").Locked = True
2  Range("A1").FormulaHidden = True
```

01. 셀을 잠급니다.
02. 셀 수식을 숨김합니다.

029 동적(가변적) 범위 지정하기

시트에 데이터가 입력되어 있는 범위를 정확하게 알고 있어야 복사를 하거나 이동, 셀 서식 적용 등의 작업을 진행할 수 있습니다. 이번에는 가변적인 데이터의 범위를 구하는 방법을 알아보겠습니다. 앞으로도 많이 사용되는 부분이므로 꼭 이해하고 넘어가기 바랍니다.

1. Worksheet.UsedRange 속성을 이용하는 방법

지정한 워크시트에서 사용된 범위를 반환합니다. 데이터가 없어도 테두리 등이 있으면 범위에 포함되므로 주의가 필요합니다.

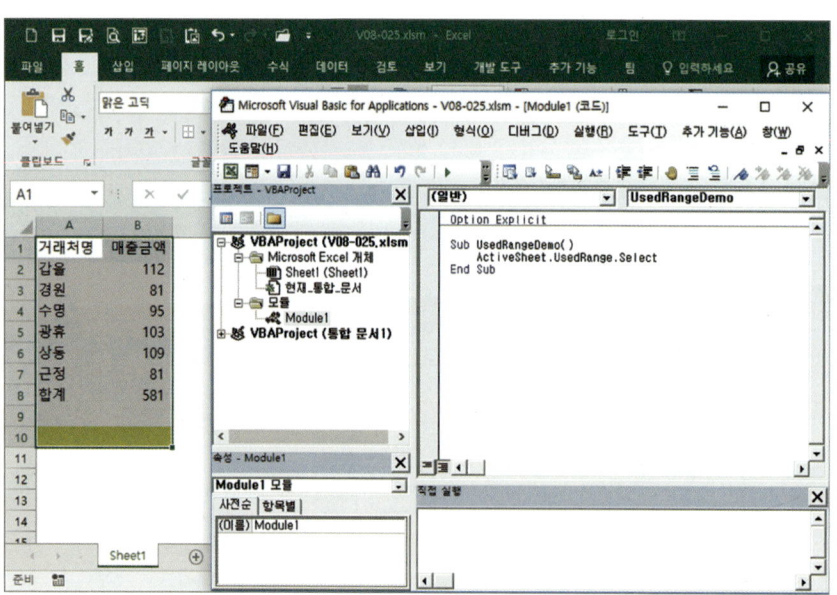

현재 선택된 시트의 사용된 범위를 선택하는 코드는 다음과 같습니다.

```
Sub UsedRangeDemo()
    ActiveSheet.UsedRange.Select
End Sub
```

2. Range.CurrentRegion 속성을 이용하는 방법

지정한 셀이 있는 영역(연속적으로 입력되어 있는 범위)의 범위를 반환합니다. 중간에 데이터가 없으면 범위가 제대로 반환되지 않을 수 있으니 주의가 필요합니다.

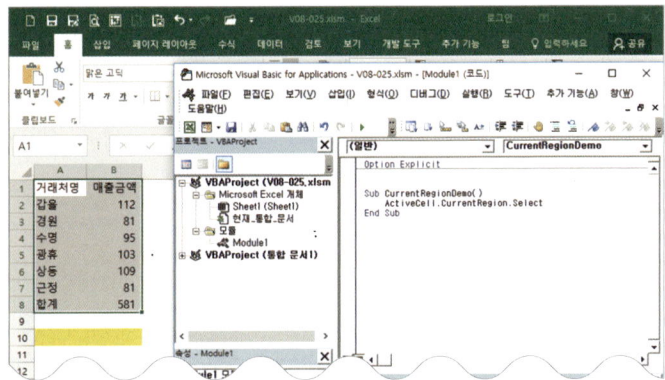

현재 선택된 셀이 있는 현재 영역(빈 행 및 빈 열의 조합으로 이루어진 범위)을 선택하는 코드는 다음과 같습니다.

```
Sub CurrentRegionDemo()
    ActiveCell.CurrentRegion.Select
End Sub
```

선택된 셀과 연속적으로 연결된 범위를 구할 때 자주 사용하는 유용한 속성입니다.

3. Range.End 속성을 이용하는 방법

시트 영역의 마지막 셀을 반환합니다.

키보드	이름	값	설명
End + 왼쪽 화살표	xlToLeft	-4159 (또는 1)	왼쪽
End + 오른쪽 화살표	xlToRight	-4161 (또는 2)	오른쪽
End + 위쪽 화살표	xlUp	-4162 (또는 3)	위쪽
End + 아래쪽 화살표	xlDown	-4121 (또는 4)	아래쪽

A열의 마지막 데이터가 있는 셀을 선택하는 코드는 다음과 같습니다.

```
Sub endXlupDemo()
    Cells(Application.Rows.Count, 1).End(xlUp).Select
    Cells(Application.Rows.Count, 1).End(-4162).Select
    Cells(Application.Rows.Count, 1).End(3).Select
End Sub
```

Application.Rows.Count 구문은 행의 개수를 구합니다. 2007 버전부터는 1,048,576행이고 이전 버전은 65,536행이지만 버전에 관계없이 행의 개수를 구하기 위해 사용하는 구문입니다. *Cells(1048576, 1)* 처럼 사용해도 무방하지만, 엑셀 2003 이하 버전에서는 오류가 발생합니다.

A1048576 셀에서 End 키 + ↑ 키를 눌러서 데이터가 있는 셀까지 위쪽으로 올라가는 형식입니다. *Application.Rows.count*에서 *Application*은 생략이 가능하여 *Rows.count*처럼 사용해도 됩니다.

A1셀에서 아래쪽으로 데이터가 있는 마지막 셀을 선택하는 코드는 다음과 같습니다.

```
Range("A1").End(xlDown).Select
Cells(1, 1).End(xlDown).Select
```

중간에 데이터가 없을 경우 데이터가 있는 마지막 셀을 반환하지 않을 수 있으므로 주의가 필요합니다.

1행의 마지막 데이터가 있는 셀을 선택하는 코드는 다음과 같습니다.

```
Cells(1, Application.Columns.Count).End(xlToLeft).Select
```

*Application.Columns.Count*는 열의 개수를 구할 때 사용합니다. 버전에 관계없이 열의 개수를 구하기 위해 사용하는 구문입니다.

A1셀에서 오른쪽으로 데이터가 있는 마지막 셀을 선택하는 코드는 다음과 같습니다.

```
Range("A1").End(xlToRight).Select
Cells(1, 1).End(xlToRight).Select
```

중간에 데이터가 없을 경우 데이터가 있는 마지막 셀 값을 반환하지 않을 수 있으므로 주의가 필요합니다.

지금까지 설명한 것을 종합하여 데이터 전체를 선택하는 코드는 다음과 같습니다.

```
Range(Range("A1"), Cells(Rows.Count, 1).End(xlUp)), Selection.
End(xlToRight)).Select
Range(Range("A1"), Range("A1").End(xlDown)), Selection.End(xlToRight)).
Select
```

030 범위 변경하기

지정된 범위에서 위쪽으로 또는 아래쪽, 왼쪽, 오른쪽으로 이동하여 범위를 변경하는 방법에 대하여 알아보겠습니다.

1. 범위 이동

기준이 되는 범위에서 왼쪽이나 오른쪽, 위, 아래쪽으로 이동하는 방법입니다.

1) Range.Offset 속성을 이용하는 방법

소스를 살펴보면 *expression.Offset(RowOffset, ColumnOffset)*으로 구성되어 있고 *Expression*은 범위(*Range*)입니다.

이름	필수/선택	데이터 형식	설명
RowOffset	선택	Variant	위쪽, 아래쪽으로 이동할 값입니다. 양수 : 위쪽으로 이동 0 : 기본값이고 이동하지 않음 음수 : 아래쪽으로 이동
ColumnOffset	선택	Variant	왼쪽, 오른쪽으로 이동할 값입니다. 양수 : 오른쪽으로 이동 0 : 기본값이고 이동하지 않음. 음수 : 왼쪽으로 이동

현재 선택된 셀에서 아래쪽으로 3행, 오른쪽으로 2열 이동한 셀을 선택하는 코드는 다음과 같습니다.

```
ActiveCell.Offset(rowOffset:=3, columnOffset:=2).Select
ActiveCell.Offset(3, 2).Select
```

선택된 셀이 A1셀이라면 'A1'셀에서 아래쪽으로 3행(A2, A3, A4) 이동하여 A4셀이 되고, 'A4'셀에서 오른쪽으로 2열(B4, C4) 이동하여 최종적으로 C4셀을 선택하게 됩니다.

변경된 범위가 엑셀에서 허용하는 범위(A1:XFD1048576)를 벗어나면 오류가 발생합니다. A1셀에서 위쪽으로 한 행 이동하면 A0셀이 되고 A0셀은 범위를 벗어나므로 오류가 발생합니다.

```
Range("A1").Offset(-1).Select
```

2) Range나 Cells를 이용하는 방법

Offset의 경우 기준 셀 다음이 1이 되지만 Range나 Cells는 기준 셀부터 1이 됩니다.

현재 선택된 셀에서 아래쪽으로 3행, 오른쪽으로 2열 이동한 셀을 선택하는 코드는 다음과 같습니다

```
ActiveCell.Cells(4, 3).Select
ActiveCell.Range("C4").Select
```

선택된 셀이 A1셀이라면 'A1'부터 아래쪽으로 4번째인(A1, A2, A3, A4) A4셀이 되고, 'A4'부터 오른쪽으로 3번째인(A4, B4, C4) C4셀이 선택됩니다.

2. 범위의 크기 변경

지정한 범위의 크기를 변경하는 방법은 Range.Resize 속성을 이용합니다.
구문을 살펴보면 'expression.Resize(RowSize, ColumnSize)'로 구성되어 있습니다.

이름	필수/선택	데이터 형식	설명
RowSize	선택	Variant	행의 개수입니다. 생략하면 1과 같아서 크기가 변하지 않지만 1보다 작으면 오류가 발생합니다
ColumnSize	선택	Variant	열의 개수입니다. 생략하면 1과 같아서 크기가 변하지 않지만 1보다 작으면 오류가 발생합니다

현재 선택된 범위보다 1행과 1열의 범위를 늘리는 코드는 다음과 같습니다.

```
1  Sub ResizeDemo()
2      Dim lngRows      As Long
3      Dim lngClms      As Long

4      lngRows = Selection.Rows.Count
5      lngClms = Selection.Columns.Count
6      Selection.Resize(lngRows + 1, lngClms + 1).Select
7  End Sub
```

04. 선택된 행의 개수를 구하여 lngRows 변수에 할당합니다.
05. 선택된 열의 개수를 구하여 lngClms 변수에 할당합니다.
06. 행과 열의 개수 변수에 1을 더해서 범위를 확장합니다.

선택된 범위가 'B3:C6'이라면 'B3:D7'셀로 범위가 변경됩니다.

A1셀의 영역에서 1행이 제목일 경우 1행을 제외한 실제 데이터만 선택하는 코드는 다음과 같습니다.

```
1   Sub ResizeDemo2()
2       Dim lngRows        As Long
3       Dim rngDb          As Range

4       Set rngDb = Range("A1").CurrentRegion
5       lngRows = rngDb.Rows.Count
6       Set rngDb = rngDb.Offset(1, 0).Resize(lngRows - 1)
7       rngDb.Select
8       Set rngDb = Nothing
9   End Sub
```

04. A1셀이 있는 영역(연속적으로 입력되어 있는 범위)을 범위 변수에 할당합니다.
05. 04에서 구한 범위의 행의 개수를 구하여 lngRows 변수에 할당합니다.
06. 기존 범위(rngDb)에서 아래로 1행 이동(rngDb.Offset(1, 0))하고, 행의 크기를 기존 '행의 수-1'로 범위를 변경하여 변수에 할당합니다.
07. 재 할당된 범위를 선택합니다.
08. 개체를 초기화합니다.

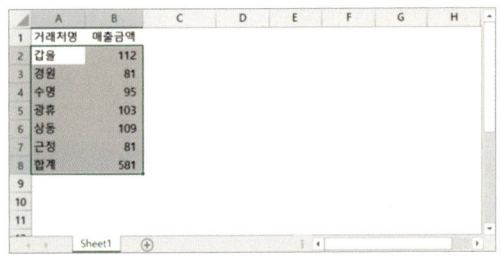

Chapter 9
시트(WORKSHEET) 다루기

엑셀의 시트는 일반적으로 사용하는 워크시트(Worksheet)와 차트를 생성하는 차트시트(Chart), 지금은 잘 사용하지 않지만 매크로를 위한 매크로시트(Macro) 등이 있고, 하나의 워크시트는 여러 개의 셀 (1,048,576행 * 16,384열 = 17,179,869,184셀)로 이루어져 있습니다. 앞에서 다뤘던 Range의 부모라고 이해하면 됩니다. 이번 장에서는 워크시트를 다루는 방법을 알아보도록 하겠습니다.

31 시트 선택하기

시트를 구분하는 방법은 시트 이름으로 구분하는 방법과 코드네임으로 구분하는 방법이 있습니다. 시트 이름은 워크시트의 탭에 표시되는 이름이고 코드네임은 VBE의 [속성] 창의 '(이름)'입니다. 시트 이름으로 시트를 지정하여 선택하거나 코드네임으로 시트를 지정하여 선택할 수 있습니다.

1. 시트 이름으로 선택하는 방법

```
1   Sub sheetSelectDemo()
2       Sheets("가을").Select
3       Worksheets("봄").Select
4   End Sub
```

02. '가을' 시트를 선택합니다

03. '봄' 시트를 선택합니다.

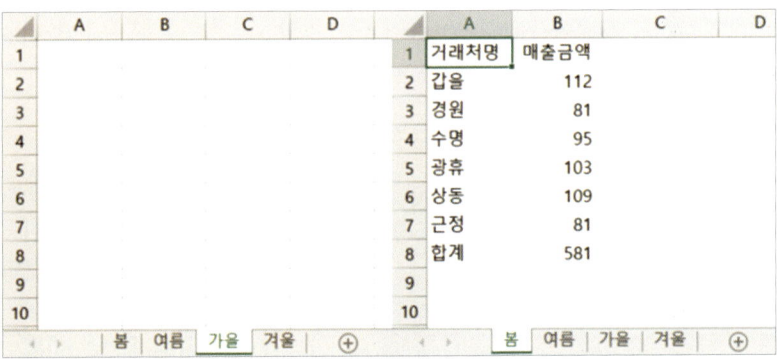

Sheets를 이용하면 시트의 종류에 관계없이 진행되지만 Worksheets를 이용하면 워크시트인 경우에만 정상적으로 진행됩니다. 만약 '봄' 시트가 차트시트이거나 매크로시트이면 오류가 발생하고, 선택할 시트 이름이 없어도 오류가 발생합니다.

여러 시트를 선택(그룹)할 때는 Array 함수를 이용해 시트를 배열로 구성하여 선택합니다.

```
1    Sub sheetsSelectDemo()
2        Sheets(Array("여름", "겨울")).Select
3    End Sub
```

02. 여름, 겨울 시트를 선택합니다.

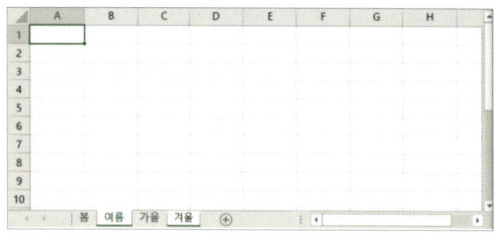

그룹으로 지정된 시트 그룹을 해제하는 방법입니다.

```
Sheets("여름").Select
```

그룹으로 지정된 시트 중 하나를 선택하거나 다른 시트 하나를 선택하면 시트 그룹이 해제됩니다.

2. 코드네임으로 선택하는 방법

[속성] 창에 있는 '(이름)'을 코드네임(CodeName)이라고 하고 'Name'을 시트 이름이라고 합니다. 이전 그림에서 'Sheet1'은 코드네임, '봄'은 시트 이름입니다.

시트 이름은 워크시트에서 변경할 수 있지만 코드네임은 [속성] 창에서만 변경이 가능합니다.

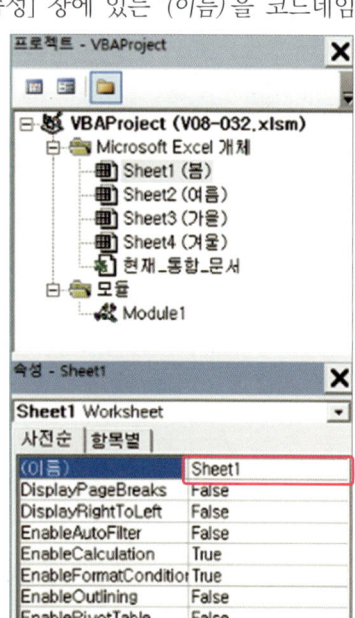

코드네임(CodeName)으로 '봄' 시트를 선택하는 방법입니다.

```
Sheet1.Select
```

'봄' 시트의 코드네임은 'Sheet1'이므로 '봄' 시트를 선택합니다.

사용자가 시트 이름을 수시로 변경하는 경우 시트 이름으로 코드를 작성했다면 코드도 함께 수정해야 합니다. 하지만 코드네임(CodeName)으로 코드를 작성했다면 시트 이름을 변경해도 코드를 수정할 필요가 없습니다.

'봄'이라는 시트 이름을 'SPRING'으로 변경했을 때 코드 수정은 다음과 같습니다. 혹시 시트 이름으로 코드를 작성한 경우에는 코드를 수정해야 합니다.

```
Worksheets("봄").Select ➡ Worksheets("SPRING").Select
```

코드네임으로 코드를 작성한 경우에는 코드 수정사항이 없습니다.

```
Sheet1.Select ➡ Sheet1.Select
```

032 시트 추가 및 시트 삭제하기

워크시트를 추가하는 방법에는 빈 시트를 추가하거나 특정 시트를 복사하여 새로운 시트로 추가하는 방법이 있습니다. 빈 시트를 추가하는 것은 *Add* 메서드를 이용하고, 시트를 복사하여 추가하는 것은 *Copy* 메서드, 기존 시트를 삭제하는 것은 *Delete* 메서드를 이용합니다. 시트 전체를 삭제할 경우 최소한 1개의 시트는 남아 있어야 합니다.

1. 시트 추가

Add 메서드를 이용하여 시트를 원하는 위치(맨 앞, 맨 뒤 등)에 추가할 수 있습니다. 시트를 추가하면 빈 셀의 시트가 생성됩니다.

마지막 워크시트 다음에 새 워크시트를 추가하고 워크시트 이름을 '4계절'로 변경하는 코드는 다음과 같습니다.

- 첫 번째 방법

```
1  Sub SheetAddDemo1()
2      Sheets.Add After:=Worksheets(Worksheets.Count)
3      Worksheets(Worksheets.Count).Name = "4계절"
4  End Sub
```

02. 워크시트의 개수를 확인한 후 마지막 워크시트 다음에 새 워크시트를 추가합니다. 만약 마지막 워크시트 이전에 추가할 경우에는 After 대신에 Before를 사용합니다.

03. 마지막 워크시트 이름을 '4계절'로 변경합니다. 이때 '4계절'이라는 시트가 존재하면 오류가 발생합니다.

- 두 번째 방법

```
1  Sub SheetAddDemo2()
2      Dim sht As Worksheet
3      Set sht = Sheets.Add(After:=Worksheets(Worksheets.Count))
4      sht.Name = "4계절"
5  End Sub
```

03. 워크시트의 개수를 확인한 후 마지막 워크시트 다음에 새 워크시트를 추가하고 변수에 할당합니다.

04. 해당 워크시트의 이름을 '4계절'로 변경합니다.

2. 시트 복사

Copy 메서드를 이용하여 지정한 시트를 복사하고 원하는 위치(맨 앞, 맨 뒤 등)에 추가할 수 있습니다. 시트를 복사하면 지정한 시트와 똑같은 내용의 시트가 생성됩니다.

'봄' 시트를 복사하여 '여름' 시트 이전에 추가하는 코드는 다음과 같습니다.

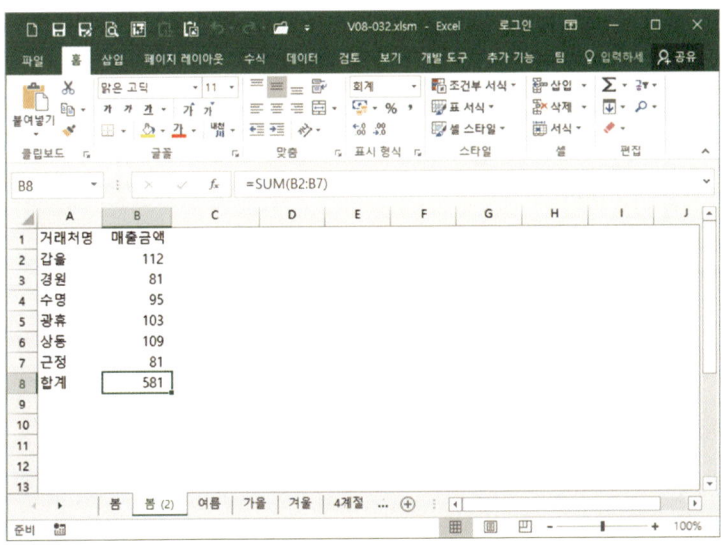

```
Sub SheetCopyDemo()
    Sheets("봄").Copy Before:=Sheets("여름")
End Sub
```

새로 추가된 시트 이름은 복사할 시트의 이름과 동일하며 이름에 숫자가 표시됩니다. 처음 시트를 복사하면 '봄 (2)'라는 이름으로 시트가 복사되고, 한번 더 복사하면 '봄 (3)'으로 숫자가 순차적으로 변경됩니다.

시트를 복사할 때 'Before'나 'After'를 지정하지 않으면 복사한 시트가 포함된 새 통합 문서가 만들어집니다. 만약 별도의 파일로 만들어야 하는 경우 사용합니다.

```
Sub SheetCopYDemo2()
    Sheets("봄").Copy
End Sub
```

3. 시트 삭제

Delete 메서드를 이용하여 지정한 시트를 삭제할 수 있습니다. 삭제된 시트는 복구할 수 없기 때문에 주의가 필요합니다.

'4계절' 시트(코드네임이 'Sheet5'라고 가정)를 시트 이름으로 삭제하는 방법은 다음과 같습니다.

```
Sub SheetDeleteDemo1()
    Sheets("4계절").Delete
End Sub
```

'4계절'이라는 시트가 존재하지 않으면 오류가 발생합니다.

코드네임으로 삭제하는 방법은 다음과 같습니다.

```
Sub SheetDeleteDemo2()
    Sheet5.Delete
End Sub
```

'Sheet5'라는 코드네임이 존재하지 않으면 오류가 발생합니다.

033 시트 숨기기 / 숨기기 취소

시트가 많은 경우 원하는 시트를 찾을 때 번거롭습니다. 이런 경우 시트를 숨기기하여 정리할 수 있습니다. 시트 숨기기를 해도 수식에는 영향을 미치지 않으며 시트가 사라지는 것도 아닙니다. 다만 시트가 워크시트 탭에서만 보이지 않는 것입니다. 시트의 표시 유무는 Visible 속성을 이용합니다.

'가을' 시트를 숨기는 코드는 다음과 같습니다.

```
Sheets("가을").Visible = False
```

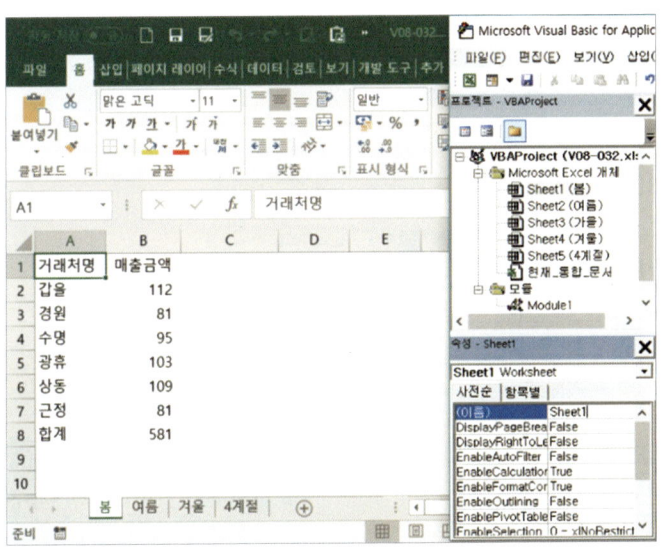

워크시트에는 '가을' 시트가 보이지 않지만 VBE 창의 [프로젝트] 탐색기에는 해당 시트가 보입니다.

'가을' 시트를 숨기기 취소하는 코드는 다음과 같습니다.

```
Sheets("가을").Visible = True
```

현재 통합 문서의 모두 시트를 숨기기 취소하는 코드는 다음과 같습니다.

```
1   Sub SheetVisibleAll()
2       Dim sht     As Worksheet
3       For Each sht In Worksheets
4           sht.Visible = True
5       Next sht
6   End Sub
```

03. 모든 워크시트를 순환하면서 sht라는 워크시트 변수에 할당합니다.
04. 워크시트의 표시를 True로 설정합니다.

XlSheetVisibility 열거형을 이용하는 방법은 다음과 같습니다.

이름	값	설명
xlSheetHidden	0	시트를 숨기기합니다. 워크시트에서 숨기기를 취소할 수 있습니다
xlSheetVeryHidden	2	시트를 숨기기합니다. 워크시트에서 숨기기를 취소할 수 없습니다.
xlSheetVisible	-1	시트 숨기기를 취소합니다

'가을'과 '겨울' 시트를 숨기기 하는 코드는 다음과 같습니다.

```
' 첫 번째 방법
Sub SheetVisible1()
    Sheets("가을").Visible = xlSheetHidden
    Sheets("겨울").Visible = xlSheetVeryHidden
End Sub
' 두 번째 방법
Sub SheetVisible1()
    Sheets("가을").Visible = 0
    Sheets("겨울").Visible = 2
End Sub
```

'가을'과 '겨울' 시트가 숨기기 되어 시트 이름이 보이지 않고 [숨기기 취소] 창의 목록에는 다음과 같이 나타납니다.

'가을'은 *xlSheetHidden*으로 숨기기 하여 목록에 나타나지만 '겨울'은 *xlSheetVeryHidden*으로 숨기기 하여 목록에 나타나지 않습니다. 이 경우 워크시트에서는 숨기기 취소를 할 수 없고 VBE [속성] 창에서 변경하거나 VBA를 이용해야 숨기기 취소가 가능합니다.

034 시트 보호 / 보호 해제

시트에 값을 입력하거나 행 삽입, 삭제 등의 작업을 다른 사용자가 할 수 없도록 시트를 보호해야 하는 경우에 시트 보호를 합니다. 셀 잠금이나 수식 숨김을 한 경우에도 시트를 보호해야만 정상적으로 작동하고 암호부터 모든 것이 다 선택사항이므로 보호하고 싶은 항목만 나열이 가능합니다.

1. 시트 보호

시트를 수정할 수 없도록 하는 시트 보호는 *Protuct* 메서드를 이용합니다. 암호는 대/소문자를 구별하고 암호를 잊어버리면 시트 보호를 해제할 수 없으므로 주의가 필요합니다.

이름	필수/선택	기본값	설명
Password	선택		대/소문자를 구별하여 암호를 지정합니다.
DrawingObjects	선택	True	True면 도형을 보호합니다.
Contents	선택	True	True면 내용을 보호합니다. 셀 서식에서 잠금 한 셀만 보호합니다.
Scenarios	선택	True	True면 시나리오를 보호합니다.
UserInterfaceOnly	선택	False	True면 매크로를 보호하지 않습니다.
AllowFormattingCells	선택	False	True면 셀에 서식을 적용할 수 있습니다.
AllowFormattingColumns	선택	False	True면 열에 서식을 적용할 수 있습니다.
AllowFormattingRows	선택	False	True면 행에 서식을 적용할 수 있습니다.
AllowInsertingColumns	선택	False	True면 열을 삽입할 수 있습니다.
AllowInsertingRows	선택	False	True면 행을 삽입할 수 있습니다.
AllowInsertingHyperlinks	선택	False	True면 하이퍼링크를 삽입할 수 있습니다.
AllowDeletingColumns	선택	False	True면 열을 삭제할 수 있습니다.
AllowDeletingRows	선택	False	True면 행을 삭제할 수 있습니다.
AllowSorting	선택	False	True면 정렬을 할 수 있습니다.
AllowFiltering	선택	False	True면 필터를 설정할 수 있습니다.
AllowUsingPivotTables	선택	False	True면 피벗테이블 보고서를 사용할 수 있습니다

'가을' 시트(코드네임이 'Sheet3'라고 가정)를 암호 'ex4mo'로 보호하는 코드는 다음과 같습니다.

```
' 첫 번째 방법
Sheets("가을").Protect "ex4mo"
' 두 번째 방법
Sheet3.Protect Password:="ex4mo"
```

매개 변수 순서로 설정할 경우에는 매개 변수의 이름(Password 등)을 생략할 수 있지만 그렇지 않으면 매개 변수의 이름을 명시해야 합니다.

```
' 셀 서식 적용만 가능하도록 설정
Sheets("가을").Protect "ex4mo", AllowFormattingCells:=True
```

시트에 값을 입력하거나 행 삭제 등은 할 수 없지만 셀 서식은 적용이 가능합니다.
*AllowFormattingCells*을 생략하면 매개 변수 중 두 번째인 *DrawingObjects*에 대한 설정이 적용되므로 주의가 필요합니다.

2. 시트 보호 해제

시트의 보호 해제는 *Unprotuct* 메서드를 이용합니다. 시트가 보호되어 있지 않으면 해당 코드는 무시됩니다. 암호는 대/소문자를 구별하며 시트를 보호할 때의 암호와 일치해야 합니다. 암호를 잊어버리면 시트 보호를 해제할 수 없기 때문에 주의가 필요합니다.

```
' 첫 번째 방법
Sheets("가을").Unprotect "ex4mo"
' 두 번째 방법
Sheet3.Unprotect Password:="ex4mo"
```

Chapter 10

통합 문서(WORKBOOK) 다루기

하나의 통합 문서는 하나 이상의 시트로 이루어져 있고, 하나의 시트에는 여러 개의 셀로 이루어져 있습니다. 앞장에서는 범위(셀)와 시트에 대하여 알아보았습니다. 이번 장에서는 통합 문서(엑셀 파일)를 다루는 방법을 알아보겠습니다.

035 통합 문서(파일) 열기 / 닫기

작업을 하기 전에 작업할 파일을 선택하여 열기를 합니다. 이때 열기 옵션을 지정할 수 있습니다. 예를 들면 읽기전용으로 열면 통합 문서를 수정하거나 입력 등은 할 수 있지만 변경된 내용을 저장할 수 없습니다.

1. 통합 문서 열기

통합 문서(파일)를 여는 것은 *Workbooks.Open* 메서드를 이용합니다. 통합 문서 열기 프로시저가 입력되어 있는 통합 문서는 *ThisWorkbook*으로, 파일을 열기하여 활성화된 통합 문서는 *ActiveWorkbook*으로 구분할 수 있습니다.

이름	필수/선택	데이터 형식	설명
FileName	필수	Variant	새로 불러올 통합 문서의 파일 이름을 지정합니다.
UpdateLinks	선택	Variant	비고 1 참조
ReadOnly	선택	Variant	True면 통합 문서는 읽기 전용으로 엽니다.
Format	선택	Variant	텍스트 파일을 여는 경우 구분 문자를 지정합니다.
Password	선택	Variant	보호된 통합 문서의 암호입니다.
WriteResPassword	선택	Variant	쓰기 보호된 통합 문서의 암호입니다.
IgnoreReadOnlyRecommended	선택	Variant	True이면 읽기 전용 통합 문서의 읽기 전용 권장 메시지가 표시되지 않습니다.
Origin	선택	Variant	파일이 작성된 운영체제를 지정합니다. 생략하면 현재 운영체제가 사용됩니다.
Delimiter	선택	Variant	텍스트 파일이면서 Format 인수가 6이면 구분 기호로 사용할 문자를 지정하는 문자열입니다.
Editable	선택	Variant	Microsoft Excel 4.0 추가 기능 파일에 대해서 True로 설정하면, 추가 기능 파일을 볼 수 있는 창으로 엽니다.
Notify	선택	Variant	파일을 읽기/쓰기 모드로 불러올 수 없는 경우, True이면 파일 알림 목록에 파일을 추가합니다.

Converter	선택	Variant	파일을 불러올 때 사용하는 첫 번째 파일 변환기의 인덱스를 지정합니다.
AddToMru	선택	Variant	True이면 가장 최근에 사용한 파일 목록에 통합 문서를 추가합니다. 기본값은 False입니다.
Local	선택	Variant	True이면 제어판에 설정된 Microsoft Excel 언어로, False(기본값)이면 VBA 언어로 파일을 저장합니다.
CorruptLoad	선택	XlCorruptLoad	xlNormalLoad로 지정되지 않은 경우 기본 동작은 가능하지만 초기화되었을 때 복구를 시도하지 않습니다.

- 비고 1 : UpdateLinks의 매개 변수

값	설명
0	통합 문서가 열릴 때 외부 참조가 업데이트 되지 않습니다.
3	통합 문서가 열릴 때 외부 참조가 업데이트 됩니다.

같은 폴더 내에 있는 '*examo.xlsx*' 파일을 불러오는 코드는 다음과 같습니다.

```
Workbooks.Open Thisworkbook.Path & "\examo.xlsx"
```

같은 폴더 내에 있는 파일인 경우 *Thisworkbook.Path*를 이용해 경로를 구할 수 있습니다.

같은 폴더 내에 있는 파일 중 이름이 '*examo.xlsx*'이고 암호가 '*examo*'인 파일을 불러오는 코드는 다음과 같습니다.

```
Workbooks.Open Filename:=Thisworkbook.Path & "\examo.xlsx", Password:="examo"
```

매개 변수 *Filename*은 첫 번째 인수이므로 생략이 가능하지만 매개 변수 *Password*는 5번째이고 2번째에 입력할 경우 매개 변수 이름(Password)을 생략할 수 없습니다.

```
Workbooks.Open Thisworkbook.Path & "\examo.xlsx", Password:="examo"
```

암호가 지정된 파일을 열기 할 때 암호 구문을 생략하면 암호를 묻는 창이 열리고 암호가 올바르지 않으면 오류가 발생합니다.

```
Workbooks.Open Thisworkbook.Path & "\examo.xlsx"
```

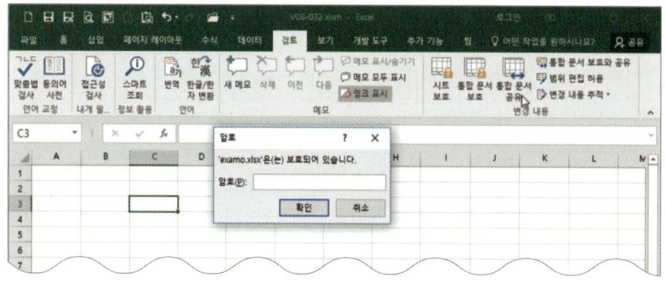

불러오는 파일이 현재 통합 문서와 같은 폴더가 아니라면 경로명을 올바르게 입력해야 합니다.

```
Workbooks.Open "D:\다른폴더명\examo.xlsx"
```

2. 통합 문서 닫기

통합 문서(파일)를 닫는 것은 *Workbook.Close* 메서드를 이용합니다. 이때 변경된 내용의 저장 유무와 회람 유무를 지정할 수 있습니다.

이름	필수/선택	데이터 형식	설명
SaveChanges	선택	Variant	통합 문서에 내용 변경이 있을 경우 True면 변경 내용을 저장하고, False면 저장하지 않습니다.
Filename	선택	Variant	변경된 내용을 저장할 때 사용할 파일 이름입니다.
RouteWorkbook	선택	Variant	해당 문서의 회람이 필요한 경우 True면 받는 사람에게 통합 문서를 보내고 False면 보내지 않습니다.

통합문서 '*examo.xlsx*'를 닫는 코드는 다음과 같습니다.

- 변경된 내용을 저장 할 경우

```
' 첫 번째 방법
Workbooks("examo.xlsx").Close True
' 두 번째 방법
Workbooks("examo.xlsx").Close SaveChanges:=True
```

- 변경된 내용을 저장하지 않을 경우

```
첫 번째 방법
Workbooks("examo.xlsx").Close False
' 두 번째 방법
Workbooks("examo.xlsx").Close SaveChanges:=Falseub
```

036 통합 문서(파일) 저장하기 (암호 설정하기)

통합 문서를 열고 데이터를 입력하거나 수정한 다음 변경된 내용을 저장해야 하는데 이때 통합 문서를 다른 사람으로부터 보호하기 위해서는 암호를 설정합니다.

1. 통합 문서를 처음 저장할 때

새 통합 문서를 만들고 작업을 한 다음 처음 저장할 때는 Workbook.SaveAs 메서드를 이용합니다. 이때 파일 형식과 암호 등을 지정할 수 있습니다. 모든 것을 생략하게 되면 프로시저의 파일이 있는 경로에 새 문서 이름(통합 문서.xlsx 등)으로 저장이 됩니다.

이름	필수/선택	데이터 형식	설명
Filename	선택	Variant	저장할 파일 이름입니다. 경로를 생략하면 현재 폴더에 파일이 저장됩니다.
FileFormat	선택	Variant	파일 형식입니다. 비고 1 참조
Password	선택	Variant	암호입니다. 15자 이내의 대/소문자 구분 문자열입니다.
WriteResPassword	선택	Variant	쓰기 예약 암호를 나타내는 문자열입니다.
ReadOnlyRecommended	선택	Variant	True이면 파일을 불러올 때 읽기 전용으로 열기를 권장하는 메시지가 표시됩니다.
CreateBackup	선택	Variant	백업 파일을 만듭니다.
AccessMode	선택	XlSaveAsAccessMode	통합 문서의 액세스 모드입니다. 비고 2 참조
ConflictResolution	선택	XlSaveConflictResolution	저장할 때 충돌이 발생하는 경우 해결 방법을 지정합니다.
AddToMru	선택	Variant	True이면 최근에 사용한 파일 목록에 추가합니다. 기본값은 False입니다.
TextCodepage	선택	Variant	모든 언어에 대해 무시됩니다.
TextVisualLayout	선택	Variant	모든 언어에 대해 무시됩니다.
Local	선택	Variant	True이면 제어판에 설정된 Microsoft Excel 언어로 파일을 저장합니다.

• 비고 1 : XlFileFormat 열거형

엑셀 2007버전 이상부터는 많은 파일 형식이 있지만 대표적인 몇 가지만 소개하겠습니다.

이름	값	확장자	설명
xlCSV	6	CSV	CSV
xlOpenXMLWorkbook	51	XLSX	Open XML 통합 문서
xlOpenXMLWorkbookMacroEnabled	52	XLSM	Open XML 매크로 사용 통합 문서
xlExcel2	16	XLSB	Excel2

• 비고 2 : XlSaveAsAccessMode 열거형

이름	값	설명
xlExclusive	3	단독 모드
xlNoChange	1	기본값(액세스 모드를 변경하지 않음)
xlShared	2	공유 목록

현재 선택된 통합 문서(활성화된 통합 문서)를 저장하는 코드는 다음과 같습니다.

```
ActiveWorkbook.SaveAs Filename:="examo.xlsx",
FileFormat:=xlOpenXMLWorkbook
```

파일 형식을 'XLSX' 형식으로 저장하는 경우 해당 통합 문서에 VBA 코드가 포함되어 있으면 저장할 수 없고 이에 따른 해결 방법을 대화상자로 보여줍니다.

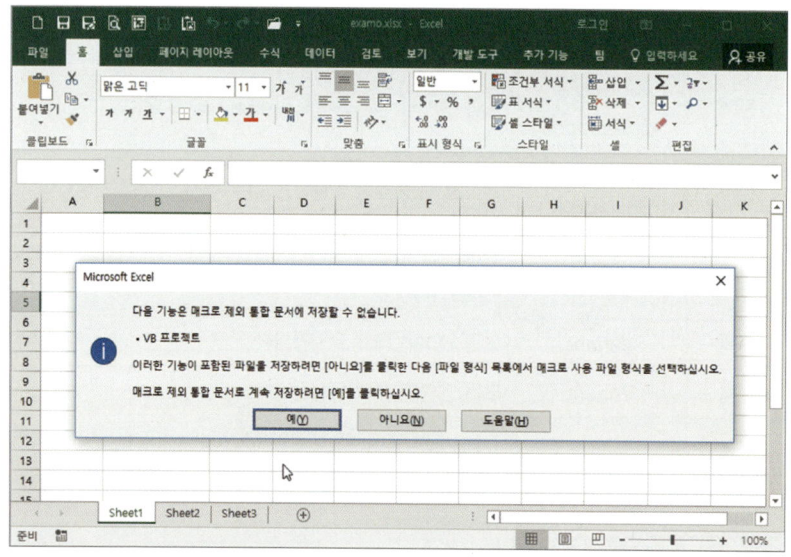

이때 [예]를 클릭하면 VBA코드가 제거되고 저장되며, [아니오]를 클릭하면 오류가 발생합니다.

- [아니오]를 클릭한 경우

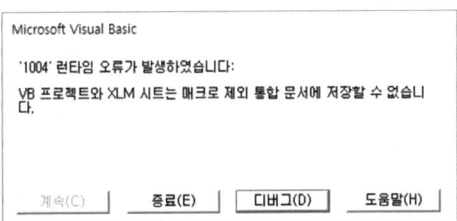

현재 선택된 통합 문서에 암호를 설정하여 저장하는 방법입니다. 암호를 지정할 때 대/소문자를 구별하는 점에 유의하고 암호를 잊어버리면 통합 문서(파일)를 열 수 없기 때문에 주의해야 합니다.

```
ActiveWorkbook.SaveAs Filename:="examo.xlsx",
FileFormat:=xlOpenXMLWorkbook, Password:="암호"
```

2. 변경된 내용 통합 문서에 저장

작업된 통합 문서를 불러와 수정 작업 등을 한 다음 변경 내용을 저장할 때는 *Workbook.Save* 메서드를 이용합니다. 파일 이름이나 파일 형식, 암호 등은 처음 저장한 것과 동일하게 저장됩니다.

현재 선택된 통합 문서를 저장하는 코드는 다음과 같습니다.

```
ActiveWorkbook.Save
```

VBA가 작성된 통합 문서를 저장하는 코드는 다음과 같습니다.

```
ThisWorkbook.Save
```

037 통합 문서(파일) 이름 / 경로 구하기

통합 문서의 개체 구성원에는 많은 메서드(Save, Close, PrintOut 등)와 속성(FileFormat, Name 등), 이벤트(Activate, Deactivate 등) 등이 있습니다. 많은 속성 중에 Name과 FullName 속성을 이용해 파일 경로와 이름을 구해보도록 하겠습니다.

1. 통합 문서 이름 구하기

통합 문서의 이름은 Workbook.Name속성을 이용하며, 경로를 제외한 '파일 이름.확장자'를 반환합니다.

현재 통합 문서의 이름을 구하고 메시지 박스를 출력하는 코드는 다음과 같습니다.

```
Sub FileNameDemo()
    MsgBox ActiveWorkbook.Name
End Sub
```

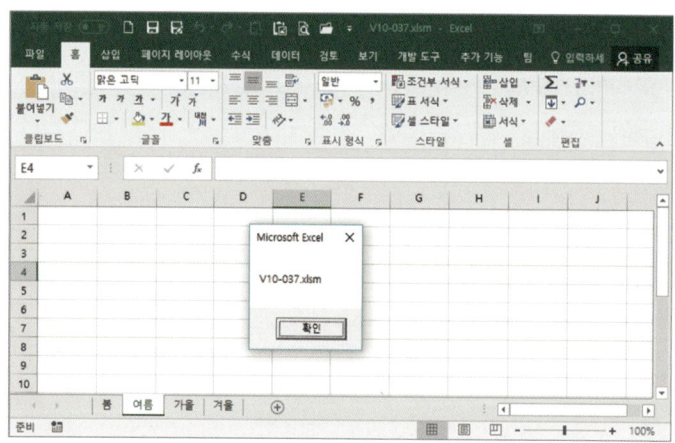

2. 경로를 포함하는 통합 문서 이름 구하기

통합 문서가 저장되어 있는 경로를 포함한 통합 문서의 이름은 *Workbook.FullName*속성을 이용합니다.

경로를 포함한 현재 통합 문서의 이름을 구해 메시지 박스로 출력하는 코드는 다음과 같습니다.

```
Sub FullFilenameDemo()
    MsgBox ActiveWorkbook.FullName
End Sub
```

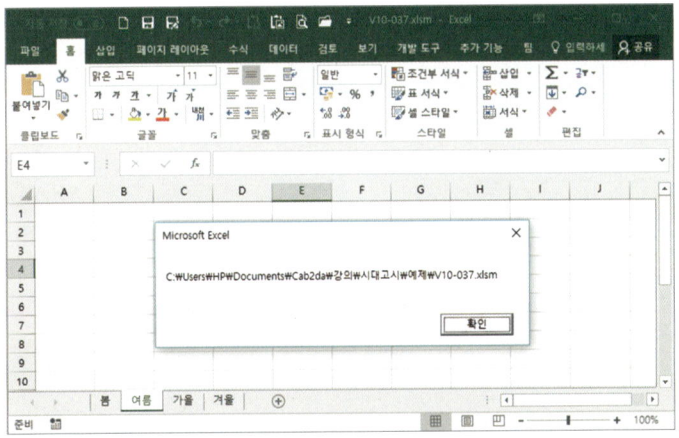

3. 통합 문서의 경로 구하기

통합 문서의 경로만 구하는 방법은 *Thisworkbook.path*를 이용하면 되지만 *Name*이나 *Fullname* 속성을 이용하는 경우에는 전체 경로(경로를 포함한 통합 문서 이름)를 구한 다음 마지막 경로 구분자(₩)를 확인해서 경로를 구하면 됩니다.

```
1   Sub PathNameDemo()
2       Dim strFilename As String
3       strFilename = ActiveWorkbook.FullName
4       MsgBox Left(strFilename, InStrRev(strFilename, "\"))
5   End Sub
```

03. 경로를 포함한 파일 전체 이름을 구하여 변수에 할당합니다.
04. 마지막에 있는 경로 구분자(\)의 위치를 구하여 해당 위치까지만 문자열을 구하고 메시지로 출력합니다. Left 함수와 InStrRev 함수는 '알면 유용한 내장 함수'에서 다루므로 지금은 경로를 구하기 위한 방법만 이해하세요.

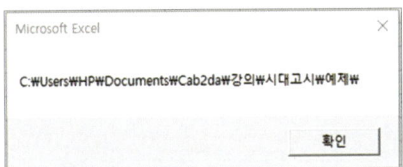

Chapter 11

엑셀 다루기

통합 문서는 엑셀 프로그램에서 저장된 파일입니다. 통합 문서의 속성이나 메서드 등은 해당 통합 문서에 한하여 적용되는데, 이번 장에서는 모든 통합 문서에 적용되는 설정에 대하여 알아보도록 하겠습니다.

038 엑셀 모드 설정하기

*Application*은 엑셀 응용 프로그램 전체를 의미하며, 엑셀(Application) 〉 통합 문서(Workbook) 〉 워크시트(Worksheet) 〉 셀(Cell)로 이루어져 있습니다.

Application 속성을 이용하면 엑셀 전체에 영향을 줄 수 있기 때문에 주의가 필요합니다. 수식 모드를 수동으로 설정하고 프로시저가 종료될 때 수식 모드를 자동으로 변경하지 않았다면 열려 있는 모든 통합 문서의 수식 모드는 '수동'으로 적용됩니다. *Application*에서 설정하는 것은 모든 통합 문서에 적용되기 때문에 프로시저가 종료되기 전에 복구하는 구문이 필요합니다.

1. Application.ScreenUpdating 속성

화면 업데이트를 설정하는 속성으로 True면 업데이트가 설정되고 False면 업데이트 설정이 해제됩니다. 업데이트가 설정되면 화면의 변화를 갱신하여 사용자가 눈으로 볼 수 있습니다. 예를 들면 A1셀부터 A10000셀까지 한 셀씩 선택을 하는 코드가 있다면 [*A1셀 선택, A2셀 선택…*]처럼 변하는 과정 볼 수 있게 됩니다.

```
Sub ScreenUpdatingNoNDemo()
    Dim i           As Long
    For i = 1 To 10000
        Range("A" & i).Select
    Next i
End Sub
```

False로 설정하면 매크로 실행 과정은 볼 수 없지만 화면 업데이트(갱신)를 하지 않기 때문에 속도가 빨라집니다. 코드를 시작하기 전에 False로 업데이트 설정을 해제하고 마지막에 True로 업데이트를 설정합니다.

```
Sub ScreenUpdatingDemo()
    Dim i           As Long
    Application.ScreenUpdating = False
    For i = 1 To 10000
        Range("A" & i).Select
    Next i
    Application.ScreenUpdating = True
End Sub
```

2. Application.Calculation 속성

수식의 계산 옵션(XlCalculation) 값을 반환하거나 설정합니다.

이름	값	설명
xlCalculationAutomatic	-4105	계산 모드가 자동으로 설정됩니다.
xlCalculationManual	-4135	계산 모드가 수동으로 설정됩니다.
xlCalculationSemiautomatic	2	계산 모드가 자동으로 설정되지만 테이블의 변경 내용을 무시합니다.

수식이 많이 입력되어 있는 경우 계산 옵션을 수동(xlCalculationManual)으로 설정하면 계산이 진행되지 않아 속도가 빨라집니다. 코드를 시작하기 전에 수동(xlCalculationManual)으로 설정한 다음 일련의 작업(값 입력 등)을 모두 처리하고 프로시저가 종료되기 전 계산 옵션을 자동(xlCalculationAutomatic)으로 설정합니다.

다음 예제는 값을 3회 입력했지만 수식의 계산 옵션을 수동(xlCalculationManual)으로 설정했기 때문에 값을 입력할 때마다 수식이 계산되지 않고 자동(xlCalculationAutomatic)으로 설정할 때 일괄적으로 한 번에 계산됩니다.

```
Sub CalculationDemo()
    Application.Calculation = xlCalculationManual
    Range("A1").Value = 2010
    Range("A2").Value = 8
    Range("A3").Value = 13
    Application.Calculation = xlCalculationAutomatic
End Sub
```

3. Application.DisplayAlerts 속성

매크로를 실행하는 동안 경고 메시지의 표시 유무를 설정합니다. 'True'이면 경고 메시지가 표시되고 'False'이면 경고 메시지가 표시되지 않습니다.

다음은 열려 있는 모든 통합 문서(프로시저가 있는 통합 문서 제외)를 닫을 때 변경 내용을 저장할지 확인하는 메시지를 표시하지 않고 닫는 코드입니다. 변경 내용이 저장되지 않으므로 주의가 필요합니다.

```
1   Sub DisplayAlertsDemo()
2       Dim wb           As Workbook
3       Application.DisplayAlerts = False
4       For Each wb In Application.Workbooks
5           If wb.Name <> ThisWorkbook.Name Then
6               wb.Close
7           End If
8       Next wb
9       Application.DisplayAlerts = True
10  End Sub
```

03. 경고 메시지를 표시하지 않게 설정합니다.
04. 열려 있는 모든 통합 문서를 순환하면서 'wb'라는 통합 문서 변수에 할당합니다.
05. 해당 통합 문서의 이름이 프로시저가 작성된 통합 문서의 이름과 다르면 IF 문을 실행합니다.
06. 해당 통합 문서를 닫아줍니다.
09. 경고 메시지를 표시하도록 설정합니다.

다음은 현재 선택된 시트를 제외하고 모든 시트를 삭제하는 코드입니다. 시트의 개수가 많은 경우 삭제할지를 묻는 대화상자에서 [삭제]나 [취소]를 계속해서 눌러줘야 하는 불편함이 있습니다.

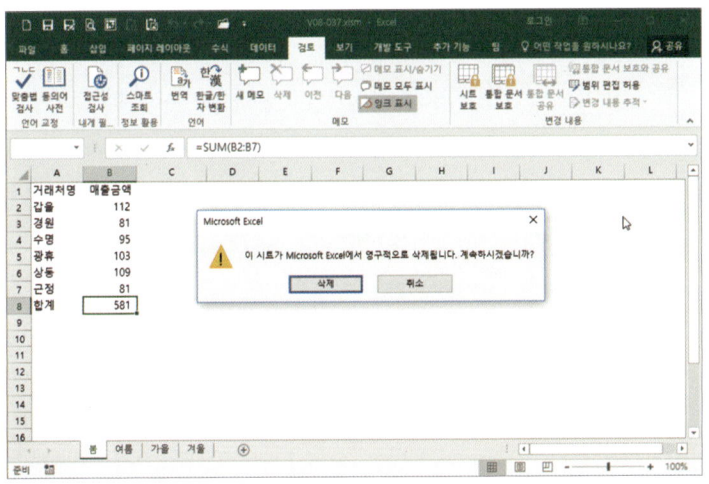

*Application.DisplayAlerts*를 *False*로 설정하면 시트를 삭제할지 묻지 않고 삭제하기 때문에 주의가 필요합니다.

```
1   Sub DisplayAlertsDemo2()
2       Dim sht            As Worksheet
3       Application.DisplayAlerts = False
4       For Each sht In Worksheets
5           If sht.Name <> ActiveSheet.Name Then
6               sht.Delete
7           End If
8       Next sht
9       Application.DisplayAlerts = True
10  End Sub
```

03. 경고 메시지를 표시하지 않게 설정합니다.
04. 워크시트를 순환하면서 'sht'라는 워크시트 변수에 할당합니다.
05. 해당 워크시트 이름이 현재 선택된 시트 이름과 다르면 IF 문을 실행합니다.
06. 해당 워크시트를 삭제합니다.
09. 경고 메시지를 표시하도록 설정합니다.

4. Application.EnableEvents 속성

이벤트의 활성화/비활성화를 설정합니다. '*False*'이면 이벤트를 사용할 수 없고 '*True*'이면 이벤트를 사용할 수 있습니다.

다음 코드는 *BeforeSave* 이벤트가 설정되어 있어도 이벤트를 실행하지 않고 파일을 저장합니다.

```
Application.EnableEvents = False
ActiveWorkbook.Save
Application.EnableEvents = True
```

이벤트가 설정되어 있는 통합 문서에서 이벤트를 비활성화 하지 않고 프로시저를 실행하면 실행 중간에 이벤트가 발생하여 엉뚱한 결과를 반환할 수 있습니다. 의도된 이벤트가 아니라면 이벤트가 발생하지 않도록 *Application.EnableEvents* 속성을 *False*로 설정해야 합니다.

다음은 이벤트가 발생하여 엉뚱한 결과가 나오는 코드로 해당 시트의 *SelectionChange* 이벤트 코드를 하나 만듭니다.

```
1  Private Sub Worksheet_SelectionChange(ByVal Target As Range)
2      If Target.Address <> Range("B8").Address Then
3          End
4      End If
5  End Sub
```

02. 선택된 셀 주소가 'B8'이 아니면 IF 문을 실행합니다.
03. VBA를 종료합니다.

다음은 일반 모듈에 합계를 구하는 프로시저를 만듭니다.

```
1   Sub sumDemo()
2       Dim i                As Long
3       Dim lngStartRow      As Long
4       Dim lngLastRow       As Long
5       Dim lngSum           As Long
6       lngStartRow = 2
7       lngLastRow = Cells(Rows.Count, 1).End(xlUp).Row
8       For i = lngStartRow To lngLastRow
9           Range("B" & i).Select
10          lngSum = lngSum + Range("B" & i).Value
11      Next i
12      MsgBox "합계 : " & Format(lngSum, "#,##0")
13  End Sub
```

06. 시작 행 번호입니다.
07. 'A'열의 마지막 데이터가 있는 행 번호를 구합니다.
08. 시작 행부터 마지막 행까지 순환합니다.
09. 불필요하지만 이벤트 발생을 위해 코드를 추가하여 해당 셀을 선택합니다.
10. 해당 셀 값을 누적하여 변수에 할당합니다.
12. 누적한 합계 값을 메시지로 출력합니다.

시작 행부터 마지막 행까지 순환하면서 B열의 값을 모두 더하여 합계를 메시지로 출력하는 프로시저입니다. 하지만 *Range("B" & i).Select*라는 구문을 실행하면 B2셀을 선택하게 되고 *SelectionChange* 이벤트가 발생합니다. *SelectionChange*에서는 선택한 셀 주소가 B8이 아니면 VBA를 종료하기 때문에 다음 줄의 구문을 실행하지 않고 바로 종료되어 메시지가 출력되지 않습니다.

올바르게 작동하기 위해서는 이벤트를 비활성화 하고 작업을 모두 마친 다음에 이벤트를 활성화해야 합니다.

```vba
Sub sumDemo()
    Dim i                  As Long
    Dim lngStartRow        As Long
    Dim lngLastRow         As Long
    Dim lngSum             As Long
    Application.EnableEvents = False      ' 추가된 구문
    lngStartRow = 2
    lngLastRow = Cells(Rows.Count, 1).End(xlUp).Row
    For i = lngStartRow To lngLastRow
        Range("B" & i).Select
        lngSum = lngSum + Range("B" & i).Value
    Next i
    MsgBox "합계 : " & Format(lngSum, "#,##0")
    Application.EnableEvents = True       ' 추가된 구문
End Sub
```

039 작업 화면 설정하기

엑셀을 열면 작업 화면에 리본 메뉴와 탭, 수식 입력줄, 머리글, 스크롤 바 등이 보입니다. 이번에는 엑셀의 레이아웃을 숨기거나 숨기기 해제를 하는 방법을 알아보겠습니다.

1. Application.DisplayFullScreen 속성

엑셀의 전체 화면 모드를 설정합니다. 해당 속성이 'True'이면 전체 화면 모드로 설정되어 응용 프로그램 창을 최대화 한 후 리본 메뉴를 숨기고, 'False'이면 전체 화면 모드가 해제되고 리본 메뉴도 숨기기가 취소됩니다.

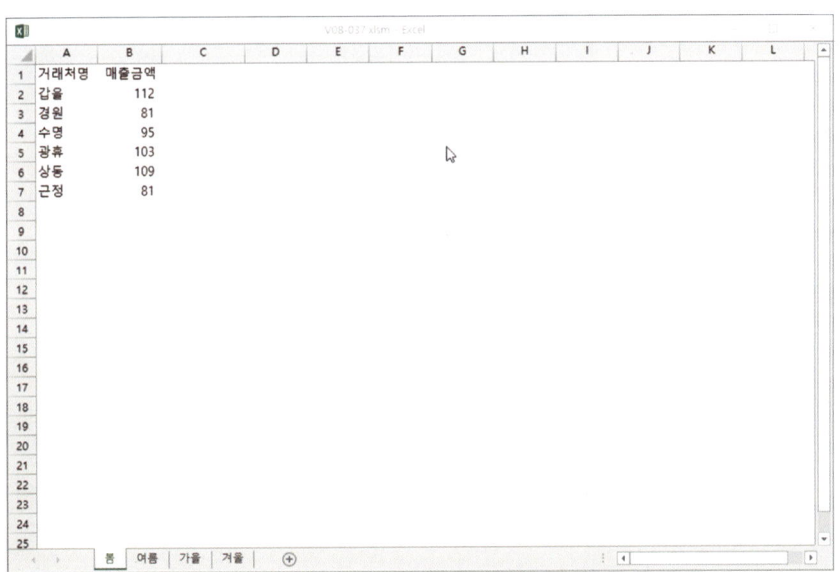

엑셀의 전체 화면 모드로 설정하는 코드는 다음과 같습니다.

```
Application.DisplayFullScreen = True
```

2. Application.DisplayFormulaBar 속성

수식 입력줄의 표시 상태를 설정합니다. 해당 속성이 'True'이면 수식 입력줄을 표시하고, 'False'이면 수식 입력줄을 숨깁니다.

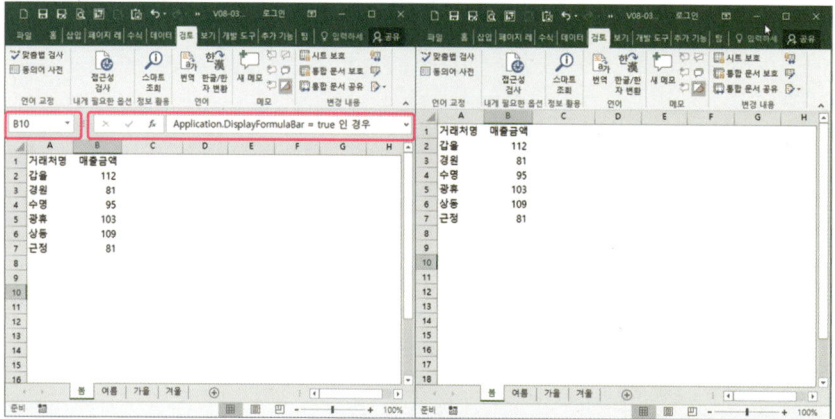

DisplayFormulaBar = True   DisplayFormulaBar = False

통합 문서에서 수식 입력줄을 숨기는 코드는 다음과 같습니다.

```
Application.DisplayFormulaBar = False
```

3. Application.DisplayScrollBars 속성

통합 문서에서 스크롤 막대의 표시 상태를 설정합니다. 해당 속성이 'True'이면 스크롤 막대가 표시되고, 'False'이면 스크롤 막대가 표시되지 않습니다.

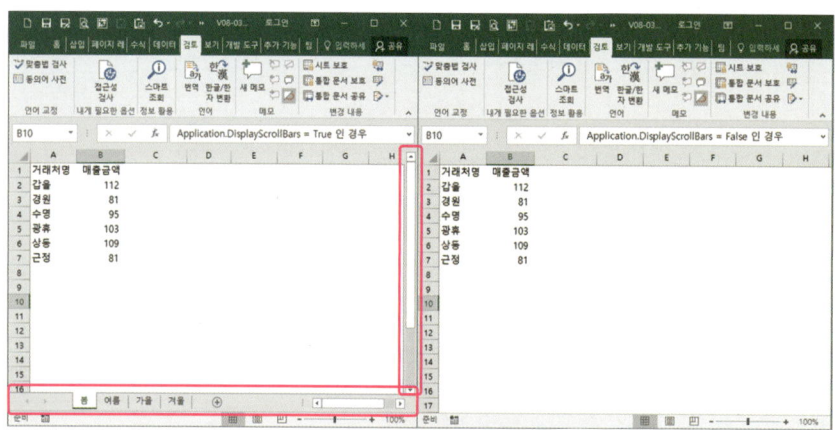

DisplayScrollBars = True   DisplayScrollBars = False

통합 문서에서 스크롤 막대가 표시되지 않게 하는 코드는 다음과 같습니다.

```
Application.DisplayScrollBars = False
```

4. Application.DisplayStatusBar 속성

상태 표시줄의 표시 상태를 설정합니다. 해당 속성이 'True'이면 상태 표시줄이 표시되고, 'False'이면 상태 표시줄이 표시되지 않습니다.

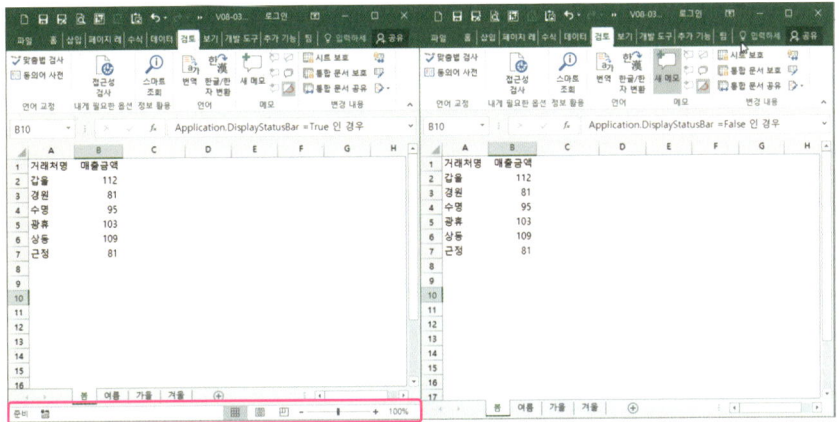

DisplayStatusBar = True   DisplayStatusBar = False

상태 표시줄이 표시되지 않게 하는 코드는 다음과 같습니다.

```
Application.DisplayStatusBar = False
```

5. Window.DisplayGridlines 속성

눈금선의 표시 상태를 설정합니다. 해당 속성이 'True'이면 눈금선이 표시되고, 'False'이면 눈금선이 표시되지 않습니다.

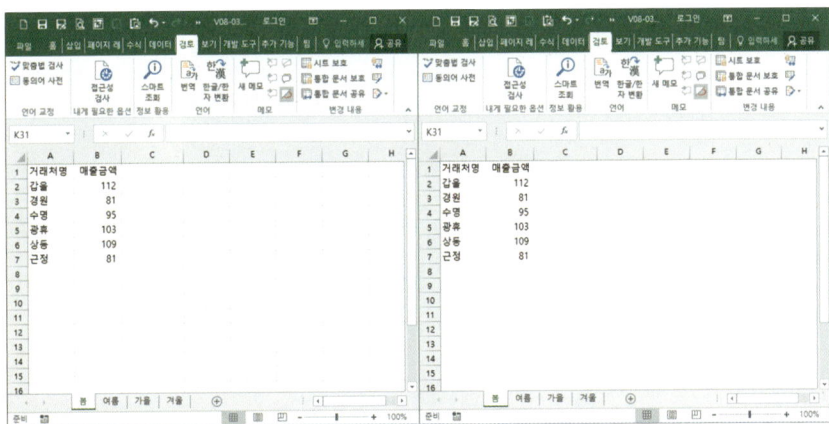

DisplayGridlines = True   DisplayGridlines = False

눈금선이 표시되지 않게 하는 코드는 다음과 같습니다.

```
ActiveWindow.DisplayGridlines = False
```

6. Window.DisplayHeadings 속성

머리글의 표시 상태를 설정합니다. 해당 속성이 'True'이면 머리글이 표시되고, 'False'이면 머리글이 표시되지 않습니다.

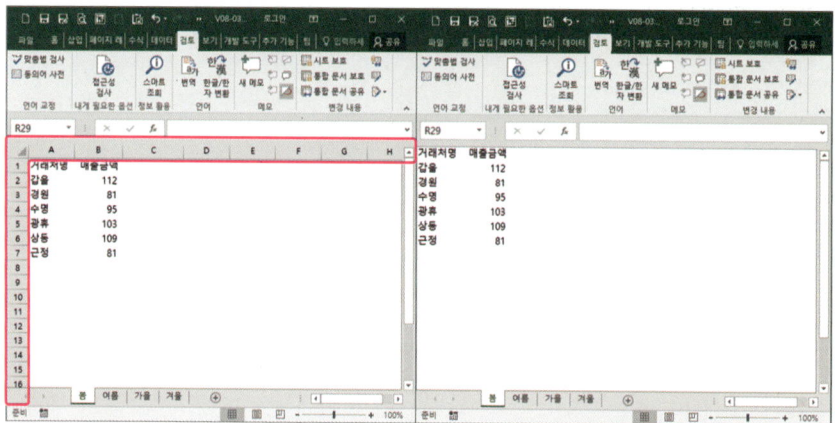

DisplayHeadings = True   DisplayHeadings = False

머리글이 표시되지 않게 하는 코드는 다음과 같습니다.

```
ActiveWindow.DisplayHeadings = False
```

7. Window. DisplayHorizontalScrollBar 속성

가로 스크롤 막대의 표시 상태를 설정합니다. 해당 속성이 'True'이면 가로 스크롤 막대가 표시되고, 'False'이면 가로 스크롤 막대가 표시되지 않습니다.

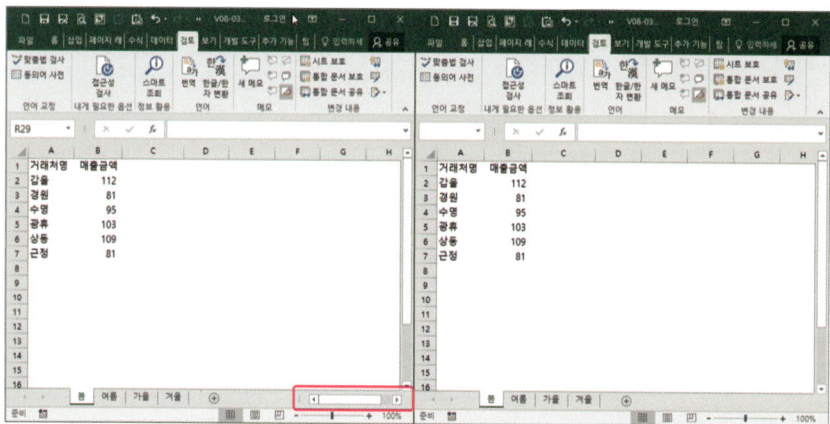

DisplayHorizontalScrollBar = True   DisplayHorizontalScrollBar = False

가로 스크롤 막대가 표시되지 않게 하는 코드는 다음과 같습니다.

```
ActiveWindow.DisplayHorizontalScrollBar = False
```

8. Window.DisplayVerticalScrollBar 속성

세로 스크롤 막대의 표시 상태를 설정합니다. 해당 속성이 'True'이면 세로 스크롤 막대가 표시되고, 'False'이면 세로 스크롤 막대가 표시되지 않습니다.

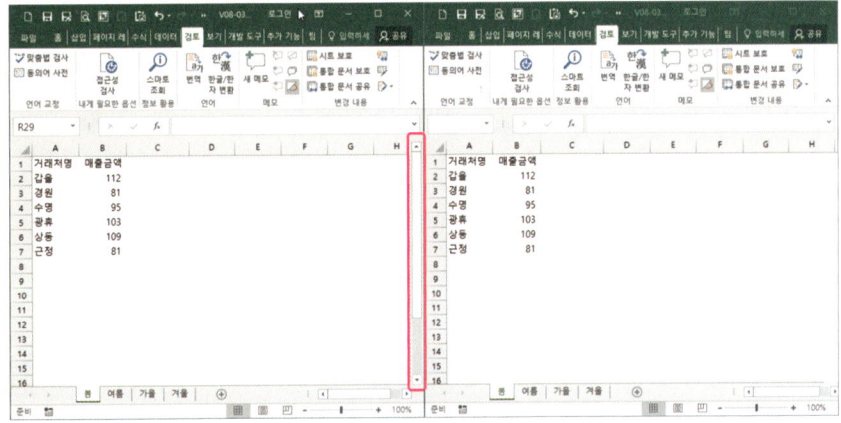

DisplayVerticalScrollBar = True   DisplayVerticalScrollBar = False

세로 스크롤 막대가 표시되지 않게 하는 코드는 다음과 같습니다.

```
ActiveWindow.DisplayVerticalScrollBar = False
```

9. Window. DisplayWorkbookTabs 속성

시트 탭의 표시 상태를 설정합니다. 해당 속성이 'True'이면 시트 탭이 표시되고, 'False'이면 시트 탭이 표시되지 않습니다.

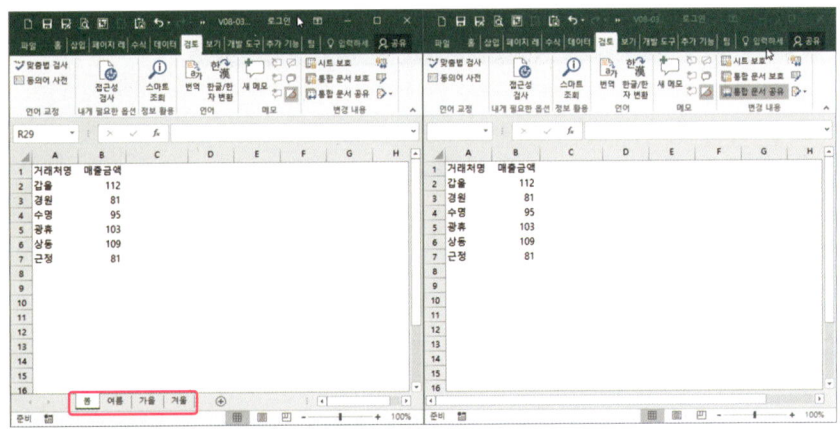

DisplayWorkbookTabs = True   DisplayWorkbookTabs = False

시트 탭이 표시되지 않게 하는 코드는 다음과 같습니다.

```
ActiveWindow.DisplayWorkbookTabs = False
```

040 엑셀 프로그램 보이기 / 숨기기

엑셀 화면을 보이게 하거나 숨기기를 할 수 있으며, 열려 있는 모든 통합 문서에 적용됩니다. 엑셀 프로그램의 표시 유무는 Application.Visible 속성이 'True'이면 엑셀 화면을 표시하고 'False'이면 엑셀 화면을 숨깁니다. 하지만 화면에만 보이지 않는 것이며, 엑셀 프로그램이 종료된 것은 아닙니다.

파일을 열 때 엑셀 화면은 나타나지 않고 사용자가 만든 유저 폼만 보이게 하여 프로그램이 실행된 것처럼 할 때 사용합니다.

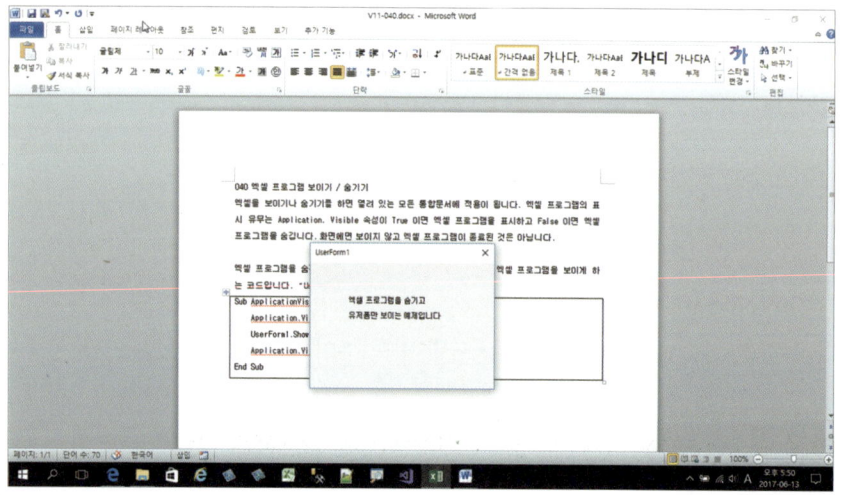

엑셀 프로그램을 숨긴 상태에서 유저 폼을 보여주고 유저 폼이 닫히면 엑셀 프로그램을 보이게 하는 코드입니다. 실행 시 'UserForm1'이라는 유저 폼이 있어야 합니다.

```
Sub ApplicationVisibleDemo()
    Application.Visible = False
    UserForm1.Show
    Application.Visible = True
End Sub
```

041   엑셀 프로그램 종료하기

엑셀 프로그램을 종료할 때는 Application.Quit 메서드를 이용합니다. 이 메서드를 사용하여 엑셀 프로그램을 종료하는 경우 저장하지 않은 통합 문서가 열려 있다면 변경 내용을 저장할 것인지 묻는 대화상자가 표시됩니다.

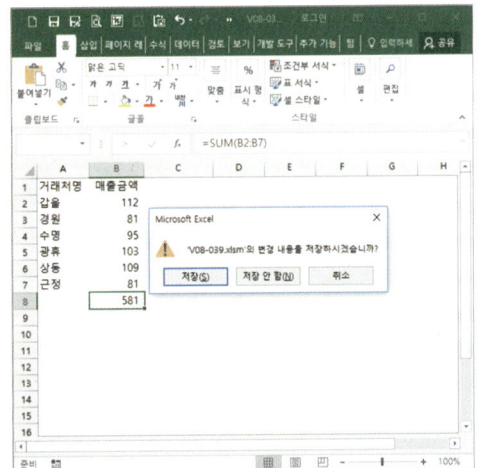

Quit 메서드를 사용하기 전에 모든 통합 문서를 저장했거나 DisplayAlerts 속성을 False로 설정하면 이 대화상자는 표시되지 않습니다.

열려 있는 통합 문서를 모두 저장한 다음 엑셀을 종료하는 코드는 다음과 같습니다.

```
1   Sub ApplicationQuitDemo()
2       Dim wb      As Workbook
3       For Each wb In Application.Workbooks
4           wb.Save
5       Next wb
6       Application.Quit
7   End Sub
```

03. 열려 있는 모든 통합 문서를 순환하면서 wb라는 통합 문서 변수에 할당합니다. Application.Workbooks에서 Application은 생략이 가능합니다.
04. 해당 통합 문서를 저장합니다.
06. 엑셀을 종료합니다.

Chapter 12

분기문

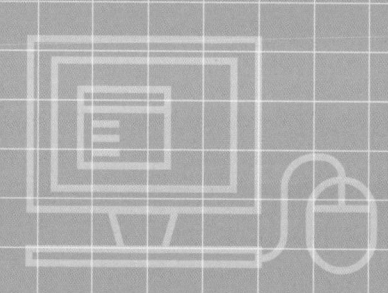

VBA는 처음부터 마지막까지 순차적으로 코드를 실행합니다. 시간이 많이 소요되는 구문이 있다고 다음 구문을 먼저 실행하지는 않습니다. 하지만 프로시저를 작성하다 보면 조건에 따라 실행하는 구문을 분기할 필요가 종종 발생하는데 조건이 참이면 'A' 구문을 실행하고 거짓이면 'B' 구문을 실행해야 하는 경우입니다. 참일 경우나 거짓일 경우에 중첩하여 다른 조건에 의해 분기를 하는 경우도 많습니다. 이번 장에서는 조건에 따라 다른 구문을 실행하도록 분기하는 방법에 대해 알아보겠습니다.

042 IF 문

VBA에서 가장 많이 사용하는 명령어 중 하나 입니다. IF 문은 하나 또는 그 이상의 조건에 따라 조건을 충족했을 경우와 충족하지 못했을 경우에 실행하는 구문이 달라집니다. 또한 조건에 따라 분기하여 IF 문을 중첩해서 사용할 수 있습니다.

1. 단일 선택 구조 IF 문

조건에 충족하는 경우에만 실행할 코드를 진행하는 구조입니다. 조건을 충족하지 못하면 코드를 실행하지 않습니다. 따라서 조건이 참인 경우에만 실행하며 기본 형식은 다음과 같습니다.

```
1   Sub IfDemo()
2       Dim lngYear      As Long
3       Dim lngCharge    As Long
4       lngYear = 7
5       lngCharge = 1000
6       If lngYear <= 6 Then
7           lngCharge = 0
8       End If
9       MsgBox "요금은 " & lngCharge & "원 입니다"
10  End Sub
```

04. 비교할 대상자 나이를 임의로 변수에 할당합니다.
05. 버스 요금을 임의로 변수에 할당합니다.
06. 대상자 나이가 6세 이하이면 IF 문을 실행합니다.
07. 요금 변수에 0을 할당합니다. IF 문의 조건에 충족한 경우에만 실행됩니다.
09. 요금을 메시지로 출력합니다.

비교할 대상자의 나이와 버스 요금을 변수에 할당합니다. 버스 요금은 만 6세까지는 무료이므로 대상자의 나이가 6보다 작거나 같으면 버스 요금을 0원으로 변경하는 구문입니다. 6세를 초과하는 경우 작업할 내용이 없으므로 단일 선택 구조 IF 문으로 작성을 합니다. 여기서 조건은 '대상자의 나이가 6보다 작거나 같다'이므로 *lngYear <= 6*이라는 구문이 해당됩니다.

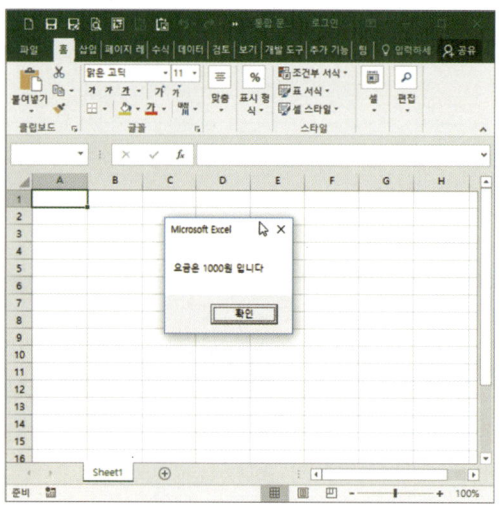

다음 예제처럼 앞의 구문을 단일 행으로 입력하는 방법도 있지만 권장하지 않으며, 단일 행의 경우에는 End IF가 없습니다.

```
Sub IfDemo2()
    Dim lngYear      As Long
    Dim lngCharge    As Long
    lngYear = 7
    lngCharge = 1000
    If lngYear <= 6 Then lngCharge = 0
    MsgBox "요금은 " & lngCharge & "원 입니다"
End Sub
```

엑셀 시트의 A1셀에 나이를 입력한 값에 따라 분기하는 코드는 다음과 같습니다.

```
Sub IfDemo3()
    If Range("A1").Value < 30 Then
        MsgBox "젊음이 부럽군요."
    End If
End Sub
```

A1셀의 값이 30보다 작으면 메시지 박스를 띄우고, 30보다 크거나 같으면 메시지 박스를 띄우지 않습니다. 조건(Range("A1").Value < 30)이 참(TRUE)인 경우에만 IF…END IF 문 안의 구문이 실행됩니다.

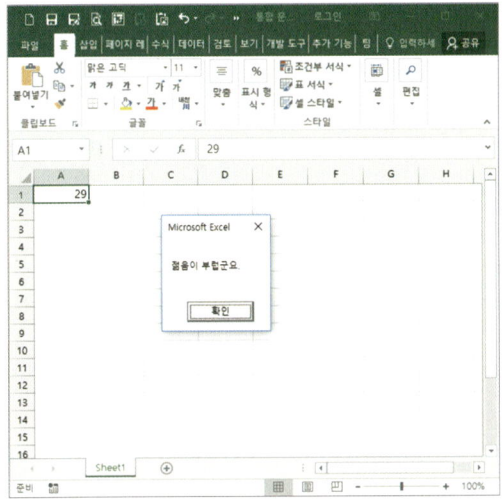

2. 이중 선택 구조 IF 문

조건을 비교해서 조건에 충족하는 경우와 조건을 충족하지 못하는 경우에 각각 실행할 코드를 다르게 적용하는 기본 형식은 다음과 같습니다.

```
1    Sub IfDemo4()
2        Dim lngYear      As Long
3        Dim lngCharge    As Long
4        lngYear = 7
5        If lngYear <= 6 Then
6            lngCharge = 0
7        Else
8            lngCharge = 1000
9        End If
10       MsgBox "요금은 " & lngCharge & "원 입니다"
11   End Sub
```

04. 비교할 대상자 나이를 임의로 변수에 할당합니다.
05. 대상자 나이가 6세 이하면 IF 문을 실행합니다.
06. 요금 변수에 0을 할당하고, IF 문의 조건에 충족한 경우에만 실행됩니다.
07. IF 문의 조건이 거짓이면 실행합니다.
08. 요금 변수에 1000을 할당하며, IF 문의 조건에 충족하지 않은 경우에만 실행됩니다.
10. 요금을 메시지로 출력합니다.

조건(lngYear <= 6)을 충족하면 Then과 Else 사이에 있는 모든 구문(여기서는 lngCharge = 0)을 실행하고 End If 문으로 이동하여 If 문을 빠져나옵니다. 조건을 충족하지 못하면 Else와 End If 사이에 있는 모든 구문(여기서는 lngCharge = 1000)을 실행하고 End If 문으로 이동하여 If 문을 빠져나옵니다.

앞의 구문을 다음처럼 단일행으로 입력하는 방법도 있지만 권장하지 않습니다.

```
Sub IfDemo5()
    Dim lngYear     As Long
    Dim lngCharge   As Long
    lngYear = 7
    If lngYear <= 6 Then lngCharge = 0 Else lngCharge = 1000
    MsgBox "요금은 " & lngCharge & "원 입니다"
End Sub
```

구문을 살펴보면 *If* 조건 *Then* 조건이 참(*TRUE*)인 경우 실행할 코드(*lngCharge = 0*), *Else* 조건이 거짓(*FALSE*)인 경우에 실행할 코드(*lngCharge = 1000*)로 구성되어 있습니다.

엑셀 시트에서 A1셀의 값이 80 이상이면 '잘했습니다', 80 미만이면 '분발하세요'라는 메시지를 띄우는 코드는 다음과 같습니다.

```
Sub IfDemo6()
    If Range("A1").Value >= 80 Then
        MsgBox "잘했습니다"
    Else
        MsgBox "분발하세요"
    End If
End Sub
```

3. 다중 선택 구조 IF 문

하나 또는 여러 가지 조건을 한 번만 비교하는 것이 아니라 2번 이상 비교해야 할 경우 *ElseIf* 문을 이용해서 비교할 수 있습니다. *ElseIf* 문은 여러 번 사용할 수 있으며, 기본 형식은 다음과 같습니다.

```
    If 조건1 Then
        ' 조건1이 참인 경우에 실행할 코드
    ElseIf 조건2 Then
        ' 조건1이 거짓이고 조건2가 참인 경우에 실행할 코드
    ElseIf 조건3 Then
        ' 조건1, 조건2가 거짓이고 조건3이 참인 경우에 실행할 코드
    Else
        ' 조건1, 조건2, 조건3이 모두 거짓인 경우에 실행할 코드
    End If
```

엑셀 시트에서 A1셀에 점수를 입력 받아 점수에 따라 수, 우, 미, 양, 가로 분류하는 코드입니다. 처음부터 순차적으로 구문을 실행하면서 조건에 충족할 때 *Then* 문 내에 있는 명령문을 실행하고 *End If* 문으로 이동하여 *If* 문을 빠져나옵니다.

90점 이상이면 수, 80점 이상이면 우, 70점 이상이면 미, 60점 이상이면 양, 60점 미만이면 가를 구하는 코드입니다.

```
1   Sub IfDemo7()
2       If Range("A1").Value >= 90 Then
3           MsgBox "수"
4       ElseIf Range("A1").Value >= 80 Then
5           MsgBox "우"
6       ElseIf Range("A1").Value >= 70 Then
7           MsgBox "미"
8       ElseIf Range("A1").Value >= 60 Then
9           MsgBox "양"
10      Else
11          MsgBox "가"
12      End If
13  End Sub
```

02. A1셀의 값이 90점 이상이면 IF 문을 실행합니다.
03. 메시지 박스에 '수'를 출력합니다.
04. A1셀의 값이 80점 이상이면 IF 문을 실행합니다.
05. 메시지 박스에 '우'를 출력합니다.
06. A1셀의 값이 70점 이상이면 IF 문을 실행합니다.
07. 메시지 박스에 '미'를 출력합니다.
08. A1셀의 값이 60점 이상이면 IF 문을 실행합니다.
09. 메시지 박스에 '양'을 출력합니다.
10. A1셀의 값이 60점 미만이면 IF 문을 실행합니다.
11. 메시지 박스에 '가'를 출력합니다.

점수가 88점이라면 80점 이상, 70점 이상, 60점 이상에 해당이 됩니다. 하지만 순차적으로 구문을 실행하므로 첫 번째 조건(90점 이상)으로 조건을 비교하고 조건에 충족하지 못했기 때문에 두 번째 조건(80점 이상)으로 조건을 비교합니다. 이때 조건을 충족했으므로 해당 *IF* 문을 실행한 다음 *End IF* 문으로 이동하고 70점 이상, 60점 이상은 실행하지 않습니다.

이전 코드는 다음과 같이 작성할 수 있으며, 이 방법을 선호합니다.

```
1    Sub IfDemo8()
2        Dim lngPoint     As Long
3        Dim strMsg       As String

4        lngPoint = Range("A1").Value
5        If lngPoint >= 90 Then
6            strMsg = "수"
7        ElseIf lngPoint >= 80 Then
8            strMsg = "우"
9        ElseIf lngPoint >= 70 Then
10           strMsg = "미"
11       ElseIf lngPoint >= 60 Then
12           strMsg = "양"
13       Else
14           strMsg = "가"
15       End If
16       MsgBox strMsg
17   End Sub
```

04. A1셀의 값을 변수에 할당합니다.
05. 점수 변수의 값이 90점 이상이면 IF 문을 실행합니다.
06. 등급 변수에 '수'를 할당합니다.
16. 등급 변수의 값을 메시지로 출력합니다.

변수(lngPoint)에 A1셀의 값(점수)을 할당하고 변수값으로 조건을 검사하는 방식입니다. 이렇게 작성하는 이유는 셀 주소를 변경해야 할 경우 수정이 용이하기 때문입니다. A1셀에서 B1셀로 변경해야 한다면 첫 번째(IfDemo7 프로시저) 방법은 코드 4곳을 수정해야 하지만 두 번째(IfDemo8 프로시저) 방법은 1곳만 수정하면 됩니다. 또한 처리속도도 두 번째 방법이 빠릅니다.

4. 조건이 여러 개인 경우

IF 문에서 조건이 하나가 아니라 2개 이상인 경우도 있습니다. 조건을 모두 충족해야 하는 경우는 '조건 AND 조건'과 같이 사용하고 조건 중 하나만 충족해도 되는 경우는 '조건 OR 조건'과 같이 사용합니다. AND와 OR를 혼용해서 사용하는 것도 가능합니다.

1) 조건을 모두 충족해야 하는 경우

조건을 모두 충족해야 하는 경우는 'AND'를 이용합니다.

```
1   Sub IfDemo9()
2       Dim lngPoint    As Long
3       Dim strMsg      As String

4       lngPoint = Range("A1").Value
5       If lngPoint >= 90 Then
6           strMsg = "수"
7       ElseIf lngPoint < 90 And lngPoint >= 80 Then
8           strMsg = "우"
9       ElseIf lngPoint < 80 And lngPoint >= 70 Then
10          strMsg = "미"
11      ElseIf lngPoint < 70 And lngPoint >= 60 Then
12          strMsg = "양"
13      Else
14          strMsg = "가"
15      End If
16      MsgBox strMsg
17  End Sub
```

04. A1셀의 값을 변수에 할당합니다.
05. 점수 변수의 값이 90점 이상이면 IF 문을 실행합니다.
06. 등급 변수에 '수'를 할당합니다.
07. 점수 변수의 값이 90점 미만이고 80점 이상이면(두 가지 조건 모두 충족) IF 문을 실행합니다.
08. 등급 변수에 '우'를 할당합니다.
16. 등급 변수의 값을 메시지로 출력합니다.

2) 조건 중 하나만 충족해도 되는 경우

조건 중 하나만 충족해도 되는 경우는 'OR'를 이용합니다.

```
1    Sub IfDemo10()
2        Dim lngPoint    As Long
3        Dim strMsg      As String

4        lngPoint = Range("A1").Value
5        If lngPoint >= 90 Or lngPoint <= 10 Then
6            strMsg = "면담 대상"
7        Else
8            strMsg = "보통 수준"
9        End If
10       MsgBox strMsg
11   End Sub
```

04. A1셀의 값을 변수에 할당합니다.
05. 점수 변수의 값이 90점 이상이거나 10점 이하면(두 가지 조건 중 하나 이상 충족) IF 문을 실행합니다.
06. 메시지 변수에 '면담 대상'을 할당합니다.
07. 점수 변수의 값이 11점 ~ 89점 범위인 경우 IF 문을 실행합니다.
08. 메시지 변수에 '보통 수준'을 할당합니다.
10. 메시지 변수의 값을 메시지로 출력합니다.

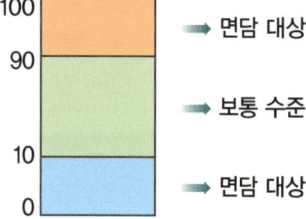

043 Select Case 문

앞에서 다중 조건일 경우 처리하는 방법에 대해 알아보았습니다. 조건이 많은 경우에는 *Select Case* 문이 *IF* 문의 좋은 대안이 될 수 있습니다. *Select Case*로 시작해서 *End Select*로 끝납니다. *Select Case* 문도 *IF* 문처럼 필요한 만큼 중첩할 수 있습니다. 이때 각 *Select Case* 문마다 대응하는 *End Select* 문이 쌍으로 이루어져야 합니다. 조건식의 값에 따라 여러 그룹 중 조건에 만족하는 하나를 실행하고 *End Select* 문으로 이동하여 *Select Case* 문을 빠져나갑니다.

기본 형식은 다음과 같습니다.

```
Select Case 조건값      ' 필수적으로 입력하는 모든 수식이나 문자식입니다.
    Case 비교값 1 ' 필수 입력 항목입니다.
        참인 경우에 실행할 코드입니다.
    Case 비교값 2 ' 선택 입력 항목입니다.
        참인 경우에 실행할 코드입니다.
    Case Else        ' 선택 입력 항목입니다.
        모두 거짓인 경우에 실행할 코드입니다.
End Select
```

엑셀 시트에서 A1셀에 점수를 입력 받아 '수, 우, 미, 양, 가'로 분류하는 프로시저를 만들어 보겠습니다. 처음부터 순차적으로 구문을 실행하면서 조건에 충족할 때 해당하는 명령문을 실행하고 *End Select* 문으로 이동하여 *Select Case* 문을 빠져나갑니다. 90점 이상이면 수, 80점 이상이면 우, 70점 이상이면 미, 60점 이상이면 양, 60점 미만이면 가를 구하는 코드입니다.

```
1    Sub SelectCaseDemo1()
2        Dim lngPoint    As Long
3        Dim strMsg      As String

4        lngPoint = Range("A1").Value
5        Select Case lngPoint
6            Case Is >= 90
7                strMsg = "수"
8            Case Is >= 80
9                strMsg = "우"
10           Case Is >= 70
11               strMsg = "미"
12           Case Is >= 60
13               strMsg = "양"
14           Case Else
15               strMsg = "가"
16       End Select
17       MsgBox strMsg
18   End Sub
```

04. A1셀의 값을 점수 변수에 할당합니다.
05. 점수 변수의 값을 조건으로 하여 비교합니다.
06. 점수 변수의 값이 90점 이상이면 Case 문을 실행합니다.
07. 메시지 변수에 '수'를 할당합니다.
08. 점수 변수의 값이 80점 이상이면 Case 문을 실행합니다.
09. 메시지 변수에 '우'를 할당합니다.
10. 점수 변수의 값이 70점 이상이면 Case 문을 실행합니다.
11. 메시지 변수에 '미'를 할당합니다.
12. 점수 변수의 값이 60점 이상이면 Case 문을 실행합니다.
13. 메시지 변수에 '양'을 할당합니다.
14. 점수 변수의 값이 60점 미만이면(모든 조건이 거짓인 경우) Case Else 문을 실행합니다.
15. 메시지 변수에 '가'를 할당합니다.
17. 메시지 변수의 값을 메시지 박스로 출력합니다.

이 구문을 살펴보면 Case 다음에 Is가 나온 것을 알 수 있습니다. 비교 연산자를 사용할 때에는 Is 키워드를 사용하고 Is 키워드를 생략하면 자동으로 삽입됩니다.

Case에 해당하는 명령문이 하나인 경우에는 Case 키워드와 구문을 같은 줄에 입력하는 방법도 가능하며, Case 조건과 해당 구문을 콜론(:)으로 구분합니다.

```
1   Sub SelectCaseDemo1_1()
2       Dim lngPoint    As Long
3       Dim strMsg      As String

4       lngPoint = Range("A1").Value
5       Select Case lngPoint
6           Case Is >= 90: strMsg = "수"
7           Case Is >= 80: strMsg = "우"
8           Case Is >= 70: strMsg = "미"
9           Case Is >= 60: strMsg = "양"
10          Case Else: strMsg = "가"
11      End Select
12      MsgBox strMsg
13  End Sub
```

04. A1셀의 값을 점수 변수에 할당합니다.
05. 점수 변수의 값을 조건으로 하여 비교합니다.
06. 점수 변수의 값이 90점 이상이면 메시지 변수에 '수'를 할당합니다.
07. 점수 변수의 값이 80점 이상이면 메시지 변수에 '우'를 할당합니다.
08. 점수 변수의 값이 70점 이상이면 메시지 변수에 '미'를 할당합니다.
09. 점수 변수의 값이 60점 이상이면 메시지 변수에 '양'을 할당합니다.
10. 모든 조건이 거짓인 경우 메시지 변수에 '가'를 할당합니다.
12. 메시지 변수의 값을 메시지 박스로 출력합니다.

Case 절에서 여러 개의 식이나 범위를 사용할 수 있으며 코드는 다음과 같습니다.

```
1   Sub SelectCaseDemo2()
2       Dim lngNumber   As Long
3       Dim strMsg      As String

4       lngNumber = Range("A1").Value
5       Select Case lngNumber
6           Case 1 To 5
7               strMsg = "1에서 5사이에 포함된 숫자"
8           Case 6, 7, 8
9               strMsg = "6, 7, 8 숫자"
10          Case 9 To 10
11              strMsg = "9에서 10사이에 포함된 숫자"
12          Case Else
13              strMsg = "1에서 10사이의 숫자가 아님"
14      End Select
15      MsgBox strMsg
16  End Sub
```

04. A1셀의 값을 변수에 할당합니다.
05. 변수의 값을 조건으로 하여 비교합니다.
06. 변수의 값이 1에서 5에 포함되면 case 문을 실행합니다.
07. 메시지 변수에 '1에서 5사이에 포함된 숫자'를 할당합니다.
08. 변수의 값이 6, 7, 8인 경우 case 문을 실행합니다.
09. 메시지 변수에 '6, 7, 8 숫자'를 할당합니다.
10. 변수의 값이 9에서 10에 포함되면 case 문을 실행합니다.
11. 메시지 변수에 '9에서 10사이에 포함된 숫자'를 할당합니다.
12. 모든 조건에 포함되지 않는 경우 '1에서 10사이의 숫자가 아님'을 할당합니다.
15. 메시지 변수의 값을 메시지 박스로 출력합니다.

'To' 키워드를 사용하여 값의 범위를 지정할 수 있습니다. 'To' 키워드를 사용하는 경우에는 작은 값이 'To' 문 앞에 와야 하고 사용 방법은 다음과 같습니다.

```
1   Sub SelectCaseToDemo()
2       Dim strValue    As String
3       Dim strMsg      As String

4       strValue = Range("A1").Value
5       Select Case strValue
6           Case 0 To 999999999999999#
7               strMsg = "숫자"
8           Case "a" To "z", "A" To "Z"
9               strMsg = "영문자"
10          Case "ㄱ" To "ㅎ", "가" To "힣"
11              strMsg = "한글"
12          Case Else
13              strMsg = "특수문자"
14      End Select
15      MsgBox strMsg
16  End Sub
```

04. A1셀의 값을 변수에 할당합니다.
05. 변수의 값을 조건으로 하여 비교합니다.
06. 변수의 값이 숫자인 경우 Case 문을 실행합니다.
07. 메시지 변수에 '숫자'를 할당합니다.
08. 변수의 값이 영문자 대/소문자인 경우 Case 문을 실행합니다.
09. 메시지 변수에 '영문자'를 할당합니다.
10. 변수의 값이 한글인 경우 Case 문을 실행합니다.
11. 메시지 변수에 '한글'을 할당합니다.
12. 변수의 값이 숫자, 영문자, 한글이 아닌 경우 Case 문을 실행합니다.
13. 메시지 변수에 '특수문자'를 할당합니다.

Select Case 문도 IF 문처럼 필요한 만큼 중첩할 수 있습니다. 이때 각 Select Case 문마다 대응하는 End Select 문이 세트로 이루어져야 합니다. 조건식의 값에 따라 여러 그룹 중 조건에 만족하는 하나를 실행하고 End Select 문으로 이동하여 Select Case 문을 빠져나갑니다. 기본 형식은 다음과 같습니다.

```
Select Case 조건값      ' 필수적으로 입력해야 하는 모든 수식이나 문자식입니다.
    Case 비교값 1 ' 필수 입력 항목입니다.
        ' 참인 경우에 실행할 코드입니다.
        Select Case 비교값 1_1
            Case …
        End Select
    Case 비교값 2 ' 선택 입력 항목입니다.
        참인 경우에 실행할 코드입니다.
    Case Else      ' 선택 입력 항목입니다.
        모두 거짓인 경우에 실행할 코드입니다.
End Select
```

엑셀 시트의 A1셀의 성별과 A2셀의 몸무게를 입력 받아 값에 따라 비만 유무를 분류하는 코드입니다. 처음부터 순차적으로 구문을 실행하면서 조건에 충족할 때 해당하는 구문을 실행하고 End Select 문으로 이동하여 Select Case 문을 빠져나갑니다. 중첩 사용하는 예제이며, 숫자는 의미가 없습니다.

```
1   Sub SelectCaseDemo3()
2       Dim lngKg       As Long
3       Dim strSex      As String
4       Dim strMsg      As String
5       strSex = Range("A1").Value
6       lngKg = Range("A2").Value
7       Select Case strSex
8           Case "남", "남자", "남성"
9               Select Case lngKg
10                  Case Is > 80
11                      strSex = "체중 관리 요망"
12                  Case Else
13                      strSex = "보통"
14              End Select
15          Case "여", "여자", "여성"
16              Select Case lngKg
17                  Case Is > 70
18                      strSex = "체중 관리 요망"
19                  Case Else
20                      strSex = "보통"
```

```
21              End Select
22          Case Else
23              strSex = "성별 판단 오류"
24      End Select
25  End Sub
```

05. A1셀의 값을 성별 변수에 할당합니다.
06. A2셀의 값을 몸무게 변수에 할당합니다.
07. 성별 조건으로 비교합니다.
08. 성별 변수의 값이 남자('남','남자','남성')인 경우에 Case 문을 실행합니다.
09. 몸무게 조건으로 비교합니다. (중첩 사용)
10.~11. 몸무게 변수의 값이 80보다 큰 경우 메시지 변수에 값을 할당합니다.
12.~13. 몸무게 변수의 값이 80보다 작거나 같은 경우 메시지 변수에 값을 할당합니다.
15. 성별 변수의 값이 여자('여','여자','여성')인 경우에 Case 문을 실행합니다.
16. 몸무게 조건으로 비교합니다. (중첩 사용)
17.~18. 몸무게 변수의 값이 70보다 큰 경우 메시지 변수에 값을 할당합니다.
19.~20. 몸무게 변수의 값이 70보다 작거나 같은 경우 메시지 변수에 값을 할당합니다.
22.~23. 성별 변수의 값이 남자도 아니고 여자도 아닌 경우 메시지 변수에 값을 할당합니다.

044 GoTo 문

프로그램은 순차적으로 실행되지만 사용자가 *GoTo* 문을 이용해 실행 순서를 변경할 수 있습니다. 이 명령은 단순히 실행 순서를 지정한 레이블로 이동합니다. 이때 이동하는 줄의 앞에는 레이블(레이블 이름 다음에 콜론 부호로 구성)이 있어야 합니다. 레이블 개수에는 제한이 없지만 프로시저 내에서만 이동이 가능하고 다른 프로시저로는 이동할 수 없습니다. *GoTo* 문을 사용하면 코드를 이해하거나 디버깅하기 어려워지기 때문에 사용을 권장하지는 않습니다.

다음은 *InputBox* 함수를 이용해 숫자 1, 2 중 하나를 입력 받아 값에 따라 해당 레이블로 이동하여 메시지 값을 반환 받고 최종적으로 반환 받은 값을 메시지 박스로 출력하는 코드입니다.

```
1   Sub GotoDemo()
2       Dim lngNumber   As Long
3       Dim strMsg      As String
4       lngNumber = InputBox("숫자 1과 2중에 하나를 입력하세요")
5       If lngNumber = 1 Then
6           GoTo Line1
7       Else
8           GoTo Line2
9       End If
10  Line1:
11      strMsg = "숫자가 1입니다."
12      GoTo LastLine
13  Line2:
14      strMsg = "숫자가 2입니다."
15  LastLine:
16      MsgBox strMsg
17  End Sub
```

04. 사용자가 입력한 숫자를 변수에 할당합니다.
05. 변수의 값이 1이면 IF 문을 실행합니다.
06. Line1 레이블로 이동합니다.
07. 변수의 값이 1이 아니면 Else 문을 실행합니다.
08. Line2 레이블로 이동합니다.
10. Line1 레이블입니다.
11. 변수의 값이 1일 때 변수에 값('숫자가 1입니다')을 할당합니다.
12. LastLine 레이블로 이동합니다.
13. Line2 레이블입니다.
14. 변수의 값이 1이 아닐 때 변수에 값('숫자가 2입니다')을 할당합니다.
15. LastLine 레이블입니다.
16. 메시지 변수의 값을 메시지 박스로 출력합니다.

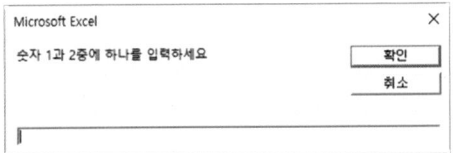

Chapter 13

순환문

프로시저는 처음부터 마지막까지 순차적으로 코드를 실행합니다. 그러나 특정 구문을 반복하여 실행해야 할 경우도 있습니다. 지정된 범위나 시트 등을 순환하면서 구문을 반복하는 대표적인 문은 For…Next 문과 For Each…Next 문, Do…Loop 문이 있습니다. 이번 장에서는 이 3가지 순환문에 대해 알아보겠습니다.

45 For … Next 문

시트에 입력되어 있는 데이터가 100줄이고 각 데이터의 값을 더하는 구문을 작성하는 예를 들어보겠습니다. 이때 순환문이 없다면 100줄의 구문을 입력해야 할 것입니다. 하지만 순환문을 사용한다면 3~4줄의 구문으로 같은 결과값을 구할 수 있습니다. 이렇듯 반복된 구문의 그룹을 지정한 횟수만큼 반복할 때 사용하며 기본 형식은 다음과 같습니다.

```
For counter= start To end [Step step]
    [statements]
    [Exit For]
    [statements]
Next [counter]
```

구문의 굵은 글씨는 반드시 한 세트로 구성되어야 하고 [ ] 안의 내용은 생략이 가능합니다. 기울임 글꼴은 변수명, 개체명, 상수, 값(1, 2, 3… 또는 수식) 등입니다.

구성 요소	필수/선택	설명
counter	필수	순환 카운터로 사용되는 숫자 변수입니다.
start	필수	순환 카운터의 시작값입니다.
end	필수	순환 카운터의 최종값입니다.
step	선택	순환을 한번 수행할 때마다 변화하는 카운터의 양으로 양수 또는 음수가 될 수 있습니다. 지정하지 않으면 기본값은 1입니다.
statements	선택	실행할 구문입니다.

순환문을 최종값 이전에 종료하는 방법은 Exit For 문을 이용합니다.

하나의 For…Next 루프에 다른 For…Next 루프를 중첩할 수 있지만, 각 루프에는 그 루프만의 counter 역할을 하는 고유 변수 이름을 주어야 합니다.

다음은 중첩된 'For…Next' 루프의 올바른 구성을 보여주는 예제입니다.

```
For i = 1 To 10
    For j = 1 To 10
        For k = 1 To 10
            ...
        Next k
    Next j
Next i
```

짝수(2부터 20까지) 값만 더하는 코드는 다음과 같습니다.

```
1   Sub ForNextDemo()
2       Dim i            As Long
3       Dim lngEven      As Long
4       lngEven = 0
5       For i = 2 To 20 Step 2
6           lngEven = lngEven + i
7       Next i
8       MsgBox "2부터 20까지의 숫자 중 짝수의 합계는 " & lngEven & "입니다"
9   End Sub
```

처음에 카운터 i의 값은 2이고 Next i를 만나면 Step의 값만큼 증감합니다. 2의 값에 Step이 2이므로 2 + 2 되어 카운터 i의 값이 4가 됩니다. 다시 한번 Next i를 만나면 4에 2를 더하여 카운터 i의 값은 6이 됩니다. 계속해서 순환을 하다가 i의 값이 최종값 20보다 크게 되면 순환문이 종료됩니다.

학생들의 국어, 영어, 수학 점수의 합계를 구하는 예제입니다.

	A	B	C	D	E
1	성명	국어	영어	수학	합계
2	홍길동	90	85	95	
3	심순애	85	75	90	
4	조은이	95	100	90	
5	김이군	80	90	95	
6			[실행 전]		

	A	B	C	D	E
1	성명	국어	영어	수학	합계
2	홍길동	90	85	95	270
3	심순애	85	75	90	250
4	조은이	95	100	90	285
5	김이군	80	90	95	265
6			[실행 후]		

```
1    Sub ForNextDemo2()
2        Dim i        As Long
3        Dim k        As Long
4        Dim lngSum   As Long

5        For i = 2 To 5
6            lngSum = 0
7            For k = 2 To 4
8                lngSum = lngSum + Cells(i, k).Value
9            Next k
10           Cells(i, 5).Value = lngSum
11       Next i
12   End Sub
```

05. 데이터가 A2셀(2행)부터 A5셀(5행)까지 입력되어 있으므로 2부터 5까지 순환됩니다. 2행, 3행, 4행처럼 단계가 1이므로 step 1을 입력하거나 생략합니다.
06. 시작 전에 각 학생들의 합계를 담을 변수 lngSum을 초기화합니다.
07. 과목이 B열(2열)부터 D열(4열)까지 입력되어 있으므로 2부터 4까지 순환합니다.
08. 변수 lngSum에 각 학과 점수를 누적하여 더합니다.
10. 모든 학과 점수를 더한 합계 점수를 E열(5열)에 입력합니다.

046 For Each…Next 문

배열이나 컬렉션의 각 요소들에 대한 문의 그룹을 반복하여 각각의 요소에 대하여 순환해야 할 때 사용합니다. 예를 들면 통합 문서가 여러 개 열려 있을 때 *Workbooks* 컬렉션에는 각각의 통합 문서 *Workbook* 개체들로 이루어져 있습니다. 또는 여러 개의 워크시트는 *Worksheets*라는 컬렉션에 각각의 시트 *Worksheet* 개체들로 이루어져 있습니다. 컬렉션에 속한 모든 개체에 대하여 작업을 할 때 사용하며 기본 형식은 다음과 같습니다.

```
For Each element  In group
    [statements]
    [Exit For]
    [statements]
Next [element]
```

구문에서 굵은 글씨는 반드시 한 세트로 구성되어야 하고 [ ] 안의 내용은 생략이 가능합니다. 기울임 글꼴은 변수명, 개체명, 상수, 값(1, 2, 3… 또는 수식) 등입니다.

구성 요소	필수/선택	설명
element	필수	컬렉션이나 배열의 요소들을 반복 실행하는 데 사용하는 변수입니다.
group	필수	각 개체 컬렉션이나 배열의 이름(사용자 정의 형식 배열은 제외)입니다.
statements	선택	group의 각 항목에서 실행되는 하나 이상의 문입니다.

순환문을 중간에 종료하는 방법은 *Exit For* 문을 이용합니다. 하나의 *For Each…Next* 루프에 다른 *For Each…Next* 루프를 중첩할 수 있지만, 각 루프의 *element*는 반드시 고유한 것이어야 합니다.
다음은 *For Each…Next* 루프의 올바른 구성을 보여주는 예제입니다. 여기서 *element*는 rngR과 rngC 이고 고유한 값으로 지정되어 있습니다.

```
For Each rngR In rngRowDb
    For Each rngC In rngClmDb
        ...
    Next rngC
Next rngR
```

지정된 범위(B1:B10)에서 양수만 더하는 코드는 다음과 같습니다.

```
1   Sub ForEachNextDemo()
2       Dim lngSum   As Long
3       Dim rng      As Range
4       Dim rngDb    As Range

5       Set rngDb = Range("B1:B10")
6       lngSum = 0
7       For Each rng In rngDb
8           If rng.Value > 0 Then
9               lngSum = lngSum + rng.Value
10          End If
11      Next rng
12      Range("B11").Value = lngSum
13  End Sub
```

05. 작업할 범위를 변수에 할당합니다. 이때 주의할 점은 범위는 개체이므로 'Set 변수명'으로 할당해야 합니다.
06. 양수 합계를 담을 변수 lngSum을 초기화합니다.
07. 범위를 순환합니다.
08. 해당하는 개체(하나의 범위)의 값이 0보다 크면 IF 문을 실행합니다.
09. 합계 변수에 누적하여 더합니다.
12. 양수 합계 변수의 값을 B11셀에 입력합니다.

*For Each rng In rngDb*의 구문은 *rngDb(B1:B10셀)* 범위를 순환하고 그 첫 번째 개체 B1셀을 *rng*라는 변수에 담습니다. *rng*는 *Range("B1")*과 같습니다.
Next rng 명령문을 만나면 범위의 두 번째 개체인 B2셀을 *rng*라는 변수에 담습니다. 이렇게 계속 반복하다가 지정된 범위의 마지막 셀인 B10셀까지 순환하고 *For Each…Next* 문이 종료됩니다.
*rng*는 개체이므로 해당 셀에 값을 입력하거나 셀 채우기 등을 할 수 있습니다.

통합 문서의 워크시트를 순환하면서 지정된 시트 이름(examo)이 있는지 파악하는 코드는 다음과 같습니다.

```
1   Sub ForEachNextDemo2()
2       Dim sht      As Worksheet
3       For Each sht In Worksheets
4           If sht.Name = "examo" Then
5               MsgBox "해당 시트가 존재합니다."
6               Exit For
7           End If
8       Next sht
9   End Sub
```

02. 워크시트 변수를 선언합니다.

03. 현재 통합 문서의 모든 워크시트를 순환합니다.

04. 워크시트 이름이 'examo'이면 IF 문을 실행합니다.

05. 메시지를 출력합니다.

06. For 문을 종료합니다.

sht.Name = "examo"가 같은지 비교할 때 대/소문자를 구분합니다. 따라서 대/소문자를 구분하지 않기 위해서는 [020 Option 키워드]에서 다룬 *Option Compare* 문을 이용하거나 *UCase* 또는 *LCase* 함수를 이용해 변환한 다음 비교해야 합니다.

- Option Compare 문을 이용하는 방법

```
Option Compare Text
Sub ForEachNextDemo2()
...
End Sub
```

함수를 이용해 대문자로 변환한 다음 비교하는 구문은 다음과 같습니다.

```
1   Sub ForEachNextDemo3()
2       Dim sht     As Worksheet
3       For Each sht In Worksheets
4           If UCase(sht.Name) = UCase("examo") Then
5               MsgBox "해당 시트가 존재합니다."
6               Exit For
7           End If
8       Next sht
9   End Sub
```

02. 워크시트 변수를 선언합니다.

03. 현재 통합 문서의 모든 워크시트를 순환합니다.

04. 워크시트 이름과 'examo'를 대문자로 변환한 후 비교하여 값이 같다면 IF 문을 실행합니다.

05. 메시지를 출력합니다.

06. For 문을 종료합니다.

시트에 있는 그림이나 도형, 차트, 피벗 테이블 등을 순환하는 경우에도 *For Each…Next* 문을 이용해 해당 컬렉션을 순환하면서 각 개체에 대한 작업을 할 수 있습니다.

047 Do…Loop 문

Do…Loop 문은 *For* 문과는 다른 형식의 순환문입니다. *For…Next* 문은 실행 범위가 정해져 있다면 *Do…Loop* 문은 조건을 만족할 때만 실행되기 때문에 조건이 참(True)이거나 참(True)이 될 때까지 한 블록의 구문을 반복합니다. 기본 형식은 다음과 같습니다.

• 첫 번째 형식

```
Do [{While | Until} condition]
    [statements]
    [Exit Do]
    [statements]
Loop
```

• 두 번째 형식

```
Do
    [statements]
    [Exit Do]
    [statements]
Loop [{While | Until} condition]
```

첫 번째, 두 번째 형식에서 알 수 있듯이, *Whole*(또는 Until) 조건을 순환문의 시작 줄이나 마지막 줄에 넣을 수 있습니다. 두 형식의 차이점은 조건을 비교하는 시점에 있습니다. 첫 번째 형식은 순환문을 처음 시작할 때부터 조건을 비교하므로 조건에 충족하지 못하면 순환문 안에 있는 구문이 한 번도 실행되지 않을 수 있습니다. 하지만 두 번째 형식은 순환문 안에 있는 구문을 실행한 다음 조건을 비교하므로 적어도 한 번은 실행이 됩니다.

구성 요소	필수/선택	설명
condition	선택	True이거나 False인 수식 또는 문자식입니다.
statements	선택	condition이 참(True) 또는 참(True)일 때까지 반복되는 하나 이상의 문입니다.

순환문 조건을 비교하기 전 중간에 종료하는 방법은 *Exit Do* 문을 이용합니다. 하나의 *Do…Loop* 문에 다른 *Do…Loop* 문을 중첩하여 사용할 수 있습니다.

다음은 Do…Loop 문을 중첩해서 사용하는 구성입니다.

```
Do
       Do While 조건
           ...
       Loop
Loop Until 조건
```

1. Do While…Loop

Do…Loop 문을 시작할 때부터 조건을 검사합니다. 조건이 참(*True*)이면 *Do* 문을 실행하고 조건이 거짓(*False*)이면 *Do* 문을 종료하고 *Loop* 구문 다음 줄로 이동합니다.

```
1    Sub DoWhileDemo()
2        Dim lngCnt  As Long
3        Dim lngNum  As Long
4        lngCnt = 0
5        lngNum = 20
6        Do While lngNum > 10
7            lngNum = lngNum - 1
8            lngCnt = lngCnt + 1
9        Loop
10       MsgBox "루프를 " & lngCnt & "번 반복하였습니다."
11   End Sub
```

02. 횟수를 담을 변수를 선언합니다.
03. 값을 담을 변수를 선언합니다.
04. 횟수 변수의 값을 0으로 할당합니다.
05. 값 변수의 값을 20으로 할당합니다.
06. Do 문 시작부터 조건(lngNum 변수의 값이 10보다 크다)을 비교하여 참이면 Do 문을 실행합니다.
07. 값 변수 lngNum에서 1을 빼고(-1) 변수에 할당합니다.
08. 횟수 변수 lngCnt에서 1을 더하고(+1) 변수에 할당합니다.

Do 문을 처음 시작할 때는 *Do While 20 > 10*라는 조건식이 되고 20이 10보다 크므로 조건식은 참(*True*)이 되어 *Do* 문 안의 명령문을 실행하게 됩니다. 명령문 중 *lngNum = lngNum - 1* 구문에 의해 변수(*lngNum*)의 값은 19가 되고, 두 번째 *Do* 문은 *Do While 19 > 10*가 됩니다. 계속해서 순환하다가 변수(*lngNum*)의 값이 10이하가 되면 조건식(*10 > 10*)은 거짓(*False*)이 되어 *Loop* 구문 다음 줄로 이동하여 *Do* 문이 종료됩니다.

다음 코드는 사용자가 실수로 lngNum 변수의 값에서 −1을 하여 다시 변수에 할당하는 구문을 누락시킨 경우입니다. lngNum 값은 항상 20이 되고 Do While 20 > 10라는 조건식에 의해 20이 10보다 크므로 컴퓨터가 꺼질 때까지 무한 반복하므로 주의가 필요합니다.

```
Sub DoWhileDemo()
    Dim lngCnt  As Long
    Dim lngNum  As Long
    lngCnt = 0
    lngNum = 20
    Do While lngNum > 10
        lngCnt = lngCnt + 1
    Loop
    MsgBox "루프를 " & lngCnt & "번 반복하였습니다."
End Sub
```

2. Do Until…Loop

Do Until 문은 Do While 문과 매우 유사합니다. Do While 문은 순환문의 조건이 참(True)인 경우 실행이 되는 반면 Do Until 문은 순환문의 조건이 참(True)이 될 때까지 실행합니다.

```
1   Sub DoUntilDemo()
2       Dim lngCnt  As Long
3       Dim lngNum  As Long
4       lngCnt = 0
5       lngNum = 20
6       Do Until lngNum = 10
7           lngNum = lngNum - 1
8           lngCnt = lngCnt + 1
9       Loop
10      MsgBox "루프를 " & lngCnt & "번 반복하였습니다."
11  End Sub
```

02. 횟수를 담을 변수를 선언합니다.
03. 값을 담을 변수를 선언합니다.
04. 횟수 변수의 값을 0으로 할당합니다.
05. 값 변수의 값을 20으로 할당합니다.
06. Do 문 시작부터 조건(lngNum 변수의 값이 10과 같다)을 비교하여 거짓이면 Do 문을 실행합니다.
07. 값 변수 lngNum에서 1을 빼고(−1) 변수에 할당합니다.
08. 횟수 변수 lngCnt에서 1을 더하고(+1) 변수에 할당합니다.

Do 문을 처음 시작할 때는 Do Until 20 = 10라는 조건식이 되고 20과 10이 같지 않으므로 조건식은 거짓(False)이 되어 Do 문 안의 명령문을 실행하게 됩니다. 명령문 중 lngNum = lngNum - 1 구문에 의해 변수(lngNum)의 값은 19가 되고, 두 번째 Do 문은 Do Until 19 = 10가 됩니다. 계속해서 순환하다가 변수(lngNum)의 값이 10이 되면 조건식(10 = 10)은 참(True)이 되어 Loop 구문 다음 줄로 이동하여 Do 문이 종료됩니다.

3. Do…Loop While

Do…Loop 문을 실행한 다음 조건을 비교합니다. 조건이 참(True)이면 Do 문을 반복 실행합니다. 따라서 적어도 한 번은 Do 문이 실행됩니다.

```
1    Sub LastDoWhileDemo()
2        Dim lngCnt  As Long
3        Dim lngNum  As Long
4        lngCnt = 0
5        lngNum = 20
6        Do
7            lngNum = lngNum - 1
8            lngCnt = lngCnt + 1
9        Loop While lngNum > 10
10       MsgBox "루프를 " & lngCnt & "번 반복하였습니다."
11   End Sub
```

02. 횟수를 담을 변수를 선언합니다.
03. 값을 담을 변수를 선언합니다.
04. 횟수 변수의 값을 0으로 할당합니다.
05. 값 변수의 값을 20으로 할당합니다.
06. Do 문을 실행합니다.
07. 값 변수 lngNum에서 1을 빼고(-1) 변수에 할당합니다.
08. 횟수 변수 lngCnt에서 1을 더하고(+1) 변수에 할당합니다.
09. 조건(lngNum 변수의 값이 10보다 크다)을 비교하여 참이면 반복 실행합니다.

처음 시작할 때 변수(lngNum)의 값이 10 이하인 경우에도 Do 문은 최소한 한번은 실행됩니다.

4. Do…Loop Until

Do…Loop Until 문은 앞의 Do…Loop While 문과 매우 유사합니다. Do…Loop While 문은 순환문의 조건이 참(True)인 경우 실행이 되는 반면 Do…Loop Until 문은 순환문의 조건이 참(*True*)이 될 때까지 실행합니다. 조건을 마지막에 비교하므로 적어도 한 번은 *Do* 문이 실행됩니다.

```
1   Sub LastUntilDemo()
2       Dim lngCnt   As Long
3       Dim lngNum   As Long
4       lngCnt = 0
5       lngNum = 0
6       Do
7           lngNum = lngNum + 1
8           lngCnt = lngCnt + 1
9       Loop Until lngNum = 10
10      MsgBox "루프를 " & lngCnt & "번 반복하였습니다."
11  End Sub
```

02. 횟수를 담을 변수를 선언합니다.
03. 값을 담을 변수를 선언합니다.
04. 횟수 변수의 값을 0으로 할당합니다.
05. 값 변수의 값을 20으로 할당합니다.
06. Do 문을 실행합니다.
07. 값 변수 lngNum에서 1을 더하고(+1) 변수에 할당합니다.
08. 횟수 변수 lngCnt에서 1을 더하고(+1) 변수에 할당합니다.
09. 조건(lngNum 변수의 값이 10과 같다)이 거짓이면 반복 실행합니다.

처음 시작할 때 변수(lngNum)의 값이 10 이하인 경우에도 Do 문은 최소한 한번은 실행됩니다.

Chapter 14

Function 프로시저

서브 프로시저는 사용자가 실행하거나 다른 프로시저가 호출하여 실행할 수 있습니다. 반면에 함수 (Function) 프로시저는 실행한 결과값을 반환합니다. 엑셀에서 제공하는 내장 함수와 같이 사용자 정의 함수 프로시저도 인수를 사용할 수 있습니다. 사용자 정의 함수는 시트에서 함수(SUM 등)를 이용해 수식을 입력하듯이 입력이 가능하고 VBA의 프로시저에서 호출하여 사용할 수 있습니다.

프로그램을 만들다 보면 반복되는 계산을 수행해야 할 때가 있습니다. 이럴 때는 사용자 정의 함수를 만들어서 필요한 프로시저에서 호출하여 결과값을 반환받도록 하는 방법이 좋습니다. 하지만 엑셀에서 지원하는 함수(예 : SUM)와 같은 기능을 구현할 수 있지만, 내장 함수보다 사용자 정의 함수의 처리 속도가 느리다는 것을 간과해서는 안됩니다. 이번 장에서는 엑셀 함수에서 지원하지 않는 기능을 만들어 보겠습니다.

048 Function 프로시저 작성 방법

프로시저를 작성하려면 사용자 정의 함수를 만들 모듈을 선택한 다음 마우스 오른쪽 버튼을 클릭하여 [코드보기]를 클릭하여 진행합니다.

1. 프로시저 이름을 코드 창에 직접 입력하는 방법

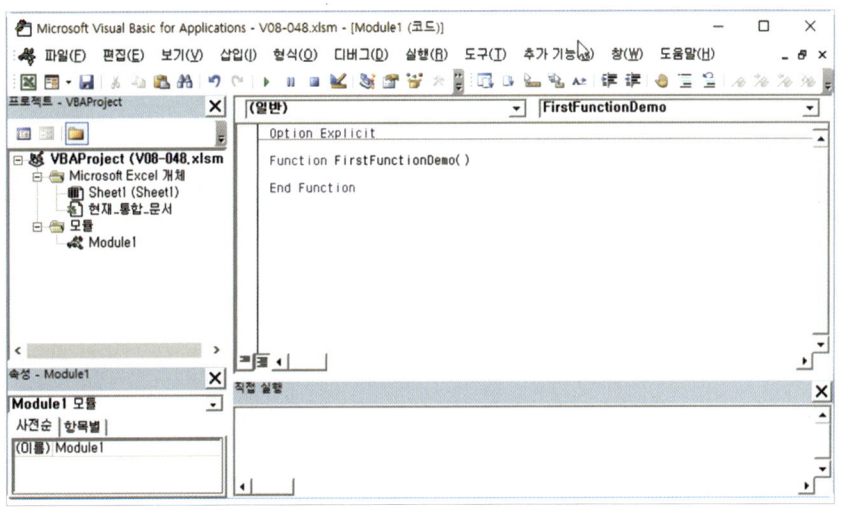

[코드] 창에 *Function FirstFunctionDemo*라고 입력한 다음 Enter를 누르면 VBE가 다음과 같이 자동으로 코드를 완성해줍니다.

```
Function FirstFunctionDemo()
End Function
```

완성된 구문을 보면 하나의 프로시저는 *Function*으로 시작해서 *End Function*으로 끝나는 것을 알 수 있습니다. *FirstFunctionDemo*는 함수 프로시저 이름으로 사용자가 임의로 지정하면 됩니다.

프로시저 이름은 이름을 정의할 때의 규칙에 맞게 정의해야 합니다. 규칙에서 벗어나면 오류가 발생하므로 주의가 필요합니다.

2. 메뉴의 [삽입] - [프로시저]를 이용하는 방법

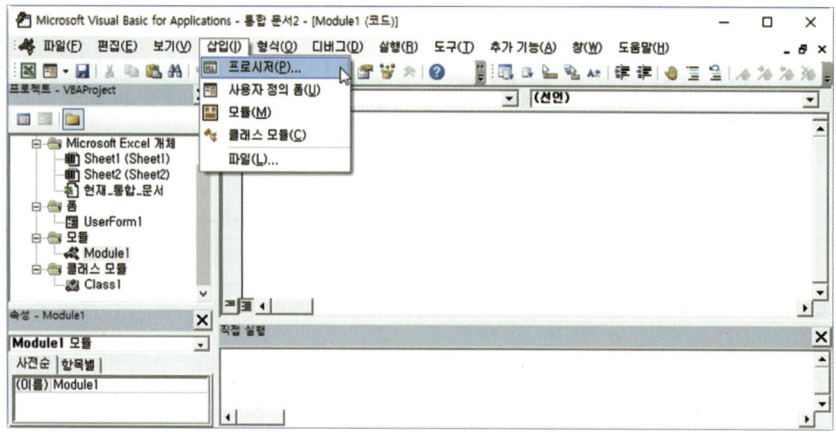

VBE에 있는 메뉴에서 [삽입] - [프로시저]를 클릭합니다.

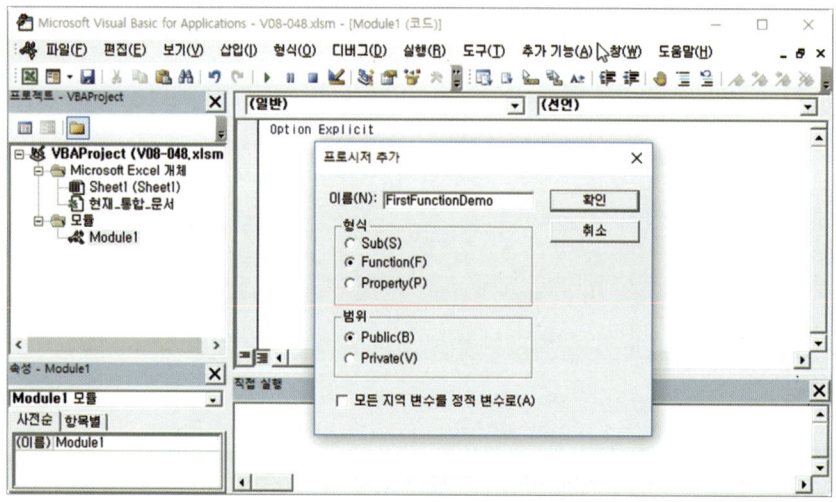

[프로시저 추가] 대화상자가 나타나면 이름에 'FirstFunctionDemo'라고 입력하고 형식은 'Function'을, 범위는 다른 모듈에서도 사용이 가능한 'Public'을 선택한 다음 [확인]을 클릭하면 VBE가 다음과 같이 자동으로 코드를 완성해줍니다.

```
Public Function FirstFunctionDemo()
End Function
```

049 사용자 정의 함수 만들기

반복되는 계산 작업이나 엑셀에서 제공되는 함수가 없을 때 사용자 정의 함수를 만들어서 사용하면 효율적입니다. 사용자 정의 함수는 VBA에서도 사용이 가능하지만 워크시트에서 함수처럼 사용하는 것도 가능합니다.

1. 사용자 정의 함수를 워크시트에서 사용하기

매출금액이 100원 이상인 거래처의 목록을 출력하는 사용자 정의 함수를 만들어 워크시트에서 사용하는 방법은 다음과 같습니다.

	A	B	C	D	E	F
1	거래처명	매출금액		매출금액이 100 이상인 거래처명 나열하기		
2	갑을	112		일반 수식	=A2 & ", " & A5 & ", " & A6	갑을, 광휴, 상동
3	경원	81		사용자 정의 함수	=listCustomer(B2:B7, 100)	갑을, 광휴, 상동
4	수명	95				
5	광휴	103				
6	상동	109				
7	근정	81				
8						

VBE 코드 창에서 다음과 같이 사용자 정의 함수를 작성합니다. *Function* 키워드로 시작하고 함수 이름(*listCustomer*)을 임의로 지정합니다. 괄호 안에 인수는 콤마(,)로 구분하여 지정하고 인수가 없어도 괄호는 꼭 입력해야 합니다. *As String*은 함수의 결과값에 대한 데이터 형식이고 생략하면 *Variant* 형식으로 반환합니다.

사용자 정의 함수 프로시저의 명령문에는 사용자 정의 함수 이름으로 결과값을 반환하는 구문이 꼭 있어야 합니다. 다음 예제에서는 *listCustomer* =가 이에 해당합니다.

```
1  Function listCustomer(rngDb As Range, lngAmt As Long) As String
2      Dim strCustomer    As String
3      Dim rng            As Range
4      Application.Volatile False
5      For Each rng In rngDb
6          If rng.Value >= lngAmt Then
7              strCustomer = strCustomer & rng.Offset(0, -1).Value & ", "
8          End If
```

```
9            Next rng
10           If Len(strCustomer) > 0 Then
11               listCustomer = Left(strCustomer, Len(strCustomer) - 2)
12           Else
13               listCustomer = vbNullString
14           End If
15     End Function
```

02. 조건에 만족하는 거래처 이름을 담을 변수입니다.
03. 조건 범위의 순환문에 사용할 개체 변수입니다.
04. 사용자 정의 함수를 일시적으로 표시합니다.
05. 지정된 범위를 순환합니다.
06. 각 개체의 값이 lngAmt 값 이상이면 조건에 만족하므로 IF 문을 실행합니다.
09. 거래처 이름 변수에 콤마와 공백(", ")으로 구분하여 거래처 이름을 연결합니다.
10. 조건(거래처 변수의 값 길이가 0보다 크면)에 만족하여 연결된 거래처가 있으면 IF 문을 실행합니다.
11. 마지막에 있는 콤마와 공란(,)은 불필요하므로 제거한 값을 반환합니다.
13. 조건에 만족하여 연결된 거래처가 없으면 빈 문자를 반환합니다.

* Application.Volatile False

사용자 정의 함수를 일시적으로 표시하는 메서드로 기본값은 True입니다. False로 설정하면 입력 변수가 바뀔 때마다 다시 계산이 됩니다. 즉 rngDb에 해당하는 범위에서 값이 바뀔 때만 해당 프로시저(listCustomer)가 실행됩니다.

작성한 사용자 정의 함수는 워크시트에서 다음과 같은 방식으로 수식을 입력합니다.

E4 =listCustomer(B2:B7, 100)

① 사용자 정의 함수 이름 : listCustomer(사용자 정의 함수를 만들 때 임의로 지정한 이름)
② 첫 번째 인수 : B2:B7(rngDb라는 범위 개체 변수에 할당)
③ 두 번째 인수 : 100(lngAmt라는 Long 타입의 변수에 할당)
　워크시트 = listCustomer(B2:B7, 100)
　Function listCustomer(rngDb As Range, lngAmt As Long) As String

2. VBA에서 사용자 정의 함수 사용하기

사용자 정의 함수는 시트에서 함수처럼 사용할 수도 있지만 VBE에 있는 프로시저에서 호출하여 사용이 가능합니다. 먼저 사용자 정의 함수를 만들어 보겠습니다.

```
1    Function GetCustomer(rng As Range, lngAmt As Long)
2        If rng.Value >= lngAmt Then
3            GetCustomer = rng.Offset(0, -1).Value
4        Else
5            GetCustomer = vbNullString
6        End If
7    End Function
```

02. 셀 값이 lngAmt 보다 크거나 같으면 IF 문을 실행합니다.
03. 지정된 범위의 왼쪽으로 첫 번째 셀(A열 값 반환) 값을 반환합니다. (인수 rng가 B2셀인 경우 A2셀)
05. 조건에 충족하지 않으면 빈 문자를 반환합니다.

정의한 사용자 정의 함수를 프로시저에서 호출하여 사용하는 코드는 다음과 같습니다.

```
1    Sub GetListCustomer()
2        Dim strGetCustomer   As String
3        Dim strCustomer      As String
4        Dim rng              As Range
5        Dim rngDb            As Range
6        Set rngDb = Range("B2", Cells(Rows.Count, 2).End(xlUp))
7        For Each rng In rngDb
8            strGetCustomer = GetCustomer(rng, 100)
9            If Len(strGetCustomer) > 0 Then
10               strCustomer = strCustomer & strGetCustomer & ", "
11           End If
12       Next rng
13       If Len(strCustomer) > 0 Then
14           strCustomer = Left(strCustomer, Len(strCustomer) - 2)
15       End If
16       Range("F5").Value = strCustomer
17   End Sub
```

06. B2셀부터 B열의 마지막 셀까지의 범위를 변수에 할당합니다. (조건을 검사할 범위)
07. 조건 범위를 순환합니다.
08. GetCustomer 사용자 정의 함수를 호출하여 변수에 결과값을 할당합니다.
09. 사용자 정의 함수의 결과값 길이가 0보다 크면 IF 문을 실행합니다.
10. 거래처 이름 변수에 콤마와 공백(", ")으로 구분하여 거래처 이름을 연결합니다.
13. 조건에 만족하여 연결된 거래처 이름이 있으면 IF 문을 실행합니다.
14. 마지막에 있는 콤마와 공백(,)은 불필요하므로 제거한 값을 반환합니다.
16. F5셀에 결과값을 입력합니다.

strGetCustomer = GetCustomer(rng, 100)는 다음과 같습니다.
               ❶   ❷   ❸

- **01** 사용자 정의 함수 이름 : GetCustomer(사용자 정의 함수를 만들 때 임의로 지정한 이름)
- **02** 첫 번째 인수 : rng(rngDb를 순환할 때 각 개체를 사용자 정의 함수 rng로 인수 전달)
- **03** 두 번째 인수 : 100(사용자 정의 함수 lngAmt로 인수 전달)

사용자 정의 함수에 인수가 2개(rng, lngAmt)이므로 호출할 인수도 2개입니다.
GetCustomer(rng)나 GetCustomer(rng, 100, 2)처럼 인수의 개수가 다르면 오류가 발생합니다.

인수값이 가변적이라면 *ParamAray* 키워드를 사용하고 데이터 형식을 *Variant*로 선언해야 합니다.

```
1    Sub GetNumsSun()
2        MsgBox CalcSum(4, 3, 2, 1)
3    End Sub
```

02. CalcSum이라는 사용자 정의 함수를 호출하여 반환된 결과값(10)을 메시지 박스로 출력합니다.

첫 번째 인수만 *lngFirst*로 넘겨주고 나머지는 *vOthers*에 넘겨주는 예제입니다.

```
1    Function CalcSum(lngFirst As Long, ParamArray vOthers() As Variant)
2        Dim i             As Long
3        Dim lngSum        As Long
4        lngSum = lngFirst
5        For i = LBound(vOthers) To UBound(vOthers)
6            lngSum = lngSum + vOthers(i)
7        Next i
8        CalcSum = lngSum
9    End Function
```

02. 배열을 순환할 때 사용할 변수를 선언합니다.
03. 합계를 할당할 변수를 선언합니다.
04. 합계 변수에 첫 번째 인수값을 할당합니다.
05. 배열로 넘겨준 인수를 순환합니다. Lbound와 Ubound 함수는 다음장에서 다룹니다.
06. 합계 변수에 누적하여 더합니다.
08. 누적하여 구한 결과값을 사용자 정의 함수에 반환합니다.

인수값 중 일부를 생략해야 하는 경우 *Optional* 인수를 이용합니다.
*Optional*로 선언된 인수가 있다면 그 이후는 모두 *Optional*로 선언해야 합니다.

먼저 사용자 정의 함수를 만들어 보겠습니다.

```
Function MyFunc(MyStr As String, Optional lngAge As Long = 25, Optional
strName As String = "홍길동")
    MsgBox "첫 번째 인수는 [" & MyStr & "]이고" & vbCr & _
           "두 번째 인수는 [" & lngAge & "]이고" & vbCr & _
           "세 번째 인수는 [" & strName & "]입니다."
End Function
```

첫 번째 인수(MyStr)를 생략하면 오류가 발생하지만, 두 번째 인수(lngAge)와 세 번째 인수(strName)는 Optional 인수를 사용했기 때문에 생략이 가능합니다.

앞에서 정의한 사용자 정의 함수를 프로시저에서 호출하여 사용하는 코드는 다음과 같습니다.

```
1   Sub RetVal()
2       Call MyFunc("안녕!", 8, "엑사모")
3       Call MyFunc("안녕!", , "홍길동")
4       Call MyFunc("안녕!", strName:="이기자")
5   End Sub
```

02. 세 개의 인수를 모두 넘겨주는 경우

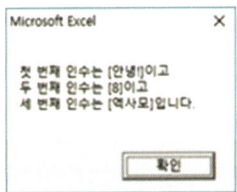

03. 두 번째 인수가 생략되면 사용자 정의 함수에서 Optional lngAge As Long = 25로 선언한 인수값 25가 됩니다.

04. 모든 인수를 넘겨주지 않을 경우 순번이 다른 경우에는 해당 인수명을 지정하여 사용합니다.(사용자 정의 함수(MyFunc)에서 이름은 세 번째 인수이고 Call MyFunc에서 이름 인수를 두 번째로 지정하는 경우 등)

Chapter 15

알면 유용한 내장 함수

엑셀 시트에서 지원되는 함수가 있듯이 VBA에서도 계산이나 작업을 간단하게 해주는 다양한 내장 함수들을 지원합니다. 내장 함수를 이용하기 때문에 별도로 해당 기능을 구현을 위한, 작업 소요 시간을 줄일 수 있습니다.
내장 함수의 목록을 보고 싶다면 코드 창에서 'VBA'를 입력한 다음 마침표(.)을 입력하면 내장 함수 목록이 나타납니다. 함수 목록이 나타나지 않는다면 VBE 창의 [도구] - [옵션]을 클릭하여 나타나는 [옵션] 대화상자에서 [편집기] 탭에 있는 '구성원 자동 목록'의 체크박스를 체크하면 됩니다.

050 Array 함수로 배열 구현하기

Array 함수는 배열을 포함한 Variant이고 쉼표로 구분된 값으로 구성됩니다. 인수를 지정하지 않으면 길이가 0인 배열이 생성됩니다.

Array 함수의 구문은 다음과 같습니다.

Array(arglist)

구성 요소	필수/선택	설명
arglist	필수	반환할 값을 쉼표로 구분하며 입력합니다.

매출 필드 이름을 하나씩 입력하는 방법과 Array 함수를 이용해 입력하는 코드는 다음과 같습니다.

• 하나씩 개별적으로 입력하는 방법

```
Sub FieldInput()
    Range("A1").Value = "매출일자"
    Range("B1").Value = "상품명"
    Range("C1").Value = "단가"
    Range("D1").Value = "수량"
    Range("E1").Value = "금액"
End Sub
```

• Array 함수를 이용하는 방법

```
Sub FieldInputArray()
    Dim vArray      As Variant
    vArray = Array("매출일자", "단가", "수량", "금액")
    Range("A1").Resize(1, 4).Value = vArray
End Sub
```

Option Base 문을 지정하지 않으면 *Array*는 0부터 시작합니다. 따라서 *vArray*(0)의 값은 매출일자가 됩니다.

	A	B	C	D	E	F
1	매출일자	단가	수량	금액		
2						
3						
4						

A2셀의 날짜 값에 따라 요일을 구하는 코드는 다음과 같습니다.

```
Sub ArrayDemo()
    Dim lngWeek     As Byte
    Dim vWeek       As Variant
    vWeek = Array("월요일", "화요일", "수요일", "목요일", "금요일", "토요일", "일요일")
    lngWeek = Weekday(Range("A2").Value, 2) - 1
    MsgBox vWeek(lngWeek)
End Sub
```

Weekday 함수(날짜 및 시간 관련 함수편 참고)는 '월요일은 1, 화요일은 2…'를 반환합니다. *Array*는 0부터 시작하기 때문에 마지막에 -1을 해서 값을 보정해준 것입니다.

051 Dir 함수로 파일 유무 파악하기

지정한 패턴이나 파일 속성 또는 드라이브 볼륨 레이블과 일치하는 파일, 디렉터리, 폴더 이름을 반환합니다.

Dir 함수 구문과 구성 요소는 다음과 같습니다.

Dir[(pathname[, attributes])]

구성 요소	필수/선택	설명
pathname	선택	파일 이름이며, 디렉터리나 폴더, 드라이브가 포함될 수 있습니다. 찾지 못하면 길이가 0인 문자열(" ")을 반환합니다.
attributes	선택	파일 속성을 지정합니다.

attributes 인수는 다음과 같습니다.

상수	값	설명
vbNormal	0	일반적인 파일을 지정합니다. (기본값)
vbReadOnly	1	읽기 전용 파일 속성을 지정합니다.
vbHidden	2	숨김 파일 속성을 지정합니다.
vbSystem	4	시스템 파일 속성을 지정합니다.
vbVolume	8	볼륨 레이블. 다른 속성이 지정되면 vbVolume 속성은 무시됩니다. 매킨토시에서는 사용할 수 없습니다.
vbDirectory	16	디렉터리나 폴더를 지정합니다.
vbAlias	64	지정된 파일 이름이 별칭입니다. 매킨토시에서만 사용할 수 있습니다.

Dir 함수는 여러 파일을 지정하는 다중 문자 와일드카드(*)와 단일 문자 와일드카드(?)의 사용을 지원합니다.

1. 파일 이름 구하기

지정된 폴더에 있는 모든 파일 중에서 확장자가 xlsx인 파일 이름을 반환하는 코드는 다음과 같습니다.

```
1   Sub dirDemo()
2       Dim strFile As String
3       strFile = Dir("C:\시대고시\*.xlsx")
4       strFile = Dir
5   End Sub
```

03. 지정된 폴더(C:\시대고시)에 확장자가 'XISX'인 파일이 있으면 첫 번째 파일 이름을 반환합니다.
04. 파일이 2개 이상인 경우 두 번째 파일 이름을 반환합니다.

2. 파일의 존재 여부 파악하기

지정된 폴더에 있는 모든 파일을 순환하면서 지정된 파일 이름과 같은지 비교하며 파악할 수 있지만 *Dir* 함수를 이용하면 간단히 알아볼 수 있습니다.

```
1   Sub dirFileCheck()
2       Dim strFile     As String
3       strFile = Dir("C:\시대고시\examo.xlsx")
4       If Len(strFile) = 0 Then
5           MsgBox "파일이 존재하지 않습니다."
6       End If
7   End Sub
```

파일이 존재하면 경로를 제외한 파일명(examo.xlsx)을 반환하고 존재하지 않으면 빈 문자열을 반환합니다.

3. 폴더에 있는 파일 이름 구하기

지정된 폴더에 있는 파일의 속성을 *GetAttr* 함수를 이용해 일반적인 파일인지를 파악하여 해당 파일의 이름을 반환하는 코드는 다음과 같습니다.

```
1   Sub dirFileDemo()
2       Dim strPath     As String
3       Dim strName     As String
4       strPath = "C:\시대고시\"
5       strName = Dir(strPath, vbNormal)
6       Do While strName <> ""
7           If strName <> "." And strName <> ".." Then
8               If (GetAttr(strPath & strName) And vbNormal) = vbNormal Then
9                   Debug.Print strName
10              End If
11          End If
12          strName = Dir
13      Loop
14  End Sub
```

04. 경로를 지정합니다.
05. 지정된 경로에 있는 첫 번째 항목을 변수에 할당합니다.
06. 지정된 경로에 항목이 없을 때까지 순환합니다. (루프(Loop) 시작)
07. 항목이 현재 디렉터리와 포함하는 디렉터리인 경우 무시합니다.
08. 비트 비교를 하여 항목이 일반적인 파일이면 IF 문을 실행합니다.
09. 파일 이름을 직접 실행 창에 출력합니다.
12. 다음 항목을 변수에 할당합니다.

GetAttr 함수는 파일, 디렉터리나 폴더 속성을 구하는데 사용됩니다.

GetAttr(파일이나 폴더 이름) And 상수

상수	값	설명
vbNormal	0	일반적인 파일입니다.
vbReadOnly	1	읽기 전용입니다.
vbHidden	2	숨김입니다.
vbSystem	4	시스템 파일로 매킨토시에서는 사용할 수 없습니다.
vbDirectory	16	디렉터리(폴더)입니다.
vbArchive	32	마지막 백업 후에 파일이 변경되었습니다. 매킨토시에서는 사용할 수 없습니다.
vbAlias	64	지정된 파일 이름이 별칭입니다. 매킨토시에서만 사용할 수 있습니다.

4. 지정된 폴더의 하위 폴더 이름 구하기

지정된 폴더의 하위 폴더 이름을 반환하는 코드는 다음과 같습니다.

```
1   Sub dirFolderDemo()
2       Dim strPath     As String
3       Dim strName     As String
4       strPath = "C:\시대고시\"
5       strName = Dir(strPath, vbDirectory)
6       Do While strName <> ""
7           If strName <> "." And strName <> ".." Then
8               If (GetAttr(strPath & strName) And vbDirectory) = vbDirectory Then
9                   Debug.Print strName
10              End If
11          End If
12          strName = Dir
13      Loop
14  End Sub
```

04. 경로를 지정합니다.

05. 지정된 경로에 있는 첫 번째 항목을 변수에 할당합니다.

06. 지정된 경로에 항목이 없을 때까지 순환합니다. (루프(Loop) 시작)

07. 항목이 현재 디렉터리와 포함하는 디렉터리인 경우 무시합니다.

08. 비트 비교를 하여 항목이 디렉터리이면 IF 문을 실행합니다.

09. 디렉터리 이름을 직접 실행 창에 출력합니다.

12. 다음 항목을 변수에 할당합니다.

052 Format 함수로 셀 서식 표현하기

엑셀 시트에서 사용하는 셀 서식과 차이(값이 음수인 경우 엑셀 시트에서는 글꼴 색상을 빨강으로 지정이 가능하지만 VBA의 *Format* 함수는 지원하지 않습니다.)는 있지만 표현 방법은 동일합니다. 셀 서식의 표시 형식을 바꿔야 할 때 사용합니다.

Format 함수 구문과 구성 요소는 다음과 같습니다.

Format(expression[, format[, firstdayofweek[, firstweekofyear]]])

구성 요소	필수/선택	설명
expression	필수	유효한 수식입니다.
format	선택	사용자가 정의한 유효한 Format 수식입니다.

1. 시간 형식의 셀 서식

현재 시간을 시간 형식으로 정의하여 표현하는 방법은 다음과 같습니다.

```
1    Result = Format(Time, "Long Time")
2    Result = Format(Time, "h:m:s")
```

01. 결과값 : 오후 11:02:44
02. 결과값 : 23:2:44

2. 날짜 형식의 셀 서식

현재 날짜를 날짜 형식으로 정의하여 표현하는 방법은 다음과 같습니다.

```
1    Result = Format(Date, "Long Date")
2    Result = Format(Date, "yyyy년 mm월 dd일 aaaa")
```

01. 결과값 : 2018년 4월 17일 화요일
02. 결과값 : 2018년 04월 17일 화요일

3. 사용자 정의 형식

값을 원하는 서식으로 정의하여 사용자 정의 형식으로 표현하는 방법은 다음과 같습니다.

```
1    Result = Format(5459.4, "#,##0.00")
2    Result = Format(334.126, "$#,##0.00")
3    Result = Format(-334.126, "#,##0.00;▼#,##0.00")
4    Result = Format(1234567, "#,##0,천원;▼#,##0,천원")
5    Result = Format(5, "0.00%")
```

01. 결과값 : 5,459.40
02. 결과값 : $334.13
03. 결과값 : ▼$334.13
04. 결과값 : 1,235천원
05. 결과값 : 500.00%

053 IIF 함수로 분기 처리하기

앞에서 다룬 IF…Then 문과 유사한 기능의 함수로 조건의 결과에 따라 두 개의 인수 중에서 하나를 반환합니다.

IIF 함수 구문과 구성 요소는 다음과 같습니다.

IIf(expr, truepart, falsepart)

구성 요소	필수/선택	설명
expr	필수	평가하고자 하는 조건입니다.
truepart	필수	조건이 참(True)인 경우 반환하는 값이나 수식입니다.
falsepart	필수	조건이 거짓(False)인 경우 반환하는 값이나 수식입니다.

A1셀의 값이 1000보다 큰 값인지 평가하여 크면 1000을 반환하고, 작거나 같으면 A1셀의 값을 반환하는 코드입니다.

```
1  Sub FunctionIIF()
2      Dim Result  As Long
3      Result = IIf(Range("A1").Value > 1000, 1000, Range("A1").Value)
4      If Range("A1").Value > 1000 Then
5          Result = 1000
6      Else
7          Result = Range("A1").Value
8      End If
9  End Sub
```

03. IIF 함수를 이용하는 방법으로 함수명(조건, 참일 때, 거짓일 때)의 구성으로 이루어져 있습니다.
04.~08. IF…Then 문을 이용하는 방법입니다.

두 가지 방법 모두 같은 결과값을 반환하며 값을 비교할 때 많이 사용하는 방법입니다.

IIF 함수도 IF…Then 문처럼 중첩해서 사용이 가능합니다.
다음은 최대값과 최소값을 정하여 범위를 벗어나면 지정한 값을 반환하는 코드입니다.

```
1   Sub FunctionIIF2()
2       Dim Result As Long
3       Result = IIf(Range("A1").Value > 1000, 1000, IIf(Range("A1").Value < 0, 0, Range("A1").Value))
4       If Range("A1").Value > 1000 Then
5           Result = 1000
6       ElseIf Range("A1").Value < 0 Then
7           Result = 0
8       Else
9           Result = Range("A1").Value
10      End If
11  End Sub
```

(3번 줄 주석: 조건 / 참 / 거짓)

03. IIF 함수를 이용하는 방법으로 중첩해서 사용하는 조건입니다.
04.~ 10. IF…Then 문을 이용하는 방법입니다.

A1셀의 값이 1000을 초과하면 1000을, 0보다 작으면(예 : -123) 0을 그렇지 않으면 A1셀의 값을 반환하므로 반환되는 값은 항상 0 ~ 1000까지 입니다.

054 InputBox 함수로 값 입력 받기

InputBox 함수는 VBA의 내장 함수와 엑셀의 메서드로 나눌 수 있습니다. 가장 큰 차이점은 반환하는 형식의 지정 유무로 대화상자를 띄워 사용자가 값을 입력하거나 단추를 누를 때까지 기다린 다음 대화상자에 입력된 정보를 반환합니다.

1. VBA의 InputBox 함수

VBA의 내장 함수인 *InputBox* 함수를 이용하여 사용자가 값을 입력하도록 대화상자를 띄워 대화상자에 입력된 정보를 반환합니다. 하나의 결과값만 반환하고 반환하는 데이터 형식은 문자열입니다.

InputBox 함수 구문과 구성 요소는 다음과 같습니다.

InputBox(prompt[, title] [, default] [, xpos] [, ypos] [, helpfile, context])

구성 요소	필수/선택	설명
prompt	필수	대화상자에 표시할 문자입니다. (약 1,024자 이내)
title	선택	제목 표시줄에 나타나는 문자입니다.
default	선택	기본값을 지정합니다.
xpos	선택	작업 화면 왼쪽 가장자리에서 대화상자 왼쪽 가장자리까지의 간격을 지정하며 생략하면 수평으로 중앙에 위치합니다.
ypos	선택	작업 화면 맨 위쪽에서 대화상자 위쪽 가장자리까지의 간격을 지정합니다. 생략하면 화면의 1/3 정도 아래에 위치합니다
helpfile	선택	도움말 파일을 확인하는 문자식입니다. Helpfile을 제공하면 context도 제공해야 합니다.
context	선택	도움말 항목에 지정한 도움말 컨텍스트 번호입니다.

대화상자를 출력하여 사용자가 입력한 값을 반환 받는 예제는 다음과 같습니다.

```
1   Sub InputBoxDemo()
2       Dim strMessage    As String
3       Dim strTitle      As String
4       Dim lngDefault    As Long
5       Dim Result        As Variant
6       strMessage = "귀하의 나이를 입력하세요"
7       strTitle = "InputBox Demo"
8       lngDefault = 20
9       Result = InputBox(strMessage, strTitle, lngDefault)
10  End Sub
```

06. 대화상자에 표시할 문자입니다.
07. 대화상자의 제목입니다.
08. 입력 박스에 표시할 기본값입니다.

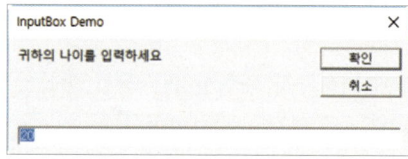

대화상자에서 [확인]을 클릭하거나 Enter를 누르면 변수 Result에는 사용자가 입력한 값이 반환됩니다. [취소]를 클릭하거나 X를 누르면 길이가 0인 빈 문자열("")이 반환됩니다.

2. 엑셀의 InputBox 메서드

엑셀에서 제공하는 *InputBox* 메서드를 이용하여 사용자가 값을 입력하도록 대화상자를 띄워 대화상자에 입력된 정보를 반환합니다. 하나의 결과값만 반환하고 반환하는 데이터 형식을 지정할 수 있습니다.

InputBox 메서드 구문과 구성 요소는 다음과 같습니다.

expression.InputBox(Prompt, Title, Default, Left, Top, HelpFile, HelpContextID, Type)

구성 요소	필수/선택	설명
Prompt	필수	대화상자에 표시할 문자입니다. (약 1,024자 이내)
Title	선택	제목 표시줄에 나타나는 문자입니다.
Default	선택	기본값을 지정합니다.
Left	선택	작업화면 왼쪽 가장자리에서 대화상자 왼쪽 가장자리까지의 간격을 지정합니다. 생략하면 수평으로 중앙에 위치합니다.
Top	선택	작업화면 맨 위쪽에서 대화상자 위쪽 가장자리까지의 간격을 지정합니다. 생략하면 화면의 1/3 정도 아래에 위치합니다.

Helpfile	선택	도움말 파일 이름입니다. HelpFile과 HelpContextID 인수를 제공하면 대화상자에 도움말 단추가 표시됩니다
HelpContextID	선택	HelpFile의 도움말 항목에 지정한 컨텍스트 ID 번호입니다
Type	선택	반환되는 데이터 형식을 지정합니다. 지정하지 않으면 문자열을 반환합니다

반환되는 데이터 형식을 지정하는 Type에 대한 목록입니다.

값	의미
0	수식을 반환합니다.
1	숫자를 반환합니다.
2	텍스트(문자열)를 반환합니다.
4	논리값(True 또는 False)을 반환합니다.
8	Range 개체 등의 셀 참조를 반환합니다.
16	#N/A 등의 오류값을 반환합니다.
64	값의 배열을 반환합니다.

이전 예제에서 VBA의 InputBox 함수를 이용해 나이를 입력 받는 작업을 진행하였습니다. 하지만 사용자가 실수로 숫자가 아닌 이름을 입력해도 오류 없이 다음 구문을 실행하기 때문에 오류를 방지하기 위해서는 반환된 값이 숫자인지 판단하는 구문을 추가해야 오류를 방지할 수 있습니다. 이때 엑셀의 InputBox 메서드 데이터 형식을 숫자로 지정하여 오류 입력을 미연에 방지할 수 있습니다.

```vba
Sub InputBoxDemo2()
    Dim strMessage      As String
    Dim strTitle        As String
    Dim lngDefault      As Long
    Dim Result          As Variant
    strMessage = "귀하의 나이를 입력하세요"
    strTitle = "InputBox Demo"
    lngDefault = 20
    Result = Application.InputBox(strMessage, strTitle, lngDefault, Type:=1)
End Sub
```

06. 대화상자에 표시할 문자입니다.
07. 대화상자의 제목입니다.
08. 입력 박스에 표시할 기본값 입니다.
09. Type을 1로 지정하여 숫자가 입력이 가능하도록 합니다.

데이터 형식을 하나가 아닌 두 가지 이상을 반환해야 할 경우에는 Type의 값을 모두 합친 후 사용할 수 있습니다. 입력란에 숫자(Type = 1)와 텍스트(Type = 2)를 모두 입력할 수 있게 하는 방법은 Type = 3(1 + 2)으로 지정하면 됩니다.

```
Result = Application.InputBox("숫자나 문자를 입력하세요", "입력", Type:=3)
```

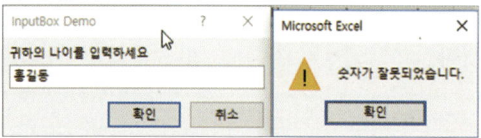

InputBox 메서드는 참조 범위를 사용자가 지정할 때 자주 사용하는데 이때 Type을 8로 지정하고 범위를 드래그해서 지정하면 Range 개체를 반환합니다.

다음은 사용자가 지정한 범위의 셀 채우기 색상을 노랑으로 설정하는 코드입니다.

```
1   Sub InputBoxType8Demo()
2       Dim rngSelect    As Range
3       Set rngSelect = Application.InputBox("작업할 범위를 지정하세요", "범위 지정", Type:=8)
4       rngSelect.Interior.Color = vbYellow
5       Set rngSelect = Nothing
6   End Sub
```

02. 범위 변수를 지정합니다.
03. 사용자가 InputBox 메서드를 이용해 선택한 범위를 범위 변수에 할당합니다.
04. 범위의 셀 채우기 색상을 노랑으로 설정합니다.
05. 범위 변수를 초기화합니다.

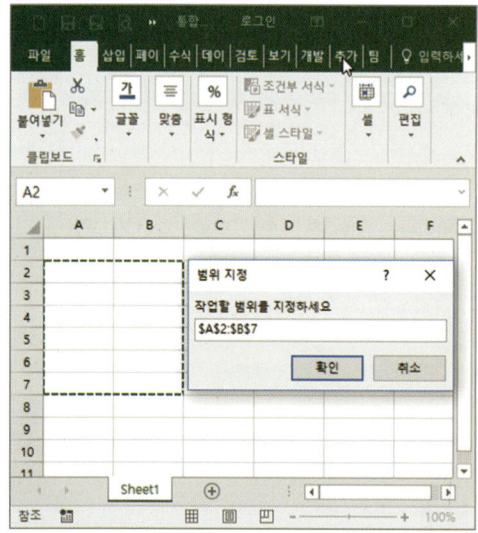

/ 055

Instr 함수로 찾는 문자열 위치 구하기

엑셀 함수에 *Find*나 *Search* 함수가 있다면, *VBA* 함수에는 *Instr* 함수와 *InStrRev* 함수가 있으며, 문자열 안에 찾는 문자열이 처음으로 나타난 위치를 반환합니다. 찾는 문자열이 없으면 0을 반환합니다.

1. InStr 함수

문자열 안에 찾는 문자열이 처음으로 나타나는 위치를 문자열 맨 앞에서부터 계산하여 반환합니다.

InStr 함수 구문과 구성 요소는 다음과 같습니다.

InStr ([start,]string1, string2[, compare])

구성 요소	필수/선택	설명
start	선택	검색할 시작 위치입니다. 미지정 시 첫 문자부터 검색을 시작합니다. Compare 값이 지정되면 start 인수는 필수 인수가 됩니다.
String1	필수	검색 대상이 되는 문자입니다.
String2	필수	찾을 문자입니다.
Compare	선택	문자열 비교 형식을 지정합니다.

Compare 인수 설정은 다음과 같습니다.

구성 요소	값	설명
vbUseCompareOption	−1	Option Compare 문 설정을 사용하여 비교합니다.
vbBinaryCompare	0	이진 비교. 영문자의 대/소문자를 구분합니다.
vbTextCompare	1	텍스트 비교. 영문자의 대/소문자를 구분하지 않습니다.
vbDatabaseCompare	2	Microsoft Access 전용. 데이터베이스의 정보를 기반으로 비교합니다.

문자열 안에 찾을 문자가 몇 번째에 있는지 구하는 코드는 다음과 같습니다.

```
1   Sub InStrDemo()
2       Dim strTarget       As String
3       Dim strSearch       As String
4       Dim lngPos          As Long
5       strTarget = "Instr 함수로 찾는 문자열 위치 구하기"
6       strSearch = "함수"
7       lngPos = InStr(strTarget, strSearch)
8   End Sub
```

02. 검색 대상 문자열을 변수에 할당합니다.
03. 찾을 문자를 변수에 할당합니다.
07. 문자열에서 해당 문자를 찾아 해당 위치를 변수에 반환합니다.

검색 대상 문자에서 찾을 문자(함수)가 앞에서부터 7번째에 있으므로 7을 반환합니다. 공백도 1로 간주합니다.

검색 대상 문자에 찾을 문자가 여러 번 나올 경우에는 찾을 위치를 지정하여 몇 번째에 있는지를 구할 수 있습니다. 코드는 다음과 같습니다.

```
1   Sub InStrDemo2()
2       Dim strTarget       As String
3       Dim strSearch       As String
4       Dim lngPos          As Long
5       strTarget = "ABC-Chart, Z-Chart"
6       strSearch = "chart"
7       lngPos = InStr(1, strTarget, strSearch, 1)
8       lngPos = InStr(lngPos + 1, strTarget, strSearch, 1)
9   End Sub
```

05. 검색 대상 문자열을 변수에 할당합니다.
06. 찾을 문자를 변수에 할당합니다.
07. 첫 번째 'chart'를 구할 때의 구문입니다. Compare가 1이므로 대/소문자를 구분하지 않습니다.
08. 두 번째 'chart'를 구할 때는 검색 시작 위치를 첫 번째 'chart'를 찾은 다음(lngPos + 1) 위치로 지정합니다.

2. InStrRev 함수

찾는 문자열이 처음으로 나타나는 위치를 문자열 끝에서부터 계산하여 반환합니다.
InStrRev 함수 구문과 구성 요소는 다음과 같습니다.

InstrRev(stringcheck, stringmatch[, start[, compare]])

구성 요소	필수/선택	설명
stringcheck	필수	검색 대상이 되는 문자입니다.
stringmatch	필수	찾을 문자입니다.
start	선택	검색할 시작 위치입니다. 미지정 시 마지막 문자부터 검색을 시작합니다. 마지막은 –1로 표시합니다.
Compare	선택	문자열 비교 형식을 지정합니다.

문자열 끝에서부터 찾을 문자의 위치를 구하는 코드는 다음과 같습니다.

```
1   Sub IInStrRevDemo()
2       Dim strTarget       As String
3       Dim strSearch       As String
4       Dim lngPos          As Long
5       strTarget = "ABC-Chart, Z-Chart"
6       strSearch = "chart"
7       lngPos = InStrRev(strTarget, strSearch, , 1)
8       lngPos = InStrRev(strTarget, strSearch, -1, 1)
9   End Sub
```

05. 검색 대상 문자열을 변수에 할당합니다.
06. 찾을 문자를 변수에 할당합니다.
07. 시작 위치를 지정하지 않았으므로 마지막 문자부터 검색합니다.
08. 시작 위치의 값이 '–1' 이므로 마지막 문자부터 검색합니다.

찾을 문자 '*Chart*'는 '*ABC-Chart*'와 '*Z-Chart*' 두 군데에 있지만 InStrRev 함수는 문자열 마지막부터 검색하므로 Z-Chart에 있는 Chart의 위치를 찾아 14라는 값을 반환합니다.

056 Int, Fix, Round 함수로 정수 만들기

소수점이 있는 숫자를 지정된 자리에서 정수화 할 때가 있습니다. 정수화하는 알고리즘은 많이 있는데 엑셀 함수인 *Round*는 산술 라운딩(*Arithmetic Rounding*)을, VBA의 형식 변환 함수(*CInt()*, *CLng()* 등)나 *Round* 함수는 *Banker's Rounding* 방식입니다.

1. Int와 Fix

모든 자리의 값을 무시하고 정수의 값만 반환하는 방식인 *Int*와 *Fix*는 양수의 경우 같은 값을 반환하지만 값이 음수이면 *Int*는 지정된 수보다 작거나 같은 첫 번째 정수를 반환하고 *Fix*는 지정된 수보다 크거나 같은 첫 번째 정수를 반환합니다. 예를 들면 지정된 수가 −7.3인 경우 *Int*는 −8을, *Fix*는 −7을 반환합니다. 0을 기준으로 Int는 멀어지고 Fix는 가까워진다고 이해하면 됩니다.

Int 함수의 구문과 구성 요소는 다음과 같습니다.

Int(number)

구성 요소	필수/선택	설명
number	필수	지정한 수의 소수점을 없애고 정수 부분만을 반환합니다. 음수이면 작거나 같은 첫 번째 음의 정수를 반환합니다.

Fix 함수 구문과 구성 요소는 다음과 같습니다.

Fix(number)

구성 요소	필수/선택	설명
number	필수	지정한 수의 소수점 부분을 없애고 정수 부분만을 반환합니다. 음수이면 크거나 같은 첫 번째 음의 정수를 반환합니다.

```
1   Sub IntFixDemo()
2       Debug.Print Int(8.5)
3       Debug.Print Fix(8.5)
4       Debug.Print Int(-8.5)
5       Debug.Print Fix(-8.5)
6   End Sub
```

02. 8을 출력합니다.

03. 8을 출력합니다.

04. -9를 출력합니다.

05. -8을 출력합니다.

2. Round

반올림한 값을 계산할 때 합계의 편중 오차가 크게 발생할 수 있습니다. 편중 오차를 최소화하는 방법은 *Banker's Rounding* 방식이며, VBA에서 사용하는 *Round* 함수 또한 이 방식을 적용하여 숫자를 반올림합니다. 반올림하거나 내림을 하여 가장 가까운 짝수로 라운딩하는 방식입니다. 1.5를 반올림하면 2가 되고 짝수이므로 2를 반환하고, 2.5를 반올림하면 3이 되고 짝수가 되도록 내림을 하여 2를 반환하는 방식입니다.

값	짝수로 반올림		짝수로 내림		가까운 짝수
	값	차이	값	차이	
1.5	2	0.5	0	1.5	2
2.5	4	1.5	2	0.5	2

Round 함수 구문과 구성 요소는 다음과 같습니다.

Round(expression [,numdecimalplaces])

구성 요소	필수/선택	설명
expression	필수	반올림할 값이나 수식입니다.
numdecimalplaces	선택	반올림에 적용할 소수 오른쪽 자릿수로 생략하면 정수를 반환하고, 음수인 경우 오류가 발생합니다.

VBA에서 사용하는 Round 함수는 워크시트에서 사용하는 Round 함수와 계산 방식이 다릅니다. Round-to-even 논리로 마지막 숫자가 짝수가 되도록 반올림 하는 방식입니다.

값	워크시트		VBA	
	수식	결과 값	코드	결과 값
1.5	Round(1.5, 0)	2	Round(1.5)	2
2.5	Round(2.5, 0)	3	Round(2.5)	2
3.5	Round(3.5, 0)	4	Round(3.5, 0)	4
4.5	Round(4.5, 0)	5	Round(4.5, 0)	4

* VBA 코드에서 자릿수를 생략하면 0으로 지정한 것과 동일합니다.

057 Is 계열 함수로 데이터 형식 구하기

데이터 형식은 여러 가지(배열이나 문자열, 숫자, 날짜 등)가 있습니다. VBA에서는 이러한 데이터의 형식을 구하는데 사용하는 함수들을 지원합니다.

1. IsArray 함수

데이터가 배열 형식인지를 판단하는 함수입니다. 배열이면 참(True)을 배열이 아니면 거짓(False)을 반환합니다.

IsArray 함수 구문과 구성 요소는 다음과 같습니다.

IsArray(varname)

구성 요소	필수/선택	설명
varname	필수	값이 배열인지 아닌지를 Boolean(True/False) 값으로 반환합니다.

```
1   Sub IsArrayDemo()
2       Dim MyArray(1 To 5) As Long
3       Dim YourArray       As Variant
4       Dim blnCheck        As Boolean
5       blnCheck = IsArray(MyArray)
6       blnCheck = IsArray(YourArray)
7       YourArray = Array(1, 2, 3)
8       blnCheck = IsArray(YourArray)
9   End Sub
```

02. 배열 변수를 선언합니다.
03. Variant 변수를 선언합니다.
04. Boolean 변수를 선언합니다.
05. 배열 변수가 배열이므로 True를 반환합니다.
06. Variant 변수는 배열이 아니므로 False를 반환합니다.
07. 배열 함수를 이용해 Variant 변수에 배열값을 할당합니다.

08. Variant 변수에 배열값이 할당되어 배열이 되었으므로 True를 반환합니다.

2. IsDate 함수

값 또는 수식을 날짜로 변환할 수 있다면 참(True), 날짜로 변환할 수 없으면 거짓(False)을 반환합니다.

IsDate 함수 구문과 구성 요소는 다음과 같습니다.

IsDate(expression)

구성 요소	필수/선택	설명
expression	필수	값을 날짜로 변환할 수 있는지 나타내는 Boolean(True/False) 값을 반환합니다.

값이 날짜나 시간으로 인식할 수 있는지 판단하는 코드는 다음과 같습니다.

```
1   Sub IsDateDemo()
2       Dim dateA       As Variant
3       Dim dateB       As Variant
4       Dim dateC       As Variant
5       Dim dateD       As Variant
6       Dim blnCheck    As Boolean
7       dateA = "August 13, 2010"
8       blnCheck = IsDate(dateA)
9       dateB = "2010년 8월 13일"
10      blnCheck = IsDate(dateB)
11      dateC = "1995-12-02"
12      blnCheck = IsDate(dateC)
13      dateD = "안녕"
14      blnCheck = IsDate(dateD)
15  End Sub
```

07. 변수에 값을 할당합니다.
08. 할당된 변수의 값을 날짜로 변환할 수 있으므로 True를 반환합니다.
09. 변수에 값을 할당합니다.
10. 할당된 변수의 값을 날짜로 변환할 수 있으므로 True를 반환합니다.
11. 변수에 값을 할당합니다.
12. 할당된 변수의 값을 날짜로 변환할 수 있으므로 True를 반환합니다.
13. 변수에 값을 할당합니다.
14. 할당된 변수의 값을 날짜로 변환할 수 없으므로 False를 반환합니다.

3. IsEmpty 함수

데이터가 값이 초기화되었는지를 판단하는 함수로 초기화되었으면 참(True), 초기화되지 않았다면 거짓(False)을 반환합니다.

IsEmpty 함수 구문과 구성 요소는 다음과 같습니다.

IsDate(expression)

구성 요소	필수/선택	설명
expression	필수	값이 초기화되었는지를 나타내는 Boolean(True/False) 값을 반환합니다.

초기화되었는지를 판단하는 코드는 다음과 같습니다

```
1   Sub IsEmptyDemo()
2       Dim vData      As Variant
3       Dim blnCheck   As Boolean
4       blnCheck = IsEmpty(vData)
5       vData = ""
6       blnCheck = IsEmpty(vData)
7       vData = Empty
8       blnCheck = IsEmpty(vData)
9       vData = Null
10      blnCheck = IsEmpty(vData)
11  End Sub
```

04. 변수에 할당된 값이 없으므로 True를 반환합니다.
05. 변수에 빈 문자열("")을 할당합니다.
06. 변수에 값이 할당되어 False를 반환합니다.
07. 변수에 Empty를 할당합니다.
08. 변수에 값이 할당되었지만 Empty를 할당했으므로 True를 반환합니다.
09. 변수에 Null을 할당합니다.
10. 변수에 값이 할당되어 False를 반환합니다.

4. IsError 함수

값 또는 수식이 오류인지를 판단하는 함수로 오류이면 참(True), 오류가 아니면 거짓(False)을 반환합니다.

IsError 함수 구문과 구성 요소는 다음과 같습니다.

IsError(expression)		
구성 요소	필수/선택	설명
expression	필수	값이 오류인지를 나타내는 Boolean(True/False) 값을 반환합니다.

값이 오류인지를 판단하는 코드는 다음과 같습니다

```
1   Sub IsErrorDemo()
2       Dim vData     As Variant
3       Dim blnCheck  As Boolean
4       vData = 10
5       blnCheck = IsError(vData)
6       vData = CVErr(10)
7       blnCheck = IsError(vData)
8   End Sub
```

04. 변수에 10을 할당합니다.
05. 변수의 값이 오류가 아니므로 False를 반환합니다.
06. 변수에 오류 번호 10을 할당합니다.
07. 변수의 값이 오류이므로 True를 반환합니다.

워크시트의 값이 오류인지 판단하는 코드는 다음과 같습니다.

```
1   Sub IsErrorDemo2()
2       Dim blnCheck  As Boolean
3       blnCheck = IsError(Range("C1").Value)
4       blnCheck = IsError(Range("C2").Value)
5       blnCheck = IsError(Range("C3").Value)
6   End Sub
```

03. #DIV/0! 오류이므로 True를 반환합니다.
04~05. 오류가 아니므로 False를 반환합니다.

5. IsNull 함수

수식이 유효한 데이터를 포함하지 않으면(Null) 참(True), 데이터가 포함되어 있으면 거짓(False)을 반환합니다.

IsNull 함수 구문과 구성 요소는 다음과 같습니다.

IsNull(expression)

구성 요소	필수/선택	설명
expression	필수	값이 유효한 데이터인지를 판단하여 나타내는 Boolean(True/False) 값을 반환합니다.

값이 유효한 데이터인지를 판단하는 코드는 다음과 같습니다.

```
1   Sub IsNullDemo()
2       Dim vData      As Variant
3       Dim blnCheck   As Boolean
4       blnCheck = IsNull(vData)
5       vData = ""
6       blnCheck = IsNull(vData)
7       vData = Empty
8       blnCheck = IsNull(vData)
9       vData = Null
10      blnCheck = IsNull(vData)
11  End Sub
```

04. 변수에 할당된 값이 없어 Empty이므로 False를 반환합니다.
05. 변수에 빈 문자열("")을 할당합니다.
06. 변수에 값이 할당되어 False를 반환합니다.
07. 변수에 Empty를 할당합니다.
08. 변수에 값이 할당되어 False를 반환합니다.
09. 변수에 Null을 할당합니다.
10. 변수에 값이 할당되었지만 Null을 할당했으므로 True를 반환합니다.

6. IsNumeric 함수

수식 또는 값을 숫자로 평가할 수 있으면 참(True), 평가할 수 없으면 거짓(False)을 반환합니다.

IsNumeric 함수 구문과 구성 요소는 다음과 같습니다.

IsNumeric(expression)

구성 요소	필수/선택	설명
expression	필수	값이 숫자로 평가할 수 있는지 나타내는 Boolean(True/False) 값을 반환합니다.

```
1   Sub IsNumericDemo()
2       Dim vData      As Variant
3       Dim blnCheck   As Boolean
4       vData = "813"
5       blnCheck = IsNumeric(vData)
6       vData = 2010.813
7       blnCheck = IsNumeric(vData)
8       vData = "Love"
9       blnCheck = IsNumeric(vData)
10  End Sub
```

04. 변수에 문자 '813'을 할당합니다.
05. 변수의 값이 문자지만 숫자로 평가할 수 있기에 True를 반환합니다.
06. 변수에 숫자 '2010.813'을 할당합니다.
07. 변수의 값이 숫자이므로 True를 반환합니다.
08. 변수에 문자(Love)를 할당합니다.
09. 변수의 값이 문자이고 숫자로 평가할 수 없기에 False를 반환합니다.

058 TypeName 함수로 데이터 형식 구하기

앞에서 Is 계열 함수를 이용해 데이터 형식을 구한 것처럼 TypeName 함수를 이용해 데이터의 형식에 대한 정보를 구할 수 있습니다.

TypeName 함수 구문과 구성 요소는 다음과 같습니다.

TypeName(varname)

구성 요소	필수/선택	설명
varname	필수	값의 정보를 제공하는 String 값을 반환합니다.

TypeName 함수를 이용하여 반환하는 문자열은 다음과 같습니다.

반환되는 문자	변수
Object 형식	형식이 Object Type인 개체입니다.
Integer	정수입니다.
Long	긴 정수입니다.
Single	단정도 부동 소수점 수입니다.
Double	배정도 부동 소수점 수입니다.
Currency	통화값(통화 관련 계산)이나 정확도가 중요한 고정점 계산에 사용합니다.
Decimal	십진값으로 – 10승 단위로 표현되는 소수점 숫자입니다.
Date	날짜 데이터입니다.
String	문자열입니다.
Range	워크시트 범위(셀)입니다.
Error	오류 데이터입니다.
Empty	빈 셀입니다.
Null	유효한 데이터가 없습니다.

반환되는 문자	변수
Object	개체입니다.
Unknown	형식이 알려지지 않은 개체입니다.
Nothing	개체를 참조하지 않고 초기화된 변수입니다.

지정된 범위의 값에 대한 데이터형식을 구하는 코드는 다음과 같습니다.

```
1   Sub TypeNameDemo()
2       Dim strTypeName     As String
3       strTypeName = TypeName(Range("C1").Value)
4       strTypeName = TypeName(Range("C2").Value)
5       strTypeName = TypeName("Love")
6   End Sub
```

03. C1셀의 값이 오류이므로 Error를 반환합니다.
04. C2셀의 값이 숫자이므로 Double을 반환합니다.
05. 문자열(Love)이므로 String을 반환합니다.

다음은 현재 선택된 부분이 워크시트의 셀인지 차트나 도형인지를 판단하는 코드입니다.

```
1   Sub TypeNameDemo2()
2       Dim strTypeName     As String
3       strTypeName = TypeName(Selection)
4   End Sub
```

03. 워크시트의 셀을 선택한 경우 Range를 반환합니다. 도형을 선택한 경우에는 Rectangle, 그림을 선택한 경우에는 Picture, 차트를 선택한 경우에는 ChartArea 반환합니다.

059 Join 함수로 배열값 연결하기

배열에 포함된 여러 문자열을 구분자로 연결하여 하나의 문자열로 만듭니다. 1차원 배열에서만 올바르게 작동하고 2차원 이상의 배열에서는 오류가 발생합니다.

Join 함수 구문과 구성 요소는 다음과 같습니다.

Join(sourcearray[, delimiter])

구성 요소	필수/선택	설명
sourcearray	필수	조인할 1차원 배열입니다.
delimiter	선택	문자열을 구분할 문자열로 생략하면 공백 문자(" ")로 조인합니다.

배열을 콤마와 공백(,)으로 조인하는 코드는 다음과 같습니다.

```
1   Sub JoinDemo()
2       Dim vArray      As Variant
3       Dim lst()       As Variant
        ' 첫 번째 방법
4       vArray = Array("매출일자", "단가", "수량", "금액")
5       MsgBox Join(vArray, ", ")
        ' 두 번째 방법
6       ReDim lst(1 To 4)
7       lst(1) = "매출일자"
8       lst(2) = "단가"
9       lst(3) = "수량"
10      lst(4) = "금액"
11      MsgBox Join(lst, ", ")
12  End Sub
```

04. Array 함수를 이용해 배열값을 변수에 할당합니다.
05. 변수의 값을 콤마와 공백(,)으로 조인하여 메시지 박스로 출력합니다.
06. 배열 변수를 선언합니다.

07.~10. 배열 변수의 각 행에 값을 할당합니다.

11. 배열 변수의 값을 콤마와 공백(,)으로 조인하여 메시지 박스로 출력합니다.

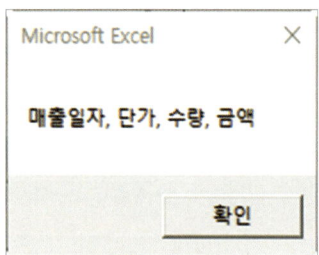

2차원 이상의 배열을 조인하게 되면 오류가 발생합니다.

```
Sub JoinErrorDemo()
    Dim lst()        As Variant
    ReDim lst(1 To 1, 1 To 4)
    lst(1, 1) = "매출일자"
    lst(1, 2) = "단가"
    lst(1, 3) = "수량"
    lst(1, 4) = "금액"
    MsgBox Join(lst, ", ")
End Sub
```

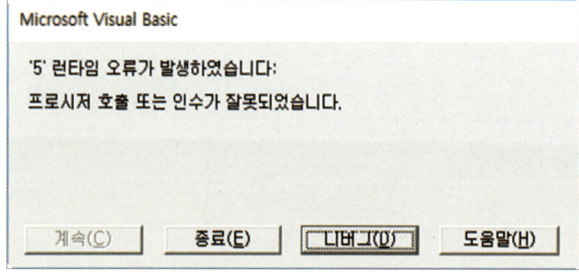

060 LBound, UBound 함수로 배열 크기 구하기

배열에 지정된 차원의 최소 범위(LBound), 최대 범위(UBound)의 크기를 반환합니다.

LBound / UBound 함수 구문과 구성 요소는 다음과 같습니다.

LBound(arrayname[, dimension])

구성 요소	필수/선택	설명
arrayname	필수	배열 변수의 이름입니다.
dimension	선택	크기를 구할 차원을 지정합니다. 생략해도 되며, 1은 1차원을 나타내고 2는 2차원을 나타냅니다

배열의 최소 크기와 최대 크기를 구하는 코드는 다음과 같습니다.

```
1   Sub LBoundUBoundDemo()
2       Dim lngLower    As Long
3       Dim lngUpper    As Long
4       Dim MyArray(1 To 10, 5 To 15, 10 To 20)
5       Dim AnyArray(10)
6       lngLower = LBound(MyArray, 1)
7       lngLower = LBound(MyArray, 3)
8       lngLower = LBound(AnyArray)
9       lngUpper = UBound(MyArray, 1)
10      lngUpper = UBound(MyArray, 3)
11      lngUpper = UBound(AnyArray)
12  End Sub
```

02. 최소 크기를 담을 변수를 선언합니다.
03. 최대 크기를 담을 변수를 선언합니다.
04. 3차원 배열 변수를 선언합니다.
05. 1차원 배열 변수를 선언합니다.
06. 차원이 1이므로 1차원 배열(1 To 10)의 최소 크기 1을 반환합니다.
07. 차원이 3이므로 3차원 배열(10 To 20)의 최소 크기 10을 반환합니다.

08. 기본 옵션(Option Base)에 따라 0 또는 1을 반환하는데, Option Base를 지정하지 않았으므로 기본값 0을 반환합니다.
09. 차원이 1이므로 1차원 배열(1 To 10)의 최대 크기 10을 반환합니다.
10. 차원이 3이므로 3차원 배열(10 To 20)의 최대 크기 20을 반환합니다.
11. 최대 크기인 10을 반환합니다.

061   LCase, UCase 함수를 이용해 영어 대/소문자로 변환하기

영어 대문자를 소문자(LCase)로, 소문자를 대문자(UCase)로 변환하여 값을 반환합니다. 2개의 값을 비교하여 값이 같은지 검사하고 같은 경우와 다른 경우에 따라 계산 방법을 다르게 적용해야 할 때가 있습니다. 이때 주의할 점은 영어의 대문자와 소문자를 일반적으로는 다르게 판단하기 때문에 비교 대상을 모두 대문자(또는 소문자)로 변경한 다음 비교해야 올바른 결과를 얻을 수 있습니다.

```
1  Sub LCaseUCaseDemo()
2      Dim strReturn    As String
3      strReturn = LCase("ABC")
4      strReturn = UCase("Abc")
5  End Sub
```

03. 대문자를 소문자로 변환하여 변수에 'abc'를 할당합니다.
04. 소문자를 대문자로 변환하여 변수에 'ABC'를 할당합니다.

다음은 선택한 범위의 영문자를 모두 대문자로 변경하는 코드입니다.

```
1  Sub UcaseDemo()
2      Dim rng     As Range
3      For Each rng In Selection
4          rng.Value = UCase(rng.Value)
5      Next rng
6  End Sub
```

03. 선택한 범위를 순환합니다.
04. 해당 셀의 값을 대문자로 변환하여 해당 셀에 입력합니다.

셀에 입력된 값이 영어 소문자인 경우에만 대문자로 변환하고, 대문자와 한글 등은 변환하지 않은 값을 반환합니다.

062 Len 함수로 문자열 길이 구하기

문자열의 문자 수 또는 변수를 저장하는데 필요한 바이트 수를 Long 값으로 반환합니다.

Len 함수 구문과 구성 요소는 다음과 같습니다.

Len(string | varname)

구성 요소	필수/선택	설명
String	필수	모든 유효한 문자식의 문자 수를 반환합니다.
varname	필수	모든 유효한 변수에 포함되어 있는 문자 수를 반환합니다.

두 개의 가능한 인수 중에 단 한 개만 지정되어야 합니다.

데이터 형식에 따라 문자 수를 구하는 코드는 다음과 같습니다.

```
1   Sub LenDemo()
2       Dim intTemp     As Integer
3       Dim lngTemp     As Long
4       Dim curTemp     As Currency
5       Dim strTemp     As String
6       Dim vntTemp     As Variant
7       Dim lngLen      As Long
8       lngLen = Len(intTemp)
9       intTemp = 7
10      lngLen = Len(intTemp)
11      lngLen = Len(vntTemp)
12      vntTemp = 7
13      lngLen = Len(vntTemp)
14      lngLen = Len(lngTemp)
15      lngLen = Len(curTemp)
16      strTemp = "안녕하세요. 반가워요"
17      lngLen = Len(strTemp)
18  End Sub
```

08. intTemp 변수의 데이터 형식이 Integer이고 Integer의 저장 용량은 2byte이므로 2를 반환합니다.
09. Integer 데이터 형식의 변수에 값을 할당합니다.
10. intTemp 변수에 1자리 수를 할당해도 Integer의 저장 용량은 2byte이므로 2를 반환합니다.
11. 데이터 형식이 Variant인 경우에 값을 할당하지 않으면 0을 반환합니다.
12. Variant 데이터 형식의 변수에 값을 할당합니다.
13. 데이터 형식이 Variant인 경우에 값을 할당하면 할당된 값의 문자 수를 반환하므로 10이 반환됩니다.
14. lngTemp 변수의 데이터 형식이 Long이고 Long의 저장 용량은 4byte이므로 4를 반환합니다.
15. curTemp 변수의 데이터 형식이 Currency이고 Currency의 저장 용량은 8byte이므로 8을 반환합니다.
16. String 데이터 형식의 변수에 값을 할당합니다.
17. strTemp 변수에 있는 빈 문자열(" ")도 문자에 포함하여 개수를 구하기 때문에 11을 반환합니다.

데이터 형식에 따른 저장 용량은 [016 변수 상수의 데이터 형식]을 참고하세요.

063 Left, Right, Mid 함수로 문자열 자르기

프로시저를 작성하다 보면 문자열의 일부 값만 가지고 조건에 만족하는지를 검사해야 하는 경우가 많습니다. 이런 경우 왼쪽이나 오른쪽 또는 문자열의 중간에서 원하는 글자 수만큼의 문자만 추출하여 사용하는 함수에 대해 알아보겠습니다.

1. Left 함수

문자열의 왼쪽부터 지정된 수만큼 문자를 반환합니다.

Left 함수 구문과 구성 요소는 다음과 같습니다.

Left(string, length)

구성 요소	필수/선택	설명
string	필수	대상이 되는 문자열입니다.
length	필수	반환할 문자의 수입니다. 0으로 지정하면 빈 문자열(" ")을 반환합니다. 문자열의 길이보다 큰 수인 경우에 문자열 전부를 반환합니다.

문자열의 맨 처음부터 지정한 수만큼 문자열을 추출하여 반환하는 코드는 다음과 같습니다.

```
1   Sub LeftDemo()
2       Dim strValue    As String
3       Dim strReturn   As String
4       strValue = "안녕하세요. 반가워요"
5       strReturn = Left(strValue, 1)
6       strReturn = Left(strValue, 8)
7       strReturn = Left(strValue, 20)
8   End Sub
```

04. 문자열 변수에 임의의 값을 할당(길이 11)합니다.
05. 왼쪽에서 첫 번째 글자인 '안'을 반환합니다.
06. 왼쪽부터 8번째 글자인 '안녕하세요. 반'까지 반환합니다.

07. 왼쪽부터 20번째 글자인 '안녕하세요. 반가워요'까지 반환합니다. 전체 길이가 20이 안되면 전체를 반환합니다.

2. Right 함수

문자열의 오른쪽부터 지정된 수만큼 문자를 반환합니다.

Right 함수 구문과 구성 요소는 다음과 같습니다.

Right(string, length)

구성 요소	필수/선택	설명
string	필수	대상이 되는 문자열입니다.
length	필수	반환할 문자의 수입니다. 0으로 지정하면 빈 문자열(" ")을 반환합니다. 문자열의 길이보다 큰 수인 경우에 문자열 전부를 반환합니다.

문자열의 맨 뒤부터 지정한 수만큼 문자열을 추출하여 반환하는 코드는 다음과 같습니다.

```
1  Sub RightDemo()
2      Dim strValue    As String
3      Dim strReturn   As String
4      strValue = "안녕하세요. 반가워요"
5      strReturn = Right(strValue, 1)
6      strReturn = Right(strValue, 8)
7      strReturn = Right(strValue, 20)
8  End Sub
```

04. 문자열 변수에 임의의 값을 할당(길이 11)합니다.
05. 오른쪽부터 첫 번째 글자인 '요'를 반환합니다.
06. 오른쪽부터 8번째 글자인 '세요. 반가워요'를 반환합니다.
07. 오른쪽부터 20번째 글자인 '안녕하세요. 반가워요'를 반환합니다. 전체 길이가 20이 안되면 전체를 반환합니다.

3. Mid 함수

문자열의 지정된 위치에서 지정된 수만큼 문자를 반환합니다

Mid 함수 구문과 구성 요소는 다음과 같습니다.

Mid(string, start[, length])

구성 요소	필수/선택	설명
string	필수	대상이 되는 문자열입니다.
start	필수	반환할 문자의 시작 위치입니다.
length	선택	반환할 문자의 수입니다. 생략하면 start 위치부터 문자열 끝까지 반환합니다. 0으로 지정하면 빈 문자열(" ")을 반환합니다.

문자열의 지정된 위치부터 지정한 수만큼 문자열을 추출하여 반환하는 코드는 다음과 같습니다.

```
1   Sub MidDemo()
2       Dim strValue    As String
3       Dim strReturn   As String
4       strValue = "안녕하세요. 반가워요"
5       strReturn = Mid(strValue, 1)
6       strReturn = Mid(strValue, 8, 0)
7       strReturn = Mid(strValue, 8, 20)
8   End Sub
```

04. 문자열 변수에 임의의 값을 할당(길이 11)합니다.
05. length가 생략되어 전체를 반환합니다.
06. length가 0이므로 빈 문자열(" ") 반환합니다.
07. 왼쪽에서 8번째부터 시작하여 20글자인 "반가워요"를 반환합니다.

064 LTrim, RTrim, Trim 함수로 공백 제거하기

문자열 앞에 있는 공백 문자를 모두 제거하거나 뒤에 있는 공백 문자를 모두 제거하여 값을 반환합니다. 문자열 내에 있는 공백은 제거하지 않습니다.

1. LTrim 함수

문자열의 왼쪽(앞)에 있는 모든 공백 문자를 제거한 값을 반환합니다.

LTrim 함수 구문과 구성 요소는 다음과 같습니다.

LTrim(string)

구성 요소	필수/선택	설명
string	필수	모든 유효한 문자식을 사용합니다.

문자열의 앞쪽에 있는 모든 공백 문자를 제거하는 코드는 다음과 같습니다.

```
1   Sub LTrimDemo()
2       Dim strValue    As String
3       Dim strReturn   As String
4       strValue = "  안녕하세요.    반가워요  "
5       strReturn = LTrim(strValue)
6   End Sub
```

04. 변수에 공백 문자가 포함된 값을 할당합니다.
05. 왼쪽의 공백 문자를 모두 제거한 "안녕하세요.   반가워요 "를 반환합니다. 중간과 오른쪽에 있는 공백은 제거하지 않습니다.

2. RTrim 함수

문자열의 오른쪽(뒤)에 있는 모든 공백 문자를 제거한 값을 반환합니다.

RTrim 함수 구문과 구성 요소는 다음과 같습니다.

RTrim(string)		
구성 요소	필수/선택	설명
string	필수	모든 유효한 문자식을 사용합니다.

문자열의 뒤쪽에 있는 모든 공백 문자를 제거하는 코드는 다음과 같습니다.

```
1   Sub RTrimDemo()
2       Dim strValue    As String
3       Dim strReturn   As String
4       strValue = "  안녕하세요.    반가워요  "
5       strReturn = RTrim(strValue)
6   End Sub
```

04. 변수에 공백 문자가 포함된 값을 할당합니다.
05. 오른쪽 공백 문자를 제거한 " 안녕하세요.   반가워요"를 반환합니다. 왼쪽과 중간에 있는 공백은 제거하지 않습니다.

3. Trim 함수

문자열의 양쪽(앞과 뒤) 끝에 있는 공백을 제거한 값을 반환하며 문자열 내에 있는 공백 문자는 제거하지 않습니다

Trim 함수 구문과 구성 요소는 다음과 같습니다.

Trim(string)		
구성 요소	필수/선택	설명
string	필수	모든 유효한 문자식을 사용합니다.

문자열의 양쪽(앞과 뒤)에 있는 모든 공백 문자를 제거하는 코드는 다음과 같습니다

```
1   Sub TrimDemo()
2       Dim strValue    As String
3       Dim strReturn   As String
4       strValue = "   안녕하세요.   반가워요   "
5       strReturn = Trim(strValue)
6   End Sub
```

04. 변수에 공백 문자가 포함된 값을 할당합니다.
05. 양쪽 끝의 공백 문자를 모두 제거한 "안녕하세요.   반가워요"를 반환합니다.

엑셀 함수에서 사용하는 내장 함수인 *Trim* 함수와 사용 방법은 유사하나 차이가 조금 있습니다. 양쪽 공백 문자를 모두 제거하는 것은 동일하고 단어 사이에 있는 공백 문자의 경우에는 내부 함수는 공백 문자 하나를 제외한 나머지는 모두 제거하고 VBA 함수는 제거하지 않습니다.

문자열	워크시트 함수의 결과값	VBA 함수의 결과값
" 가 나 다"	"가 나 다"	"가 나 다"

065 날짜 및 시간 관련 함수

시스템의 현재 날짜에 해당하는 년, 월, 일과 시, 분, 초를 반환하는 함수에 대해 알아보겠습니다. 시스템의 환경 설정에서 날짜가 올바르게 설정되어 있지 않으면 실제 날짜가 아닌 엉뚱한 결과값을 반환하므로 주의가 필요합니다.

1. Date 함수

시스템의 현재 날짜를 반환합니다.

Date 함수 구문은 다음과 같고 구성 요소는 없습니다.

Date

시스템의 현재 날짜(YYYY-MM-DD)를 구하는 코드는 다음과 같습니다.

```
1    Sub DateDemo()
2        Dim dateToday   As Date
3        dateToday = Date
4    End Sub
```

03. 오늘 날짜(예 : 2018-02-10)를 반환합니다.

2. Now 함수

시스템의 현재 날짜와 시간을 반환합니다.

Now 함수 구문은 다음과 같고 구성 요소는 없습니다.

Now

시스템의 현재 날짜와 시간을 구하는 코드는 다음과 같습니다.

```
1   Sub NowDemo()
2       Dim dateToday   As Date
3       dateToday = Now
4   End Sub
```

03. 오늘 날짜와 시간(예 : 2018-02-10 오후 3:16:46)을 반환합니다.

    * 시스템의 날짜와 시간을 변경하면 변경된 값을 기준으로 반환하므로 주의가 필요합니다.

3. Year 함수

날짜 값에서 연도에 해당하는 값을 반환합니다.

Year 함수 구문과 구성 요소는 다음과 같습니다.

Year(date)

구성 요소	필수/선택	설명
date	필수	날짜를 나타내는 Variant, 수식, 문자식 또는 조합형입니다.

시스템의 현재 날짜에 해당하는 연도를 구하는 코드는 다음과 같습니다.

```
1   Sub YearDemo()
2       Dim intReturn     As Integer
3       intReturn = Year(Date)
4   End Sub
```

03. 오늘은(예 : 2018-02-10) 2018년이므로 2018을 반환합니다.

4. Month 함수

날짜의 월에 해당하는 값(1 ~ 12)을 반환합니다.

Month 함수 구문과 구성 요소는 다음과 같습니다.

Month(date)

구성 요소	필수/선택	설명
date	필수	날짜를 나타내는 Variant, 수식, 문자식 또는 조합형입니다.

시스템의 현재 날짜에 해당하는 월을 구하는 코드는 다음과 같습니다.

```
1   Sub MonthDemo()
2       Dim bytReturn       As Byte
3       bytReturn = Month(Date)
4   End Sub
```

03. 오늘은(예 : 2018-02-10) 2월이므로 2를 반환합니다.

5. Day 함수

날짜의 일에 해당하는 값(1 ~ 31)을 반환합니다.

Day 함수 구문과 구성 요소는 다음과 같습니다.

Day(date)

구성 요소	필수/선택	설명
date	필수	날짜를 나타내는 Variant, 수식, 문자식 또는 조합형입니다

시스템의 현재 날짜에 해당하는 일을 구하는 코드는 다음과 같습니다.

```
1   Sub DayDemo()
2       Dim bytReturn       As Byte
3       bytReturn = Day(Date)
4   End Sub
```

03. 오늘은(예 : 2018-02-10) 10일이므로 10을 반환합니다.

6. Time 함수

시스템의 현재 시간을 반환합니다.

Time 함수 구문은 다음과 같고 구성 요소는 없습니다.

Time

시스템의 현재 시간을 구하는 코드는 다음과 같습니다.

```
1   Sub TimeDemo()
2       Dim timeToday       As Date
3       timeToday = Time
4   End Sub
```

03. 현재 시간(예 : 오후 3:16:46)인 오후 3:16:46 를 반환합니다.

7. Hour 함수

시간에 해당하는 값(0 ~ 23)을 반환합니다.

Hour 함수 구문과 구성 요소는 다음과 같습니다.

Hour(time)

구성 요소	필수/선택	설명
time	필수	시간을 나타내는 Variant, 수식, 문자식 또는 조합형입니다

시스템의 현재 시간에 해당하는 시를 구하는 코드는 다음과 같습니다.

```
1   Sub HourDemo()
2       Dim bytReturn      As Byte
3       bytReturn = Hour(Now)
4   End Sub
```

03. 현재 시간(예 : 오후 3:16:46)의 시에 해당하는 15를 반환합니다.

8. Minute 함수

시간의 분에 해당하는 값(0 ~ 59)을 반환합니다.

Minute 함수 구문과 구성 요소는 다음과 같습니다.

Minute(time)

구성 요소	필수/선택	설명
time	필수	시간을 나타내는 Variant, 수식, 문자식 또는 조합형입니다

시스템의 현재 시간에 해당하는 분을 구하는 코드는 다음과 같습니다.

```
1   Sub MinuteDemo()
2       Dim bytReturn      As Byte
3       bytReturn = Minute(Now)
4   End Sub
```

03. 현재 시간(예 : 오후 3:16:46)의 분에 해당하는 16을 반환합니다.

9. Second 함수

시간의 초에 해당하는 값(0 ~ 59)을 반환합니다.

Second 함수 구문과 구성 요소는 다음과 같습니다.

Second(time)

구성 요소	필수/선택	설명
time	필수	시간을 나타내는 Variant, 수식, 문자식 또는 조합형입니다

시스템의 현재 시간에 해당하는 초를 구하는 코드는 다음과 같습니다.

```
1  Sub SecondDemo()
2      Dim bytReturn      As Byte
3      bytReturn = Second(Now)
4  End Sub
```

03. 현재 시간(예 : 오후 3:16:46)의 초에 해당하는 46을 반환합니다.

066 날짜와 시간으로 변환하기

년, 월, 일의 경우 시스템의 달력 속성 설정이 그레고리오력(Gregorian)이면 그레고리오력으로 회교력(Hijri)이면 회교력으로 년, 월, 일을 반환합니다. 월, 일의 인수가 허용 범위 이상이면 상위 단위로 변환하여 반영합니다. 예를 들면 일을 34로 지정하면 해당 월의 말일을 초과한 값은 1개월 며칠로 계산됩니다. 그러나 한 인수가 −32,768부터 32,767까지의 범위를 넘거나 세 개의 인수를 사용하여 지정된 날짜가 허용 범위를 넘을 경우 오류가 발생합니다.

1. DateSerial 함수

지정된 년, 월, 일에 해당하는 날짜를 반환합니다.

DateSerial 함수 구문과 구성 요소는 다음과 같습니다.

DateSerial(year, month, day)

구성 요소	필수/선택	설명
Year	필수	년도에 해당하는 값(100 ~ 9999)입니다.
Month	필수	월에 해당하는 값입니다.
Day	필수	일에 해당하는 값입니다.

10년 후의 오늘 날짜를 구하는 코드는 다음과 같습니다.

```
1   Sub DateSerialDemo()
2       Dim dteValue      As Date
3       dteValue = DateSerial(Year(Date) + 10, Month(Date), Day(Date))
4   End Sub
```

03. 오늘이 2018-02-10이라면 2028-02-10을 반환합니다.

오늘이 속한 월의 말일을 구하는 코드는 다음과 같습니다.

```
1   Sub DateSerialDemo2()
2       Dim dteValue       As Date
3       dteValue = DateSerial(Year(Date), Month(Date) + 1, 0)
4   End Sub
```

03. 오늘이 2018-02-10이라면 28을 반환합니다.

4년 전 2월이 윤달인지 판단하는 코드는 다음과 같습니다.

```
1   Sub DateSerialDemo3()
2       Dim dteValue       As Date
3       dteValue = DateSerial(Year(Date) - 4, 3, 0)
4       If Day(dteValue) = 29 Then
5           MsgBox "윤달입니다."
6       Else
7           MsgBox "윤달이 아닙니다."
8       End If
9   End Sub
```

03. 오늘이 속한 연도(2018년)의 4년 전 2월 말일을 변수에 할당합니다.
04. 변수의 일의 값이 29이면 IF 문을 실행합니다.
06. 변수의 일의 값이 29가 아니면 Else 문을 실행합니다.

2. DateValue 함수

날짜로 변환이 가능한 값을 날짜로 변환하여 반환합니다.

DateValue 함수 구문과 구성 요소는 다음과 같습니다.

DateValue(date)

구성 요소	필수/선택	설명
date	필수	100년 1월 1일에서 9999년 12월 31일까지를 나타내는 문자식입니다.

문자값을 날짜로 변환하는 코드는 다음과 같습니다.

```
1   Sub DateValueDemo()
2       Dim dteValue       As Date
3       dteValue = dateValue("2018-2-10")
4       dteValue = dateValue("2018/2/10")
5       dteValue = dateValue("2018년 2월 10일")
6       dteValue = dateValue("2018.2.10")
7   End Sub
```

03.~05. 날짜로 변환이 가능한 문자이므로 날짜로 변환한 값을 반환합니다.

06. 날짜로 변환할 수 없는 문자이므로 오류가 발생합니다.

3. TimeSerial 함수

지정된 시, 분, 초에 해당하는 시간을 반환합니다. 인수가 허용 범위 이상이면 상위 단위로 변환하여 반영합니다. 예를 들면 63분을 지정하면 1시간 3분으로 계산됩니다. 그러나 한 인수가 -32,768부터 32,767까지의 범위를 넘거나 세 개의 인수에 따라 지정된 날짜가 허용 범위를 넘을 경우 오류가 발생합니다.

TimeSerial 함수 구문과 구성 요소는 다음과 같습니다.

TimeSerial(hour, minute, second)

구성 요소	필수/선택	설명
hour	필수	시에 해당하는 값(0 ~ 23)입니다.
minute	필수	분에 해당하는 값(0 ~ 59)입니다.
second	필수	초에 해당하는 값(0 ~ 59)입니다.

30분 후의 시간을 구하는 코드는 다음과 같습니다.

```
1   Sub TimeSerialDemo()
2       Dim timeResult       As Date
3       timeResult = TimeSerial(Hour(Now), Minute(Now) + 30, Second(Now))
4   End Sub
```

03. 현재 시간(예 : 오전 10:20:30)에 30분을 더한 오전 10:50:30을 반환합니다.

4. TimeValue 함수

시간으로 변환이 가능한 값을 반환합니다.

TimeValue 함수 구문과 구성 요소는 다음과 같습니다.

TimeValue(time)

구성 요소	필수/선택	설명
time	필수	0:00:00(오전 12:00:00)부터 23:59:59(오후 11:59:59)까지의 시간을 표현하는 문자식입니다.

문자값을 시간으로 변환하는 코드는 다음과 같습니다.

```
1   Sub TimeValueDemo()
2       Dim timeResult      As Date
3       timeResult = timeValue("오전 10시 30분")
4       timeResult = timeValue("10:30")
5       timeResult = timeValue("10:30:20 AM")
6       timeResult = timeValue("10:30:20 PM")
7   End Sub
```

03.~04. 오전 10:30:00을 반환합니다.

05. 오전 10:30:20을 반환합니다.

06. 오후 10:30:20을 반환합니다.

067 날짜 계산하기

기준이 되는 날짜에 특정값(시간이나 일자 등)을 더하거나 뺀 날짜를 구하는 방법과 두 날짜와의 차이(날짜 수)를 구하는 방법에 대해 알아보고 마지막으로는 해당 날짜가 속한 분기 등을 구하는 방법도 알아보겠습니다.

1. DateAdd 함수

날짜에 특정값(시간이나 일자 등)을 더하거나 뺀 값을 반환합니다. 예를 들어 현재 시간부터 3시간 이후 시간을 구하거나 오늘부터 30일 이후의 날짜를 계산할 때 사용하는 함수입니다.

DateAdd 함수 구문과 구성 요소는 다음과 같습니다.

DateAdd(interval, number, date)

구성 요소	필수/선택	설명
interval	필수	가감할 기준을 설정합니다.
number	필수	날짜에 가감할 값입니다. 양수 : 이후 날짜를 계산합니다. 음수 : 이전 날짜를 계산합니다.
date	필수	기준이 되는 날짜입니다.

interval 인수에 대한 설정은 다음과 같습니다.

설정	yyyy	q	m	y	d	w	ww	h	n	s
설명	연도	분기	월	일(일년 기준)	일	요일	주	시간	분	초

미래나 과거의 날짜를 구하는 코드는 다음과 같습니다.

```
1   Sub DateAddDemo()
2       Dim dteToday        As Date
3       Dim dteValue        As Date
4       dteToday = Date
5       dteValue = DateAdd("yyyy", 1, dteToday)
6       dteValue = DateAdd("q", 1, dteToday)
7       dteValue = DateAdd("m", 1, dteToday)
8       dteValue = DateAdd("d", 1, dteToday)
9       dteValue = DateAdd("ww", 1, dteToday)
10      dteValue = DateAdd("h", 1, dteToday)
11  End Sub
```

04. 시스템의 현재 날짜(예 : 2018-02-10)를 변수에 할당합니다.
05. 1년 후의 날짜 2019-02-10을 반환합니다.
06. 1분기 후의 날짜 2018-05-10을 반환합니다.
07. 1개월 후의 날짜 2018-03-10을 반환합니다.
08. 1일 후의 날짜 2018-02-11을 반환합니다.
09. 1주일 후의 날짜 2018-02-17을 반환합니다.
10. 1시간 후의 날짜 2018-02-10 오전 1:00:00를 반환합니다.

2. DateDiff 함수

지정된 두 날짜 사이의 값을 반환합니다. 예를 들면 오늘부터 연말까지의 일수나 주의 수를 계산합니다.

DateDiff 함수 구문과 구성 요소는 다음과 같습니다.

DateDiff(interval, date1, date2[, firstdayofweek[, firstweekofyear]])

구성 요소	필수/선택	설명
interval	필수	간격을 구할 기준을 설정합니다.
date1, date2	필수	계산할 두 날짜입니다.
firstdayofweek	선택	주의 첫째 요일을 지정합니다. 생략하면 일요일로 지정됩니다.
firstweekofyear	선택	년의 첫째 주를 지정합니다. 생략하면 1월 1일이 포함된 주로 지정됩니다.

firstdayofweek 인수에 대한 설정은 다음과 같습니다.

상수	값	설명
vbUseSystem	0	NLS API 설정을 사용합니다.
vbSunday	1	일요일(기본값)입니다.

vbMonday	2	월요일입니다.
vbTuesday	3	화요일입니다.
vbWednesday	4	수요일입니다.
vbThursday	5	목요일입니다.
vbFriday	6	금요일입니다.
vbSaturday	7	토요일입니다.

firstweekofyear 인수에 대한 설정은 다음과 같습니다.

상수	값	설명
vbUseSystem	0	NLS API 설정을 사용합니다.
vbFirstJan1	1	1월 1일이 포함된 주부터 시작(기본값)합니다.
vbFirstFourDays	2	1월에 4일 이상 포함하는 주부터 시작합니다.
vbFirstFullWeek	3	1월에 7일이 포함된 주부터 시작합니다.

사용자로부터 입력 받은 날짜와 오늘 날짜와의 차이(날짜 수)를 구하는 코드는 다음과 같습니다.

```
1   Sub DateDiffDemo()
2       Dim lngDiff        As Long
3       Dim dteInput       As Date
4       Dim dteToday       As Date
5       dteInput = InputBox("날짜를 입력하세요.")
6       lngDiff = DateDiff("d", Date, dteInput)
7   End Sub
```

05. 사용자로부터 날짜를 입력받습니다. 이때 날짜 형식이 아닌 값을 입력하면 오류가 발생합니다
06. 사용자로부터 입력받은 날짜와 시스템상의 현재 날짜와의 일수 차이를 구하여 반환합니다.
    (예 : 사용자 입력 날짜가 2018-2-10, 시스템상의 현재 날짜는 2018-2-2인 경우 8을 반환합니다. 지난 날짜를 입력하면 음수값을, 미래의 날짜를 입력하면 양수값을 반환합니다.)

3. DatePart 함수

주어진 날짜에 해당하는 값을 반환합니다. 예를 들면 지정한 날의 요일이나 분기의 값을 구할 수 있습니다.

DatePart 함수 구문과 구성 요소는 다음과 같습니다.

DatePart(interval, date[,firstdayofweek[, firstweekofyear]])

구성 요소	필수/선택	설명
interval	필수	간격을 구할 기준을 설정합니다.
date	필수	계산할 날짜입니다.
firstdayofweek	선택	주의 첫째 요일을 지정합니다. 생략하면 일요일로 지정됩니다.
firstweekofyear	선택	년의 첫째 주를 지정합니다. 생략하면 1월 1일이 포함된 주로 지정됩니다.

사용자로부터 입력받은 날짜가 속한 분기를 구하는 코드는 다음과 같습니다.

```
1   Sub DatePartDemo()
2       Dim lngResult       As Long
3       Dim dteInput        As Date
4       dteInput = InputBox("날짜를 입력하세요.")
5       lngResult = DatePart("q", dteInput)
6   End Sub
```

04. 사용자로부터 날짜를 입력받습니다. 이때 날짜 형식이 아닌 값을 입력하면 오류가 발생합니다.
05. 4분기 중 입력된 값에 해당하는 분기를 반환합니다.
    (예 : 사용자가 2018-4-30일을 입력했다면 4월은 4분기 중 2분기에 해당하므로 2를 반환합니다.)

사용자로부터 입력받은 날짜의 요일이 토요일, 일요일이면 주말을 출력하는 코드입니다.

```
1   Sub DatePartDemo2()
2       Dim lngResult       As Long
3       Dim dteInput        As Date
4       dteInput = InputBox("날짜를 입력하세요.")
5       lngResult = DatePart("w", dteInput, vbMonday)
6       If lngResult >= 6 Then
7           MsgBox "주말입니다."
8       Else
9           MsgBox "주말이 아닙니다."
10      End If
11  End Sub
```

04. 사용자로부터 날짜를 입력받습니다. 이때 날짜 형식이 아닌 값을 입력하면 오류가 발생합니다
05. 입력된 값의 요일에 해당하는 값을 반환합니다.(vbMonday이므로 월요일:1, 화요일:2 ...)
06. 입력된 값의 요일 값이 6 이상이면 토요일이거나 일요일이므로 IF 문을 실행합니다.

068 MsgBox 함수로 메시지 창 표시하기

MsgBox 함수는 IF 함수만큼이나 자주 사용하는 함수 중 하나입니다. 지금까지 작업한 예제에서도 결과값을 메시지로 출력하기 위해 사용했었고, 앞으로도 많이 사용하게 됩니다. 코드 실행 중간 중간 계산된 값을 알아보기 위해 Debug.Print를 이용하지만, 이 경우에는 프로시저가 종료된 다음에 계산값을 확인할 수 있습니다.(물론 중단점을 설정할 수도 있음) 하지만 MsgBox 함수는 진행 중 계산된 값을 메시지로 바로 출력하여 확인이 가능하므로 디버깅 할 때 유용하게 사용합니다.

앞쪽에서 다뤘던 함수들은 하나의 값을 반환하지만 MsgBox 함수는 사용자가 응답할 수 있는 대화상자를 출력하여 사용자가 입력하는 값을 반환합니다.

MsgBox 함수 구문과 구성 요소는 다음과 같습니다.

MsgBox(prompt[, buttons] [, title] [, helpfile, context])

구성 요소	필수/선택	설명
prompt	필수	메시지로 표시할 문자입니다. (약 1,024자 이내)
buttons	선택	표시할 단추의 수와 형식을 지정합니다.
title	선택	제목 표시줄에 나타나는 문자입니다.
helpfile	선택	도움말 파일을 확인하는 문자식입니다. Helpfile을 제공하면 context도 제공해야 합니다.
context	선택	도움말 항목에 지정한 도움말 컨텍스트 번호입니다.

구성 요소 중 buttons 인수에 대한 설정은 다음과 같습니다

상수	값	설명
vbOKOnly	0	확인 단추를 표시합니다.
vbOKCancel	1	확인/취소 단추를 표시합니다.
vbAbortRetryIgnore	2	중단/다시 시도/무시 단추를 표시합니다.
vbYesNoCancel	3	예/아니오/취소 단추를 표시합니다.
vbYesNo	4	예/아니오 단추를 표시합니다.
vbRetryCancel	5	다시 시도/취소 단추를 표시합니다.

vbCritical	16	경고 아이콘을 표시합니다.
vbQuestion	32	물음표 아이콘을 표시합니다.
vbExclamation	48	경고 아이콘을 표시합니다.
vbInformation	64	정보 아이콘을 표시합니다.
vbDefaultButton1	0	첫 번째 단추가 기본값입니다.
vbDefaultButton2	256	두 번째 단추가 기본값입니다.
vbDefaultButton3	512	세 번째 단추가 기본값입니다.
vbDefaultButton4	768	네 번째 단추가 기본값입니다.
vbApplicationModal	0	메시지에 응답해야 다음 작업이 가능합니다.
vbSystemModal	4096	메시지에 응답할 때까지 모든 프로그램이 정지됩니다.
vbMsgBoxHelpButton	16384	확인/도움말 단추를 표시합니다.
vbMsgBoxSetForeground	65536	메시지 창을 전경 창으로 지정합니다.
vbMsgBoxRight	524288	메시지 내용을 오른쪽에 맞춥니다.
vbMsgBoxRtlReading	1048576	히브리어와 아랍어 시스템은 오른쪽에서 왼쪽으로 읽을 수 있도록 지정합니다.

작업을 계속 진행할지 묻고 사용자가 선택한 값에 따라 분기하는 코드는 다음과 같습니다.

```
1   Sub MsgboxDemo()
2       Dim Response    As Long
3       Dim Style       As Long
4       Dim strMsg      As String
5       Dim strTitle    As String
6       Dim strResult   As String
7       strMsg = "작업을 계속하시겠습니까?"
8       Style = vbYesNo + vbQuestion + vbDefaultButton2
9       strTitle = "MsgBox 데모입니다"
10      Response = MsgBox(strMsg, Style, strTitle)
11      If Response = vbYes Then
12          strResult = "예"
13      Else
14          strResult = "아니오"
15      End If
16      MsgBox "[" & strResult & "]를 선택했습니다."
17  End Sub
```

07. 메시지로 보여줄 문자열을 할당합니다.
08. 단추를 정의하고 두 번째 단추를 기본값으로 지정합니다. (vbDefaultButton2) 여러 개를 조합하여 사용이 가능하고 +를 이용해 구분합니다
09. 메시지 박스의 제목으로 보여줄 문자열을 할당합니다.
10. 메시지 박스에서 사용자가 선택한 값을 변수에 반환합니다.
11. 사용자가 '예'를 선택한 경우 IF 문을 실행합니다.
13. 사용자가 '아니오'를 선택한 경우 Else 문을 실행합니다.
16. 메시지 박스로 메시지를 출력합니다.

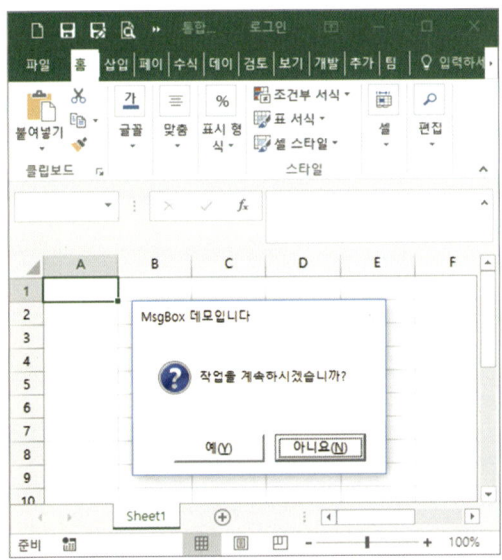

구성 요소 중 *buttons* 인수로 두 가지 내장 상수(*vbYesNo* + *vbQuestion*)와 두 번째 단추를 기본값 (*vbDefaultButton2*)으로 설정했습니다. *vbYesNo*의 상수는 예(Y)와 아니오(N) 버튼을 표시합니다. 또한 *vbQuestion*의 상수에 의해 메시지의 왼쪽 부분에 물음표 아이콘을 표시합니다. [예(Y)]를 클릭하면 *vbYes*(값 6)를, [아니오(N)]를 클릭하면 *vbNo*(값 7)를 반환합니다.

069 Replace 함수로 값 바꾸기

지정된 문자열에서 특정 문자를 대체할 문자로 바꿔 값을 반환합니다.

Replace 함수 구문과 구성 요소는 다음과 같습니다.

Replace(expression, find, replace[, start[, count[, compare]]])

구성 요소	필수/선택	설명
expression	필수	대상 문자입니다.
find	필수	찾을 문자입니다.
replace	필수	바꿀 문자입니다.
start	선택	찾을 위치입니다. 생략하면 1로 지정됩니다.
count	선택	바꿀 횟수입니다. 생략하면 -1이고 모든 것을 바꿉니다.
compare	선택	비교의 종류를 나타내는 값이며, 영어 대/소문자 구분 유무 시 사용합니다.

compare 인수에 대한 설정은 다음과 같습니다.

상수	값	설명
vbUseCompareOption	-1	Option Compare 문의 설정에 따라 비교합니다.
vbBinaryCompare	0	이진수를 비교합니다.
vbTextCompare	1	텍스트를 비교합니다.
vbDatabaseCompare	2	Microsoft Access 전용이며, 데이터베이스의 정보를 기반으로 비교합니다.

특정 문자를 지정한 문자로 변경하는 코드는 다음과 같습니다.

```
1   Sub ReplaceDemo()
2       Dim strReplace              As String
3       strReplace = "ABC abc"
4       strReplace = Replace(strReplace, "A", "Z", 1, -1, vbBinaryCompare)
5       strReplace = Replace(strReplace, "A", "Z", 1, -1, vbTextCompare)
6   End Sub
```

03. 문자 형식의 변수에 문자열을 할당합니다.
04. vbBinaryCompare에 의해 영어 대/소문자를 구분하고 대문자 A를 Z로 변경한 'ZBC abc'를 반환합니다.
05. vbTextCompare에 의해 영어 대/소문자를 구분하지 않고 대문자 A와 소문자 a 모두를 Z로 변경한 'ZBC Zbc'를 반환합니다.

compare 인수의 값을 생략하면 Option Compare 문의 설정에 따라 비교합니다.

070 | Split 함수로 값을 나누어 배열에 담기

지정된 문자열에서 구분값으로 나누어 1차원 배열을 반환합니다. 배열을 하나의 문자열로 반환하는 함수(Join)의 반대입니다. 즉, *Join* 함수는 배열을 하나의 문자열로 묶는 기능이라면 *Split* 함수는 하나의 문자열을 구분값으로 여러 개로 나누는 기능입니다.

Split 함수 구문과 구성 요소는 다음과 같습니다.

Split(expression[, delimiter[, limit[, compare]]])

구성 요소	필수/선택	설명
expression	필수	대상 문자입니다.
delimiter	선택	구분할 값이며, 생략하면 공백 문자(" ")로 구분합니다.
limit	선택	반환할 문자열의 수이고, 생략하면 −1로 모든 문자열을 반환합니다.
compare	선택	비교의 종류를 나타내는 값으로 영어 대/소문자 구분 시 사용합니다.

compare 인수에 대한 설정은 다음과 같습니다.

상수	값	설명
vbUseCompareOption	−1	Option Compare 문의 설정에 따라 비교합니다.
vbBinaryCompare	0	이진수를 비교합니다.
vbTextCompare	1	텍스트를 비교합니다.
vbDatabaseCompare	2	Microsoft Access 전용으로 데이터베이스의 정보를 기반으로 비교합니다.

문자열에서 구분값으로 나누어 특정 위치의 값을 출력하는 코드는 다음과 같습니다.

```
1   Sub SplitDemo()
2       Dim strValue     As String
3       Dim strSplit     As Variant
4       strValue = "월, 화, 수, 목, 금, 토, 일"
5       strSplit = Split(strValue, ", ")
6       MsgBox strSplit(1)
7   End Sub
```

02. 문자열 변수를 선언합니다.
03. 1차원 배열을 담기 위해 데이터 형식을 Variant로 한 배열 변수를 선언합니다.
04. 문자열 변수에 값을 할당합니다.
05. 문자열에서 콤마와 공백 문자(", ")로 나누어 배열 변수에 할당합니다.
06. Option Compare 문을 지정하지 않으면 0부터 시작하므로 strSplit(0)에는 '월', strSplit(1)에는 '화'이므로 '화'라는 메시지 박스를 출력합니다.

오늘이 무슨 요일인지 출력하는 코드는 다음과 같습니다.

```
1   Sub SplitWeekDemo()
2       Dim lngWeek       As Long
3       Dim strValue      As String
4       Dim strSplit      As Variant
5       strValue = "월, 화, 수, 목, 금, 토, 일"
6       strSplit = Split(strValue, ", ")
7       lngWeek = Weekday(Date, vbMonday)
8       MsgBox strSplit(lngWeek - 1)
9   End Sub
```

02. 요일에 해당하는 값을 할당할 변수를 선언합니다.
03. 문자열 변수를 선언합니다.
04. 1차원 배열을 담기 위해 데이터 형식을 Variant로 한 배열 변수를 선언합니다.
05. 문자열 변수에 값을 할당합니다.
06. 문자열에서 콤마와 공백 문자(", ")로 나누어 배열 변수에 할당합니다.
07. Weekday 함수를 이용해 오늘의 요일에 따라 월요일은 1, 화요일은 2라는 값을 구하고 strSplit 배열은 0부터 시작하고 Weekday 함수로 구한 값은 1부터 시작하므로 두 개의 차이를 보정하기 위해 lngWeek -1을 합니다.
08. 'strSplit(0)에는 '월', strSplit(1)에는 '화'…' 라는 값이 저장되어 있습니다. 위쪽에서 구한 값이 2라면 '수'라는 메시지 박스를 출력합니다.

Chapter 16

형식 변환 함수

VBA는 다른 언어 보다는 좀 더 유연하게 데이터 형식을 지원하지만 값을 비교하거나 계산을 할 때 데이터의 형식이 올바르지 않으면 오류가 발생하거나 올바른 결과를 반환하지 않을 수 있습니다. 이럴 경우 데이터의 형식을 일치시켜야 하는데 이때 데이터 형식을 변환하는 함수를 이용하게 됩니다.

071 형식을 변환하는 함수 이해하기

데이터 값을 지정한 형식으로 변환하여 반환합니다. 만약 변환하려는 데이터 형식 범위 밖에 있는 것을 변환하려면 오류가 발생합니다.

함수	반환 형식	인수의 범위
CBool	Boolean	유효한 문자나 수식
CByte	Byte	0 ~ 255
CCur	Currency	−922,337,203,685,477.5808 ~ 922,337,203,685,477.5807
CDate	Date	유효한 날짜
CDbl	Double	음수값 : −1.79769313486232E308 ~ −4.94065645841247E−324 양수값 : 4.94065645841247E−324 ~ 1.79769313486232E308
CDec	Decimal	소수점 이하가 없는 경우 : +/−79,228,162,514,264,337,593,543,950,335 소수점 이하 28자릿수의 값으로서 그 범위는 +/−7.9228162514264337593543950335로 가장 작게 표현할 수 있는 숫자는 0.0000000000000000000000000001
CInt	Integer	−32,768 ~ 32,767
CLng	Long	−2,147,483,648 ~ 2,147,483,647
CLngLng	LongLong	−9,223,372,036,854,775,808 ~ 9,223,372,036,854,775,807(64비트(bit) 환경에서만 유효)
CLngPtr	LongPtr	32비트 시스템 : −2,147,483,648 ~ 2,147,483,647 64비트 시스템 : −9,223,372,036,854,775,808 ~ 9,223,372,036,854,775,807
CSng	Single	음수값 : −3.402823E38 ~ −1.401298E−45 양수값 : 1.401298E−45 ~ 3.402823E38
CStr	String	유효한 문자
Cvar	Variant	숫자인 경우 : Double과 같은 범위 숫자가 아닌 경우 : String과 같은 범위

1. CBool 함수

Boolean 데이터 형식으로 변환하여 참(True)이나 거짓(False)을 반환합니다.

```
1   Sub CBoolDemo()
2       Dim lngData1    As Long
3       Dim lngData2    As Long
4       Dim blnCheck    As Boolean
5       lngData1 = 123
6       lngData2 = 123
7       blnCheck = CBool(lngData1 = lngData2)
8       lngData1 = 0
9       blnCheck = CBool(lngData1)
10  End Sub
```

05.~06. 변수에 값을 할당합니다.

07. 두 개의 변수값이 같으므로 참(True)을 반환(같지 않으면 거짓(False)을 반환)합니다.

08. 변수에 숫자 0을 할당합니다.

09. Cbool 함수를 이용하면 숫자 0은 False를 그 외의 숫자는 True를 반환하므로 False를 반환합니다.

2. CByte 함수

Byte 데이터 형식으로 값을 변환합니다. 이때 소수점이 있으면 반올림합니다.

```
1   Sub CByteDemo()
2       Dim bytResult   As Byte
3       Dim dblData     As Double
4       dblData = 123.4567
5       bytResult = CByte(dblData)
6       dblData = 123.9876
7       bytResult = CByte(dblData)
8       dblData = 321.9876
9       bytResult = CByte(dblData)
10  End Sub
```

04. Double 형식으로 데이터를 할당합니다. (123.4567)

05. Double 형식의 데이터를 Byte 형식으로 변환하면 소수점에서 반올림하므로 123을 반환합니다.

06. Double 형식으로 데이터를 할당합니다. (123.9876)

07. Double 형식의 데이터를 Byte 형식으로 변환하면 소수점에서 반올림하므로 124를 반환합니다.

08. Double 형식으로 데이터를 할당합니다. (321.9876)

09. Double 형식의 데이터를 Byte 형식으로 변환하면 소수점에서 반올림하므로 322라는 값을 반환하지만 Byte 형식의 최대 크기는 255까지이므로 오류가 발생합니다.

3. CDate 함수

날짜로 변환이 가능한 문자열을 Date 형식으로 변환합니다.

```
1  Sub CDateDemo()
2      Dim dteValue      As Date
3      dteValue = CDate("2018-4-30")
4      dteValue = CDate("2018/4/30")
5      dteValue = CDate("2018년 4월 30일")
6  End Sub
```

03.~05. 날짜 형식의 2018-04-30 값을 반환합니다.

4. CLng 함수

Long 데이터 형식으로 값을 반환합니다. 이때 소수점이 있으면 반올림합니다.

```
1  Sub CLngDemo()
2      Dim lngResult     As Long
3      Dim dblData       As Double
4      dblData = 123.4567
5      lngResult = CLng(dblData)
6      dblData = 123.9876
7      lngResult = CLng(dblData)
8  End Sub
```

04. Double 형식으로 데이터를 할당합니다. (123.4567)
05. Double 형식의 데이터를 Long 형식으로 변환하면 소수점에서 반올림하므로 123을 반환합니다.
06. Double 형식으로 데이터를 할당합니다. (123.9876)
07. Double 형식의 데이터를 Long 형식으로 변환하면 소수점에서 반올림하므로 124를 반환합니다.

5. CStr 함수

String 형식으로 값을 반환합니다. 숫자도 문자열로 변환합니다.

```
1    Sub CStrDemo()
2        Dim strResult   As String
3        Dim dblData     As Double
4        dblData = 123.4567
5        strResult = CStr(dblData)
6        dblData = 123.9876
7        strResult = CStr(dblData)
8    End Sub
```

04. Double 형식으로 데이터를 할당합니다. (123.4567)

05. Double 형식의 데이터를 String 형식으로 변환하여 '123.4567'을 반환합니다.

06. Double 형식으로 데이터를 할당합니다. (123.9876)

07. Double 형식의 데이터를 String 형식으로 변환하여 '123.9876'을 반환합니다.

Chapter 17

워크시트 함수 활용하기

워크시트에서 사용하는 많은 함수를 VBA에서도 사용할 수 있습니다. WorksheetFunction 개체에는 VBA에서 사용할 수 있는 모든 워크시트 함수들로 구성되어 있습니다. 따라서 워크시트 함수의 기능을 구현하지 않아도 간단히 해당 함수를 이용하여 원하는 결과를 얻을 수 있습니다. 지정 범위의 값에 대한 합계를 구하기 위해 워크시트에서 '=SUM(A1:A75)'라는 수식을 사용하는 것처럼 해당 함수를 VBA에서 사용하는 방법에 대하여 알아보겠습니다.

072 워크시트 함수 사용 방법

엑셀 시트에서는 수식을 입력하여 결과값을 구하지만 VBA에서는 WorksheetFunction 개체를 이용해 워크시트에서 사용하는 함수를 활용할 수 있습니다. 결과값은 수식이 아닌 계산된 값을 반환합니다.

1. SUM 함수

지정한 범위(A1:A3)의 합계를 구합니다. 시트에 =SUM(A1:A3)으로 입력하는 방법과 동일합니다. 지정된 범위를 순환하면서 누적하여 합계를 구할 수도 있지만 WorksheetFunction.Sum 메서드를 이용하면 간단하게 결과값을 구할 수 있습니다. 범위가 여러 개일 경우에는 최대 30개까지 인수로 지정할 수 있습니다. 인수에는 숫자나 논리값, 숫자로 변환이 가능한 텍스트를 포함할 수 있지만 오류값이나 숫자로 변환할 수 없는 텍스트인 경우에는 오류가 발생합니다.

```
Sub SumDemo()
    Range("A4").Value = Application.WorksheetFunction.Sum(Range("A1:A3").Value)
End Sub
```

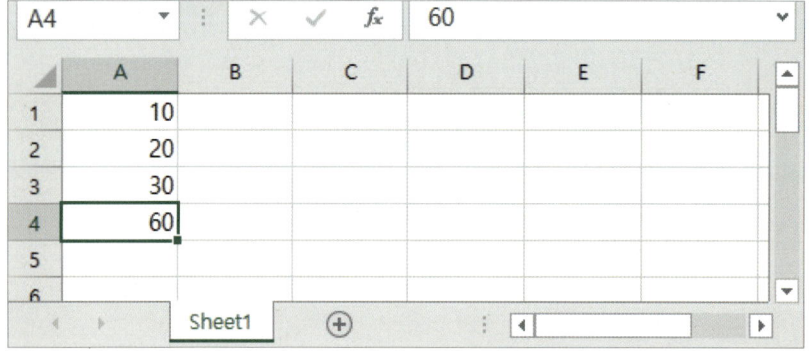

2. MAX 함수

지정한 범위(A1:A3)의 최대값을 구합니다. 시트에 =MAX(A1:A3)으로 입력하는 방법과 동일합니다. 범위가 여러 개일 경우에는 최대 30개까지 인수로 지정할 수 있습니다. 인수에는 숫자나 논리값, 숫자로 변환이 가능한 텍스트를 포함할 수 있지만 오류값이나 숫자로 변환할 수 없는 텍스트인 경우에는 오류가 발생합니다.

```
Sub MaxDemo()
    Range("A4").Value = Application.WorksheetFunction.Max(Range("A1:A3").Value)
End Sub
```

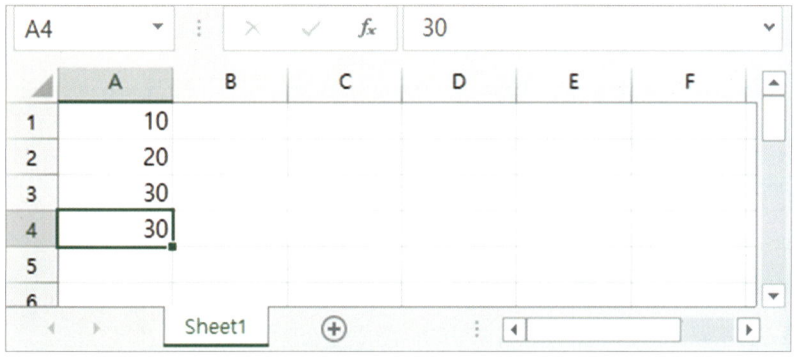

3. SUMIF 함수

주어진 조건에 만족하는 셀에 해당하는 셀의 값을 더합니다.

이름	필수/선택	데이터 형식	설명
Arg1	필수	Range	조건을 적용할 범위입니다.
Arg2	필수	Variant	범위에서 찾을 조건입니다.
Arg3	선택	Variant	Arg1의 범위에서 조건이 맞으면 더할 범위입니다. 생략하면 Arg1의 값이 더해집니다.

다음은 판매 데이터를 상품명으로 집계하는 코드입니다. F열은 VBA를 이용해서 구한 값이고 G열은 워크시트 함수 *SUMIF*를 이용해 구한 값입니다.

```vba
1   Sub SumifDemo()
2       Dim i            As Long
3       Dim strFind      As String
4       Dim rngTarget    As Range
5       Dim rngSum       As Range
6       Set rngTarget = Range("B2:B7")
7       Set rngSum = Range("C2:C7")
8       For i = 2 To 4
9           strFind = Range("E" & i).Value
10          Range("F" & i).Value = Application.WorksheetFunction.SumIf(rngTarget, strFind, rngSum)
11      Next i
12      Set rngTarget = Nothing: Set rngSum = Nothing
13  End Sub
```

06. 조건을 적용할 범위를 할당합니다.

07. 조건에 만족하면 더할 범위를 할당합니다.

08. 판매 집계할 노트북부터 휴대폰까지가 2행부터 4행까지 있으므로 For 문으로 순환합니다.

09. 해당 조건을 변수에 할당합니다.

10. SumIf 함수를 이용해 구한 값을 F열의 해당(For 문에 해당하는 행) 행에 입력합니다.

12. 범위 변수를 초기화합니다.

	A	B	C	D	E	F	G	H
1	판매일자	상품명	매출수량		판매 집계	VBA	함수	
2	2017-04-01	노트북	15		노트북	91	91	
3	2017-04-01	테블릿	89		테블릿	108	108	
4	2017-04-01	휴대폰	37		휴대폰	86	86	
5	2017-04-01	노트북	76					
6	2017-04-01	테블릿	19					
7	2017-04-01	휴대폰	49					

G2 =SUMIF($B$2:$B$7, E2, $C$2:$C$7)

Chapter 18

이벤트(Event)

엑셀에서 특정한 동작이 이루어졌을 때 발생하는 것을 이벤트라고 합니다. 예를 들어 셀을 선택하면 SelectionChange 이벤트가 발생하고 셀에 값을 입력하면 Change 이벤트가 발생합니다. 이벤트는 시트 뿐만 아니라 통합 문서, 차트, 피벗 테이블과 사용자 정의 폼에서도 발생합니다. 이벤트 발생 시 정해진 작업을 할 때 유용하게 사용됩니다.

073 시트 이벤트

시트 이벤트는 워크시트 모듈에 입력해야 올바르게 작동합니다. 워크시트 모듈에 접근하는 방법은 워크시트 이름 위에서 마우스 오른쪽 버튼을 클릭하여 [코드 보기]를 클릭하거나 VBE 창에서 해당 워크시트를 선택하고 마우스 오른쪽 버튼을 클릭하여 [코드 보기]를 선택 할 수 있습니다. 그리고 워크시트 이름을 더블클릭해도 해당 워크시트 모듈의 코드 창이 열리게 됩니다.

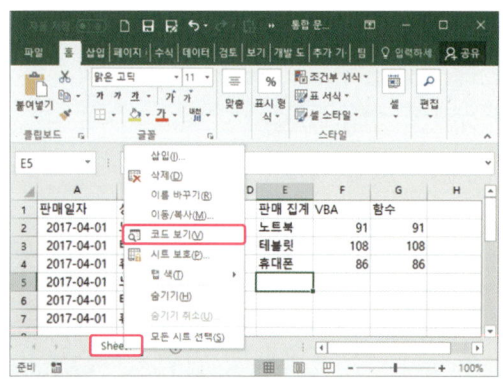

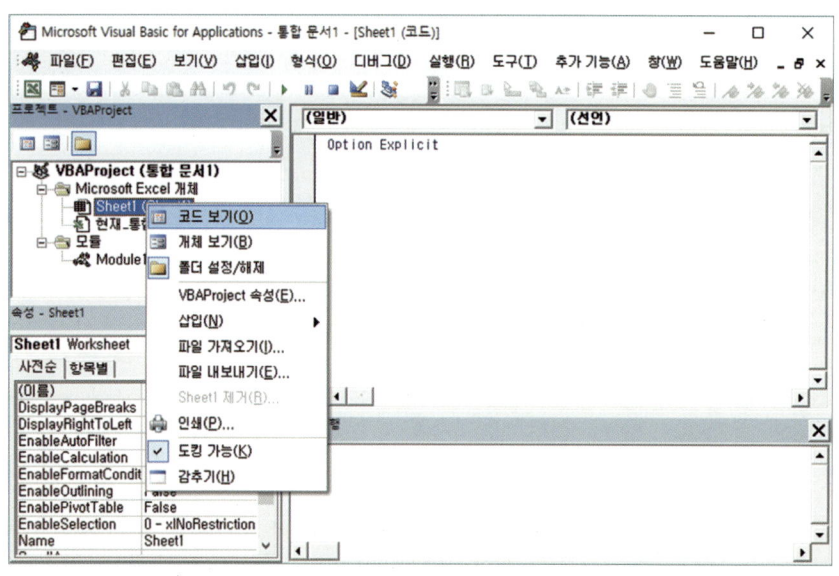

시트 이벤트에는 여러 종류가 있고 이벤트마다 인수가 있는 것과 없는 것도 있습니다. 이벤트를 만드는 방법은 다음과 같습니다.

먼저 개체 목록상자에서 Worksheet를 선택합니다.

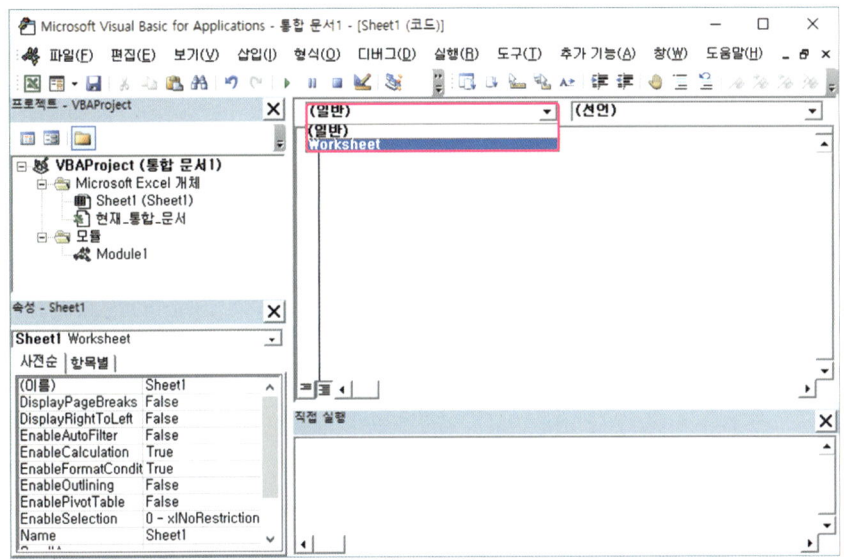

개체를 선택하면 오른쪽 프로시저 목록상자에 선택한 개체에 해당하는 목록이 나타납니다. 적용할 이벤트를 선택하면 해당 이벤트가 자동으로 완성되고 프로시저 안에 원하는 코드를 입력하면 됩니다.

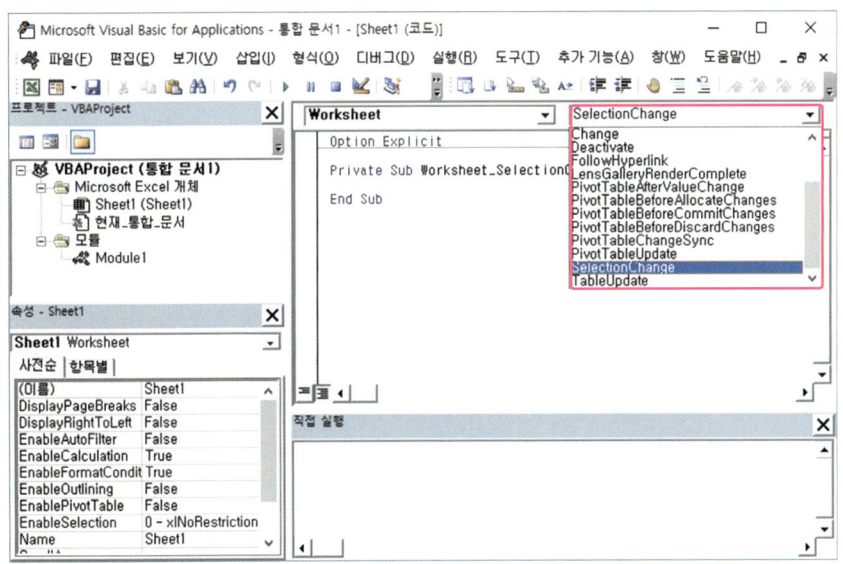

1. Worksheet.Activate 이벤트

워크시트를 선택(활성화)하면 발생하는 이벤트입니다. 창을 새로 만들 때는 Activate 이벤트가 발생하지 않습니다. 개체 목록상자에서 Worksheet를 선택하고 프로시저 목록상자에서 Activate를 선택합니다.

워크시트를 선택(활성화)하면 해당 시트 이름을 메시지 박스로 출력하는 코드는 다음과 같습니다.

```
1    Private Sub Worksheet_Activate()
2        MsgBox ActiveSheet.Name & " 시트를 선택했습니다."
3    End Sub
```

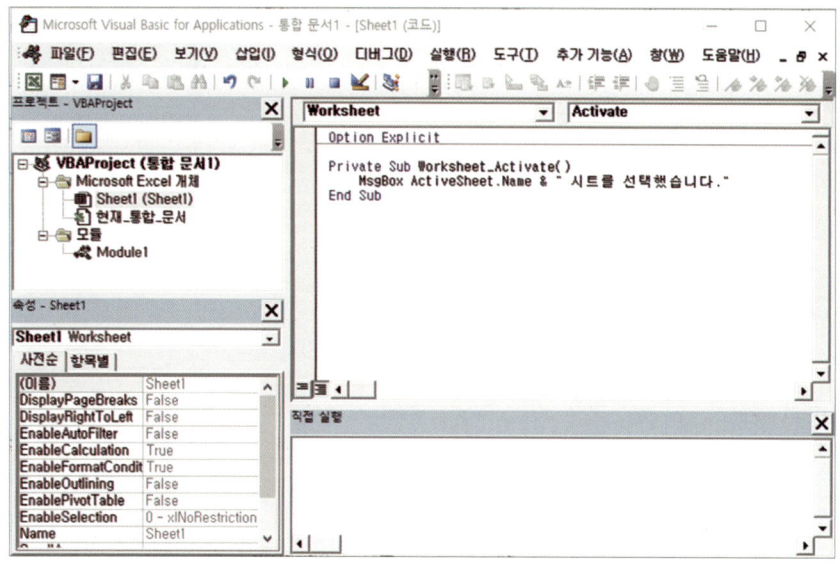

2. Worksheet.BeforeDoubleClick 이벤트

워크시트에서 셀을 더블클릭하면 발생하는 이벤트입니다.

```
1    Private Sub Worksheet_BeforeDoubleClick(ByVal Target As Range, Cancel As Boolean)
2        Cancel = True
3        MsgBox "더블 클릭한 셀의 값은 [" & Target.Value & "]입니다."
4    End Sub
```

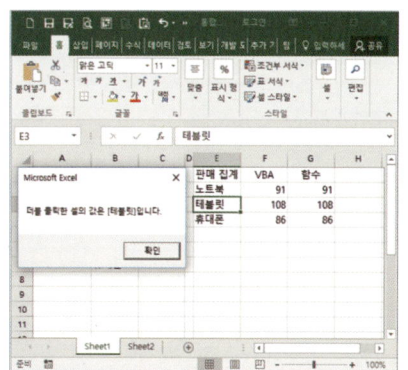

이벤트 인수 중 *Target*은 더블클릭한 셀입니다. 더블클릭하면 셀에 커서가 깜박이면서 수정 모드로 되는데 *Cancel*을 *True*로 설정하면 더블클릭 모드가 해제되면서 셀에 깜박이던 것이 해제됩니다.

3. Worksheet.BeforeRightClick 이벤트

워크시트의 셀에서 마우스 오른쪽 버튼을 클릭하면 발생하는 이벤트입니다.

```
1  Private Sub Worksheet_BeforeRightClick(ByVal Target As Range, Cancel
   As Boolean)
2      Cancel = True
3      MsgBox "마우스 오른쪽 버튼을 클릭한 셀의 값은 [" & Target.Value & "]입니다."
4  End Sub
```

Target은 마우스 오른쪽 버튼을 클릭한 셀입니다. 마우스 오른쪽 버튼을 클릭하면 빠른 메뉴가 나타나는데 Cancel을 True로 설정하면 빠른 메뉴가 나타나지 않습니다.

4. Worksheet.Calculate 이벤트

워크시트에서 계산이 진행되면 발생하는 이벤트로 셀에 값을 입력하여 수식에 의해 다시 계산된 다음 발생하는 이벤트입니다

계산될 때마다 [F:G]열의 열 너비를 자동 조절하는 코드는 다음과 같습니다.

```
1  Private Sub Worksheet_Calculate()
2      Columns("F:G").AutoFit
3  End Sub
```

5. Worksheet.Change 이벤트

워크시트의 셀 값을 변경할 때 발생하는 이벤트입니다. 셀 서식을 변경하는 경우에는 발생하지 않고 값을 입력할 때 발생합니다.

입력한 값이 10,000을 초과하는 경우 메시지를 띄우고 입력하기 전의 값으로 되돌리는 코드는 다음과 같습니다.

```
1  Private Sub Worksheet_Change(ByVal Target As Range)
2      If Target.Value > 10000 Then
3          Application.EnableEvents = False
4          MsgBox "입력한 값이 10,000원 초과하여 입력을 취소합니다."
5          Application.Undo
6          Application.EnableEvents = True
7      End If
8  End Sub
```

02. 변경한 셀의 값이 10000보다 크면 IF 문을 실행합니다.

03. 이벤트를 중지 모드로 설정합니다.
04. 지정한 문구를 메시지 박스로 출력합니다.
05. 입력한 값을 취소합니다.
06. 이벤트를 활성 모드로 설정합니다.

6. Worksheet.Deactivate 이벤트

워크시트의 선택을 취소(비 활성화)하면 발생하는 이벤트로 *Worksheet.Activate*의 반대되는 이벤트입니다.

```
1   Private Sub Worksheet_Deactivate()
2       MsgBox ActiveSheet.Name & " 시트를 벗어났습니다."
3   End Sub
```

7. Worksheet.FollowHyperlink 이벤트

워크시트에서 하이퍼링크를 클릭하면 발생하는 이벤트입니다.

```
1   Private Sub Worksheet_FollowHyperlink(ByVal Target As Hyperlink)
2       MsgBox Target.Range.Address & "셀에 있는 하이퍼링크입니다"
3   End Sub
```

8. Worksheet.PivotTableChangeSync 이벤트

피벗 테이블이 변경된 다음에 발생하는 이벤트입니다.

```
1   Private Sub Worksheet_PivotTableChangeSync(ByVal Target As PivotTable)
2       MsgBox Target.Name
3   End Sub
```

02. 변경된 피벗 테이블의 이름을 메시지 박스로 출력합니다.

9. Worksheet.PivotTableUpdate 이벤트

워크시트에서 피벗 테이블을 업데이트(새로 고침)한 다음에 발생하는 이벤트입니다

```
1   Private Sub Worksheet_PivotTableUpdate(ByVal Target As PivotTable)
2       MsgBox Target.Name
3   End Sub
```

02. 업데이트된 피벗 테이블의 이름을 메시지 박스로 출력합니다.

10. Worksheet.SelectionChange 이벤트

워크시트에서 선택 영역을 변경할 때 발생하는 이벤트입니다

```
1   Private Sub Worksheet_SelectionChange(ByVal Target As Range)
2       MsgBox "선택한 셀 주소는 [" & Target.Address & "]입니다."
3   End Sub
```

074 통합 문서 이벤트

통합 문서에서 발생하는 이벤트에는 통합 문서에 해당하는 이벤트와 시트에 해당하는 이벤트가 있습니다. 이 이벤트 코드는 현재_통합_문서 모듈에 입력해야 올바르게 작동합니다. VBE 창에서 현재_통합_문서를 선택하고 마우스 오른쪽 버튼을 클릭하여 [코드 보기]를 클릭하거나 현재_통합_문서를 더블클릭합니다.

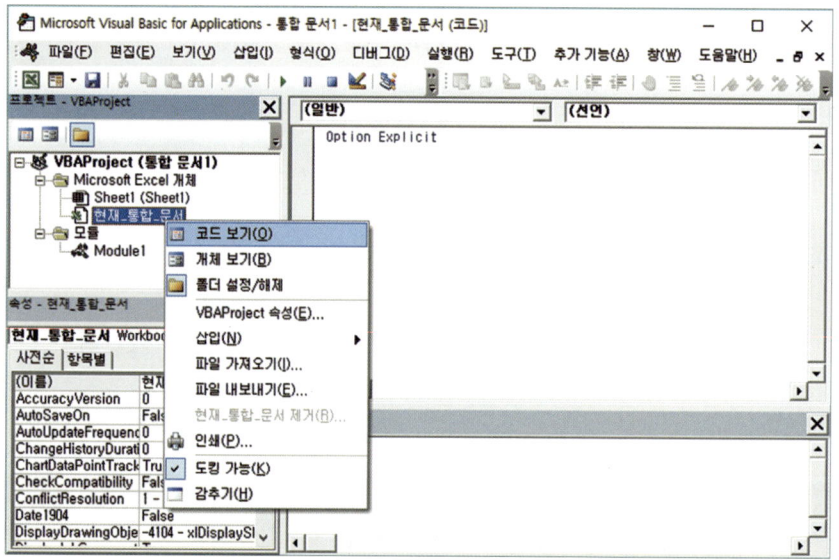

이벤트의 종류와 간단한 기능은 다음과 같습니다.

이름	설명
Activate	통합 문서가 활성화 될 때입니다.
AddinInstall	추가기능으로 설치한 통합 문서를 설치할 때입니다.
AddinUninstall	추가기능으로 설치한 통합 문서를 제거할 때입니다.
AfterSave	통합 문서를 저장한 다음입니다.
AfterXmlExport	통합 문서에 XML 데이터를 저장하거나 내보낸 다음입니다.
AfterXmlImport	기존 XML 데이터를 수정하거나 새 XML을 가져온 다음입니다.
BeforeClose	통합 문서를 닫기 전입니다.

BeforePrint	통합 문서가 인쇄되기 전입니다.
BeforeSave	통합 문서가 저장되기 전입니다.
BeforeXmlExport	통합 문서에 XML 데이터를 저장하거나 내보내기 전입니다.
BeforeXmlImport	기존 XML 데이터를 수정하거나 새 XML을 가져오기 전입니다.
Deactivate	통합 문서의 활성화가 취소(비 활성화)될 때입니다.
NewChart	통합 문서에 차트를 추가할 때입니다.
NewSheet	통합 문서에 시트를 추가할 때입니다.
Open	통합 문서를 열 때입니다.
PivotTableCloseConnection	피벗 테이블 보고서 연결을 닫은 다음입니다.
PivotTableOpenConnection	피벗 테이블 보고서 연결을 연 다음입니다.
RowsetComplete	레코드 집합을 드릴스루하거나 OLAP 피벗 테이블에서 행 집합 작업을 호출할 때입니다.
SheetActivate	워크시트가 활성화 될 때입니다.
SheetBeforeDoubleClick	워크시트의 셀을 더블클릭할 때입니다.
SheetBeforeRightClick	워크시트에서 마우스 오른쪽 버튼을 클릭할 때입니다.
SheetCalculate	워크시트가 다시 계산될 때입니다.
SheetChange	워크시트의 셀이 변경될 때입니다.
SheetDeactivate	워크시트가 활성화 취소(비 활성화)될 때입니다.
SheetFollowHyperlink	워크시트에 있는 하이퍼링크를 클릭할 때입니다.
SheetPivotTableAfterValueChange	피벗 테이블 내부의 셀 또는 셀 범위가 편집되거나 다시 계산된 다음입니다.
SheetPivotTableBeforeAllocateChanges	변경 내용이 피벗 테이블에 적용되기 전입니다.
SheetPivotTableBeforeCommitChanges	변경 내용이 피벗 테이블의 OLAP 데이터 원본에 대해 커밋되기 전입니다.
SheetPivotTableBeforeDiscardChanges	피벗 테이블의 변경 내용이 무시되기 전입니다.
SheetPivotTableChangeSync	피벗 테이블이 변경된 다음입니다.
SheetPivotTableUpdate	피벗 테이블 보고서의 시트가 업데이트된 다음입니다.
SheetSelectionChange	워크시트의 선택 셀이 변경될 때입니다.
Sync	문서 작업 영역의 일부인 통합 문서의 로컬 복사본이 서버의 복사본과 동기화될 때입니다.
WindowActivate	통합 문서 창이 활성화될 때입니다.
WindowDeactivate	통합 문서 창의 활성화가 취소(비 활성화)될 때입니다.
WindowResize	통합 문서 창의 크기가 바뀔 때입니다.

1. Workbook.Activate 이벤트

통합 문서가 활성화될 때 발생하는 이벤트입니다. 통합 문서를 선택하면 지정된 작업을합니다. *Workbook.Open* 이벤트와 같이 통합 문서를 열 때에도 이벤트가 발생합니다.

```
1    Private Sub Worksheet_Activate()
2        MsgBox "환영합니다."
3    End Sub
```

2. Workbook.AfterSave 이벤트

통합 문서가 저장된 다음에 발생하는 이벤트로 통합 문서가 오류 없이 저장되었는지 점검하는 코드는 다음과 같습니다.

```
1    Private Sub Workbook_AfterSave(ByVal Success As Boolean)
2        If Success = True Then
3            MsgBox "저장이 완료되었습니다."
4        Else
5            MsgBox "저장이 완료되지 않았습니다."
6        End If
7    End Sub
```

3. Workbook.BeforeClose 이벤트

통합 문서를 닫기 전에 발생하는 이벤트입니다.

```
1    Private Sub Workbook_BeforeClose(Cancel As Boolean)
2        MsgBox "파일을 닫습니다."
3    End Sub
```

통합 문서를 닫기 전 저장할지 물어보는 대화상자 표시를 하지 않고, 변경된 내용도 저장하지 않은 상태에서 통합 문서를 닫는 코드는 다음과 같습니다.

```
1    Private Sub Workbook_BeforeClose(Cancel As Boolean)
2        MsgBox "파일을 저장하지 않고 닫습니다."
3        Me.Saved = True
4    End Sub
```

통합 문서를 닫지 못하도록 하는 코드는 다음과 같습니다.

```
1    Private Sub Workbook_BeforeClose(Cancel As Boolean)
2        Cancel = True
3        MsgBox "파일을 닫을 수 없습니다."
4    End Sub
```

02. Cancel 인수가 True인 경우에는 파일을 닫는 것이 취소됩니다.

4. Workbook.BeforePrint 이벤트

인쇄를 하기 전에 발생하는 이벤트로 인쇄 전 모든 시트의 계산을 다시 하고 인쇄하는 코드는 다음과 같습니다.

```
1    Private Sub Workbook_BeforePrint(Cancel As Boolean)
2        Dim ws  As Worksheet
3        For Each ws In Worksheets
4            ws.Calculate
5        Next
6    End Sub
```

5. Workbook.BeforeSave 이벤트

통합 문서가 저장되기 전 발생하는 이벤트로 저장하기 전 저장 유무를 물어보는 코드는 다음과 같습니다.

```
1    Private Sub Workbook_BeforeSave(ByVal SaveAsUI As Boolean, Cancel As Boolean)
2        If MsgBox("저장하시겠습니까?", vbYesNo) = vbNo Then
3            Cancel = True
4        End If
5    End Sub
```

02. 메시지 박스에서 [아니오(N)]를 선택한 경우 IF 문을 실행합니다.
03. Cancel 인수를 True로 설정하여 파일이 저장되지 않습니다.

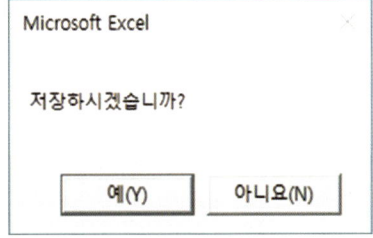

6. Workbook.Deactivate 이벤트

통합 문서의 활성화를 취소(비활성화)하면 발생하는 이벤트입니다.

```
1   Private Sub Workbook_Deactivate()
2       MsgBox "다른 통합 문서로 이동합니다."
3   End Sub
```

7. Workbook.Open 이벤트

통합 문서를 열 때 발생하는 이벤트입니다.

```
1   Private Sub Workbook_Open()
2       Application.WindowState = xlMaximized
3   End Sub
```

02. 엑셀 창을 최대화합니다

8. Workbook.SheetActivate 이벤트

워크시트를 선택(활성화)하면 발생하는 이벤트입니다.

```
1   Private Sub Workbook_SheetActivate(ByVal Sh As Object)
2       MsgBox Sh.Name
3   End Sub
```

02. 활성화된 시트의 이름을 메시지 박스로 출력합니다.

※ Worksheet 이벤트에서 살펴본 모든 이벤트를 Workbook 이벤트에서 설정할 수 있습니다.(Workbook.SheetChange 이벤트 등)

075 이벤트 우선순위

하나의 작업을 진행했을 경우 이벤트는 여러 개가 발생할 수 있습니다. 예를 들면 [A1] 셀에 값을 입력하면 *Worksheet.Change* 이벤트와 [A1] 셀과 연관된 수식이 입력되어 있다면 *Worksheet.Calculate* 이벤트가 발생합니다. 통합 문서나 워크시트에서 발생하는 이벤트가 여러 개일 경우 이벤트는 우선순위가 있으며, 우선순위에 맞게 코드를 작성해야 하므로 주의가 필요합니다.

1. 파일을 열 때 발생하는 이벤트와 우선순위

Workbook.Open ➡ Workbook.Activate

2. 파일을 저장할 때 발생하는 이벤트와 우선순위

Workbook.BeforeSave ➡ Workbook.AfterSave

3. 파일을 닫을 때 발생하는 이벤트와 우선순위

- [저장하시겠습니까?] 대화상자에서 [저장]을 클릭한 경우

  Workbook.BeforeClose ➡ Workbook.BeforeSave ➡ Workbook.AfterSave ➡ Workbook.Deactivate

- [저장하시겠습니까?] 대화상자에서 [저장 안 함]을 클릭한 경우

  Workbook.BeforeClose ➡ Workbook.Deactivate

- [저장하시겠습니까?] 대화상자에서 [취소]를 클릭한 경우

  Workbook.BeforeClose

4. 값을 입력할 때 발생하는 이벤트와 우선순위

입력하는 셀을 참조하는 수식이 입력되어 있어야 합니다.

Worksheet.Calculate ➡ Worksheet.Change

5. 시트 이벤트와 통합문서 이벤트가 발생할 때의 우선순위

시트 이벤트와 통합 문서 이벤트 2개가 있을 때 시트 이벤트가 먼저 발생하며, 시트를 선택했을 경우 발생하는 이벤트의 우선순위 입니다.

Worksheet.Activate ➡ Workbook.SheetActivate

Chapter 19

사용자 정의 폼(UserForm)

사용자에게 값을 입력받거나 목록 중에서 값을 선택하는 등 용도에 따라 사용자가 직접 화면 구성과 기능을 구현하는 대화상자를 만들 수 있습니다. 시트에서는 해당 사용자 정의 폼을 호출(Show)하고 해당 폼 안에 있는 컨트롤들을 통해 원하는 작업을 진행할 수 있으며, 값을 반환 받을 수도 있습니다. 사용자 정의 폼의 개수에는 제한이 없고 각 사용자 정의 폼은 독립적으로 실행됩니다. 통합 문서나 시트 이벤트처럼 사용자 정의 폼에서도 이벤트가 있어 이를 활용하여 프로시저를 구현하는 것도 가능합니다.

076 사용자 정의 폼 만들기

사용자 정의 폼을 만들려면 [VBE] 창(Alt+F11)을 활성화 한 다음 [VBE] 창의 메뉴에서 [삽입] - [사용자 정의 폼]을 클릭하면 사용자 정의 폼(유저 폼)이 생성됩니다. 이때 해당 폼의 이름은 기본적으로 'UserForm1, UserForm2, …'와 같이 'UserForm + 일련번호'로 구성됩니다. 기본적인 이름을 바꾸는 방법은 폼을 선택하고 [속성] 창의 이름 속성을 변경하면 됩니다. 이때 주의할 점은 이름을 지을 때의 규칙에 맞게 변경해야 합니다.

1. 사용자 정의 폼 만들기

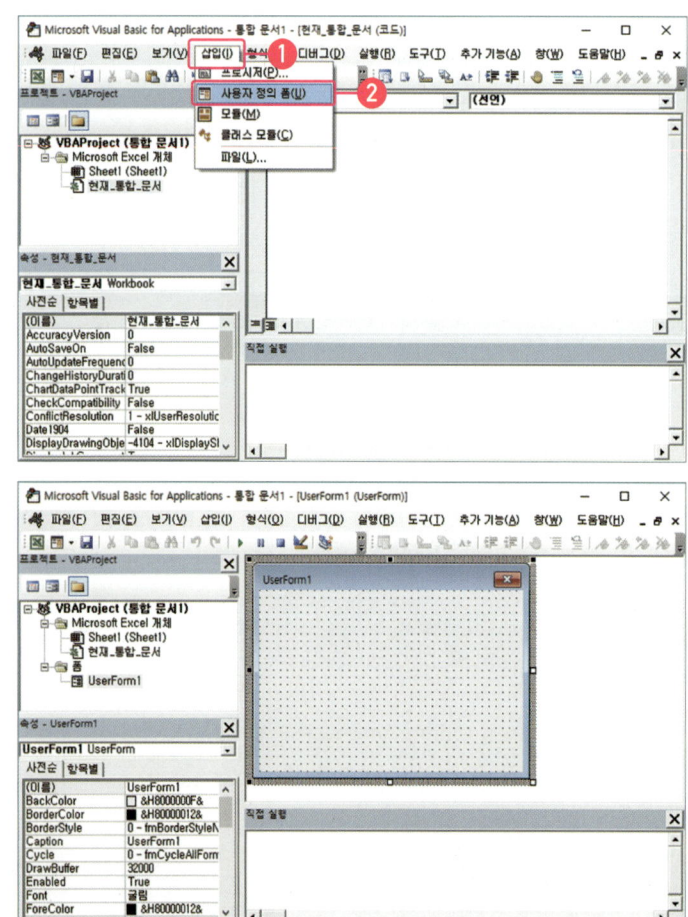

생성된 유저 폼에는 원하는 컨트롤들을 도구 상자를 이용해 배치하여, 도구 상자가 보이지 않으면 [보기] - [도구 상자]를 클릭합니다.

이름과 취미를 입력하고 [확인]을 클릭하면 입력된 이름과 취미를 메시지로 보여주는 예제를 만들어 보겠습니다. 도구 상자에서 레이블을 클릭하여 폼의 알맞은 위치에 적당한 크기로 삽입합니다.

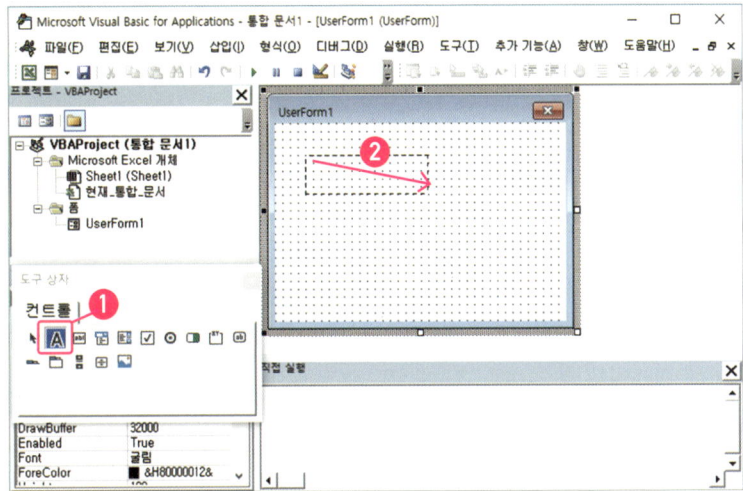

삽입한 레이블을 선택한 다음 [속성] 창에서 Caption을 이름으로 변경합니다. 레이블의 크기는 마우스를 드래그하여 조절하거나 Height, Width의 값을 변경하여 조정이 가능합니다.

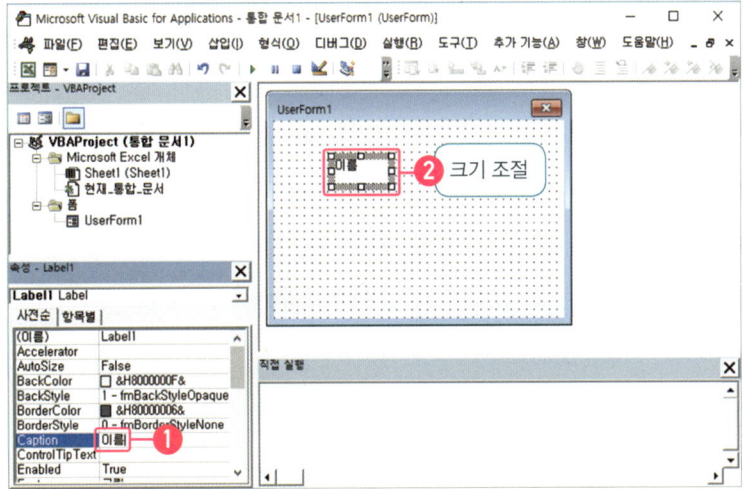

이름을 입력하기 위해 텍스트 상자를 이름 레이블 옆에 삽입합니다.

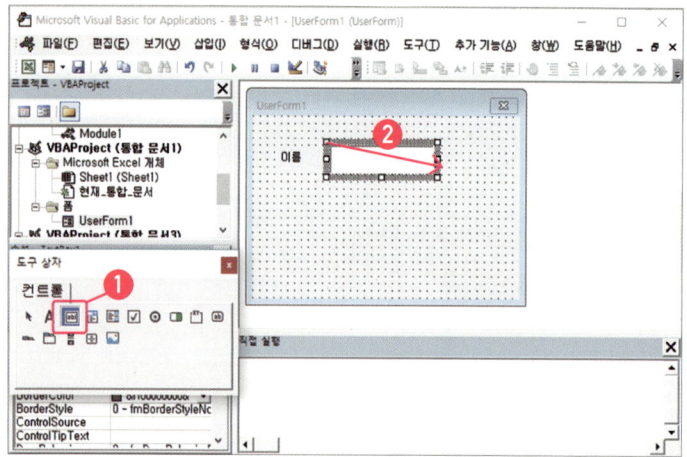

이름 레이블과 이름을 입력할 텍스트 상자를 선택하고 복사(Ctrl+C)하여 아래쪽에 붙여넣기(Ctrl+V)한 다음 레이블의 *Caption*을 취미로 변경합니다.

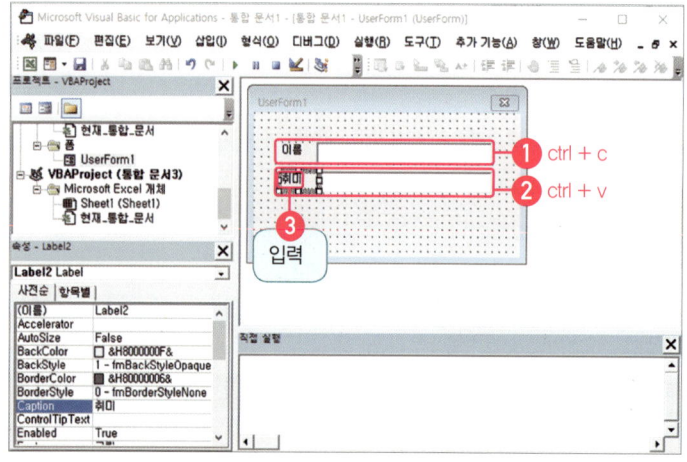

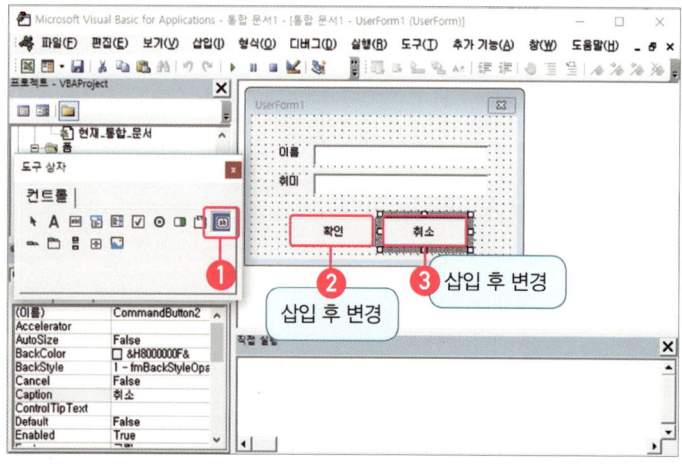

확인과 취소 기능을 위해 명령 단추를 각각 삽입하여 *CommandButton*의 *Caption*을 확인과 취소로 변경합니다.

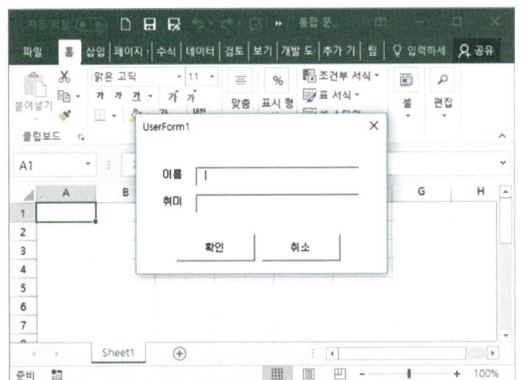

현재까지 작업한 내용을 확인하기 위해 유저 폼을 선택하고 F5키를 눌러 유저 폼을 실행합니다.

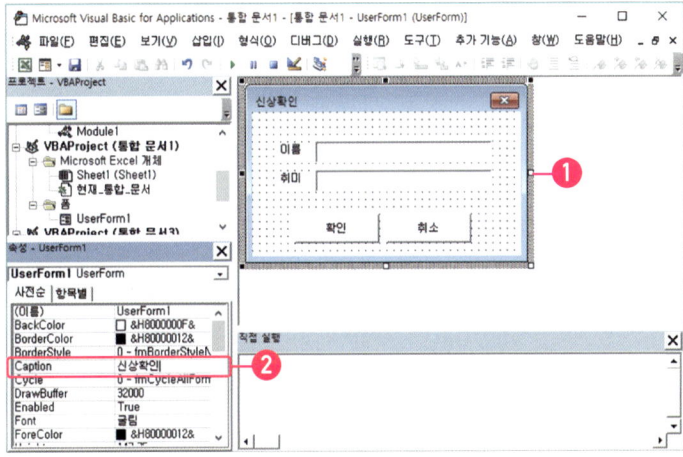

유저 폼을 닫기 위해 오른쪽 상단에 있는 ☒를 클릭하여 유저 폼을 종료합니다.
유저 폼의 좌측 상단에 보이 UserForm1을 신상 확인으로 변경하기 위해 유저 폼을 선택한 다음 [속성] 창에 있는 Caption을 신상확인으로 변경합니다.

텍스트 상자를 삽입하고 (이름)을 변경하지 않으면 기본적으로 'TextBox1, TextBox2, …'와 같이 'TextBox + 일련번호'로 구성됩니다. [확인]을 선택한 다음 마우스 오른쪽 버튼을 클릭하여 [코드 보기]를 클릭합니다. (더블클릭해도 됩니다.)

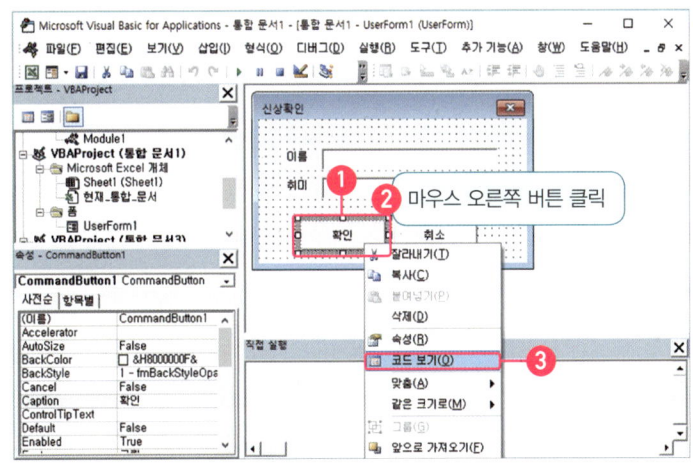

[확인] 버튼을 클릭하면 사용자가 입력한 이름과 취미를 보여주고 [취소] 버튼을 클릭하면 해당 유저 폼을 닫는 코드는 다음과 같습니다.

[확인] 버튼 클릭하면 실행할 프로시저입니다.

```
1   Private Sub CommandButton1_Click()
2       Dim strName     As String
3       Dim strHobby    As String
4       strName = Me.TextBox1.Text
5       strHobby = Me.TextBox2.Value
6       MsgBox "이름은 [" & strName & "]이고 " & _
                "취미는 [" & strHobby & "]입니다."
7       Unload Me
8   End Sub
```

04. 이름을 입력받은 값을 변수에 할당합니다.
05. 취미를 입력받은 값을 변수에 할당합니다.
06. 이름과 취미를 메시지 박스로 출력합니다.
07. 유저 폼을 닫습니다.

[취소] 버튼 클릭하면 실행할 프로시저입니다.

```
1   Private Sub CommandButton2_Click()
2       Unload Me
3   End Sub
```

02. 유저 폼을 닫습니다.

*Me.TextBox1.Text*와 *Me.TextBox1.Value*는 텍스트 상자에 입력된 값을 반환 받습니다. *Me*를 생략하면 *TextBox*가 속한 유저 폼으로 인식합니다.

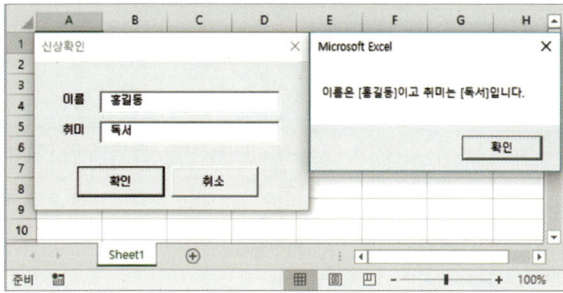

입력받을 값이 여러 개일 경우 Enter 키를 이용해 다음 항목으로 이동하는 방법은 [속성] 창의 *TabIndex*를 이용해 이동 순서를 사용자가 지정하면 됩니다.

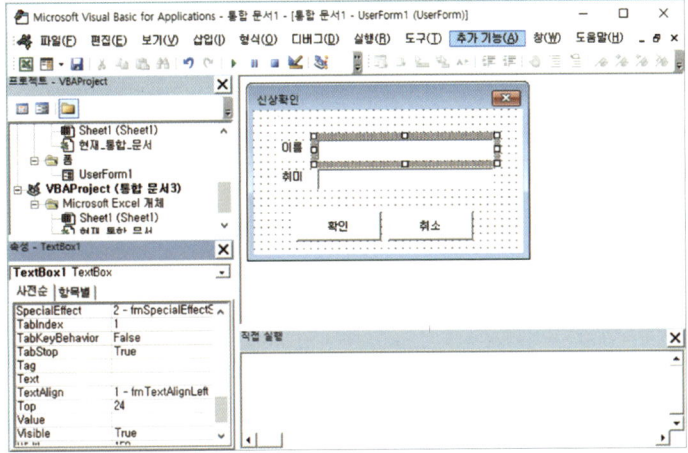

TabIndex가 작은 것부터 큰 순서를 이동합니다.

2. 사용자 정의 폼 화면에 표시하기

지금까지 만든 유저 폼(사용자 정의 폼)을 화면에 표시하는 방법은 *Show* 메서드를 이용하며, 사용자 정의 폼 모듈이 아닌 일반 모듈에서 작성합니다.

*Userform*1이라는 사용자 정의 폼을 보여주는 코드는 다음과 같습니다.

```
Sub UserformShowDemo()
    UserForm1.Show
End Sub
```

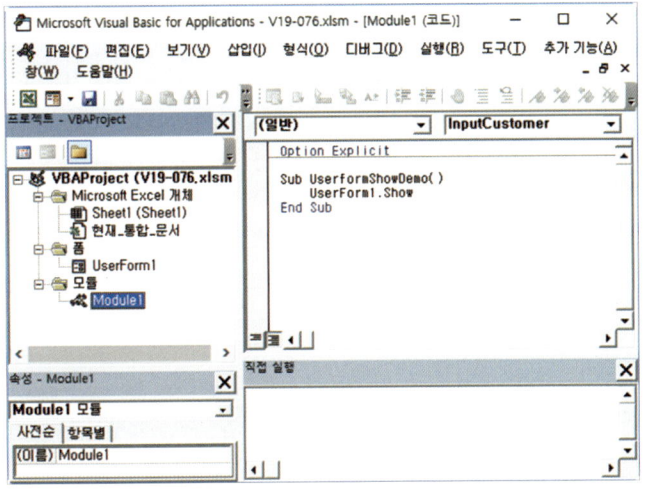

사용자 정의 폼이 나타나면 [닫기 X]를 클릭하거나 [취소] 등을 이용해 닫기 전까지는 계속해서 화면에 표시됩니다.

Show 메서드의 구문과 구성 요소는 다음과 같습니다.

expression.Show

구성 요소	필수/선택	설명
object	선택	사용자 정의 폼으로 생략하면 활성 Userform 모듈과 연관된 폼으로 인식합니다
modal	선택	Userform을 나타낼 때 모달, 모달리스를 결정합니다

modal 인수의 설정은 다음과 같습니다.

상수	값	설명
vbModal	1	모달 모드로 Userform을 표시하며 생략하면 모달입니다.
vbModeless	0	모달리스 모드로 Userform을 표시합니다

유저 폼을 Show 할 때 modal 인수를 모달리스(vbModeless)로 설정하면 곧이어 다음 코드가 실행됩니다. Userform이 표시된 상태에서 시트를 선택하거나 값을 입력하는 등의 작업을 원할 때 설정하며, 반대로 modal 인수를 모달(vbModal)로 설정한 경우에는 Userform을 숨기거나 닫기(언로드) 해야 다음 코드를 실행할 수 있습니다. 유저 폼이 Show 된 상태에서는 다른 작업을 할 수 없습니다.

077 사용자 정의 폼의 도구 상자 알아보기

사용자 정의 폼(유저 폼)에는 여러 컨트롤이 있어서 사용자가 용도에 맞게 선택하여 삽입할 수 있도록 도구 상자를 제공합니다. 도구 상자가 보이지 않으면 [보기] - [도구 상자]를 클릭합니다.

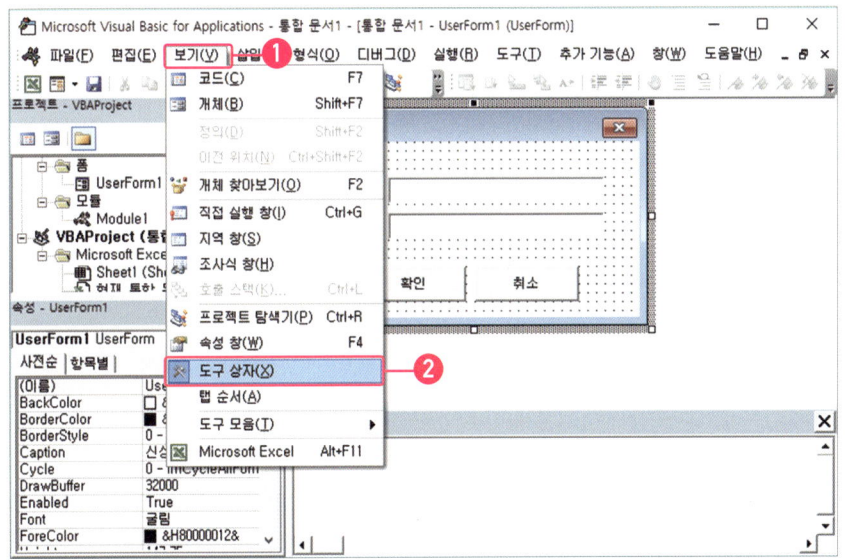

1. 개체 선택( )

유저 폼에 삽입된 컨트롤을 선택합니다.

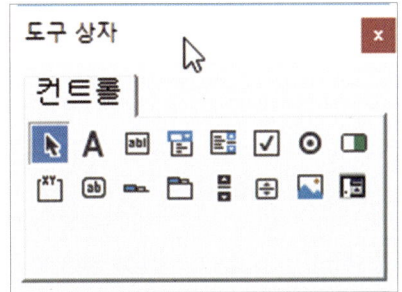

2. 레이블(A)

컨트롤의 제목이나 설명 등을 입력합니다. 유저 폼이 실행되면 수정할 수 없습니다.

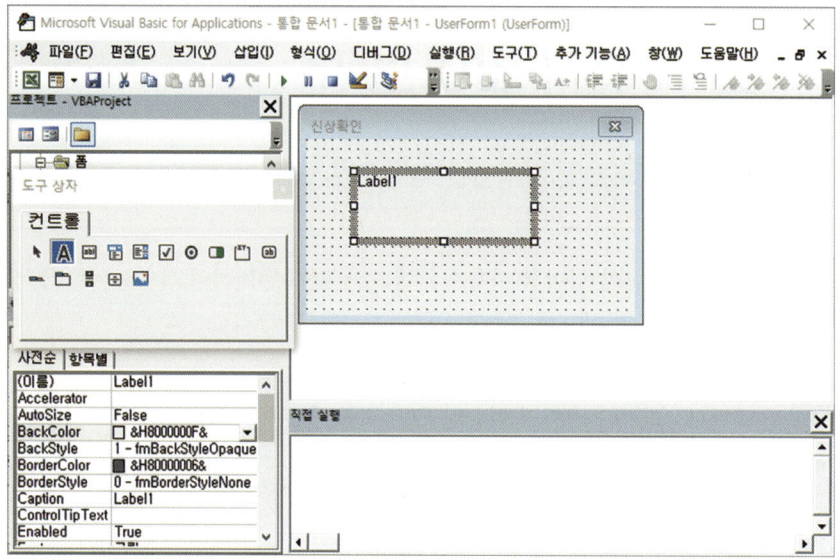

3. 텍스트 상자(ab)

값을 입력합니다. 유저 폼이 실행된 다음 사용자가 값을 입력합니다.

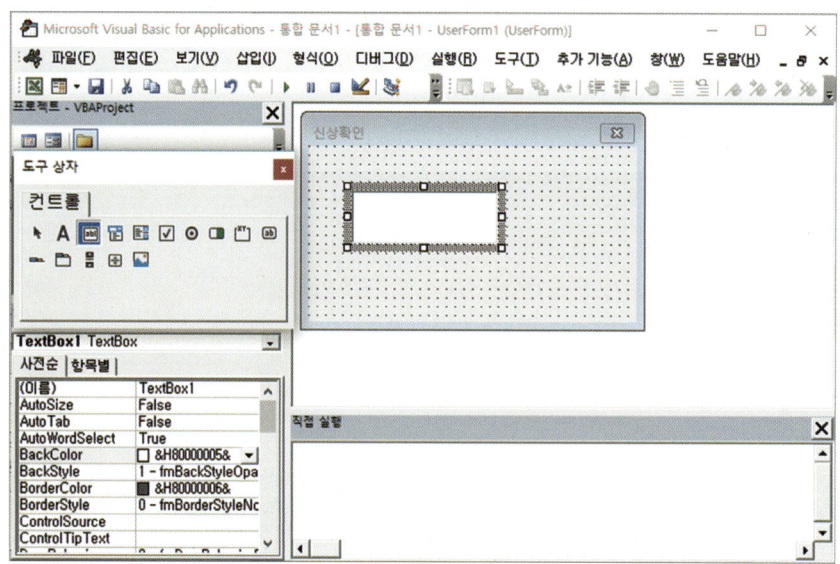

4. 콤보 상자 (🔽)

텍스트 상자처럼 사용자가 직접 값을 입력하거나 보여주는 목록에서 사용자가 선택하도록 합니다.

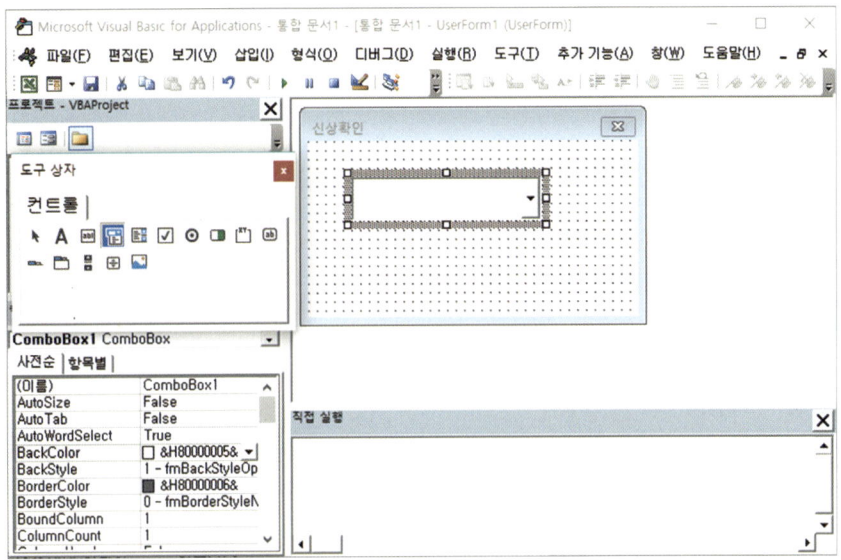

5. 목록 상자(📋)

목록을 표처럼 보여줍니다. 사용자가 직접 입력할 수 없습니다.

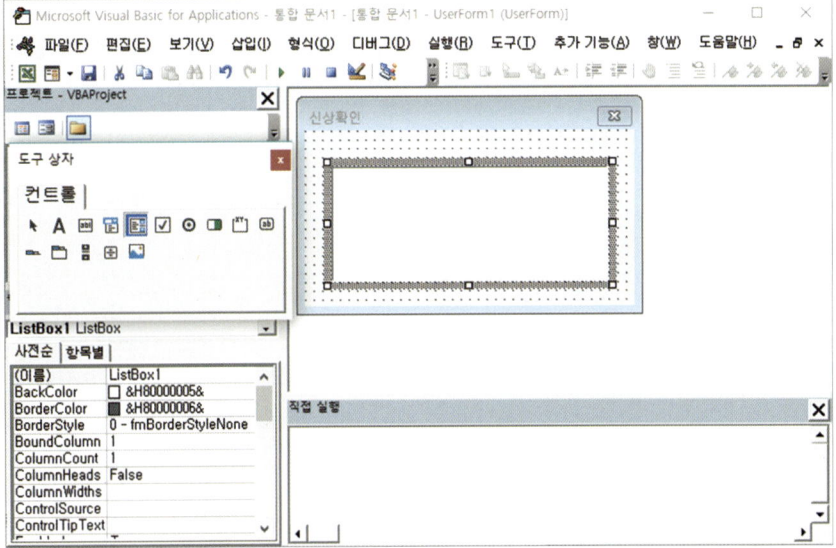

6. 확인란(☑)

예(True)/아니오(Fale)를 선택할 때 사용합니다. 여러 개를 만들어도 복수 선택이 가능합니다.

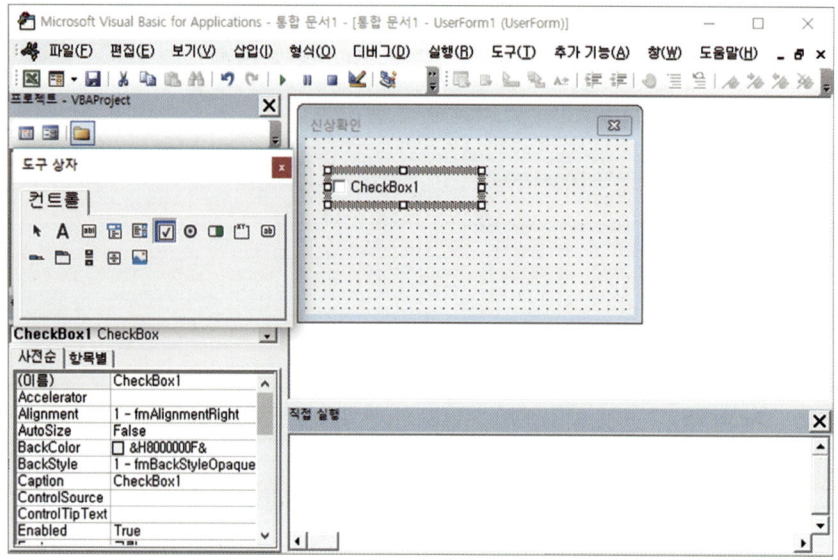

7. 옵션 단추(◉)

예(True)/아니오(Fale)를 선택할 때 사용합니다. 여러 개를 만들면 하나만 선택이 가능합니다.

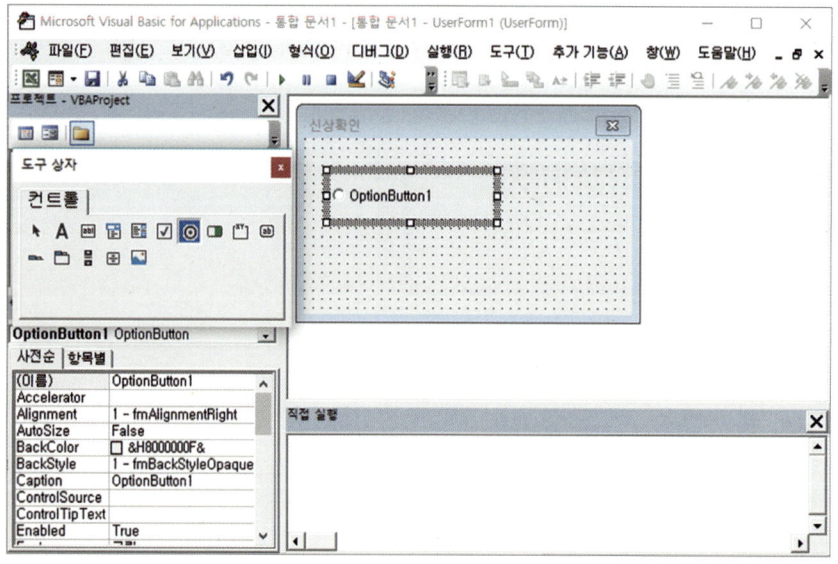

8. 토글 단추(▣)

설정/설정 해제를 번갈아 지정합니다.

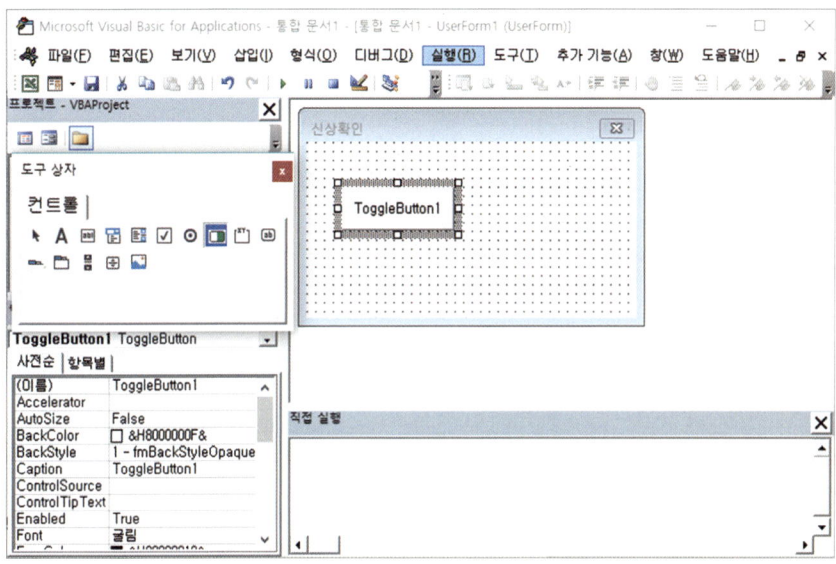

9. 프레임(▣)

다수의 컨트롤을 그룹화할 수 있습니다. 옵션 단추는 하나만 선택이 가능하므로 프레임을 이용해 그룹을 나누면 그룹별로 하나만 선택할 수 있습니다.

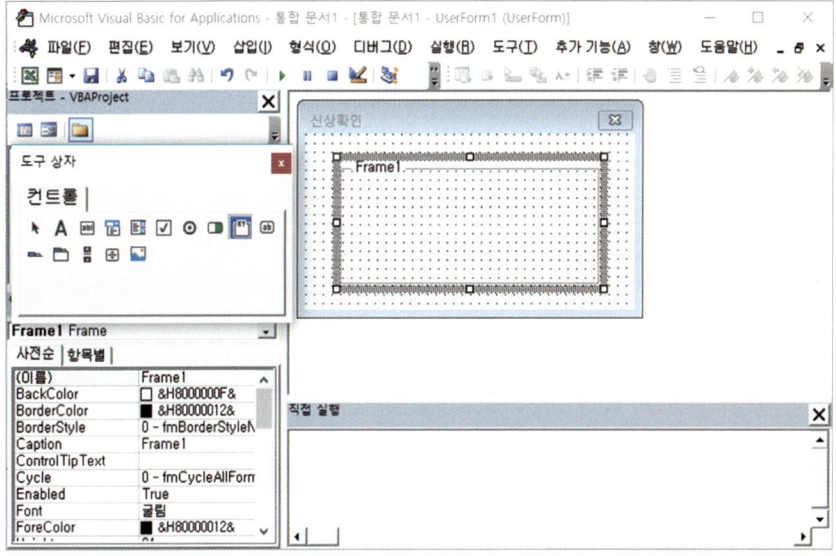

10. 명령 단추(⬛)

확인/취소와 같은 명령을 실행합니다.

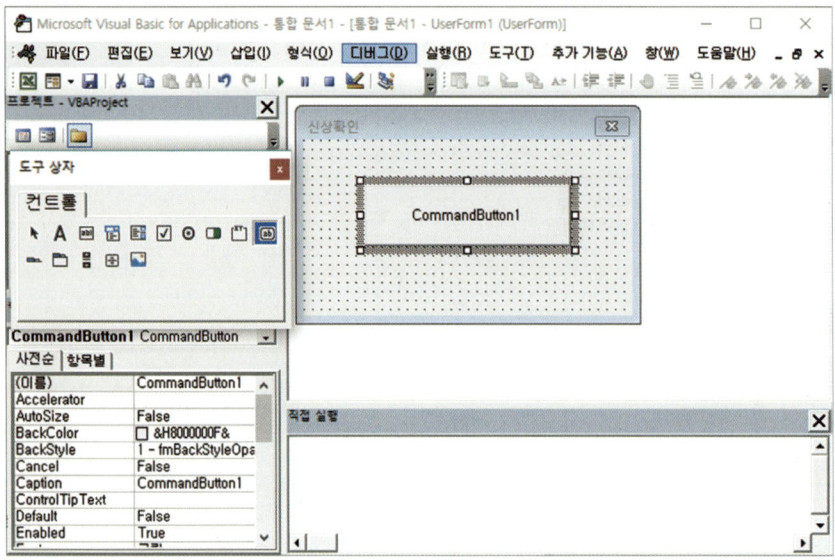

11. 연속 탭(⬛)

같은 영역에 탭을 여러 개 정의합니다.

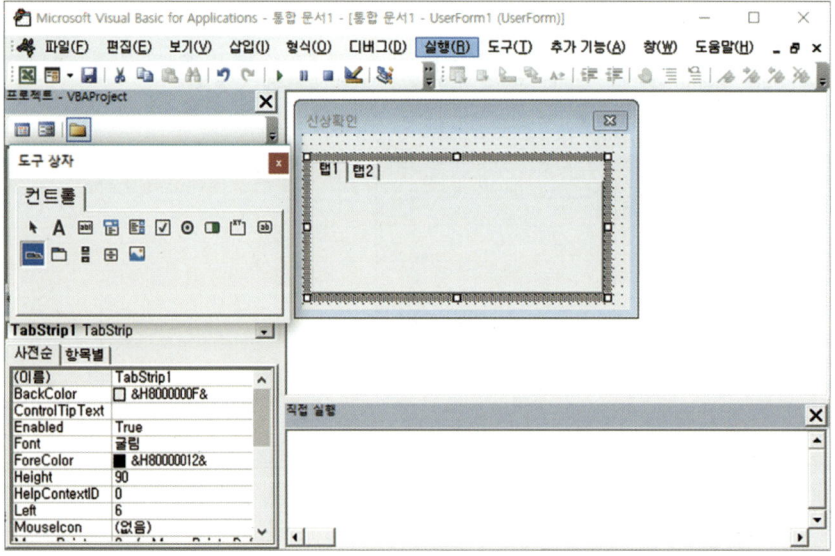

12. 다중 페이지(□)

같은 영역에 페이지를 여러 개 정의합니다.

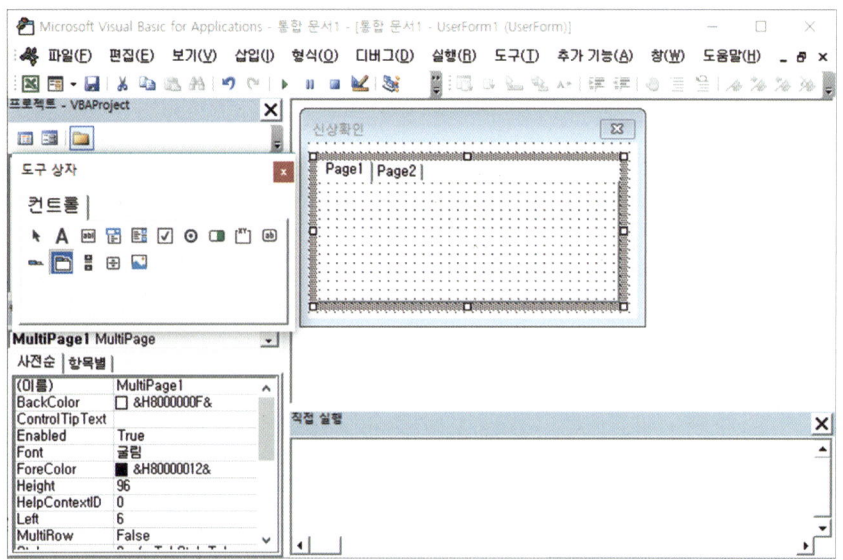

13. 스크롤 막대(□)

긴 항목이나 많은 데이터를 화면에 모두 표시하지 못할 때 가로/세로 스크롤 막대로 빠르게 이동할 수 있습니다.

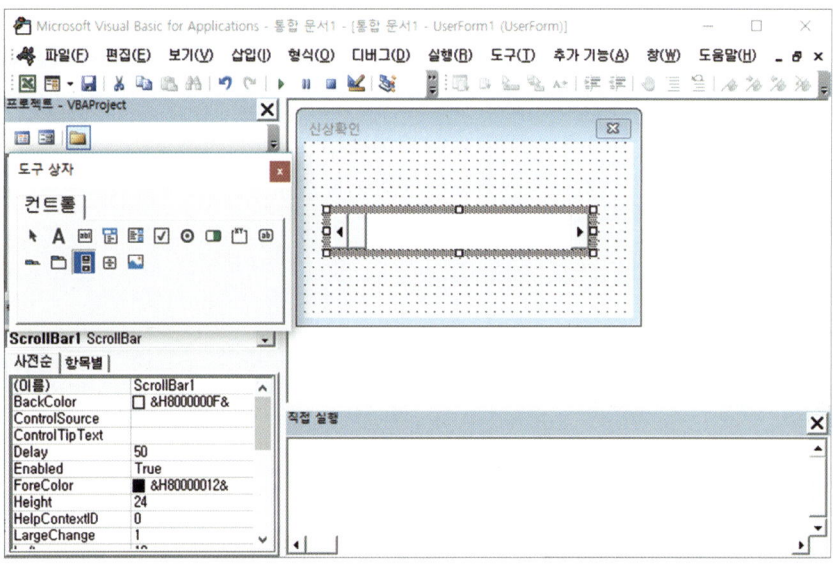

14. 스핀 단추(🔲)

숫자를 증가/감소시킵니다.

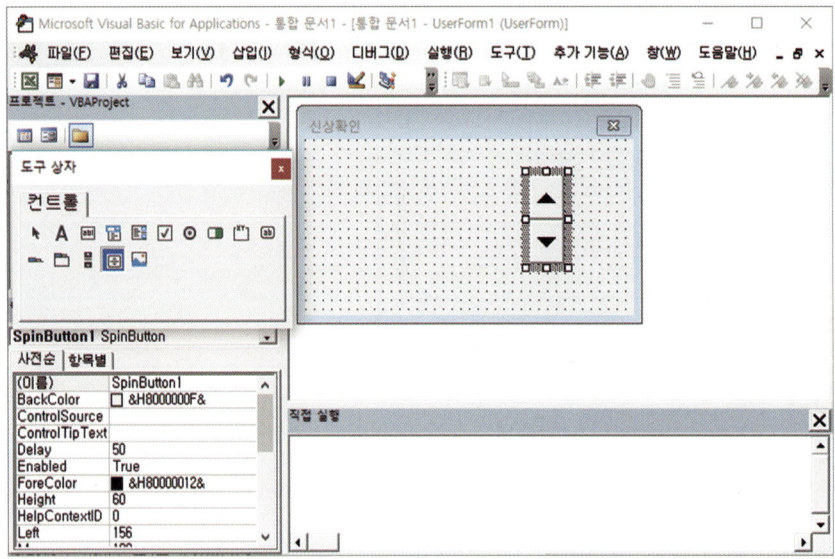

15. 이미지(🖼)

모든 그림 파일(bmp, gif, jpg, 메타 파일, 아이콘 등)을 표시합니다.

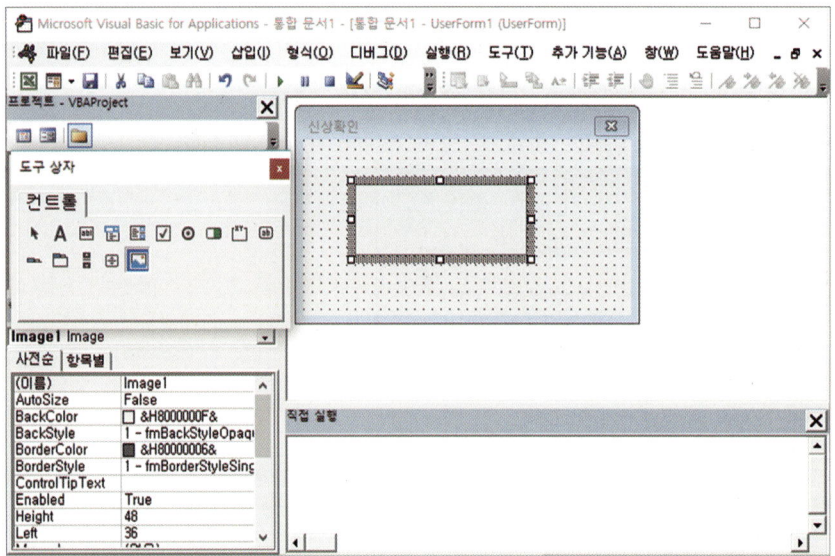

16. RefEdit(▦)

워크시트의 영역을 선택합니다. 선택한 셀 주소가 표시됩니다.

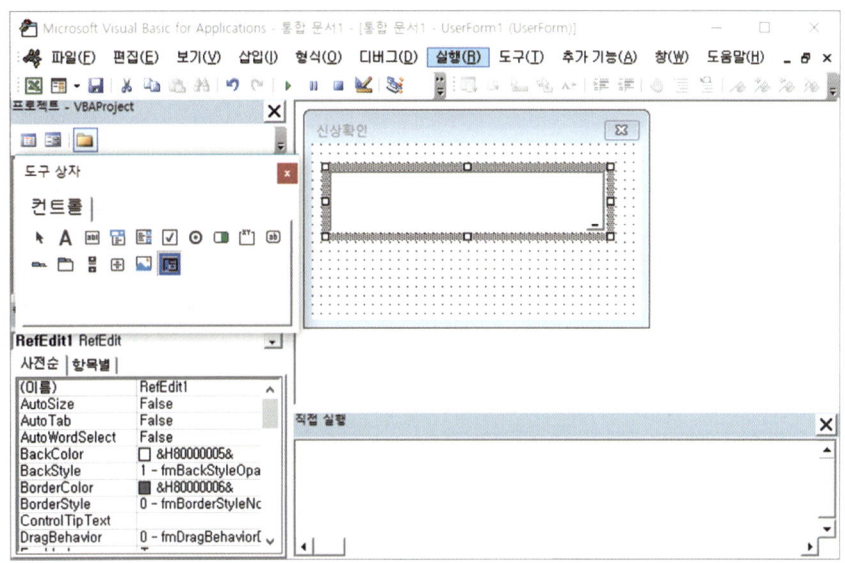

해당 도구가 컨트롤 목록에 없는 경우에는 컨트롤 위에서 마우스 오른쪽 버튼을 클릭하여 나타나는 메뉴 중 [추가 컨트롤]을 클릭합니다. [추가 컨트롤] 대화상자에 있는 목록에서 *RefEdit Ctrl*에 체크하고 [확인]을 클릭하면 컨트롤에 삽입됩니다.

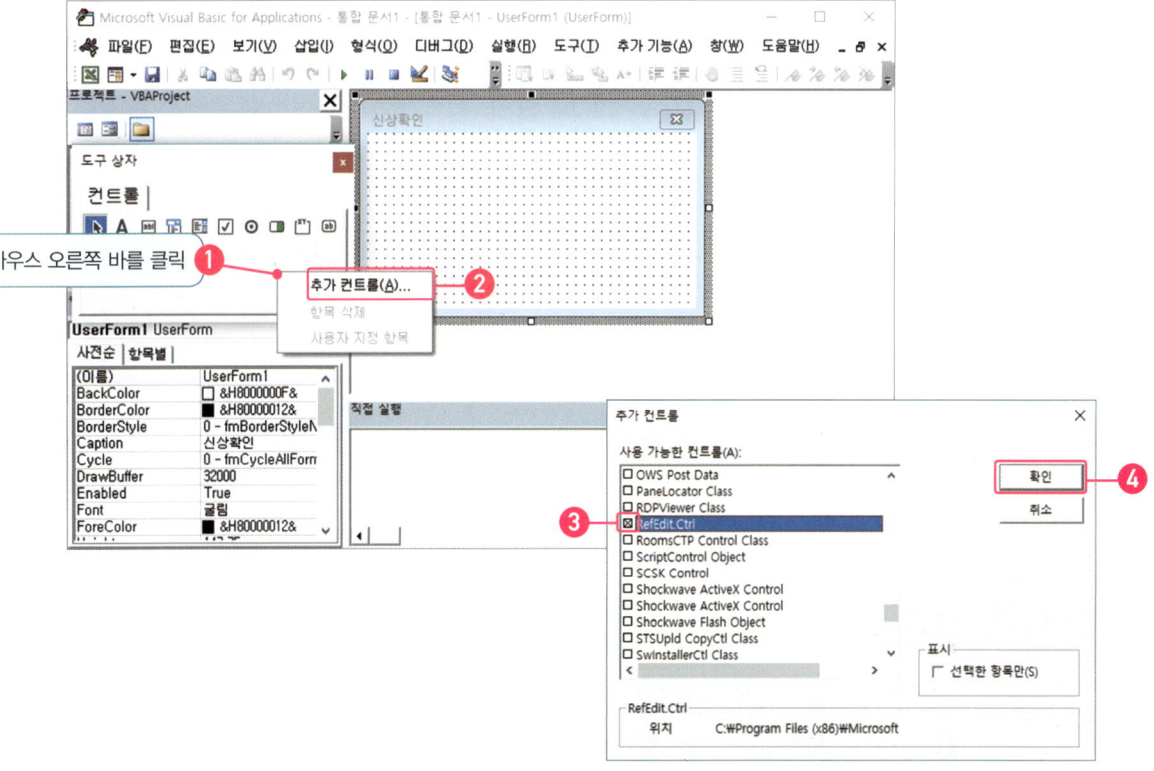

078 사용자 정의 폼 만들고 값 시트에 입력하기

사용자 정의 폼(유저 폼)에서 거래처의 정보를 입력받아 시트에 누적하여 입력하는 프로그램으로 거래처, 대표자, 사업자등록번호, 주소, 업태, 종목, 전화번호, 이메일 항목으로 구성해보겠습니다.

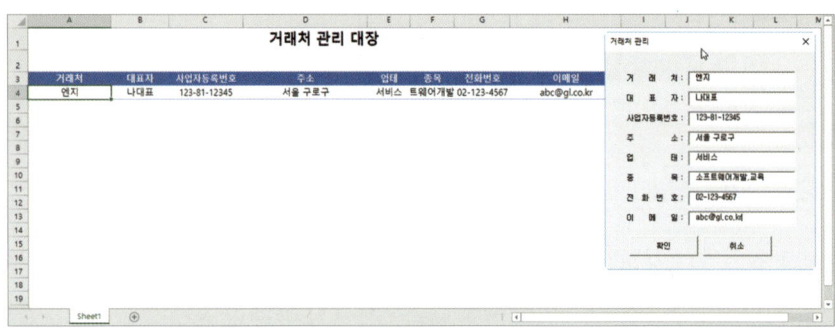

[1단계 : 사용자 정의 폼 만들기]

1. VBE 창의 메뉴에서 [삽입] - [사용자 정의 폼]을 클릭

유저 폼의 좌측 상단에 표시되는 UserForm1의 명칭을 변경하기 위해 유저 폼을 선택하고 [속성] 창에 있는 Caption을 거래처 관리로 변경합니다.

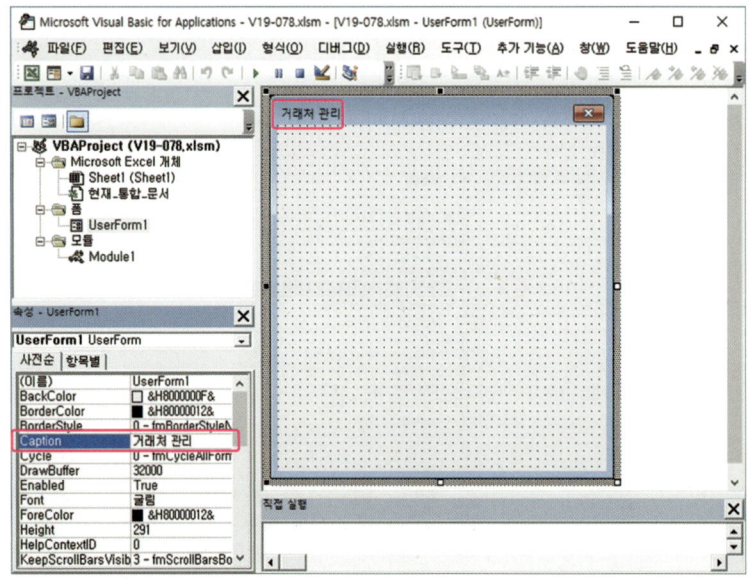

292 _엑셀 2016 매크로&VBA

2. 도구 상자에서 레이블과 텍스트 상자를 삽입

레이블은 텍스트 상자가 어떤 용도(거래처, 대표자 등)인지를 알 수 있게 이름을 표시하고, 텍스트 상자는 값을 사용자가 입력할 수 있게 레이블 옆에 삽입합니다.

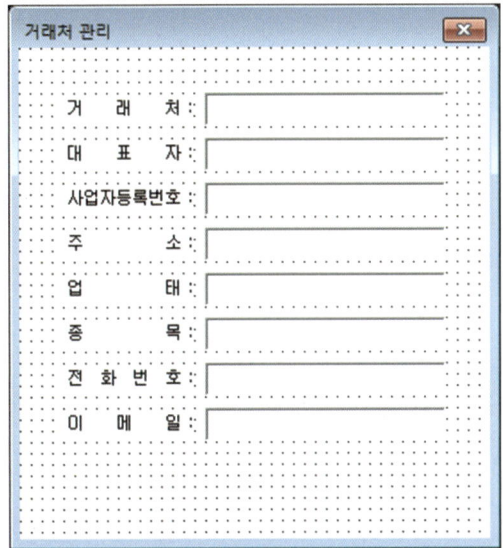

텍스트 상자는 주로 입력하는 언어에 따라 다음처럼 [속성] 창에서 *IMEMode*를 설정하여 입력의 편의성을 제공하는 게 좋습니다.

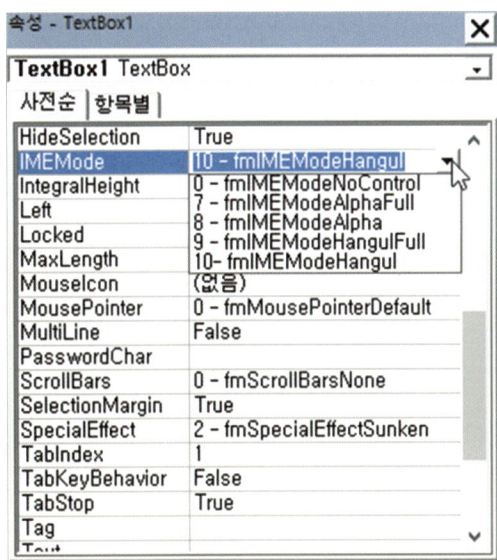

- 한글 위주인 경우 : 10 – fmIMEModeHangul
- 영어 위주인 경우 : 8 – fmIMEModeAlpha

3. [확인]과 [취소]를 하기 위해 명령 단추(CommandButton) 삽입

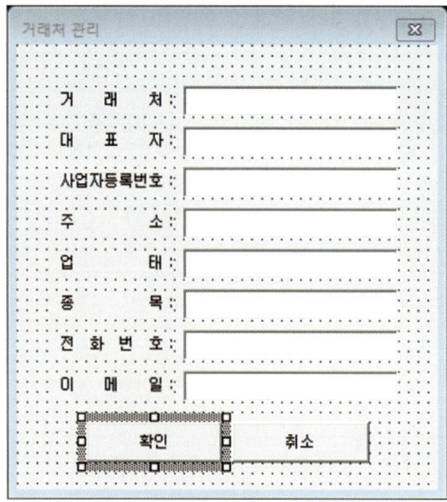

[확인]을 클릭하면 데이터가 입력된 마지막 행 다음에 누적하여 입력하는 코드는 다음과 같습니다.

```
1   Private Sub CommandButton1_Click()
2       Dim i               As Long
3       Dim lngSRow         As Long
4       Dim lngERow         As Long
5       Application.ScreenUpdating = False
6       With Sheet1
7           lngERow = .Cells(Application.Rows.Count, 1).End(xlUp).Row
8           lngSRow = lngERow + 1
9           For i = 1 To 8
10              .Cells(lngSRow, i).Value = Me.Controls("TextBox" & i).Value
11          Next i
12      End With
13      Unload Me
14      Application.ScreenUpdating = True
15  End Sub
```

05. 화면 갱신 모드를 해제합니다.
06. Sheet1을 With 문으로 지정합니다.
07. A열에 입력되어 있는 마지막 행 번호를 구합니다.
08. 마지막 데이터가 입력되어 있는 셀 다음 셀에 입력하기 위해 마지막 행 번호 '+1'을 하여 보정합니다.
09.~11. For 문을 이용해 유저 폼에 있는 8개의 텍스트 상자를 순환하면서 시트에 입력합니다. 'Me.Textbox1. Value, Me.Textbox2.Value…'와 같이 텍스트 상자에 있는 이름의 번호를 변수로 사용하기 위해서는 'Controls' 를 이용합니다.
13. 작업이 완료된 다음 유저 폼을 닫습니다.
14. 화면 갱신 모드를 활성화 합니다.

엑셀에서 행의 개수는 2007버전 이상부터 1,048,576행이지만 2003버전 이하는 65,536행입니다. 따라서 *Application.Rows.Count*를 이용해 사용하는 엑셀 버전의 행의 개수를 구합니다. *.Cells*(처럼 앞에 아무것도 없고 마침표(.)만 입력되어 있으면 *With* 문에서 지정한 시트(Sheet1)를 참조합니다. 즉 *Sheet1. Cells*(와 같게 됩니다

*.Cells(Application.Rows.Count, 1)*에서 1은 A열을 의미하며 *.Cells(Application.Rows.Count, "A")*와 같습니다. 여기서 *Application*을 생략하고 *.Cells(Rows.Count, 1)*로 할 수 있습니다. *End(xlUp).Row*는 마지막 행에서 키보드의 End + ↑ 를 눌러 선택된 셀의 행 번호를 구합니다. 마지막 행 번호를 구하기 위해 사용됩니다.

[취소] 버튼을 클릭하면 데이터를 입력하지 않고 작업을 종료하는 코드는 다음과 같습니다.

```
1    Private Sub CommandButton2_Click()
2        Unload Me
3    End Sub
```

02. 유저 폼을 닫습니다

4. 유저 폼을 보여 줄 프로시저(InputCustomer)를 일반 모듈에 삽입

```
Sub InputCustomer()
    UserForm1.Show
End Sub
```

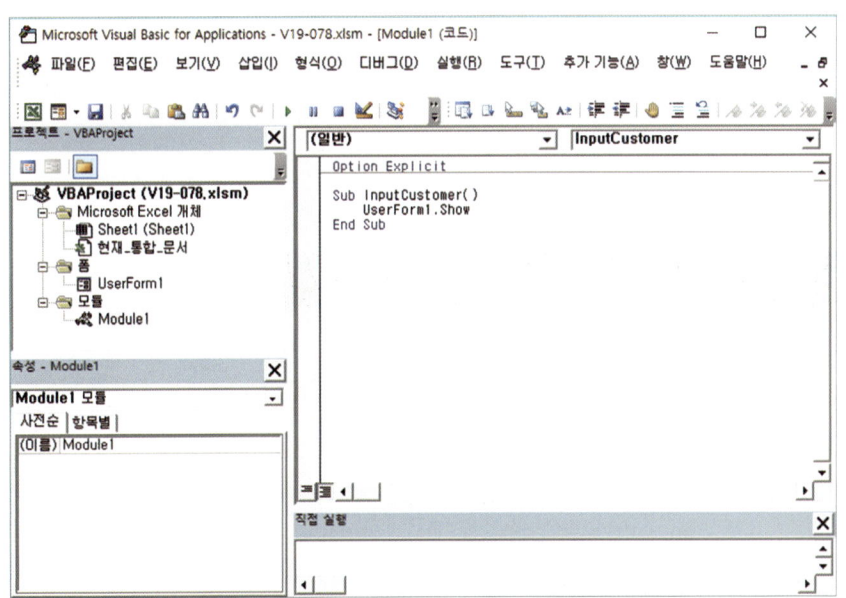

[2단계 : 워크시트에서 버튼을 클릭하여 유저 폼 보이기]

[개발 도구] - [컨트롤] - [삽입]에 있는 양식 컨트롤 단추를 삽입하고 매크로 지정은 앞에서 작성한 프로시저 *InputCustomer*를 선택합니다.

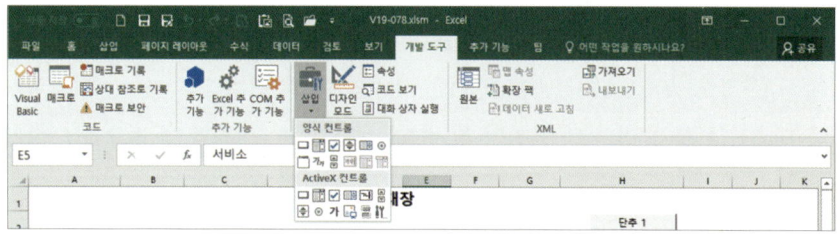

삽입된 단추 위에서 마우스 오른쪽 버튼을 클릭하여 [텍스트 편집]을 클릭하고 거래처 등록으로 변경합니다. 변경을 완료했으면 시트의 아무 셀이나 클릭하여 단추 선택을 해제합니다.

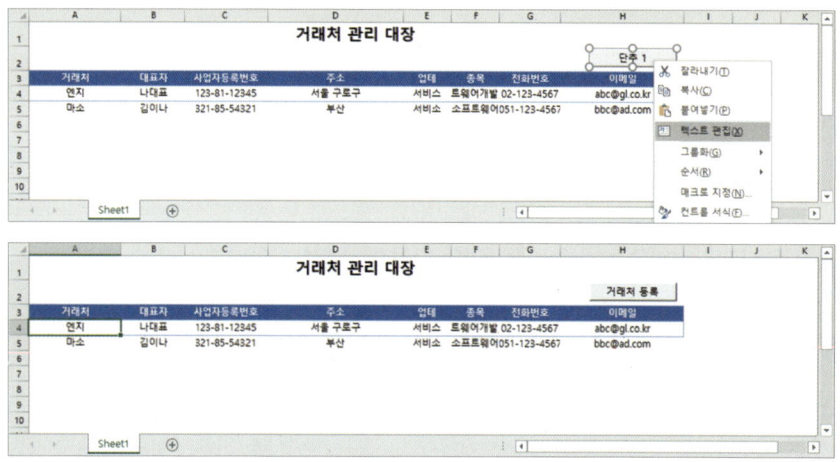

[3단계 : 거래처 정보 누적하여 입력하기]

[거래처 등록]을 클릭하고 보이는 유저 폼에 거래처 정보를 입력한 후 [확인]을 클릭하면 데이터가 시트에 입력됩니다. 여러 거래처를 입력할 경우에는 입력 작업을 반복합니다.

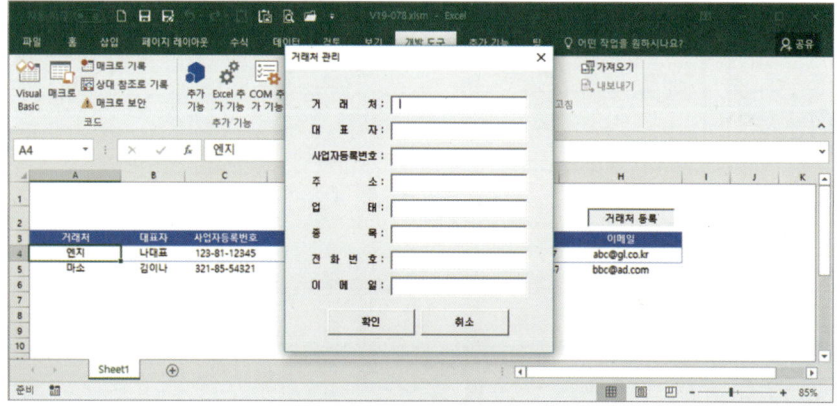

079 사용자 정의 폼에 시트 값 불러오기

사용자 정의 폼에 거래처 정보를 입력하고 해당 정보를 시트에 입력하는 작업을 알아보았습니다. 이번에는 반대로 시트에 입력되어 있는 거래처 정보를 사용자 정의 폼에 맞게 불러와 거래처의 정보를 보여주는 작업을 진행하겠습니다.

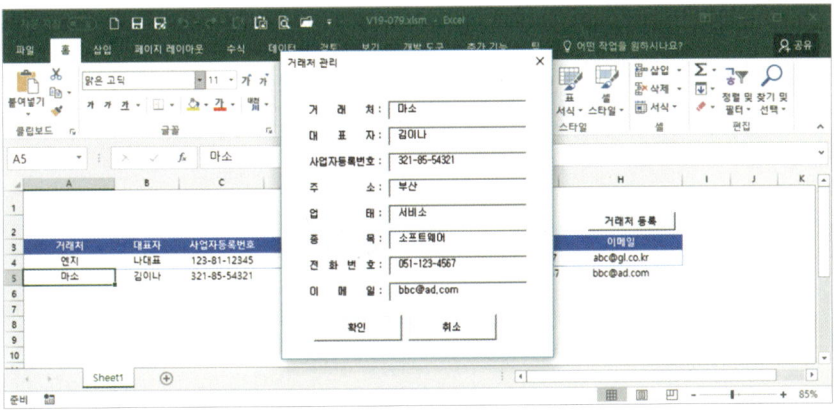

거래처를 선택하면 유저 폼이 보이도록 Worksheet.SelectionChange 이벤트를 추가해보겠습니다. 시트 이름(Sheet1)에서 마우스 오른쪽 버튼을 클릭하여 나타나는 빠른 메뉴 중에서 [코드 보기]를 클릭하여 해당 시트 모듈로 이동합니다. 개체에서 'Worksheet'를 선택하고 프로시저에서 Worksheet.SelectionChange를 선택합니다.

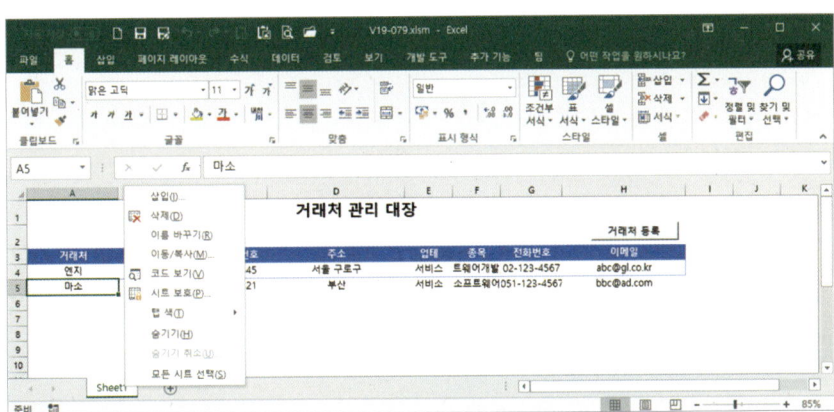

Chapter 19 사용자 정의 폼(UserForm)_ 297

삽입된 *Worksheet.SelectionChange*에 코드를 다음과 같이 입력합니다.

```
1   Private Sub Worksheet_SelectionChange(ByVal Target As Range)
2       Dim i            As Long
3       Dim lngRow       As Long
4       lngRow = Target.Row
5       If Len(Range("A" & lngRow).Value) = 0 Then
6           Exit Sub
7       End If
8       For i = 1 To 8
9           UserForm1.Controls("TextBox" & i).Value = Cells(lngRow, i).Value
10      Next i
11      UserForm1.Show 0
12  End Sub
```

04. 선택한 셀의 행 번호(Target.Row)를 변수(lngRow)에 할당합니다.

05. 'A열 + 선택한 셀의 행 번호'에 값이 있는지 Len 함수로 길이를 구해서 0(값이 없는 경우)이면 데이터가 없으므로 이벤트를 종료(Exit Sub)합니다.

08.~10. For 문을 이용해 A열부터 H열까지 순환하면서 유저 폼의 텍스트 상자에 입력합니다.

11. Userform이 모달일 경우 유저 폼이 Show된 상태에서는 엑셀 시트 등을 선택할 수 없습니다. 하지만 모달리스로 열면 Userform이 종료될 때까지 기다리지 않고 다음 코드를 실행하여 엑셀 시트 등을 선택하는 것이 가능합니다. 따라서 모달리스로 Userform을 열어 유저 폼을 표시(Show)한 상태에서 시트의 거래처를 선택이 가능하도록 유저 폼을 Show 합니다.

Chapter 20

피벗 테이블

피벗 테이블은 워크시트의 데이터나 외부 데이터를 집계하고, 선택한 항목으로 요약하여 보고서 형태로 보여줍니다. 분석하고자 하는 항목(필드)들을 지정하여 집계가 가능하고 원하는 형태로 테이블에 항목을 배치하여 원하는 정보를 집계할 수 있습니다. 또한 만들어진 테이블 항목을 재배치하면 특별한 작업 없이 재배치한 형태로 자동 계산되어 집계됩니다. 예를 들어 행과 열의 항목을 바꾸거나 행이나 열의 항목 순서를 변경, 항목 추가, 항목 제거를 통해서 원하는 형태의 보고서로 바꿀 수 있습니다.

080 피벗 테이블 생성하기

먼저 수동으로 피벗 테이블을 생성하는 방법에 대해 알아보겠습니다.

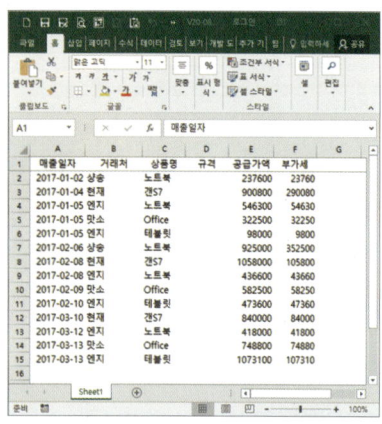

1. Sheet1 시트에 매출정보가 입력되어 있고 이 데이터를 이용해 거래처별, 월별 공급가액을 집계하는 피벗 테이블을 만드는 방법은 다음과 같습니다.

데이터가 입력되어 있는 셀 전체를 선택하거나 입력되어 있는 범위 중 한 셀을 선택한 후 [삽입] 탭 - [표] 그룹 - [피벗 테이블]을 클릭합니다.

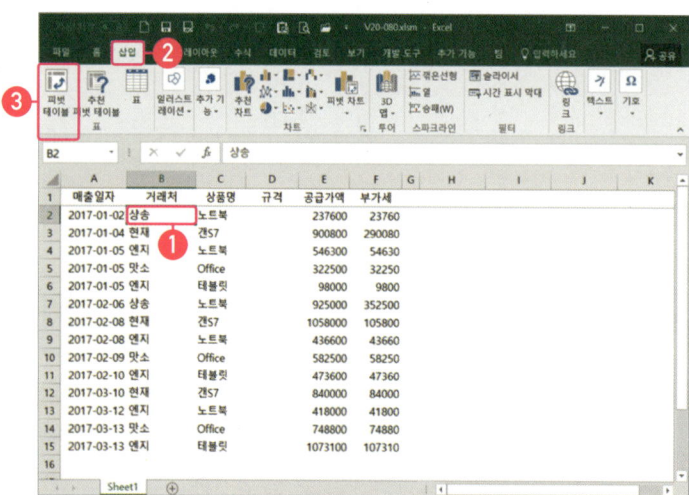

범위가 올바르게 설정되었는지 확인한 다음 새 워크시트를 선택하고 [확인]을 클릭합니다.

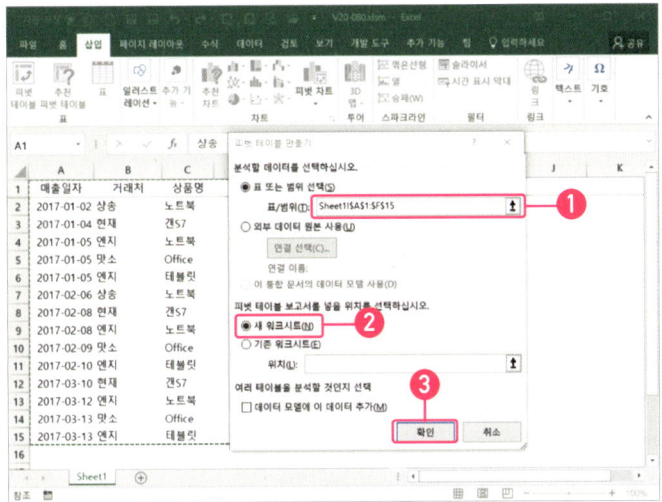

[필터](페이지) 필드에는 상품명, [행] 필드에는 거래처, [열] 필드에는 매출일자를 월로 지정하고 [값] 필드에 공급가액의 합계를 표시합니다.

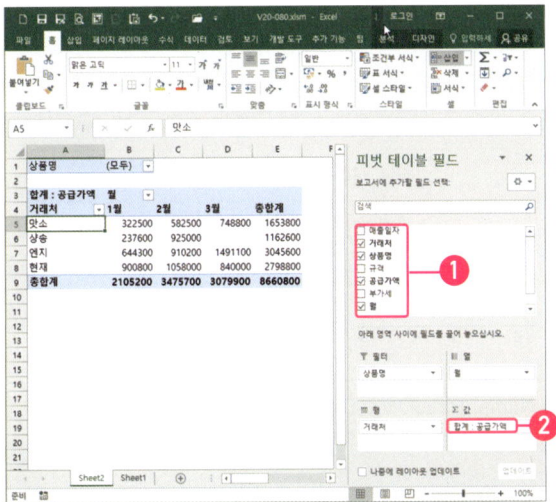

2. 수동으로 만든 피벗 테이블과 같은 결과물을 VBA를 이용해 구현해 보겠습니다.

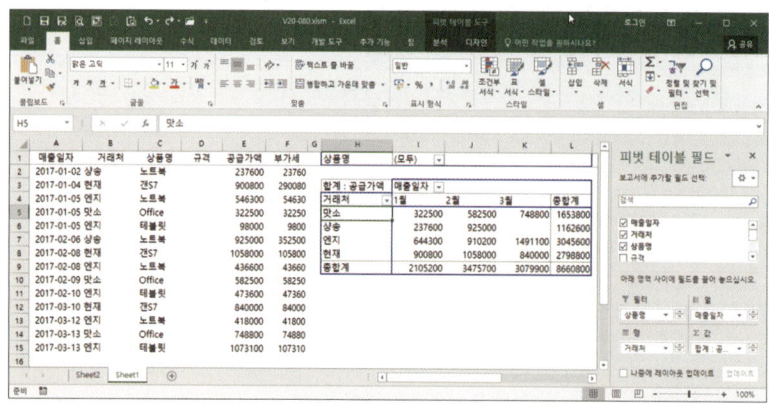

피벗 테이블은 원본 데이터를 피벗 캐쉬(PivotCache)에 저장한 다음 이를 통해 피벗 테이블을 생성합니다. 따라서 피벗 테이블을 새로고침 하면 피벗 캐쉬(PivotCache)를 갱신(Refresh)합니다.

피벗 캐쉬(PivotCache)를 생성하는 구문과 매개 변수는 다음과 같습니다.

expression.Add(SourceType, SourceData, Version)

이름	필수/선택	데이터 형식	설명
SourceType	필수	XlPivotTableSourceType	xlConsolidation, xlDatabase, xlExternal
SourceData	선택	Variant	원본 데이터
Version	선택	Variant	피벗 테이블 버전

피벗 테이블(PivotTable)을 생성하는 구문과 매개 변수는 다음과 같습니다.

expression.CreatePivotTable(TableDestination, TableName, ReadData, DefaultVersion)

이름	필수/선택	데이터 형식	설명
TableDestination	필수	Variant	피벗 테이블이 만들어질 셀(왼쪽 상단)로 피벗 캐쉬가 속한 통합 문서에 있어야 합니다.
TableName	선택	Variant	피벗 테이블 이름입니다.
ReadData	선택	Variant	True : 외부 데이터베이스에 있는 레코드가 모두 들어 있는 피벗 테이블 캐시를 생성합니다. False : 데이터를 실제로 읽기 전에 일부 필드를 서버 기반 페이지 필드로 사용할 수 있게 설정합니다.
DefaultVersion	선택	Variant	피벗 테이블의 기본 버전입니다.

피벗 테이블을 하나 생성하고 이름을 *Pvt1*로 하는 코드는 다음과 같습니다.

```
1   Sub PivotTableCreateDemo()
2       Dim PV       As PivotCache
3       Dim Pvt      As PivotTable
4       Dim rngData As Range
5       Dim rngTo    As Range
6       With ActiveSheet
7           Set rngData = .Range("A1").CurrentRegion
8           Set rngTo = .Range("H1")
9           Set PV = ActiveWorkbook.PivotCaches.Add(SourceType:=xlDatabase, SourceData:=rngData.Address)
10          Set Pvt = PV.CreatePivotTable(TableDestination:=rngTo, TableName:="Pvt1")
11          With Pvt
12              .PivotFields("거래처").Orientation = xlRowField
13              .PivotFields("거래처").Subtotals = Array(False, False, False, False, False, False, False, False, False, False)
14              .PivotFields("상품명").Orientation = xlPageField
15              .PivotFields("매출일자").Orientation = xlColumnField
16              .PivotFields("공급가액").Orientation = xlDataField
17              .DataBodyRange.Cells(0, 1).Group Start:=True, End:=True, _
                            Periods:=Array(False, False, False, False, True, False, False)
18          End With
19      End With
20      Set rngData = Nothing
21      Set rngTo = Nothing
22      Set PV = Nothing
23      Set Pvt = Nothing
24  End Sub
```

02. 피벗 캐쉬에 대한 변수를 선언합니다.
03. 피벗 테이블에 대한 변수를 선언합니다.
04. 피벗 테이블의 원본 데이터 범위에 대한 변수를 선언합니다.
05. 피벗 테이블을 만들 위치에 대한 변수를 선언합니다.
06. 활성화된 시트입니다.
07. 피벗 테이블의 원본 데이터 범위를 설정합니다.
08. 피벗 테이블을 만들 위치를 설정합니다.
09. 피벗 캐쉬를 생성합니다.
10. 생성된 피벗 캐쉬로 피벗 테이블을 생성합니다.
12. 거래처를 피벗 테이블의 행에 위치시킵니다.

13. 부분합을 설정합니다. (Array(자동, 합계, 개수, 평균, 최대값, 최소값, 곱, 숫자 개수, 표본 표준 편차, 표준 편차, 표본 분산, 분산))
14. 상품명을 피벗 테이블의 페이지에 위치시킵니다.
15. 매출일자를 피벗 테이블의 열에 위치시킵니다.
16. 공급가액을 피벗 테이블의 데이터에 위치시킵니다.
17. 매출일자를 월로 그룹을 지정합니다. (Array(초, 분, 시, 일, 월, 분기, 연))
20.~23. 설정한 개체의 메모리를 초기화합니다.

*PivotCaches.Add*를 이용해 *PivotCache* 개체를 만들고, 지정한 셀에 피벗 테이블을 삽입합니다. 생성된 피벗 테이블에 *PivotFields*를 이용해 필드를 지정하고 *Orientation*를 이용해 피벗 테이블의 필드 위치(행이나 열, 페이지, 값)를 지정해줍니다.

필드 위치가 *xlRowField*인 경우 *Subtotals*를 이용해 부분합에 대해 설정할 수 있습니다. *Subtotals*는 자동, 합계, 개수, 평균, 최대값, 최소값, 곱, 숫자 개수, 표본 표준 편차, 표준 편차, 표본 분산, 분산의 순서로 적용할 위치를 참(True)으로 지정하면 됩니다. 매출일자처럼 데이터 형식이 날짜인 경우 월 또는 년 등으로 그룹을 지정할 수 있습니다. 이때 그룹으로 지정할 셀에서 *Range.Group* 메서드를 이용해 초, 분, 시, 일, 월, 분기, 년의 순서로 적용할 위치를 참(True)으로 지정합니다.

expression.Group(Start, End, By, Periods)

이름	필수/선택	데이터 형식	설명
Start	선택	Variant	그룹화할 첫 번째 값으로 생략하거나 True이면 필드의 첫 번째 값이 사용됩니다.
End	선택	Variant	그룹화할 마지막 값으로 생략하거나 True이면 필드의 마지막 값이 사용됩니다.
By	선택	Variant	숫자 필드이면 각 그룹의 크기를 지정하고 날짜 필드이면 Periods 배열에 있는 요소 4가 True이고 다른 모든 요소가 False인 경우 각 그룹에 있는 날짜 수를 지정합니다.
Periods	선택	Variant	그룹의 기간을 지정하는 Boolean 값의 배열입니다. 배열의 요소가 참(True)이면 해당 기간으로 그룹이 만들어지고 거짓(False)이면 그룹이 만들어지지 않습니다. 날짜 필드가 아닌 경우 이 인수는 무시됩니다.

Periods 매개 변수에 대한 *Boolean* 배열에는 다음과 같은 요소가 포함됩니다.

배열 요소	기간
1	초
2	분
3	시
4	일
5	월
6	분기
7	년

피벗 테이블의 데이터 범위에서 값이 변경되거나 데이터를 추가 또는 삭제한 경우 자동으로 피벗 테이블에 수정 내용이 반영되지 않습니다. 이런 경우 지정된 피벗 테이블을 새로고침 해야만 결과가 반영이 되며, 코드는 다음과 같습니다.

```
Sub PivotTableRefreshDemo()
    ActiveSheet.PivotTables("Pvt1").PivotCache.Refresh
End Sub
```

현재의 통합 문서에 피벗 테이블이 여러 개 있는 경우 모든 피벗 테이블을 새로고침 하는 코드는 다음과 같습니다.

```
Sub PivotTablesRefreshAllDemo()
    ActiveWorkbook.RefreshAll
End Sub
```

081 피벗 테이블 범위 구하기

피벗 테이블의 영역은 페이지, 행, 열, 데이터(값) 필드로 구성되어 있고 각 영역별 범위는 *PivotTable. PageRange* 속성 등을 이용해 간단하게 구할 수 있습니다. 이렇게 구한 범위는 특정 범위에 서식을 적용하는 작업 등을 할 수 있습니다.

아래 그림에서 피벗 테이블의 구분별 범위는 다음과 같습니다.

구분	속성	설명	해당 범위 주소
페이지	PageRange	페이지 영역 범위입니다.	H1 ~ I1
행	RowRange	행 영역 범위입니다.	H4 ~ H9
열	ColumnRange	열 영역 범위입니다.	I3 ~ L4
데이터 필드	DataLabelRange	데이터 필드 영역 범위입니다.	H3
데이터	DataBodyRange	데이터 영역 범위입니다.	I5 ~ L9
테이블 범위1	TableRange1	페이지 영역을 제외한 전체 범위입니다.	H3 ~ L9
테이블 범위2	TableRange2	페이지 영역을 포함한 전체 범위입니다.	H1 ~ L9

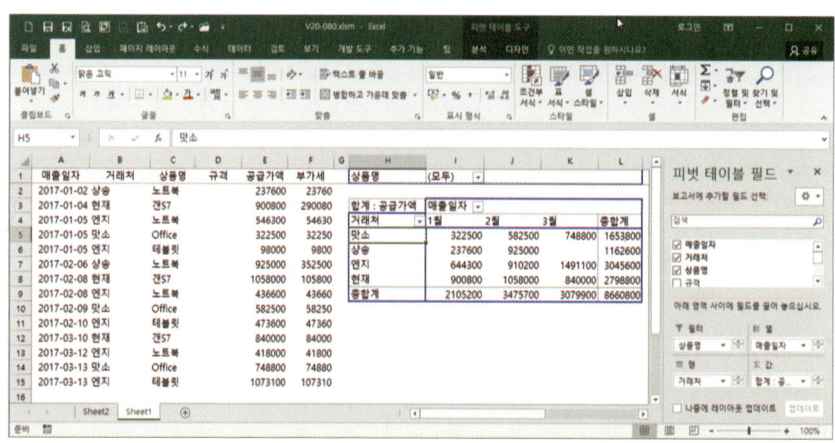

1. 피벗 테이블의 필터 해제

페이지 필드, 행 필드, 열 필드를 순환하면서 필터를 해제하는 코드는 다음과 같습니다.

```
1   Sub PivotTableClearAllFiltersDemo2()
2       Dim PvtTbl          As PivotTable
3       Dim PTField         As PivotField
4       Dim PTItem          As PivotItem
5       Set PvtTbl = ActiveSheet.PivotTables("Pvt1")
6       For Each PTField In PvtTbl.PageFields
7           For Each PTItem In PTField.PivotItems
8               PTItem.Visible = True
9           Next PTItem
10      Next PTField
11      For Each PTField In PvtTbl.RowFields
12          For Each PTItem In PTField.PivotItems
13              PTItem.Visible = True
14          Next PTItem
15      Next PTField
16      For Each PTField In PvtTbl.ColumnFields
17          For Each PTItem In PTField.PivotItems
18              PTItem.Visible = True
19          Next PTItem
20      Next PTField
21      Set PvtTbl = Nothing
22  End Sub
```

02. 피벗 테이블 변수를 선언합니다.
03. 해당 필드의 변수를 선언합니다.
04. 필드의 아이템 변수를 선언합니다.
05. 피벗 테이블에 피벗 테이블 변수를 설정합니다.
06.~10. 피벗 테이블의 페이지 필드를 순환하면서 각 필드의 아이템을 보이게 설정합니다.
11.~15. 피벗 테이블의 행 필드를 순환하면서 각 필드의 아이템을 보이게 설정합니다.
16.~20. 피벗 테이블의 열 필드를 순환하면서 각 필드의 아이템을 보이게 설정합니다.
21. 개체를 초기화합니다.

피벗 테이블의 모든 필터 해제는 필드를 순환하면서 해당 필드의 항목을 보이게 하는 방법도 있지만 *PivotTable.ClearAllFilters* 메서드를 이용하면 간단하게 모든 필드의 필터를 해제할 수 있습니다.

```
Sub PivotTableClearAllFiltersDemo()
    ActiveSheet.PivotTables("Pvt1").ClearAllFilters
End Sub
```

2. 피벗 테이블의 모든 필드를 초기화

피벗 테이블의 페이지 필드, 행 필드, 열 필드, 데이터 필드에 항목을 지정하기 전으로 초기화 하는 코드는 다음과 같습니다.

```
Sub ClearTableDemo()
    ActiveSheet.PivotTables("Pvt1").ClearTable
End Sub
```

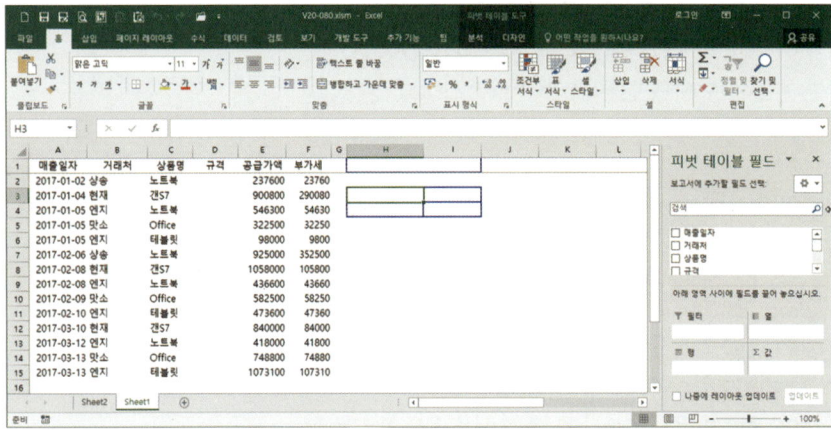

3. 기존 피벗 테이블에 데이터 필드 추가

기존 피벗 테이블에 데이터 필드를 추가하여 합계나 평균 등을 구할 수 있습니다.

expression.AddDataField(Field, Caption, Function)

이름	필수/선택	데이터 형식	설명
Field	필수	Object	추가할 필드입니다.
Caption	선택	Variant	데이터 필드를 구분하여 사용할 이름입니다.
Function	선택	Variant	적용할 함수(합계 등)입니다.

데이터 필드를 추가하고 적용할 함수(Function)로 합계를 지정하는 코드는 다음과 같습니다.

```
1   Sub AddDataFieldDemo()
2       With ActiveSheet.PivotTables("Pvt1")
3           .AddDataField .PivotFields("부가세"), "합계부가세", xlSum
4       End With
5   End Sub
```

02.~04. 피벗 테이블의 데이터 필드에 '부가세'라는 항목을 추가한 후 사용자 지정 이름을 '합계부가세'로 하고 사용할 계산 유형을 합계(Xlsum)로 설정합니다.

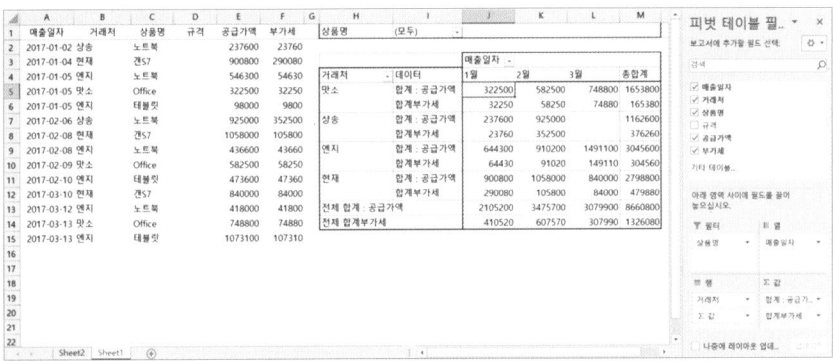

Function은 다음의 상수 중 하나를 사용합니다.

이름	설명
xlSum	합계입니다.
xlCount	개수입니다.
xlAverage	평균입니다.
xlMax	최대값입니다.
xlMin	최소값입니다.
xlProduct	곱하기입니다.
xlCountNums	숫자 개수입니다.
xlStDev	표본 표준 편차입니다.
xlStDevP	표준 편차입니다.
xlVar	표본 분산입니다.
xlVarP	분산입니다.

Chapter 21

차트

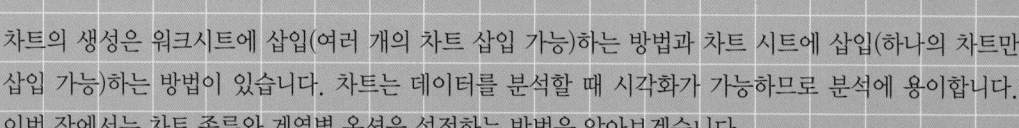

차트의 생성은 워크시트에 삽입(여러 개의 차트 삽입 가능)하는 방법과 차트 시트에 삽입(하나의 차트만 삽입 가능)하는 방법이 있습니다. 차트는 데이터를 분석할 때 시각화가 가능하므로 분석에 용이합니다. 이번 장에서는 차트 종류와 계열별 옵션을 설정하는 방법을 알아보겠습니다.

082 차트 생성하기

워크시트에 삽입된 차트가 어느 개체에 속해 있는지 알기 위해 계층 구조를 잠깐 살펴보겠습니다.

```
Application(엑셀)
 Workbook(통합 문서)
  Worksheet(워크시트)
   ChartObject
    Chart
     ChartTitle
      Characters
```

워크시트에 차트를 삽입하면 워크시트 개체에 *ChartObject* 클래스 개체가 속해 있고 *ChartObject* 클래스 개체에는 *Chart* 클래스 개체가 속해 있으므로 차트에 접근할 때에는 계층 구조에 맞게 코드를 작성해야 합니다. 워크시트에 삽입한 첫 번째 차트의 차트 제목을 매출 현황으로 지정하는 코드는 다음과 같습니다.

```
ActiveSheet.ChartObjects(1).Chart.ChartTitle.Characters.Text = "매출 현황"
```

차트를 생성하는 방법은 *Shapes.AddChart* 메서드를 이용하는 방법과 *ChartObjects.Add* 메서드를 이용하는 방법이 있습니다.

1. Shapes.AddChart 메서드를 이용하는 방법

expression.AddChart(Type, Left, Top, Width, Height)

이름	필수/선택	데이터 형식	설명
Type	선택	XlChartType	차트 종류입니다.
Left	선택	Variant	왼쪽 가장자리에서 차트 영역의 왼쪽 가장자리까지의 거리입니다.
Top	선택	Variant	위쪽 가장자리에서 차트 영역의 위쪽 가장자리까지의 거리입니다.
Width	선택	Variant	차트의 너비입니다.
Height	선택	Variant	차트의 높이입니다.

Shapes.AddChart 메서드를 이용하여 차트를 생성하는 코드는 다음과 같습니다.

```
1   Sub AddChartDemo()
2       Dim myChart         As Chart
3       Set myChart = ActiveSheet.Shapes.AddChart(xlLine, Left:=50, Top:=40, Width:=600, Height:=250).Chart
4       myChart.SetSourceData Source:=Range("A1:F15")
5       Set myChart = Nothing
6   End Sub
```

02. 차트 변수를 선언합니다.

03. 차트를 생성합니다.

- 차트 종류 : 꺾은선형(XiLine)

- 차트 위치 : 왼쪽에서 50, 위에서 40의 거리에 해당하는 위치

- 차트 크기 : 너비 600, 높이 250

04. 차트의 데이터 범위를 설정합니다.

05. 개체를 초기화합니다.

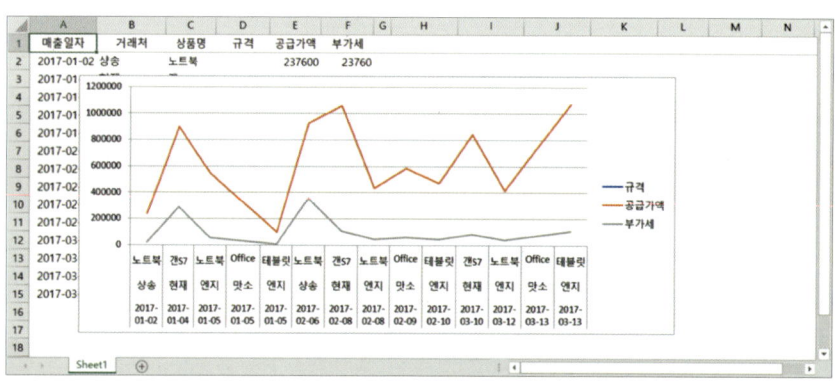

AddChart의 인수를 생략하면 차트 종류가 막대그래프인 차트가 생성됩니다.

```
Sub AddChartDemo2()
    Dim myChart         As Chart
    Set myChart = ActiveSheet.Shapes.AddChart.Chart
    myChart.SetSourceData Source:=Range("A1:F15")
    Set myChart = Nothing
End Sub
```

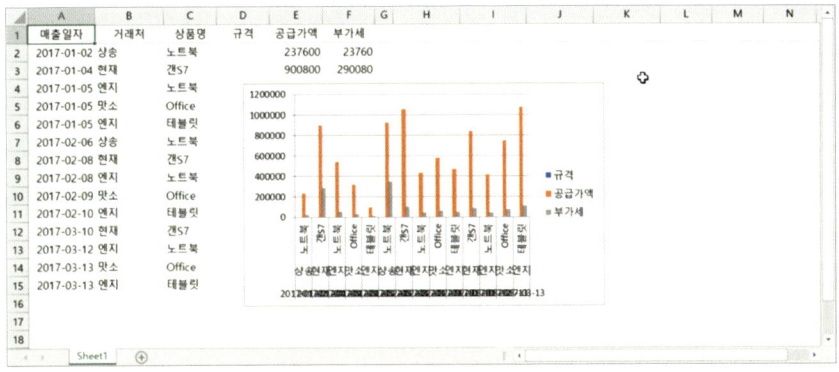

2. ChartObjects.Add 메서드를 이용하는 방법

expression.Add(Left, Top, Width, Height)

이름	필수/선택	데이터 형식	설명
Left	필수	Double	왼쪽 가장자리에서 차트 영역의 왼쪽 가장자리까지의 거리입니다.
Top	필수	Double	위쪽 가장자리에서 차트 영역의 위쪽 가장자리까지의 거리입니다.
Width	필수	Double	차트의 너비입니다.
Height	필수	Double	차트의 높이입니다.

ChartObjects.Add 메서드를 이용하여 차트를 생성하는 코드는 다음과 같습니다.

```
1   Sub ChartObjectsAddDemo()
2       Dim chtObject       As ChartObject
3       Dim myChart         As Chart
4       Set chtObject = ActiveSheet.ChartObjects.Add(Left:=50, Top:=40, Width:=600, Height:=250)
5       Set myChart = chtObject.Chart
6       myChart.ChartType = xlLine
7       myChart.SetSourceData Source:=Range("A1:F15")
8       Set chtObject = Nothing
9       Set myChart = Nothing
10  End Sub
```

02. ChartObject 변수를 선언합니다.

03. 차트 변수를 선언합니다.

04. ChartObject를 추가합니다.

　　- 차트 위치 : 왼쪽에서 50, 위에서 40의 거리에 해당하는 위치

　　- 차트 크기 : 너비 600, 높이 250

05. 추가된 차트를 변수에 할당합니다.

06. 차트 종류를 꺾은선형으로 설정합니다.

07. 차트 데이터 범위를 설정합니다.
08.~09. 개체를 초기화합니다.

3. 차트 종류

차트는 다음과 같이 73 종류가 있습니다.

이름	값	설명
xl3DArea	-4098	3차원 영역형 차트입니다.
xl3DAreaStacked	78	3차원 누적 영역형 차트입니다.
xl3DAreaStacked100	79	100% 기준 누적 영역형 차트입니다.
xl3DBarClustered	60	3차원 묶은 가로 막대형 차트입니다.
xl3DBarStacked	61	3차원 누적 가로 막대형 차트입니다.
xl3DBarStacked100	62	3차원 100% 기준 누적 가로 막대형 차트입니다.
xl3DColumn	-4100	3차원 세로 막대형 차트입니다.
xl3DColumnClustered	54	3차원 묶은 세로 막대형 차트입니다.
xl3DColumnStacked	55	3차원 누적 세로 막대형 차트입니다.
xl3DColumnStacked100	56	3차원 100% 기준 누적 세로 막대형 차트입니다.
xl3DLine	-4101	3차원 꺾은선형 차트입니다.
xl3DPie	-4102	3차원 원형 차트입니다.
xl3DPieExploded	70	쪼개진 3차원 원형 차트입니다.
xlArea	1	영역형 차트입니다.
xlAreaStacked	76	누적 영역형 차트입니다.
xlAreaStacked100	77	100% 기준 누적 영역형 차트입니다.
xlBarClustered	57	묶은 가로 막대형 차트입니다.
xlBarOfPie	71	원형 대 가로 막대형 차트입니다.
xlBarStacked	58	누적 가로 막대형 차트입니다.
xlBarStacked100	59	100% 기준 누적 가로 막대형 차트입니다.
xlBubble	15	거품형 차트입니다.
xlBubble3DEffect	87	3차원 효과의 거품형 차트입니다.
xlColumnClustered	51	묶은 세로 막대형 차트입니다.
xlColumnStacked	52	누적 세로 막대형 차트입니다.
xlColumnStacked100	53	100% 기준 누적 세로 막대형 차트입니다.

xlConeBarClustered	102	묶은 원뿔형 가로 막대형 차트입니다.
xlConeBarStacked	103	누적 원뿔형 가로 막대형 차트입니다.
xlConeBarStacked100	104	100% 기준 누적 원뿔형 가로 막대형 차트입니다.
xlConeCol	105	3차원 원뿔형 세로 막대형 차트입니다.
xlConeColClustered	99	묶은 원뿔형 세로 막대형 차트입니다.
xlConeColStacked	100	누적 원뿔형 세로 막대형 차트입니다.
xlConeColStacked100	101	100% 기준 누적 원뿔형 세로 막대형 차트입니다.
xlCylinderBarClustered	95	묶은 원통형 가로 막대형 차트입니다.
xlCylinderBarStacked	96	누적 원통형 세로 막대형 차트입니다.
xlCylinderBarStacked100	97	100% 기준 누적 원통형 가로 막대형 차트입니다.
xlCylinderCol	98	3차원 원통형 세로 막대형 차트입니다.
xlCylinderColClustered	92	묶은 원뿔형 세로 막대형 차트입니다.
xlCylinderColStacked	93	누적 원뿔형 세로 막대형 차트입니다.
xlCylinderColStacked100	94	100% 기준 누적 원통형 세로 막대형 차트입니다.
xlDoughnut	−4120	도넛형 차트입니다.
xlDoughnutExploded	80	쪼개진 도넛형 차트입니다.
xlLine	4	꺾은선형 차트입니다.
xlLineMarkers	65	표식이 있는 꺾은선형 차트입니다.
xlLineMarkersStacked	66	표식이 있는 누적 꺾은선형 차트입니다.
xlLineMarkersStacked100	67	표식이 있는 100% 기준 누적 꺾은선형 차트입니다.
xlLineStacked	63	누적 꺾은선형 차트입니다.
xlLineStacked100	64	100% 기준 누적 꺾은선형 차트입니다.
xlPie	5	원형 차트입니다.
xlPieExploded	69	쪼개진 원형 차트입니다.
xlPieOfPie	68	원형 대 원형 차트입니다.
xlPyramidBarClustered	109	묶은 피라미드형 가로 막대형 차트입니다.
xlPyramidBarStacked	110	누적 피라미드형 가로 막대형 차트입니다.
xlPyramidBarStacked100	111	100% 기준 누적 피라미드형 가로 막대형 차트입니다.
xlPyramidCol	112	3차원 피라미드형 세로 막대형 차트입니다.
xlPyramidColClustered	106	묶은 피라미드형 세로 막대형 차트입니다.
xlPyramidColStacked	107	누적 피라미드형 세로 막대형 차트입니다.

xlPyramidColStacked100	108	100% 기준 누적 피라미드형 세로 막대형 차트입니다.
xlRadar	-4151	방사형 차트입니다.
xlRadarFilled	82	채워진 방사형 차트입니다.
xlRadarMarkers	81	데이터 표식이 있는 방사형 차트입니다.
xlStockHLC	88	고가-저가-종가 차트입니다.
xlStockOHLC	89	시가-고가-저가-종가 차트입니다.
xlStockVHLC	90	거래량-고가-저가-종가 차트입니다.
xlStockVOHLC	91	거래량-시가-고가-저가-종가 차트입니다.
xlSurface	83	3차원 표면형 차트입니다.
xlSurfaceTopView	85	표면형(조감도) 차트입니다.
xlSurfaceTopViewWireframe	86	표면형(골격형 조감도) 차트입니다.
xlSurfaceWireframe	84	3차원 표면형(골격형) 차트입니다.
xlXYScatter	-4169	분산형 차트입니다.
xlXYScatterLines	74	직선이 있는 분산형 차트입니다.
xlXYScatterLinesNoMarkers	75	데이터 표식 없이 직선으로 연결된 분산형 차트입니다.
xlXYScatterSmooth	72	곡선이 있는 분산형 차트입니다.
xlXYScatterSmoothNoMarkers	73	데이터 표식 없이 곡선으로 연결된 분산형 차트입니다.

083 차트 옵션 설정하기

이번에는 생성된 차트의 제목과 범례, 축 서식, 계열 등을 설정하는 방법을 알아보도록 하겠습니다. 옵션을 설정하지 않으면 기본값이 사용됩니다.

```
1   Sub ChartOptionDemo()
2       Dim myChart         As Chart
3       Dim srs             As Series
4       Set myChart = ActiveSheet.Shapes.AddChart().Chart
5       With myChart
6           .ChartType = xlLine
7           With .Parent
8               .Left = Range("H2").Left
9               .Top = Range("H2").Top
10              .Width = Range("H1:N1").Width + 20
11              .Height = Range("H2:H15").Height - 10
12          End With
13          .ChartArea.Format.Line.Visible = True
14          .HasTitle = True
15          With .ChartTitle
16              .Characters.Text = "상품별 판매 현황"
17              .Characters.Font.Size = 12
18          End With
19          Set srs = .SeriesCollection.NewSeries
20          With srs
21              .XValues = Range("A2:A15")
22              .Values = Range("E2:E15")
23              .AxisGroup = 1
24              .MarkerStyle = 8
25              .MarkerSize = 2
26              .Name = Range("E1").Value
27          End With
28          Set srs = .SeriesCollection.NewSeries
29          With srs
30              .Values = Range("F2:F15")
```

```
31              .AxisGroup = 1
32              .MarkerStyle = -4115
33              .MarkerSize = 2
34              .Border.Color = vbRed
35              .MarkerBackgroundColor = vbBlue
36              .MarkerForegroundColor = vbBlack
37              .Name = Range("F1").Value
38          End With
39          With .Axes(xlCategory)
40              .BaseUnit = xlDays
41              .AxisBetweenCategories = False
42              .MajorTickMark = xlCross
43              .TickLabelPosition = xlLow
44              .TickLabels.Font.Size = 7
45          End With
46          With .Axes(xlValue)
47              .MinimumScale = 0
48              .MajorUnit = 200000
49              .MinorUnit = 100000
50              .MajorTickMark = xlCross
51              .TickLabelPosition = xlLow
52              .TickLabels.Font.Size = 8
53              .TickLabels.Font.Bold = True
54              .TickLabels.Font.Color = RGB(0, 102, 0)
55              .TickLabels.NumberFormatLocal = "#,##0;-#,##0"
56          End With
57          .SetElement (msoElementLegendRight)
58          .Legend.Font.Size = 8
59      End With
60      Set myChart = Nothing
61      Set srs = Nothing
62  End Sub
```

02. 차트 변수를 선언합니다.
03. 차트 계열 변수를 선언합니다.
04. 차트를 추가합니다.
06. 차트 종류를 '꺾은선형'으로 설정합니다.
07. 차트의 부모 개체(ChartObject)를 With 문으로 설정합니다. 차트 위치와 크기는 차트의 상위 계층인 'ChartObject' 클래스 개체에서 지정을 해야 합니다. 따라서 'Chart' 클래스 개체의 부모 개체를 구할 때는 'Chart.Parent' 속성을 이용하여 구할 수 있습니다. 여기서 'With .Parent' 구문은 해당 차트의 상위 계층인 'ChartObject'를 지칭하게 됩니다.

08. 왼쪽 위치는 H2셀의 왼쪽 가장자리에 해당하는 위치입니다.
09. 위쪽 위치는 H2셀의 왼쪽 위 가장자리에 해당하는 위치입니다.
10. 너비는 H1:N1셀의 열 너비를 더한 값에 20을 더한 너비입니다.
11. 높이는 H2:H15셀의 행 높이를 더한 값에 10을 뺀 높이입니다.
13. 차트 영역 테두리 선을 보이도록 설정합니다.
14. 차트 제목을 표시합니다.
15. 차트 제목을 With 문으로 설정합니다.
16. 차트 제목을 '상품별 판매 현황'으로 설정합니다.
17. 차트 제목의 글꼴 크기를 12로 설정합니다.
19. 첫 번째 계열 요소를 추가합니다.
21. 첫 번째 계열의 가로(항목)축 레이블 범위를 설정합니다.
22. 첫 번째 계열의 데이터 범위를 설정합니다.
23. 첫 번째 계열의 그룹을 1로 설정합니다.
24. 첫 번째 계열의 데이터 요소 표식 스타일을 설정합니다.
25. 첫 번째 계열의 데이터 요소 표식 크기를 설정합니다.
26. 첫 번째 계열의 데이터 요소 이름을 설정합니다.
28. 두 번째 계열 요소를 추가합니다. XValues는 설정하지 않아도 가능합니다.
34. 두 번째 계열의 선 색을 설정합니다.
35. 두 번째 계열의 표식 배경색을 설정합니다.
36. 두 번째 계열의 표식 전경색을 설정합니다.

  * *X축의 서식을 설정합니다.*

39. X축을 With 문으로 설정합니다.
40. X축의 기본 단위을 설정합니다. (일(xlDays), 월(xlMonths), 연(xlYears))
41. X축 위치를 설정합니다. (True는 눈금 사이, False는 눈금)
42. X축 주 눈금을 교차로 설정합니다.
43. X축 레이블은 낮은쪽으로 설정합니다.
44. X축 레이블의 글꼴 크기를 설정합니다.

  * *Y축의 서식을 설정합니다.*

46. Y축을 With 문으로 설정합니다.
47. Y축의 최소값을 설정합니다.
48. Y축의 주 단위를 설정합니다.
49. Y축의 보조 단위를 설정합니다.
50. Y축 주 눈금을 교차로 설정합니다.
51. Y축 레이블은 낮은쪽으로 설정합니다.
52. Y축 레이블의 글꼴 크기를 설정합니다.
53. Y축 레이블의 글꼴을 굵게로 설정합니다.
54. Y축 레이블의 글꼴 색상을 설정합니다.

55. Y축 레이블의 표시 형식을 설정합니다.
57. 차트 범례를 오른쪽에 표시합니다. (없음 msoElementLegendNone)
58. 차트 범례의 글꼴 크기를 설정합니다.

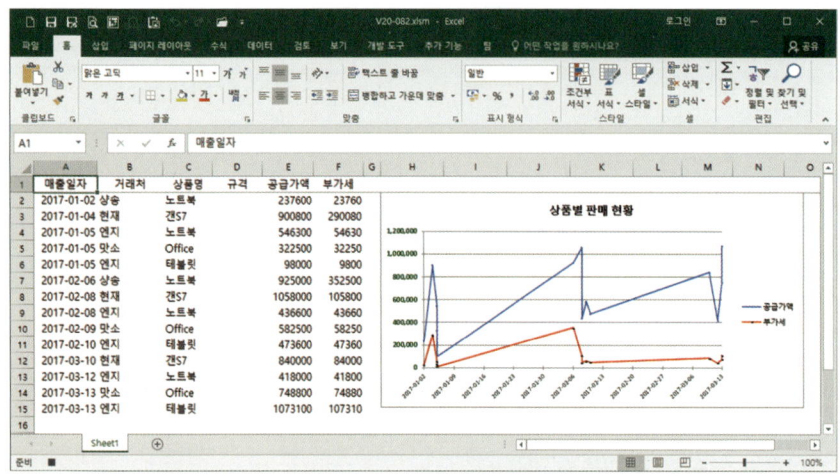

Parent 속성은 차트뿐 아니라 다른 개체의 부모 개체도 구할 수 있습니다.
다음은 Parent 속성을 이용해 부모 개체의 이름을 구해 메시지를 출력하는 코드입니다.

```
1   Sub parentDemo()
2       MsgBox ActiveCell.Parent.Name
3       MsgBox ActiveSheet.Parent.Name
4   End Sub
```

02. 현재 선택된 셀의 부모 개체인 시트 이름을 메시지 박스로 출력합니다.
03. 현재 선택된 시트의 부모 개체인 통합 문서 이름을 메시지 박스로 출력합니다.

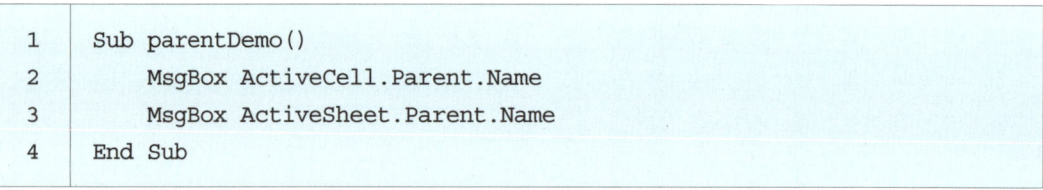

Chapter 22

액세스(Access) 파일 연동하기

데이터가 많은 경우 엑셀을 이용해 집계 등의 작업을 진행하기에는 파일이 무겁고 처리 시간도 많이 소요됩니다. 이를 해결하기 위해 액세스(Access)를 DB로 사용하면 파일의 용량과 속도 개선 효과를 얻을 수 있습니다. 이 장에서는 액세스 파일을 생성하는 방법과 생성된 파일에 테이블을 만들어 데이터를 입력하는 방법, 그리고 입력된 데이터를 불러오는 방법에 대하여 알아보도록 하겠습니다.

084 액세스(Access) 파일 생성하기

액세스 파일을 생성하는 방법은 여러 가지가 있지만 그 중 하나인 *ADOX.Catalog*를 이용하는 방법을 살펴보겠습니다.

```
1   Sub AccessFileCreateDemo()
2       Dim strPath     As String
3       Dim strSql      As String
4       Dim oCatalog    As Object
5       Dim con         As Object
6       strPath = "C:\ex4mo\AccessDemo.accdb"
7       If Dir(strPath) <> "" Then
8           MsgBox "액세스 파일이 존재하므로 생성할 수 없습니다.", vbCritical, "DB 존재 확인!!"
9           Exit Sub
10      End If
11      Set oCatalog = CreateObject("ADOX.Catalog")
12      oCatalog.Create "Provider=Microsoft.ACE.OLEDB.12.0;Data Source=" & strPath
13      If oCatalog Is Nothing Then
14          MsgBox "액세스 파일을 생성하지 못했습니다.", vbCritical, "액세스 파일 생성 실패!!"
15          Exit Sub
16      End If
17      Set oCatalog = Nothing
18  End Sub
```

06. 액세스 파일의 생성 경로를 설정합니다. 전체 경로를 포함한 파일 이름으로 구성해야 정상적으로 실행됩니다.

07.~10. 액세스 파일을 생성하기 전에 생성할 경로에 생성할 파일명이 있는지를 Dir 함수를 이용해 검사합니다. 파일이 있으면 메시지 박스 출력하고 프로시저를 종료합니다.

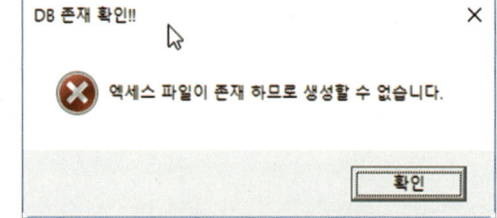

11. ADOX.Catalog의 오브젝트(Object)를 생성합니다.
12. 액세스 파일을 생성합니다.
13.~16. 생성된 액세스 파일이 없으면 메시지 박스를 출력하고 프로시저를 종료합니다.
17. 개체 메모리를 초기화합니다.

만약에 해당 경로에 파일이 있는데도 파일을 생성하면 오류가 발생합니다.

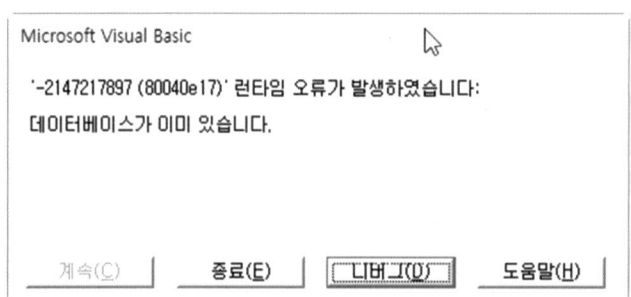

액세스 파일을 생성하는 구문 중 *Provider*는 버전에 따라 다르므로 주의가 필요합니다.
Excel 2003 이하 버전은 *Microsoft.ACE.OLEDB.4.0*을 사용합니다. *Excel 2007, 2010* 버전의 경우에는 *Microsoft.ACE.OLEDB.12.0*를, *Excel 2013* 버전의 경우에는 *Microsoft.ACE.OLEDB.15.0*를 사용하고 현재 최신 버전인 *Excel 2016*의 경우에는 *Microsoft.ACE.OLEDB.16.0*을 사용합니다. 참고로 액세스 파일의 확장자는 *Access 2003* 이하 버전까지는 *mdb*를 2007 이상 버전부터는 *accdb*를 사용합니다.

085 테이블 생성하기

생성된 액세스 파일은 하나의 database로 이해하면 됩니다. database에는 하나 이상의 테이블을 생성할 수 있습니다. 테이블이 여러 개일 경우 각 테이블끼리 연결고리만 있으면 두 개 이상의 테이블을 연결하여 데이터를 생성할 수 있습니다. 따라서 테이블을 생성할 때에는 다른 테이블과의 연관성을 고려해야 합니다. 이번에는 ADODB.Connection을 이용해 테이블을 만들어 보도록 하겠습니다.

테이블을 생성하는 구문을 살펴보겠습니다.

```
CREATE TABLE
table_name
( { < column_definition >
| column_name AS computed_column_expression
| < table_constraint > ::= [ CONSTRAINT constraint_name ] }
| [ { PRIMARY KEY | UNIQUE } [ ,...n ]
)
...
```

복잡하고 많은 구문 중에 꼭 필요한 부분만 살펴보겠습니다.

```
CREATE TABLE 테이블 이름 (
필드명1 데이터 형식 NULL 유무 Default 값,
필드명2 데이터 형식 NULL 유무 Default 값,
필드명3 데이터 형식 NULL 유무 Default 값,
PRIMARY KEY(필드명, 필드명))
```

앞에서 생성한 *database*에 테이블을 생성하는 코드는 다음과 같습니다

```
1   Sub AccessTableCreateDemo()
2       Dim strPath     As String
3       Dim strSql      As String
4       Dim con         As Object
5       strPath = "C:\ex4mo\AccessDemo.accdb"
6       Set con = CreateObject("ADODB.Connection")
7       con.ConnectionString = "Provider=Microsoft.ACE.OLEDB.12.0; Data Source=" & strPath
8       con.Open
9       strSql = "CREATE TABLE OrderList ("
10      strSql = strSql & "OdrNo LONG NOT NULL,"
11      strSql = strSql & "CusID VARCHAR(7),"
12      strSql = strSql & "EmpName VARCHAR(10) NOT NULL,"
13      strSql = strSql & "OdrDate DATE Default #" & Date & "#,"
14      strSql = strSql & "ReqDate DATE,"
15      strSql = strSql & "PRIMARY KEY(OdrNo))"
16      con.Execute strSql
17      Set con = Nothing
18  End Sub
```

05. 액세스 파일의 경로를 설정합니다.
06. ADODB.Connection의 오브젝트(Object)를 생성합니다.
07. 생성된 오브젝트의 연결 정보를 설정합니다.
08. 오브젝트를 열기합니다.
09.~15. 테이블 생성 쿼리문을 작성합니다. 테이블 생성 쿼리문은 한 줄로 작성해도 가능하지만 필드 단위로 나누어서 코드를 작성하는 방법을 권장합니다.

완성된 커리문(strSql 변수의 값)입니다.

CREATE TABLE OrderList (
　OdrNo LONG NOT NULL,
　CusID VARCHAR(7),
　EmpName VARCHAR(10) NOT NULL,
　OdrDate DATE Default #" & Date & #,
　ReqDate DATE
　PRIMARY KEY(OdrNo)

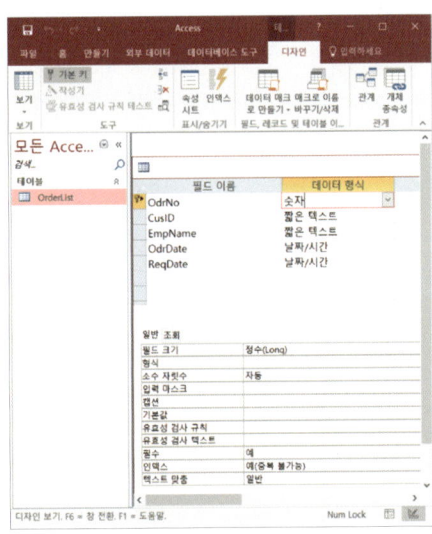

16. 쿼리문 실행하여 테이블을 생성합니다.
17. 개체 메모리를 초기화합니다.

예제 코드 일부를 좀 더 자세히 살펴보겠습니다.

구문	필드명	데이터 형식	NULL	Default
"OdrNo LONG NOT NULL,"	OdrNo	LONG	NOT NULL	
"EmpName VARCHAR(10) NOT NULL,"	EmpName	VARCHAR(10)	NOT NULL	
"OdrDate DATE Default #" & Date & "#,"	OdrDate	DATE		Date

데이터 형식 중 VARCHAR인 경우에는 크기를 지정해줘야 하고 VARCHAR(10)는 10Byte까지 입력이 가능합니다. 따라서 초과하는 값을 입력하려면 오류가 발생하기 때문에 필드의 성격에 맞게 크기를 최대값으로 설정해야 합니다. 무조건 크게 설정하면 오류가 발생할 확률은 낮아지겠지만 반대로 데이터 저장공간은 커져서 파일이 무겁고 속도에 영향을 줄 수 있으므로 최적화가 필요합니다.

데이터 형식이 날짜(DATE)인 경우에는 값의 앞과 뒤에 #을 이용합니다. Default를 지정하면 값을 입력하지 않아도 지정된 값이 입력됩니다. NULL 허용을 NOT NULL로 지정한 필드는 꼭 값이 입력되어야 합니다. 입력하지 않으면 오류가 발생합니다.

맨 마지막 구문에 있는 PRIMARY KEY는 기본키 제약입니다. 고유한 값을 입력해야 할 경우에 유용합니다. 즉, 중복으로 입력을 하면 안되는 필드에 지정하면 됩니다. PRIMARY KEY(OdrNo)는 OdrNo를 기본키로 지정했으므로 OdrNo는 고유한 값만 입력해야 하고 같은 값을 입력하면 오류가 발생합니다.

86 데이터 입력하기

이번에는 생성한 *database*에 있는 테이블에 데이터를 입력해 보겠습니다. 데이터를 입력하는 쿼리문은 *INSERT* 문을 이용하며 기본 형식은 다음과 같습니다.

```
INSERT [INTO]
  {table_name | view_name}[(column_list)]
  {VALUES | values_list | select_statement}
```

1. INSERT 절

행을 삽입할 테이블 또는 뷰를 지정합니다. 전체 행을 지정할 때에는 전체 필드 이름을 표시하거나 필드 이름을 생략합니다. 전체 필드가 아닌 일부 필드를 지정할 경우에는 필드 리스트를 사용할 수 있습니다.

2. VALUES 절

삽입할 데이터를 지정합니다. *INSERT* 절의 필드와 *VALUES* 절의 값은 1:1 매칭이 되어야 합니다. *INSERT* 절에서 OdrNo, CusID…이면 *VALUES* 절의 값도 OdrNo 값, CusID 값… 이어야 합니다. 일부 필드를 제외하고 입력이 가능하며 예제 쿼리문은 다음과 같습니다.

```
INSERT INTO OrderList(OdrNo, CusID, EmpName, OdrDate)
VALUES( 2, '4321', '나가자', #2017-1-1#)
```

VALUES 절에서 데이터 형식이 텍스트인 경우에는 작은따옴표(')로 날짜인 경우에는 #으로 표시해야 합니다.

액세스 파일에 있는 테이블에 데이터를 입력하는 코드는 다음과 같습니다.

```
1   Sub dbInsertDemo()
2       Dim strPath     As String
3       Dim strSql      As String
4       Dim con         As Object
5       strPath = "C:\ex4mo\AccessDemo.accdb"
6       Set con = CreateObject("ADODB.Connection")
7       con.ConnectionString = "Provider=Microsoft.ACE.OLEDB.12.0; Data Source=" & strPath
8       con.Open
9       strSql = "INSERT INTO OrderList(OdrNo, CusID, EmpName, OdrDate, ReqDate) "
10      strSql = strSql & "VALUES( 1, '1234', '이기자', #2017-1-1#, null)"
11      con.Execute strSql
12      con.Close
13      Set con = Nothing
14  End Sub
```

05. 액세스 파일 경로를 설정합니다.
06. ADODB.Connection의 오브젝트(Object)를 생성합니다.
07. 생성된 오브젝트의 연결 정보를 설정합니다.
08. 오브젝트를 열기 합니다.
09.~10. 데이터 입력 쿼리문을 작성합니다.
11. 쿼리문을 실행하여 데이터를 입력합니다.
12. 오브젝트를 닫기합니다.
13. 개체 메모리를 초기화합니다.

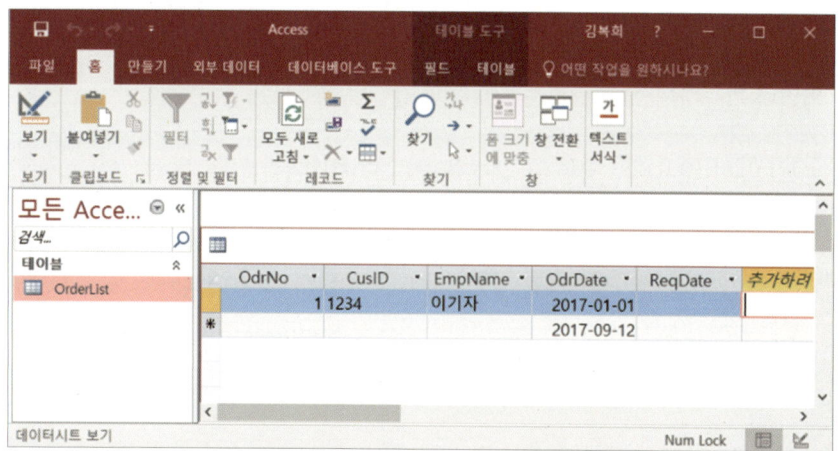

087 데이터를 불러와서 시트에 출력하기

액세스 파일을 생성한 후 테이블을 만들고 데이터를 입력하는 부분까지를 알아보았습니다. 이번 장에서는 입력된 데이터에서 조건에 만족하는 데이터를 불러와 시트에 출력해보겠습니다.

불러오는 것은 SELECT 문을 이용하며 기본 구성은 다음과 같습니다.
- SELECT : 검색할 필드들을 지정합니다.
- FROM : 검색할 테이블을 지정합니다.
- WHERE : 검색할 테이블 내의 행을 결정합니다. 'WHERE' 절이 없는 경우에는 해당 테이블의 모든 행을 검색합니다.
- GROUP BY : 결과 데이터를 그룹화합니다. 'HAVING'으로 그룹된 데이터를 결정합니다.
- ORDER BY : 데이터를 정렬합니다.

모든 필드를 지정할 때 모든 필드 이름을 나열하거나 SELECT *로 표현을 합니다. SELECT *의 경우 테이블의 필드 순서로 출력되며 일부를 지정하면 지정된 필드의 데이터만 불러옵니다.

```
SELECT CusID, EmpName, OdrDate
```

조건에 만족하는 데이터만 불러올 경우에는 'WHERE' 절을 이용합니다. 다음은 'EmpName' 필드의 값이 '이기자'인 경우만 불러오는 구문입니다.

```
WHERE EmpName = '이기자'
```

조건이 두 가지 이상인 경우에는 AND나 OR를 이용합니다.
다음은 EmpName이 이기자이고 OdrDate가 '2월'인 데이터만 불러오는 쿼리문입니다.

```
SELECT   *
FROM   OrderList
WHERE  EmpName = '이기자'
    AND OdrDate  between #2017-2-1# AND #2017-2-28#
```

불러올 검색 조건에 포함할 수 있는 조건은 다음과 같습니다.

구분	설명
비교 연산자	=, 〉, 〈, 〉=, 〈=, 〈〉, !=, !〈, !〉
범위	BETWEEN, NOT BETWEEN
목록	IN, NOT IN
일치하는 문자열	LIKE, NOT LIKE
알 수 없는 값	IS NULL, IS NOT NULL
결합	AND, OR
부정	NOT

ADODB.Recordset의 옵션은 다음과 같습니다.

- CursorLocation

구분	값	설명
adUseNone	1	커서 서비스를 사용하지 않습니다.(이전 버전과의 호환성으로 사용)
adUseServer	2	기본값. 서버측 커서를 사용합니다.
adUseClient	3	사용자 커서를 사용합니다.

- CursorType

구분	값	설명
adOpenUnspecified	-1	커서 유형을 미지정합니다.
adOpenForwardOnly	0	기본값. 정적 커서를 사용합니다.
adOpenKeyset	1	키 세트 커서를 사용합니다.
adOpenDynamic	2	동적 커서를 사용합니다.
adOpenStatic	3	정적 커서를 사용합니다.

- LockType

구분	값	설명
adLockUnspecified	-1	지정되지 않은 잠금 유형입니다.
adLockReadOnly	1	읽기 전용입니다.
adLockPessimistic	2	레코드별로 레코드를 잠급니다.
adLockOptimistic	3	레코드 입력과 업데이트입니다.
adLockBatchOptimistic	4	배치 업데이트 모드입니다.

액세스 파일에 있는 테이블(OrderList) 데이터를 불러와 시트에 출력하는 코드는 다음과 같습니다.

```
Sub dbSelectDemo()
    Dim i                As Long
    Dim lngFildCount     As Long
    Dim strPath          As String
    Dim strSql           As String
    Dim oCatalog         As Object
    Dim con              As Object
    Dim Rs_Cnt           As Object
    strPath = "C:\ex4mo\AccessDemo.accdb"
    Set con = CreateObject("ADODB.Connection")
    con.ConnectionString = "Provider=Microsoft.ACE.OLEDB.12.0; Data Source=" & strPath
    con.Open
    Set Rs_Cnt = CreateObject("ADODB.Recordset")
    strSql = "SELECT * "
    strSql = strSql & "FROM OrderList"
    With Rs_Cnt
        .ActiveConnection = con
        .CursorLocation = 3
        .CursorType = 3
        .LockType = 1
        .Open strSql
    End With
    lngFildCount = Rs_Cnt.Fields.Count
    For i = 1 To lngFildCount
        Cells(1, i).Value = Rs_Cnt.Fields(i - 1).Name
    Next i
    Range("A2").CopyFromRecordset Rs_Cnt
    con.Close
    Set con = Nothing
    Set Rs_Cnt = Nothing
End Sub
```

09. 액세스 파일의 경로를 설정합니다.

10. 'ADODB.Connection'의 오브젝트(Object)를 생성합니다.

11. 생성된 오브젝트의 연결 정보를 설정합니다.

12. 오브젝트를 열어줍니다.

13. 'ADODB.Recordset'의 오브젝트(Object)를 생성합니다.

14.~15. 데이터를 불러오는 쿼리문을 작성합니다.

16. Recordset 오브젝트를 With 문으로 지정합니다.

17. 커넥션을 지정합니다.

18. 커서를 지정(adUseClient)합니다.
19. 커서 타입을 지정(adOpenForwardOnly)합니다.
20. Look 타입을 지정(읽기만 가능)합니다.
21. 쿼리문을 실행합니다.
23. 불러온 데이터의 필드 개수를 구하여 변수에 할당합니다.
24.~26. 데이터의 필드 이름을 시트 1행에 순차적(A열, B열…)으로 출력합니다.
27. A2셀에 불러온 레코드 출력합니다.
28. 오브젝트를 닫아줍니다.
29.~30. 개체 메모리를 초기화합니다.

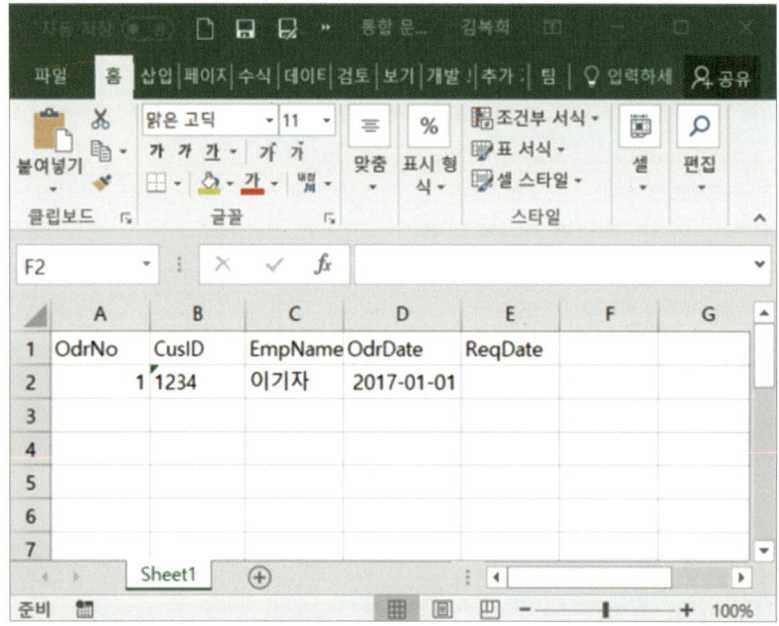

Chapter 23
알면 유용한 활용 팁

업무에서 자주 반복되는 부분을 자동화 하는 팁을 알아보도록 하겠습니다. 제시하는 방법은 여러 방법 중에 하나이므로 다른 방법으로 응용해 보면서 실습해 보기 바랍니다.

088 | 짝수 행 삭제하기

행이나 열을 삭제할 때 자주 범하는 오류가 위쪽(또는 왼쪽)에서부터 아래(또는 오른쪽)쪽으로 삭제를 하는 것입니다. 위쪽을 삭제하면 그 다음 행에 있는 데이터가 삭제한 행으로 올라오게 되어 다음 행을 삭제하는 행위가 누락되기 때문입니다. 따라서 삭제할 때는 아래쪽(또는 오른쪽)에서 위쪽(또는 왼쪽)으로 올라가면서 삭제해야 합니다. 짝수 행뿐 아니라 3행, 5행씩 등의 규칙에 따라 Step 값만 바꿔주면 간단하게 원하는 기능을 구현할 수 있게 됩니다.

For…Next 문을 이용해 '4행, 6행, 8행…마지막행'까지 삭제하는 코드는 다음과 같습니다.

```
1   Sub EvenRowDeleteDemo()
2       Dim i             As Long
3       Dim lngLastRow    As Long
4       lngLastRow = Cells(Rows.Count, 1).End(xlUp).Row
5       If lngLastRow < 4 Then
6           Exit Sub
7       End If
8       Application.ScreenUpdating = False
9       lngLastRow = lngLastRow - 1
10      For i = lngLastRow To 4 Step -2
11          Range("A" & i).EntireRow.Delete
12      Next i
13      Application.ScreenUpdating = True
14  End Sub
```

04. A열의 마지막 데이터가 있는 행 번호를 구하여 변수에 할당합니다.

05.~07. 마지막 행 번호가 4보다 작으면 삭제할 데이터가 없으므로 프로시저 종료합니다.

08. 화면 갱신 모드를 해제합니다.

09. 마지막 행은 삭제할 데이터가 아니기 때문에 구한 행 번호에서 1을 빼주어 15를 14로 보정합니다.

10.~12. For…Next 문으로 마지막 행부터 4행까지 −2단계씩 순환하면서 행을 삭제합니다.

13. 화면 갱신 모드로 전환합니다.

열을 삭제할 때 앞의 코드에서 *EntireRow.Delete* 대신 *EntireColumn.Delete*를 이용합니다.

[원본데이터]

[코드 실행 후]

089 중복되는 셀 하나로 합치기

데이터 작업을 하다보면 반복되는 데이터가 발생합니다. 이런 경우에 데이터가 반복되는 셀을 병합하는 예제입니다.

카드사가 같으면 셀을 병합하기 위해 For…Next 문을 이용해 순환하면서 카드사가 같은지 판단하고 같은 데이터가 2개 이상이면 셀을 병합합니다.

```
1   Sub mergeDemo()
2       Dim i              As Long
3       Dim lngLastRow     As Long
4       Dim lngSRow        As Long
5       Dim lngCnt         As Long
6       Dim strCardName As String
7       lngLastRow = Cells(Rows.Count, 1).End(xlUp).Row
8       If lngLastRow <= 2 Then
9           Exit Sub
10      End If
11      Application.ScreenUpdating = False
12      Application.DisplayAlerts = False
13      For i = 3 To lngLastRow
14          lngCnt = 0
15          lngSRow = i
16          strCardName = Range("A" & i).Value
17          Do
```

```
18                lngCnt = lngCnt + 1
19            Loop While Range("A" & lngSRow + lngCnt).Value = strCardName
20            If lngCnt > 1 Then
21                Range("A" & lngSRow).Resize(lngCnt).Merge
22            End If
23            i = i + lngCnt - 1
24        Next i
25        Application.DisplayAlerts = True
26        Application.ScreenUpdating = True
27    End Sub
```

02. For 문에서 사용할 변수를 선언합니다.
03. 마지막 행 번호 변수를 선언합니다.
04. 카드사별 시작 행 번호로 사용할 변수를 선언합니다.
05. 카드사별 개수로 사용할 변수를 선언합니다.
06. 카드사 이름을 변수로 선언합니다.
07. A열의 마지막 데이터가 있는 행 번호를 구하여 변수에 할당합니다.
08.~10. 마지막 행 번호가 2 이하이면 데이터가 없으므로 프로시저를 종료합니다.
11. 화면 갱신 모드를 해제합니다.
12. 경고 메시지 모드를 해제합니다.
13. For…Next 문으로 3행부터 마지막 행까지 1단계씩 순환합니다.
14. 카드사 개수를 담을 변수를 초기화합니다.
15. 카드사가 시작되는 행 번호를 할당합니다.
16. A열의 시작 행에 해당하는 카드사 이름을 변수에 할당합니다.
17.~19. Do…Loop While 문으로 카드사가 같으면 순환하면서 카드사의 개수를 구합니다.
20.~22. 카드사의 개수가 1개를 초과하면 카드사 시작 행부터 개수만큼 셀을 병합합니다.
23. i 값과 개수를 더한 다음 –1을 하여 i 값을 보정합니다. (시작 행 번호 + 카드사 개수 –1)
25. 경고 메시지 모드로 전환합니다.
26. 화면 갱신 모드로 전환합니다.

프로시저를 실행한 결과 화면은 다음과 같습니다.

090 특정 색으로 채워진 셀 모두 찾기

채우기 되어 있는 셀(그림의 노랑)을 모두 찾아 지우는 방법은 두 가지가 있습니다. 모든 셀을 순환하면서 셀에 채우기가 되어있는지 비교하여 지우는 방법과 찾기 및 바꾸기 기능을 이용하는 방법입니다.

엑셀 시트에서 Ctrl + F 를 눌러 [찾기 및 바꾸기] 대화상자가 나타나면 [서식]을 클릭해 서식을 설정하여 찾는 방법입니다.

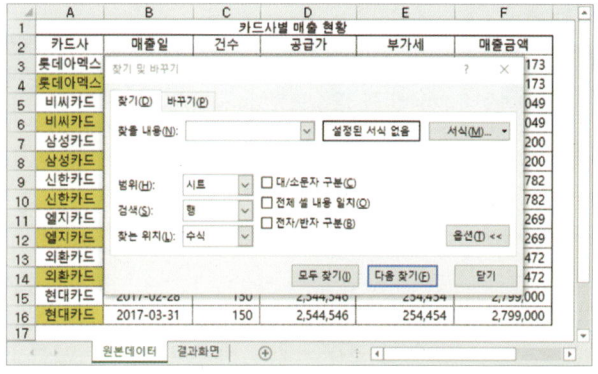

For…Next 문을 이용하는 방법도 있지만 찾기 및 바꾸기(Application.FindFormat 속성) 기능을 이용해 보겠습니다.

```vb
1   Sub InteriorColorData_Clear()
2       Application.ScreenUpdating = False
3       With Application.FindFormat
4           .Clear
5           .Interior.Color = vbYellow
6           Columns(1).Replace What:="", Replacement:="", _
                            SearchFormat:=True, ReplaceFormat:=False
7           .Clear
8       End With
9       Application.ScreenUpdating = True
10  End Sub
```

02. 화면 갱신 모드를 해제합니다.

03. 찾을 셀 서식 유형에 대한 검색 조건입니다.

04. '설정된 서식 없음'으로 초기화(기존 서식 지우기)합니다.

05. 찾을 채우기 색을 노랑으로 설정합니다.

06. SearchFormat이 True이므로 A열에서 노란색을 찾아 값을 공란("")로 변경(Replacement)합니다.

07. '설정된 서식 없음'으로 초기화(5에서 설정한 서식 지우기)합니다. 만약 '설정된 서식 없음'으로 초기화를 하지 않으면 엑셀 시트에서 Ctrl + F 를 눌러 찾기할 때의 서식이 지정되어 있어 올바른 결과를 얻지 못할 수 있기 때문에 초기화 하는 것이 좋습니다.

09. 화면 갱신 모드로 전환합니다.

프로시저를 실행한 결과 화면은 다음과 같습니다.

091 평균 이하의 셀에 채우기 색상 적용하기

값이 평균 이하인 셀을 찾아서 채우기 색상을 적용해 보겠습니다. 찾은 셀에 채우기 색상을 하나씩 적용하는 방법도 있지만 이번에는 Union 메서드를 이용해 적용할 모든 셀을 찾은 다음 채우기 색상을 한번에 적용하는 방법을 알아보겠습니다. 이렇게 작업하는 이유는 하나씩 적용하는 것보다 전체 셀을 한번에 적용하는 방법이 속도면에서 효율적이기 때문입니다.

	A	B	C	D	E	F
1				평균	26	893,200
2	일자	거래처	품목	단가	수량	금액
3	2017-01-02	삼송	노트북	39,600	6	237,600
4	2017-01-04	현다이	갤S7	59,200	49	2,900,800
5	2017-01-05	엔지	노트북	60,700	9	546,300
6	2017-01-05	맛소	Office	21,500	15	322,500
7	2017-01-05	엔지	테블릿	9,800	10	98,000
8	2017-01-06	현다이	갤S7	75,000	47	3,525,000
9	2017-01-08	맛소	Office	23,000	46	1,058,000
10	2017-01-08	현다이	테블릿	11,800	37	436,600
11	2017-01-09	하산	드론	23,300	25	582,500
12	2017-01-10	맛소	드론	29,600	16	473,600
13	2017-01-10	삼송	Office	14,000	6	84,000
14	2017-01-12	맛소	테블릿	11,000	38	418,000
15	2017-01-13	현다이	노트북	19,200	39	748,800
16	2017-01-13	맛소	드론	51,100	21	1,073,100

Application.Union 메서드의 구문과 매개 변수는 다음과 같습니다.

expression.Union(Arg1, Arg2, Arg3, Arg4, Arg5, Arg6, Arg7, Arg8, Arg9, Arg10, Arg11, Arg12, Arg13, Arg14, Arg15, Arg16, Arg17, Arg18, Arg19, Arg20, Arg21, Arg22, Arg23, Arg24, Arg25, Arg26, Arg27, Arg28, Arg29, Arg30)

이름	필수/선택	데이터 형식	설명
Arg1	필수	Range	Range 개체를 둘 이상 지정해야 합니다.
Arg3	필수	Range	Range 개체를 둘 이상 지정해야 합니다.
Arg3	선택	Variant	Range 개체를 둘 이상 지정해야 합니다.
~			
Arg28	선택	Variant	Range 개체를 둘 이상 지정해야 합니다.
Arg29	선택	Variant	Range 개체를 둘 이상 지정해야 합니다.
Arg30	선택	Variant	Range 개체를 둘 이상 지정해야 합니다.

Application.Union 메서드는 여러 범위(2개 이상 ~ 30개 이하까지)의 합집합을 반환합니다.

```
1   Sub UnionDemo()
2       Dim lngLastRow   As Long
3       Dim dblAverage   As Long
4       Dim rng          As Range
5       Dim rngDb        As Range
6       Dim rngUnion     As Range
7       lngLastRow = Cells(Rows.Count, "E").End(xlUp).Row
8       If lngLastRow <= 2 Then
9           Exit Sub
10      End If
11      Application.ScreenUpdating = False
12      dblAverage = Range("E1").Value
13      Set rngDb = Range("E3:E" & lngLastRow)
14      For Each rng In rngDb
15          If rng.Value <= dblAverage Then
16              If rngUnion Is Nothing Then
17                  Set rngUnion = rng
18              Else
19                  Set rngUnion = Application.Union(rngUnion, rng)
20              End If
21          End If
22      Next rng
23      If Not rngUnion Is Nothing Then
24          rngUnion.Interior.Color = vbYellow
25      End If
26      Application.ScreenUpdating = True
27  End Sub
```

07. E열(수량이 입력되어 있는 열)의 마지막 데이터가 있는 행 번호를 변수에 할당합니다.

08.~10. 마지막 행 번호가 2 이하면 데이터가 없기 때문에 프로시저 종료합니다.

11. 화면 갱신 모드를 해제합니다.

12. 평균 수량을 변수에 할당합니다.

13. E열의 범위(E3:E16)를 변수에 할당(범위인 경우에는 Set 문이 필수)합니다.

14. For Each…Next 문으로 데이터 범위를 순환합니다.

15. 해당하는 셀의 값이 평균값(dblAverage) 보다 작거나 같으면 참(True)이므로 IF 문을 실행합니다.

16. Union한 범위 변수(rngUnion)에 지정된 범위가 없으면(Is Nothing) IF 문을 실행합니다.

17. Application.Union 메서드 범위는 최소 2개이므로 1개인 경우에는 사용할 수 없기 때문에 현재 셀을 변수에 할당합니다.

19. 지정된 범위가 있으면 Union으로 지정한 범위에 현재 셀 범위를 추가합니다.

23. Union 한 범위 변수(rngUnion)가 비워져 있지 않으면 참(True)이므로 IF 문을 실행합니다.

24. Union 한 범위를 노란색으로 채우기 합니다.
26. 화면 갱신 모드로 전환합니다.

프로시저를 실행한 결과 화면은 다음과 같습니다.

	A	B	C	D	E	F
1				평균	26	893,200
2	일자	거래처	품목	단가	수량	금액
3	2017-01-02	삼송	노트북	39,600	6	237,600
4	2017-01-04	현대이	갤S7	59,200	49	2,900,800
5	2017-01-05	엔지	노트북	60,700	9	546,300
6	2017-01-05	맛소	Office	21,500	15	322,500
7	2017-01-05	엔지	테블릿	9,800	10	98,000
8	2017-01-06	현대이	갤S7	75,000	47	3,525,000
9	2017-01-08	맛소	Office	23,000	46	1,058,000
10	2017-01-08	현대이	테블릿	11,800	37	436,600
11	2017-01-09	하산	드론	23,300	25	582,500
12	2017-01-10	맛소	드론	29,600	16	473,600
13	2017-01-10	삼송	Office	14,000	6	84,000
14	2017-01-12	맛소	테블릿	11,000	38	418,000
15	2017-01-13	현대이	노트북	19,200	39	748,800
16	2017-01-13	맛소	드론	51,100	21	1,073,100

92 일부 시트를 제외한 모든 시트 선택하기

하나의 통합 문서에는 하나 이상의 워크시트가 있습니다. 여러 개의 시트 중 사용자가 지정한 시트를 제외한 나머지 시트를 선택하거나 삭제할 때 유용하게 사용할 수 있습니다. 이번에는 시트를 순환하는 방법과 지정한 시트의 탭 색상을 변경하는 방법을 알아보겠습니다.

합계시트가 아닌 모든 시트를 선택해 보겠습니다.

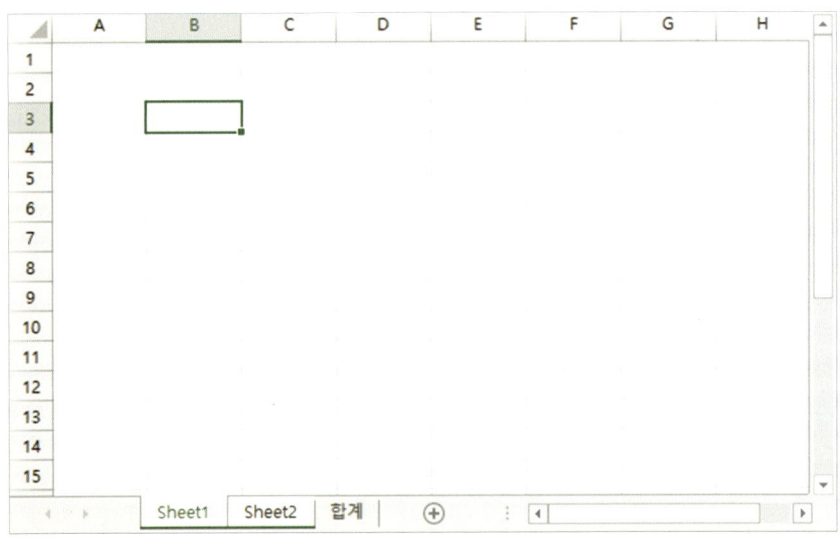

1. 시트의 인덱스 번호를 이용하는 방법

시트의 인덱스 번호는 시트의 왼쪽에서 시작하여 오른쪽으로 순차적으로 '1, 2, 3…'으로 번호가 구성되어 있습니다.

```
1   Sub shtSelectDemo1()
2       Dim lngCnt          As Long
3       Dim lngSht()        As Long
4       Dim sht             As Worksheet
5       For Each sht In Worksheets
6           If sht.Name <> "합계" Then
7               ReDim Preserve lngSht(lngCnt)
8               lngSht(lngCnt) = sht.Index
9               lngCnt = lngCnt + 1
10          End If
11      Next sht
12      If lngCnt > 0 Then
13          Sheets(lngSht).Select
14      End If
15  End Sub
```

02. 조건에 만족하는 개수의 변수를 선언합니다.

03. 시트 인덱스 번호를 담을 배열 변수를 선언합니다.

04. 시트를 순환하면서 해당하는 시트를 담을 변수를 선언합니다.

05.~11. For Each…Next 문으로 통합 문서의 워크시트를 순환합니다.

06. 해당 시트의 이름이 '합계'가 아니면 참(True)이므로 IF 문을 실행합니다.

07. 배열 변수(lngSht())의 크기를 다시 지정합니다. lngCnt 변수의 값은 초기값인 '0'입니다.

08. 배열 변수(lngSht(0))에 시트 인덱스 번호를 할당합니다.

09. 조건에 만족하는 시트를 하나 찾았으므로 개수 변수의 값을 증가(+1)시킵니다.

12. 조건에 만족하는 개수가 0보다 크면(하나라도 있으면) 참(True)이므로 IF 문을 실행합니다.

13. 시트 인덱스를 담은 배열 변수를 이용해 조건에 만족하는 모든 시트를 선택합니다.

2. 시트의 이름을 이용하는 방법

시트에는 각각 고유한 이름이 있습니다. 시트 탭에 있는 이름과 VBE의 [속성] 창에 있는 이름인 코드네임 2가지입니다.

시트 탭에 있는 이름으로 조건을 비교하는 코드는 다음과 같습니다.

```
1   Sub shtSelectDemo2()
2       Dim lngCnt          As Long
3       Dim strSht()        As String
4       Dim sht             As Worksheet
5       For Each sht In Worksheets
6           If sht.Name <> "합계" Then
7               ReDim Preserve strSht(lngCnt)
8               strSht(lngCnt) = sht.Name
9               lngCnt = lngCnt + 1
10          End If
11      Next sht
12      If lngCnt > 0 Then
13          Sheets(strSht).Select
14      End If
15  End Sub
```

02. 조건에 만족하는 개수 변수를 선언합니다.

03. 시트 이름을 담을 배열 변수를 선언합니다.

04. 시트를 순환하면서 해당하는 시트를 담을 변수를 선언합니다.

05.~11. For Each…Next 문으로 통합 문서의 워크시트를 순환합니다.

06. 해당 시트의 이름이 '합계'가 아니면 참(True)이므로 IF 문을 실행합니다.

07. 배열 변수(strSht())의 크기를 다시 지정합니다. lngCnt 변수의 값은 초기값인 '0'입니다.

08. 배열 변수(strSht(0))에 시트 이름을 할당합니다.

09. 조건에 만족하는 시트를 하나 찾았으므로 개수 변수의 값을 증가(+1)시킵니다.

12. 조건에 만족하는 개수가 0보다 크면(하나라도 있으면) 참(True)이므로 IF 문을 실행합니다.

13. 시트 이름을 담은 배열 변수를 이용해 조건에 만족하는 모든 시트를 선택합니다.

093 시트에 있는 그림을 파일(JPG)로 저장하기

엑셀 작업을 하다 보면 시트에 그림을 삽입하여 작업하는 경우가 있습니다. 삽입된 그림은 다른 곳에도 사용할 수 있기 때문에 삽입된 그림을 파일로 저장하는 방법을 알아보겠습니다. 수작업으로 하는 방법과 VBA를 이용하는 방법을 알아보겠습니다.

1. HTML 파일 형식을 이용하는 방법

다른 이름으로 저장할 때 파일 형식을 HTML로 지정하여 저장하면 파일 이름으로 폴더가 생성되면서 그림 파일도 함께 저장됩니다.

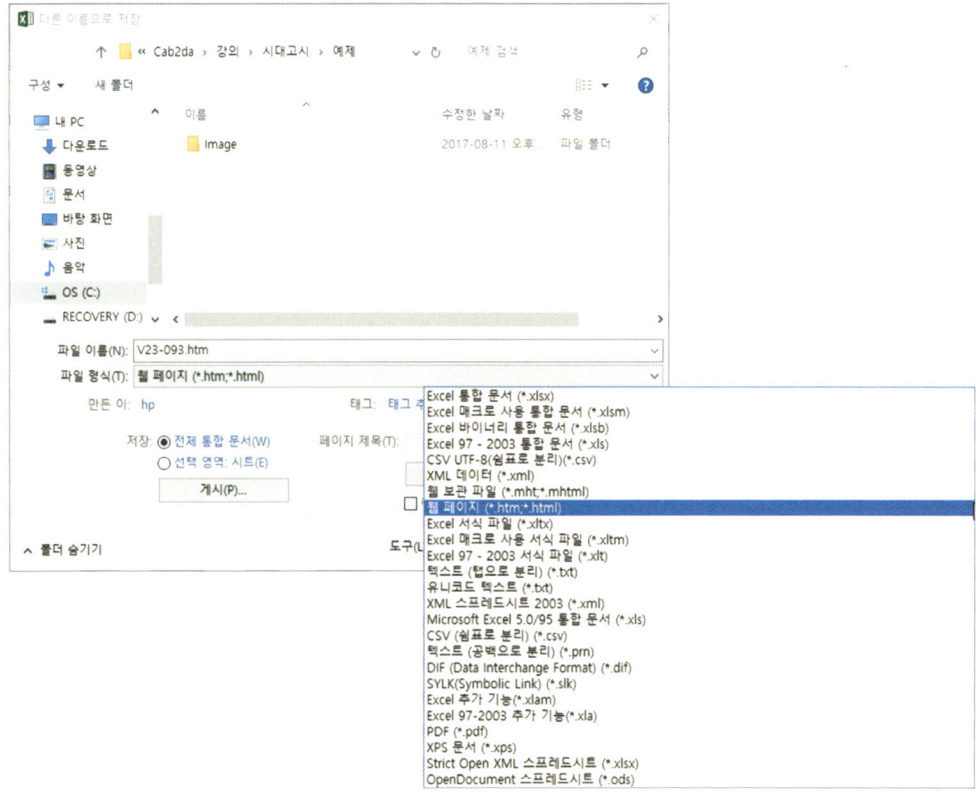

2. 압축(ZIP)을 이용하는 방법

파일명 ***.xls*를 ***.ZIP으로 변경(경고 메시지가 출력되면 [예] 클릭)한 다음 압축을 풀어주면 '\xl\media'라는 폴더에 그림 파일이 저장되어 있습니다. 생성된 그림을 복사하여 다른 폴더에 붙여넣기 한 다음 ***.ZIP을 ***.xls로 변경하여 원래상태로 돌려놓습니다.(경고 메시지가 출력되면 [예] 클릭)

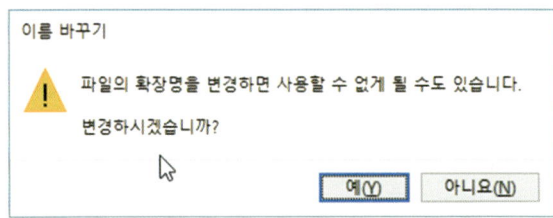

3. Chart의 Export 메서드를 이용하는 방법

차트를 만들고 만들어진 차트에 그림을 복사해서 붙여넣기 한 다음 그림 파일로 내보내는 기능을 프로시저를 통해 구현한 코드는 다음과 같습니다.

```
1   Sub SavePictureDemo()
2       Dim lngCnt      As Long
3       Dim strPath     As String
4       Dim strFilename As String
5       Dim shp         As Shape
6       Application.ScreenUpdating = False
7       lngCnt = 0
8       strPath = "C:\ex4mo\"
9       For Each shp In ActiveSheet.Shapes
10          If shp.Type = msoPicture Then
11              lngCnt = lngCnt + 1
12              strFilename = Format(lngCnt, "000") & ".JPG"
13              shp.CopyPicture Appearance:=xlScreen, Format:=xlPicture
14              With ActiveSheet.ChartObjects.Add(0, 0, shp.Width, shp.Height)
15                  With .Chart
16                      .Paste
17                      .Export strPath & strFilename
18                  End With
19                  .Delete
20              End With
21          End If
22      Next shp
23      Application.ScreenUpdating = True
24  End Sub
```

02. 조건에 만족하는 개수 변수를 선언합니다.
03. 그림 파일을 저장할 경로 변수를 선언합니다.
04. 그림 파일 이름을 담을 변수를 선언합니다.
05. 도형(Shape)을 담을 변수를 선언합니다.
06. 화면 갱신 모드를 해제합니다.
07. 개수를 담을 변수를 초기화 합니다.(초기화 하지 않아도 값은 0)
08. 그림 파일을 저장할 경로를 설정합니다.
09.~22. For Each…Next 문으로 선택(활성화)된 시트의 도형(Shapes)을 순환합니다.
10. 도형(Shape)의 유형이 그림이면 참(True)이므로 IF 문을 실행합니다.
11. 조건에 만족하는 그림을 하나 찾았으므로 개수 변수의 값을 증가(+1)시킵니다.
12. Format 함수를 이용해 파일 이름에 일련번호를 부여(Format(1, "000")은 "001")합니다. lngCnt가 1인 경우의 그림 파일 이름은 '001.JPG'입니다.

13. 도형(Shape)을 모양과 형식을 지정하여 그림으로 복사합니다.
14. 도형(Shape)의 너비와 높이로 차트를 하나 생성합니다.
15. 생성한 차트를 With 문으로 지정합니다.
16. 생성한 차트에 그림으로 복사한 것을 붙여넣기 합니다.
17. 그래픽 형식으로 차트를 12에서 지정한 그림 파일 이름으로 내보내기 합니다.
19. 불필요해진 차트를 삭제합니다.
23. 화면 갱신 모드로 전환합니다.

도형(Shape)을 그림으로 복사할 때 모양과 형식을 지정할 수 있습니다.
모양(apperance)에는 화면에 표시된 대로(xlScreen), 미리 보기에 표시된 대로(xlPrinter) 2가지가 있고, 형식(Format)에는 그림(xlPicture), 비트맵(xlBitmap) 2가지가 있습니다.

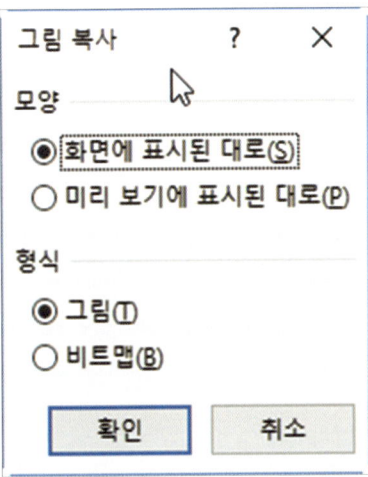

094 시트 정렬하기

책의 찾아보기를 보면 'ㄱ, ㄴ, ㄷ …' 순으로 정렬되어 있듯이 시트가 많을 경우 시트 이름 순서로 시트를 정렬하면 원하는 시트로 이동할 때 쉽게 찾을 수 있습니다. 시트 정렬로 위치가 변경되면 시트의 인덱스 번호도 바뀌므로 시트 인덱스로 코드를 작성한 것이 있다면 주의가 필요합니다.

다음은 사용자의 선택에 따라 오름차순이나 내림차순으로 시트를 정렬하는 코드입니다.

```
1   Sub sheetSortDemo()
2       Dim i            As Long
3       Dim k            As Long
4       Dim lngGubun     As Long
5       Dim lngShtCnt    As Long
6       Dim sht          As Worksheet
7       lngGubun = MsgBox("시트를 이름순으로 정렬합니다" _
                    & Chr(13) & "[예(Y)    : 오름차순]" _
                    & vbCr & "[아니오(N) : 내림차순]" _
                    & vbCr & "[취소      : 작업중지]", _
                    vbYesNoCancel + vbInformation, "시트정렬")
8       If lngGubun = 2 Then
9           Exit Sub
10      End If
11      Application.ScreenUpdating = False
12      Set sht = ActiveSheet
13      lngShtCnt = Sheets.Count
14      For i = 1 To lngShtCnt - 1
15          For k = i + 1 To lngShtCnt
16              If lngGubun = 6 Then
17                  If Sheets(i).Name > Sheets(k).Name Then
18                      Sheets(k).Move before:=Sheets(i)
19                  End If
20              Else
21                  If Sheets(i).Name < Sheets(k).Name Then
22                      Sheets(k).Move before:=Sheets(i)
```

```
23                End If
24             End If
25          Next k
26       Next i
27       sht.Activate
28       Set sht = Nothing
29       Application.ScreenUpdating = True
30    End Sub
```

02. 첫 번째 For 문에 사용할 변수를 선언합니다.
03. 두 번째 For 문에 사용할 변수를 선언합니다.
04. 오름차순, 내림차순을 구분할 변수를 선언합니다.
05. 시트 개수를 담을 변수를 선언합니다.
06. 시트 변수를 선언합니다.
07. 메시지 박스를 이용해 시트 정렬 방식을 선택한 값을 변수에 할당합니다. 메시지 박스에서 사용자가 [예(Y)]를 선택하면 '6', [아니오(N)]를 선택하면 '7', [취소]를 선택하면 '2'의 값을 반환합니다.
08. 메시지 박스에서 취소를 선택했으면 프로시저를 종료합니다.
11. 화면 갱신 모드를 해제합니다.
12. 현재 선택된 시트를 변수에 할당합니다.
13. 시트의 개수를 변수에 할당합니다.
14.~26. For … Next 문으로 시트의 처음부터 마지막 시트 직전까지 순환합니다.
15.~25. 첫 번째 For 문 변수(i) 다음부터 마지막 시트까지 순환합니다.
16.~19. 메시지 박스에서 예(Y)(오름차순)를 선택했으면 IF 문을 실행합니다.
17. 앞 시트가 뒤 시트보다 크면 IF 문을 실행합니다.
18. 뒤 시트와 앞 시트의 위치를 바꿉니다.
20.~23. 메시지 박스에서 아니오(N) (내림차순)를 선택했으면 ELSE 문을 실행합니다
21. 앞 시트가 뒤 시트보다 작으면 IF 문을 실행합니다.
22. 뒤 시트와 앞 시트의 위치를 바꿉니다.
27. 프로시저 실행 전에 선택했던 시트(12에서 할당한 시트)를 활성화합니다.
28. 개체를 초기화합니다.
29. 화면 갱신 모드로 전환합니다.

095 지정한 폴더에 있는 파일 이름 일괄 변경하기

지정한 폴더 내에 있는 모든 파일(엑셀 또는 텍스트 등) 이름을 일괄적으로 변경하기 위해서는 폴더를 지정하는 방법과 지정된 폴더를 순환하는 방법을 알아야 합니다. *FileDialog* 속성을 이용해 폴더를 지정하고 지정한 폴더를 *Dir* 함수를 이용해 파일을 순환하면서 이름을 변경합니다.

Application.FileDialog 속성의 구문과 매개 변수는 다음과 같습니다.

expression.FileDialog(fileDialogType)

이름	필수/선택	데이터 형식	설명
fileDialogType	필수	MsoFileDialogType	파일 대화 상자의 유형입니다.

MsoFileDialogType 종류는 다음과 같습니다.

데이터 형식	설명
msoFileDialogFolderPicker	폴더를 선택합니다.
msoFileDialogFilePicker	파일을 선택합니다.
msoFileDialogOpen	파일을 열기합니다.
msoFileDialogSaveAs	파일을 저장합니다.

지정한 폴더에 있는 지정한 파일 종류의 이름을 모두 변경하는 코드는 다음과 같습니다.

```
1   Sub changFilenameDemo()
2       Dim strPath         As String
3       Dim strFileSpec     As String
4       Dim strFileName     As String
5       Dim strP            As String
6       With Application.FileDialog(msoFileDialogFolderPicker)
7           .Show
8           If .SelectedItems.Count = 0 Then
9               Exit Sub
10          End If
11          strPath = .SelectedItems.Item(1)
12      End With
13      strP = Application.PathSeparator
14      strFileSpec = strPath & strP & "*.xls*"
15      strFileName = Dir(strFileSpec)
16      If strFileName = "" Then
17          MsgBox "해당하는 파일이 없습니다."
18          Exit Sub
19      End If
20      Do While strFileName <> ""
21          Name strPath & strP & strFileName As strPath & strP & "New_" & strFileName
22          strFileName = Dir()
23      Loop
24  End Sub
```

02. 지정한 폴더의 이름을 담을 변수를 선언합니다.

03. 지정한 폴더 이름과 지정된 확장자를 담을 변수를 선언합니다.

04. 폴더 순환 시 해당 파일 이름을 담을 변수를 선언합니다.

05. 경로 구분 기호 문자(\)를 담을 변수를 선언합니다.

06. 폴더 지정 대화상자로 With 문을 지정합니다.

07. 폴더를 지정하기 위한 대화상자를 엽니다.

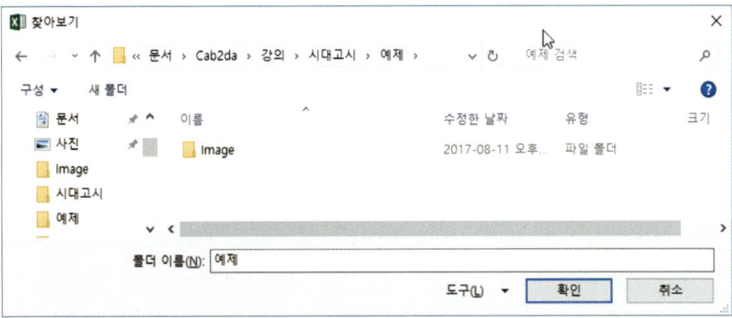

08. 폴더를 선택한 개수가 0이면(폴더를 선택 하지 않음) 프로시저를 종료합니다.
11. 선택한 폴더의 경로를 변수에 할당합니다.
13. 경로 구분 기호 문자(\)를 구합니다.
14. 선택한 폴더에서 확장자가 xls가 포함된 모든 파일(*.xls, *.xlsx, *.xlsb, *.xlsm 등)을 작업 대상으로 지정합니다.
15. Dir 함수를 이용해 작업 대상 중 첫 번째 파일 이름을 구합니다.
16.~18. 파일이 없으면 메시지를 출력하고 프로시저를 종료합니다.
20.~23. Do While…Loop를 이용해 해당하는 파일이 없을 때까지 반복 실행합니다.
21. Name 문을 이용해 파일명 앞에 'New_' 를 추가하여 이름을 변경합니다.
22. Dir 함수를 이용해 다음 파일 이름을 구합니다.

이름을 변경하기 위한 Name 문의 사용 방법은 'Name 기존 파일 이름 As 새 파일 이름'입니다. 기존 파일과 새 파일의 경로가 다르면 파일이 이동되고 이름을 변경합니다. 열려 있는 파일에 적용하면 오류가 발생하므로 주의가 필요합니다.

96 셀 스타일 삭제하기

셀 스타일은 엑셀에서 기본으로 제공하는 형식과 사용자가 지정한 스타일이 있습니다. 사용자가 지정한 스타일을 삭제할 때 파일이 손상되거나 셀 스타일 이름이 깨진 경우에는 삭제가 안되는 경우도 있습니다. 불필요한 스타일이 많으면 파일도 무겁고 손상될 우려도 있어 주의가 필요합니다.

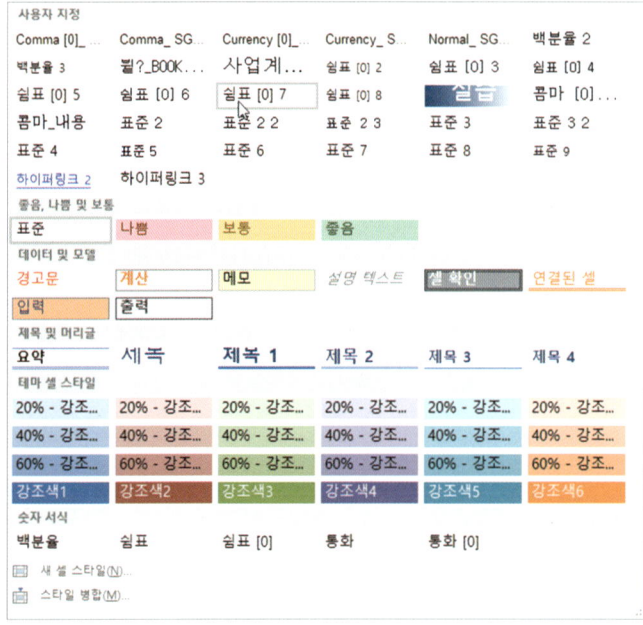

사용자가 지정한 스타일을 순환하면서 삭제하는 코드는 다음과 같습니다.

```
1   Sub DelStyleDemo()
2       Dim s As Style
3       Dim lngCnt As Long
4       For Each s In ActiveWorkbook.Styles
5           If s.BuiltIn = False Then
6               On Error Resume Next
7               s.Delete
8               lngCnt = lngCnt + 1
9               On Error GoTo 0
10          End If
11      Next s
12      MsgBox lngCnt & "개의 사용자 지정 셀 스타일 제거 완료"
13  End Sub
```

02. 스타일 변수를 선언합니다.

03. 삭제한 스타일 개수를 담을 변수를 선언합니다.

04.~11. For Each…Next 문으로 통합 문서의 스타일을 순환합니다.

05. 기본 제공 스타일이 아니면(사용자 지정 스타일) IF 문을 실행합니다. 'Style.BuiltIn' 속성이 참(True)이면 기본 제공 스타일이고 거짓(False)이면 사용자 지정 스타일입니다.

06. 오류가 발생해도 다음 단계로 넘어가기 위해 사용하는 구문입니다. 스타일 이름이 깨진 경우에 삭제하면 오류가 발생할 수 있어 오류를 무시하고 다음 단계로 넘어가기 위해 필요한 구문입니다.

07. 해당 스타일을 삭제합니다.

08. 삭제한 개수를 하나 더합니다.

09. 오류를 무시하고 넘어가는 구문을 해제합니다.

12. 스타일을 삭제한 개수를 메시지로 출력합니다.

코드를 실행한 결과 32개의 사용자 지정 스타일을 삭제를 했으나 5개의 스타일은 삭제하지 못한 것을 확인할 수 있습니다. 이러한 스타일은 수작업으로도 삭제가 안되기 때문에 XML에서 직접 삭제해야만 가능합니다.

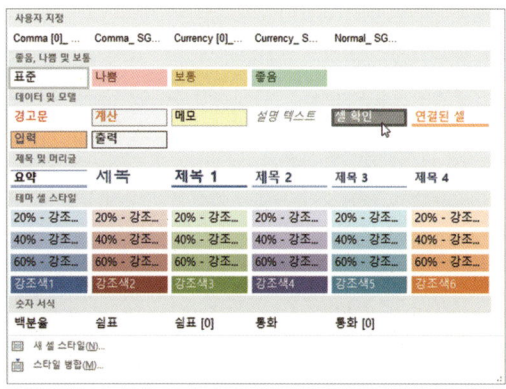
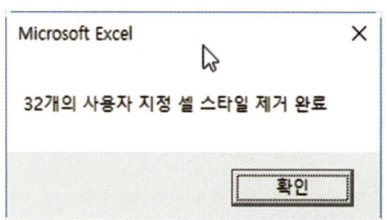

097 메일 발송하기

메일을 발송하는 방법은 *Outlook*을 이용하는 방법과 *CDO.Message*를 이용하는 방법 등이 있습니다. *CDO.Message*를 이용하는 방법은 *SMTP* 접속 정보가 있어야 하고 *Outlook*을 이용하는 방법은 *Outlook* 프로그램이 설치되어 있어야 합니다. 이번에는 *Outlook*을 이용하는 방법을 알아보겠습니다.

VBE의 [도구] – [참조]를 클릭하고 [참조] 대화상자의 *Microsoft Outlook **.* Object Library*를 참조해야 합니다. 설치되어 있는 *Microsoft Outlook* 버전에 따라 16.0이나 14.0 버전일 수 있습니다.

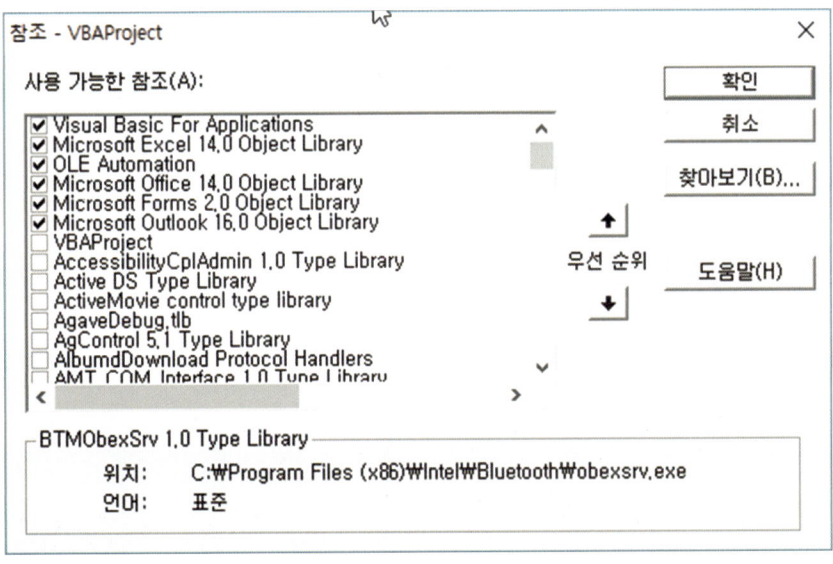

메일을 받는 사람과 참조를 지정하고 파일을 첨부하여 발송하는 코드는 다음과 같습니다.

```
1   Sub sendMailDemo()
2       Dim objOutlook          As Outlook.Application
3       Dim objOutlookMsg       As Outlook.MailItem
4       Dim objRecipient        As Outlook.Recipient
5       Set objOutlook = CreateObject("Outlook.Application")
6       Set objOutlookMsg = objOutlook.CreateItem(olMailItem)
7       With objOutlookMsg
8           .Recipients.Add "test@examo.co.kr"
9           Set objRecipient = .Recipients.Add("test2@examo.co.kr")
10          objRecipient.Type = olCC
11          .Subject = "메일 제목"
12          .Body = "메일 본문에 들어갈 내용" & vbNewLine
13          .Importance = olImportanceHigh
14          .Attachments.Add "C:\examo\메일보내기.xlsm", olByValue
15          .Send
16      End With
17      Set objOutlookMsg = Nothing
18      Set objOutlook = Nothing
19  End Sub
```

02. Outlook 변수를 선언합니다.

03. Outlook 항목 변수를 선언합니다.

04. 받는 사람 변수를 선언합니다.

05. Outlook을 생성합니다.

06. Outlook 항목을 생성합니다.

08. 받는 사람 이메일 주소(test@examo.co.kr)를 추가합니다.

09. 두 번째 받는 사람 이메일 주소를 추가합니다.

10. 두 번째 받는 사람(test2@examo.co.kr)은 참조로 설정합니다.

11. 메일 제목을 설정합니다.

12. 메일 본문 내용을 설정합니다.

13. 메일의 중요도를 설정합니다.

14. 첨부 파일을 설정합니다. (첨부 파일이 없으면 생략)

15. 메일을 보냅니다.

17.~18. 개체를 초기화합니다.

받는 사람(Recipient.Type)의 속성은 다음과 같습니다.

이름	값	설명
olBCC	3	받는 사람의 속성은 숨은 참조입니다.
olCC	2	받는 사람이 참조입니다.
olOriginator	0	받는 사람의 속성은 보내는 사람입니다.
olTo	1	받는 사람의 속성은 받는 사람입니다.

메일의 중요도(MailItem.Importance) 속성은 다음과 같습니다.

이름	값	설명
olImportanceHigh	2	중요도가 높음입니다.
olImportanceLow	0	중요도가 낮음입니다.
olImportanceNormal	1	중요도가 중간입니다.

첨부 파일(Attachments)의 형식(Type)은 다음과 같습니다.

이름	값	설명
olByReference	4	원본 파일 위치에 대한 바로 가기입니다.
olByValue	1	첨부 파일입니다.
olEmbeddeditem	5	Outlook 메시지 형식 파일입니다.
olOLE	6	OLE 문서입니다.

098 웹 브라우저 실행하기

엑셀을 이용해 브라우저를 실행하면 기본으로 설정된 웹 브라우저가 실행되는데 다른 브라우저로 실행하고 싶다면 다음과 같이 작성합니다.

크롬 브라우저를 실행하고 크롬이 설치되어 있지 않으면 인터넷 익스플로러를 실행하는 코드는 다음과 같습니다.

```vba
Sub WebOpenDemo()
    Dim strWebURL       As String
    Dim strChromePath   As String
    Dim IE              As Object
    strWebURL = "http://cafe.naver.com/ex4mo"
    On Error Resume Next
    strChromePath = "C:\Program Files (x86)\Google\Chrome\Application\chrome.exe"
    Shell (strChromePath & " -url " & strWebURL)
    If Err.Number <> 0 Then
        Set IE = CreateObject("InternetExplorer.Application")
        IE.Visible = True
        IE.navigate strWebURL
    End If
End Sub
```

02. 사이트 주소 변수를 선언합니다.
03. 크롬 실행 파일 경로 변수를 선언합니다.
04. 브라우저 변수를 선언합니다.
05. 브라우저를 실행했을 때 접속할 사이트 주소를 설정합니다.
06. 오류 무시하고 진행합니다. (크롬이라는 실행 파일이 없을 경우 대비)
07. 크롬 실행 파일 경로를 설정합니다.(탐색기에서 chrome.exe를 찾아서 주소 변경)
08. Shell 함수를 이용해 브라우저 프로그램(크롬)을 실행합니다.
09. 오류가 발생했다면 IF 문을 실행합니다.(크롬이 설치되지 않았거나 경로가 잘못된 경우 등)
10. 인터넷 익스플로러(Internet Explorer)를 생성합니다.
11. 생성한 익스플로러를 보이게 설정합니다.
12. 지정한 사이트로 접속합니다. (5에서 설정한 사이트 주소)

099 웹 데이터 가져오기

엑셀 기능 중에는 외부 데이터 가져오기가 있습니다. 그 중에 웹 데이터를 가져오는 것을 알아보겠습니다. 다음 예제는 네이버(naver.com)에서 제공하는 환율을 엑셀로 가져오는 구문입니다. 사이트 개편 등으로 인해 URL이 변경되면 오류가 발생하므로 주의가 필요합니다.

```
Sub QueryTableDemo()
    Dim strURL           As String
    Dim QryTable         As QueryTable
    Application.ScreenUpdating = False
    If ActiveSheet.QueryTables.Count = 0 Then
        strURL = "URL;http://info.finance.naver.com/marketindex/exchangeList.nhn"
        Set QryTable = ActiveSheet.QueryTables.Add( _
                            Connection:=strURL, _
                            Destination:=ActiveSheet.Range("$B$2"))
        With QryTable
            .Name = "Exchange List"
            .TablesOnlyFromHTML = True
            .SaveData = True
            .SavePassword = False
            .RefreshOnFileOpen = True
            .RefreshPeriod = 0
            .FieldNames = True
            .RowNumbers = False
            .AdjustColumnWidth = False
            .PreserveFormatting = False
            .BackgroundQuery = False
            .RefreshStyle = xlOverwriteCells
            .Refresh BackgroundQuery:=False
            .FillAdjacentFormulas = False
        End With
    Else
        Set QryTable = ActiveSheet.QueryTables(1)
    End If
```

```
27          QryTable.Refresh
28          Application.ScreenUpdating = True
29      End Sub
```

02. 사이트 주소 변수를 선언합니다.
03. 쿼리 테이블 변수를 선언합니다.
04. 화면 갱신 모드를 해제합니다.
05. 쿼리 테이블 개수를 구해서 없으면(0) IF 문을 실행합니다.
06. 데이터를 가져올 사이트 주소를 설정합니다.
07. 쿼리 테이블을 생성(사이트 주소와 데이터를 출력할 셀(B2) 설정)합니다.
08.~23. 쿼리 테이블 속성을 설정합니다.
24. 쿼리 테이블이 있으면 Else 문을 실행합니다.
25. 기존 쿼리 테이블을 변수에 할당합니다.
27. 쿼리 테이블을 업데이트합니다.
28. 화면 갱신 모드로 전환합니다.

쿼리 테이블의 속성 중 몇 가지를 살펴보면 다음과 같습니다.

- QryTable.Name : 쿼리 테이블 이름입니다.
- QueryTable.RefreshOnFileOpen : 참(True)이면 통합 문서가 열릴 때마다 업데이트합니다. 기본값은 False입니다.
- QueryTable.RefreshPeriod : 새로 고치는 간격을 분으로 표시하며, 값이 0이면 새로 고침을 하지 않습니다.
- QueryTable.AdjustColumnWidth : 참(True)이면 새로 고칠 때마다 열 너비가 자동으로 조정되고 거짓(False)이면 자동으로 조정되지 않습니다. 기본값은 True입니다.
- QueryTable.PreserveFormatting : 참(True)이면 데이터의 처음부터 5행까지의 공통 서식으로 나머지 행에 적용됩니다. 기본값은 True입니다.
- QueryTable.BackgroundQuery : 참(True)이면 쿼리가 백그라운드에서 비동기적으로 수행됩니다.
- QueryTable.RefreshStyle 속성에 따른 데이터를 불러오는 방식은 다음과 같습니다.

이름	값	설명
xlInsertDeleteCells	1	셀을 삽입하여 새 데이터 기록/사용하지 않은 셀 지우기
xlInsertEntireRows	2	전체 행을 삽입하여 새 데이터 기록/사용하지 않은 셀 지우기
xlOverwriteCells	0	기존 셀을 새 데이터로 덮어쓰기/사용하지 않은 셀 지우기

- QueryTable.Refresh : 쿼리를 업데이트합니다.
- QueryTable.FillAdjacentFormulas : 참(True)이면 새로 고칠 때마다 인접한 열에 수식 자동 채우기를 합니다.

쿼리 테이블에 적용된 속성입니다.

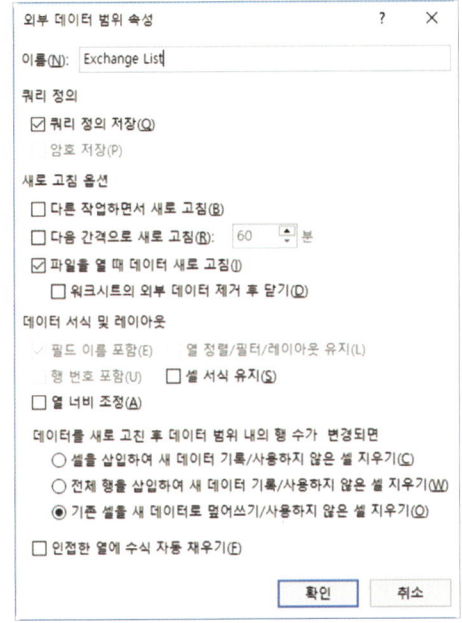

쿼리를 실행한 결과 화면은 다음과 같습니다.

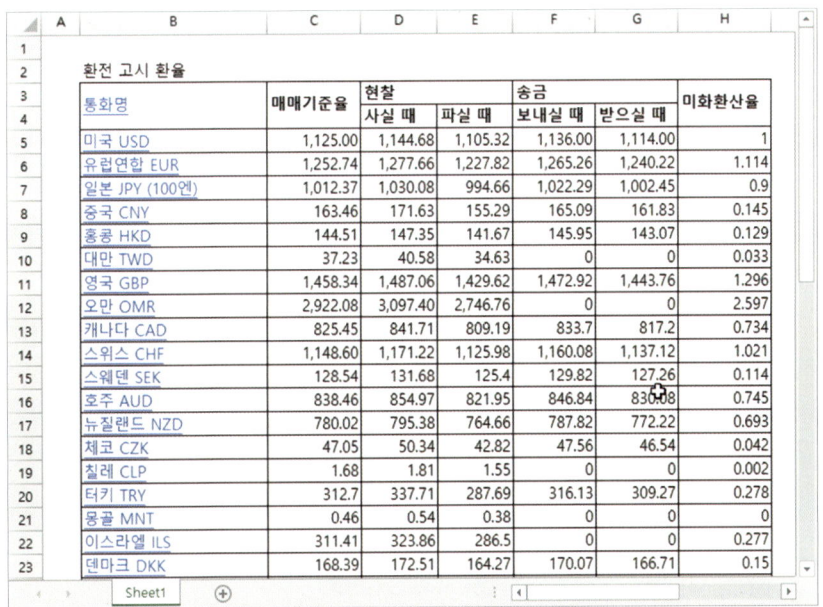

100 열려 있는 통합 문서 모두 저장하기

여러 개의 엑셀 파일을 열어서 작업을 할 때가 있습니다. 이때 열려 있는 모든 통합 문서를 저장하고 닫기 하는 기능이 제공되지 않아 하나씩 저장하고 닫기를 반복하는 경우가 있습니다. 이때 열려 있는 모든 통합 문서를 순환하면서 저장하고 닫는 기능을 구현해 보겠습니다.

1. 열려 있는 모든 통합 문서 저장하기

```
1   Sub SaveAllFileDemo()
2       Dim Wb              As Workbook
3       Dim ActiveWb        As Workbook
4       Set ActiveWb = ActiveWorkbook
5       For Each Wb In Workbooks
6           If Len(Wb.Path) = 0 Then
7               Wb.Activate
8               Application.Dialogs(xlDialogSaveAs).Show
9           Else
10              If Wb.Saved = False Then
11                  Wb.Save
12              End If
13          End If
14      Next Wb
15      ActiveWb.Activate
16  End Sub
```

02. 통합 문서 변수를 선언합니다.

03. 현재 선택된 통합 문서를 담을 변수를 선언합니다.

04. 현재 선택(활성화)된 통합 문서를 변수에 할당합니다.

05.~14. For Each…Next 문으로 열려 있는 모든 통합 문서를 순환합니다.

06. 경로명이 없다면 IF 문을 실행합니다.(경로명이 없다면 아직 저장되지 않은 통합 문서)

07. 해당 통합 문서를 활성화합니다.

08. 저장 대화상자를 열어서 통합 문서를 저장합니다.

09. 경로명이 있다면 Else 문을 실행합니다.

10. 저장되지 않은 통합 문서이면 IF 문을 실행합니다.
11. 해당 통합 문서를 저장합니다.
15. 프로시저 실행 전에 선택(활성화)된 통합 문서를 활성화합니다.

2. 프로시저가 작성된 통합 문서를 제외한 통합 문서 저장하고 닫기

```
1   Sub SaveAllFileDemo3()
2       Dim Wb          As Workbook
3       Dim ThisWb      As Workbook
4       Set ThisWb = ThisWorkbook
5       For Each Wb In Workbooks
6           If Len(Wb.Path) = 0 Then
7               Wb.Activate
8               Application.Dialogs(xlDialogSaveAs).Show
9           Else
10              If Wb.Saved = False Then
11                  Wb.Save
12              End If
13          End If
14          If Wb <> ThisWb Then
15              Wb.Close
16          End If
17      Next Wb
18      ThisWb.Activate
19  End Sub
```

02. 통합 문서 변수를 선언합니다.
03. 프로시저가 작성되어 있는 통합 문서 변수를 선언합니다.
04. 프로시저가 작성되어 있는 통합 문서를 변수에 할당합니다.
05.~17. For Each…Next 문으로 열려 있는 모든 통합 문서를 순환합니다.
06. 경로명이 없다면 IF 문을 실행합니다. (경로명이 없다면 아직 저장되지 않은 통합 문서)
07. 해당 통합 문서를 활성화합니다.
08. 저장 대화상자 열어서 통합 문서를 저장합니다.
09. 경로명이 있다면 Else 문을 실행합니다.
10. 저장되지 않은 통합 문서이면 IF 문을 실행합니다.
11. 해당 통합 문서를 저장합니다.
14. 해당 통합 문서 이름과 프로시저가 작성된 통합 문서 이름이 같지 않다면 IF 문을 실행합니다.
15. 해당 통합 문서를 닫기합니다.
18. 프로시저가 작성되어 있는 통합 문서를 활성화합니다.

Chapter 24
사용자 정의 함수 만들기

VBA를 공부하는 사용자들은 엑셀 함수를 많이 이용하여 작업했기 때문에 'SUM'이나 'IF' 함수 등의 사용법은 잘 알고 있을 것입니다. 엑셀에서 제공하는 함수는 엑셀 2013 버전 기준으로 약 458개가 있고 분석 도구에 있는 Add-In을 포함하면 더욱 많습니다. 하지만 이 많은 함수 중에 원하는 기능의 함수가 없다면 사용자 정의 함수를 만들어서 사용할 수 있습니다. 이 사용자 정의 함수는 엑셀 시트에서 엑셀 함수처럼 사용도 가능하고 VBA의 프로시저에서 호출하여 사용할 수 있습니다. 이 장에서는 업무에서 자주 반복되는 계산을 사용자 정의 함수로 만들어 사용하는 팁을 알아보겠습니다. 제시하는 방법은 여러 방법 중에 하나이므로 다른 방법으로도 응용해보기 바랍니다.

101 문자열 계산하기

수식으로 입력하기 위해서는 '='로 시작한 후 수식을 입력해야 합니다. 하지만, 계산 과정을 표시하기 위해 '='를 생략하는 경우도 있는데 이때 해당 셀 옆에 계산된 결과를 표시하고 싶은 경우에 사용하는 예제입니다.

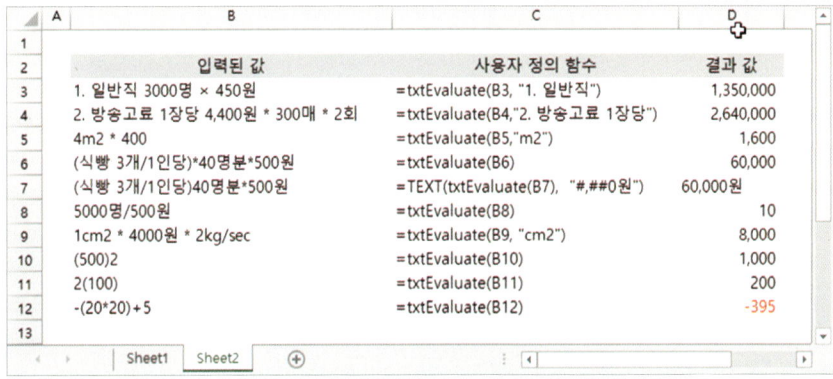

사용자 정의 함수를 만들기 위해 *Function* 문을 이용합니다.

```
Function txtEvaluate(strInput As String, ParamArray strDel() As Variant)
```

첫 번째 인수(strInput)는 입력된 값(계산할 문자열)을 받습니다.
두 번째 인수(strDel())는 문자열에서 제외할 문자들(하나이거나 둘 이상의 문자)입니다.

*ParamArray*는 선택적인 요소이며, 인수 중간에 올 수 없고 마지막 인수로만 사용이 가능합니다. 이 키워드를 사용하면 임의의 인수를 사용할 수 있습니다. 인수의 개수가 정해지지 않은 경우에 사용합니다.
*strDel( )*에서 괄호(( ))가 있는 이유는 해당 변수에 인수를 배열로 받기 위함입니다.

```
Application.Volatile False
```

사용자 정의 함수를 일시적으로 표시할지를 결정합니다.
*True*인 경우 일시적인 함수로 워크시트의 셀에 대해 계산을 수행할 때마다 계산합니다.
*False*인 경우는 일시적인 함수가 아니며 입력 변수가 바뀔 때만 다시 계산합니다.

입력된 값(계산할 문자 열)이 없거나 숫자인지를 비교하여 분기 처리합니다.

```
1   If Len(strInput) = 0 Then
2       txtEvaluate = 0
3     Exit Function
4   ElseIf IsNumeric(strInput) Then
5       txtEvaluate = Application.Evaluate(strInput)
6       Exit Function
7   End If
```

01. 입력된 값(계산할 문자 열)이 없으면 IF 문을 실행합니다.
02. 변수에 반환할 값 0을 할당합니다.
03. 프로시저를 종료합니다.
04. 입력된 값이 있고 숫자로 평가할 수 있으면 IF 문을 실행합니다.
05. 입력된 값을 값으로 계산하여 변수에 할당합니다.
06. 프로시저를 종료합니다.

문자열에서 제외할 문자들을 순환하면서 해당 문자를 빈 문자열("")로 변환합니다.

```
For Each c In strDel
    strInput = Replace(strInput, c, "")
Next c
```

계산식에서 사용할 수 없는 기호를 사용 가능한 기호로 변환합니다.

```
strInput = Replace(strInput, "×", "*")
strInput = Replace(strInput, "÷", "/")
strInput = Replace(strInput, "%", "*0.01")
```

정규 표현식을 생성하고 패턴 등을 설정합니다.

```
1   With CreateObject("vbscript.regexp")
2       .Global = True
3       .ignorecase = False
4       .Pattern = "[\0-9\d.\d+\d-\d*\d/\d(\d)\d^]"
5       Set objRegS = .Execute(strInput)
6       strTemp = ""
7       For Each objReg In objRegS
8           strTemp = strTemp & objReg.Value
9       Next objReg
10      .Pattern = ","
11      strTemp = (.Replace(strTemp, ""))
12      lngLenth = Len(strTemp)
13      strCnvt = Mid(strTemp, 1, 1)
14      For i = 2 To lngLenth
15          strF = Mid(strTemp, i, 1)
16          Select Case strF
17              Case "(", "{"
18                  If IsNumeric(Mid(strTemp, i - 1, 1)) Then
19                      strF = "*" & strF
20                  End If
21              Case ")", "}"
22                  If IsNumeric(Mid(strTemp, i + 1, 1)) Then
23                      strF = strF & "*"
24                  End If
25          End Select
26          strCnvt = strCnvt & strF
27      Next i
28      strRight = Right(strCnvt, 1)
29      If Not IsNumeric(strRight) And strRight <> ")" And strRight <> "}" Then
30          strCnvt = strCnvt & 1
31      End If

32      txtEvaluate = Application.Evaluate(strCnvt)
33  End With
```

01. 정규 표현식을 생성합니다.
02. Global이 True이면 패턴과 대응하는 모든 것을 False이면 패턴과 대응하는 첫 번째 요소만을 대상으로 합니다.
03. 대/소문자를 구분하지 않습니다.
04. 검색할 패턴을 지정합니다.
05. 정규 표현식을 실행하고 패턴과 일치하는 문자를 배열로 반환합니다.

06. 변수를 초기화합니다.
07.~09. 반환된 문자 배열을 순환하면서 변수에 값을 연결합니다.
10. 패턴을 재지정합니다.
11. 패턴과 일치하는 문자열을 지정한 문자열로 치환합니다.
12. 변수(strTemp)의 글자 수를 구하여 할당합니다.
13. 변수의 첫 번째 글자를 반환합니다.
14.~27. 두 번째 글자부터 마지막 글자까지 순환합니다.
15. 해당하는 한 글자를 변수에 할당합니다.
16. 변수 값에 따라 분기 처리합니다.
17. 변수의 값이 괄호(()나 대괄호({)이면 Case 문을 실행합니다.
18. 해당 위치의 이전 값(Mid(strTemp, i – 1, 1))이 숫자(IsNumeric)이면 괄호나 대괄호 앞에 곱하기 기호(*)를 추가합니다. (예: 23(4)인 경우 23*(4)로 치환)
21. 변수의 값이 괄호())나 대괄호(})이면 Case 문을 실행합니다.
22. 해당 위치의 다음 값(Mid(strTemp, i + 1, 1))이 숫자(IsNumeric)이면 괄호나 대괄호 뒤에 곱하기 기호(*)를 추가합니다. (예: 23(4)5인 경우 23*(4)*5로 치환)
26. 변수에 값을 연결합니다.
28. For…Next 문으로 구한 값의 맨 오른쪽 한 글자를 변수에 할당합니다.
29. 28의 값이 숫자와 괄호()), 대괄호(})가 아니면 IF 문을 실행합니다.
30. 마지막에 1을 추가합니다.
32. 완성된 문자열을 계산하여 결과값을 반환합니다.

검색할 패턴의 의미는 다음과 같습니다.

0–9 : 0–9까지의 숫자입니다.

d. : 숫자와 소수점으로 구성된 값입니다.

d+ : 숫자와 더하기 기호로 구성된 값입니다.

d– : 숫자와 빼기 기호로 구성된 값입니다.

d* : 숫자와 곱하기 기호로 구성된 값입니다.

d/ : 숫자와 나누기 기호로 구성된 값입니다.

d(: 숫자와 괄호 열기 기호로 구성된 값입니다.

d) : 숫자와 괄호 닫기 기호로 구성된 값입니다.

d^ : 숫자와 제곱승 기호로 구성된 값입니다.

검색 패턴에 대한 기능은 다음 표와 같습니다.

문자	설명
\	다음 문자를 특수 문자, 리터럴, 역참조 또는 8진수 이스케이프로 표시합니다.
^	입력 문자열의 시작 위치를 찾습니다.
$	입력 문자열의 끝 위치를 찾습니다.
*	부분식의 선행 문자를 0개 이상 찾습니다.
+	부분식의 선행 문자를 1개 이상 찾습니다.
?	부분식의 선행 문자를 0개나 1개를 찾습니다.
{n}	n개를 찾습니다. (양수)
{n,}	n개를 찾습니다. (양수)
{n,m}	m은 n보다 크거나 같아야 하고 둘 다 양수여야만 합니다. 최소 n개 최대 m개를 찾습니다.
.	"\n"을 제외한 모든 단일 문자를 찾습니다.
x|y	x나 y를 찾습니다.
[xyz]	찾을 문자들입니다. 괄호 안의 문자들을 찾습니다.
[^xyz]	제외 문자들입니다. 괄호 안의 문자들이 아닌 것을 찾습니다.
[a-z]	찾을 문자 범위입니다. 지정한 범위 안의 문자를 찾습니다.
[^a-z]	제외 문자 범위입니다. 지정한 범위 외의 문자를 찾습니다.
\b	단어의 경계, 즉 단어와 공백 사의의 위치를 찾습니다.
\B	단어의 비경계를 찾습니다.
\d	숫자를 찾습니다. [0-9]와 같습니다.
\D	숫자가 아닌 것을 찾습니다. [^0-9]와 같습니다.
\f	폼 피드 문자를 찾습니다.
\n	줄 바꿈 문자를 찾습니다.
\r	캐리지 리턴 문자를 찾습니다.
\s	공백, 탭 등의 공백을 찾습니다.
\S	공백이 아닌 문자를 찾습니다.

좀 더 자세한 정보는 [windows script v5.6 온라인 설명서]를 참조하기 바랍니다.

완성된 프로시저는 다음과 같습니다.

```
Function txtEvaluate(strInput As String, ParamArray strDel() As Variant)
    Dim i           As Long
    Dim lngLenth    As Long
    Dim strF        As String
    Dim strTemp     As String
    Dim strCnvt     As String
    Dim strRight    As String
    Dim objRegS     As Object
    Dim objReg      As Object
    Dim c           As Variant

    Application.Volatile False

    If Len(strInput) = 0 Then
        txtEvaluate = 0
        Exit Function
    ElseIf IsNumeric(strInput) Then
        txtEvaluate = Application.Evaluate(strInput)
        Exit Function
    End If

    For Each c In strDel
        strInput = Replace(strInput, c, "")
    Next c
    strInput = Replace(strInput, "×", "*")
    strInput = Replace(strInput, "÷", "/")
    strInput = Replace(strInput, "%", "*0.01")

    With CreateObject("vbscript.regexp")
        .Global = True
        .ignorecase = False
        .Pattern = "[\0-9\d.\d+\d-\d*\d/\d(\d)\d^]"
        Set objRegS = .Execute(strInput)
        strTemp = ""
        For Each objReg In objRegS
            strTemp = strTemp & objReg.Value
        Next objReg
        .Pattern = ","
        strTemp = (.Replace(strTemp, ""))
        lngLenth = Len(strTemp)

        strCnvt = Mid(strTemp, 1, 1)
```

```
            For i = 2 To lngLenth
                strF = Mid(strTemp, i, 1)
                Select Case strF
                    Case "(", "{"
                        If IsNumeric(Mid(strTemp, i - 1, 1)) Then
                            strF = "*" & strF
                        End If
                    Case ")", "}"
                        If IsNumeric(Mid(strTemp, i + 1, 1)) Then
                            strF = strF & "*"
                        End If
                End Select
                strCnvt = strCnvt & strF

        Next i
        strRight = Right(strCnvt, 1)
        If Not IsNumeric(strRight) And strRight <> ")" And strRight <> "}" 
Then
            strCnvt = strCnvt & 1
        End If

        txtEvaluate = Application.Evaluate(strCnvt)
    End With
End Function
```

앞에서 만든 사용자 정의 함수를 시트에서 사용하는 방법은 다음과 같습니다.
=txtEvaluate(B3, "1. 일반직")의 수식은 B3셀의 값에서 '1. 일반직'은 제외하고 계산합니다. 계산에서 제외해야 할 내용이 여러 개라면 다음처럼 모두 입력하면 됩니다.
=txtEvaluate(B3, "제외하고 싶은 값1", "제외하고 싶은 값2", "제외하고 싶은 값3")

102 문자에서 숫자나 영문자, 한글만 추출하기 1

한 셀에 문자와 숫자가 혼합되어 입력된 값에서 특정값(숫자 등)만 추출하는 예제입니다.

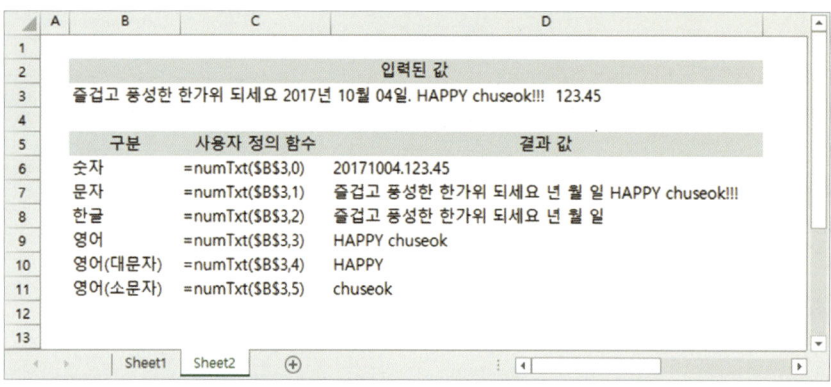

사용자 정의 함수를 만들기 위해 *Function* 문을 이용합니다.

```
Function numTxt(strInput As String, Optional lngType As Long = 0)
end Function
```

첫 번째 인수(strInput)는 계산에 반영할 입력된 값입니다.
두 번째 인수(lngType)는 추출할 종류를 지정합니다. '*Optional*'이므로 이 인수를 생략하면 0이 되어 숫자만 반환합니다.

사용자 정의 함수를 일시적으로 표시할지를 결정합니다.

```
Application.Volatile False
```

True인 경우 일시적인 함수로 워크시트의 셀에 대한 계산을 수행할 때마다 계산합니다.
False인 경우 일시적인 함수가 아니며 입력 변수가 바뀔 때만 다시 계산합니다.

추출할 종류에 따라 패턴을 지정합니다.

```
1       Select Case lngType
2           Case 0
3               strPattern = "[0-9.]"
4           Case 1
5               strPattern = "[^0-9.]"
6           Case 2
7               strPattern = "[ㄱ-ㅎ가-힣 ]"
8           Case 3
9               strPattern = "[a-z\A-Z ]"
10          Case 4
11              strPattern = "[A-Z ]"
12          Case 5
13              strPattern = "[a-z ]"
14      End Select
```

02. 숫자입니다.
03. 정규식에서 검색할 패턴을 변수에 할당합니다.
04. 모든 문자(숫자 외)입니다.
06. 한글입니다.
08. 영어(대소문자 모두)입니다.
10. 영어(대문자)입니다.
12. 영어(소문자)입니다.

정규 표현식을 생성하고 정규 표현식의 패턴 등을 설정합니다.

```
1       With CreateObject("vbscript.regexp")
2           .Global = True
3           .IgnoreCase = False
4           .Pattern = strPattern

5           Set objRegS = .Execute(strInput)
6           strTemp = ""
7           For Each objReg In objRegS
8               strTemp = strTemp & objReg.Value
9           Next objReg
10          .Pattern = ","
11          Select Case lngType
12              Case 0
13                  numTxt = Val(.Replace(Trim(strTemp), ""))
14              Case Else
15                  numTxt = .Replace(Trim(strTemp), "")
16          End Select
17      End With
```

01. 정규 표현식을 생성합니다.
02. Global이 True이면 패턴과 대응하는 모든 것을, False이면 패턴과 대응하는 첫 번째 요소만을 대상으로 합니다.
03. 대/소문자를 구분하지 않습니다.
04. 검색할 패턴을 지정합니다.
05. 입력한 문자열을 실행하여 개체에 할당합니다.
06. 변수를 초기화합니다.
07.~09. 개체를 순환하면서 변수에 값을 연결합니다.
10. 패턴을 재지정합니다.
11. 추출할 종류에 따라 분기 처리합니다.
12. 추출할 종류가 숫자이면 Case 문을 실행합니다.
13. 계산된 문자열을 Val 함수를 이용해 숫자로 변환합니다.
14. 추출할 종류가 숫자가 아니면 Case 문을 실행합니다.

완성된 프로시저는 다음과 같습니다.

```
Function numTxt(strInput As String, Optional lngType As Long = 0)
    Dim strTemp         As String
    Dim strPattern      As String
    Dim objRegS         As Object
    Dim objReg          As Object

    Application.Volatile False

    Select Case lngType
        Case 0
            strPattern = "[0-9.]"
        Case 1
            strPattern = "[^0-9.]"
        Case 2
            strPattern = "[ㄱ-ㅎ가-힣 ]"
        Case 3
            strPattern = "[a-z\A-Z ]"
        Case 4
            strPattern = "[A-Z ]"
        Case 5
            strPattern = "[a-z ]"
    End Select
    With CreateObject("vbscript.regexp")
        .Global = True
        .IgnoreCase = False
        .Pattern = strPattern
        Set objRegS = .Execute(strInput)
        strTemp = ""
        For Each objReg In objRegS
            strTemp = strTemp & objReg.Value
        Next objReg
        .Pattern = ","
        numTxt = .Replace(Trim(strTemp), "")
    End With
End Function
```

앞에서 만든 사용자 정의 함수를 시트에서 사용하는 방법은 다음과 같습니다.
=numTxt($B$3,0)
B3셀의 값에서 추출한 종류가 0이므로 숫자만 추출하여 결과값으로 반환합니다.

103 문자에서 숫자나 영문자, 한글만 추출하기 2

이전 작업에서는 정규식을 이용하여 한 셀에 문자와 숫자가 혼합되어 입력된 값에서 특정값(숫자 등)만 추출했다면 이번에는 대상 문자열을 순환하면서 특정값을 추출하는 방법입니다.

사용자 정의 함수를 만들기 위해 *Function* 문을 이용합니다.

```
Function numTxt (strInput As String, Optional lngType As Long = 0)
End Function
```

첫 번째 인수(strInput)는 계산에 반영할 입력된 값입니다.
두 번째 인수(lngType)는 추출할 종류를 지정합니다. '*Optional*'이므로 이 인수를 생략하면 0이 되어 숫자만 반환합니다.

사용자 정의 함수를 일시적으로 표시할지를 결정합니다.

```
Application.Volatile False
```

True인 경우 일시적인 함수로 워크시트의 셀에 대해 계산을 수행할 때마다 계산합니다.
False인 경우 일시적인 함수가 아닌 입력 변수가 바뀔 때만 다시 계산합니다.

추출할 종류가 숫자인 경우입니다.

```
1    For i = 1 To lngLen
2        strMid = Mid(strInput, i, 1)
3        Select Case strMid
4            Case 0 To 9
5                strTemp = strTemp & strMid
6            Case "."
7                If i > 1 Then
```

```
8                      If IsNumeric(Mid(strInput, i - 1, 1)) Then
9                          strTemp = strTemp & strMid
10                     End If
11                 End If
12             End Select
13         Next i
```

01. 문자열 길이만큼 순환합니다.
02. 한 글자씩 추출하여 변수에 할당합니다.
03. 추출한 값에 따라 분기합니다.
04. 숫자(0~9)이면 Case 문을 실행합니다.
05. 변수에 값을 연결합니다.
06. 소수점이면 Case 문을 실행합니다.
07. 첫 번째 글자가 아니면 IF 문을 실행합니다.
08. 바로 전 글자가 숫자면 소수점이므로 IF 문을 실행합니다.
09. 변수에 값을 연결합니다.

추출할 종류가 숫자를 제외한 모든 문자인 경우입니다.

```
1      For i = 1 To lngLen
2          strMid = Mid(strInput, i, 1)
3          Select Case strMid
4              Case 0 To 9
5              Case "."
6                  If i > 1 Then
7                      If IsNumeric(Mid(strInput, i - 1, 1)) = False Then
8                          strTemp = strTemp & strMid
9                      End If
10                 Else
11                     strTemp = strTemp & strMid
12                 End If
13             Case Else
14                 strTemp = strTemp & strMid
15         End Select
16     Next i
```

01. 문자열 길이만큼 순환합니다.
02. 한 글자씩 추출하여 변수에 할당합니다.
03. 추출한 값에 따라 분기합니다.
04. 숫자이면 실행할 구문이 없습니다.
05. 소수점이면 Case 문을 실행합니다.

06. 첫 번째 글자가 아니면 IF 문을 실행합니다.
07. 바로 전 글자가 숫자가 아니면 IF 문을 실행합니다.
08. 변수에 값을 연결합니다.
10. 첫 번째 글자이면 Else 문을 실행합니다.
11. 변수에 값을 연결합니다.

추출할 종류가 한글인 경우입니다.

```
1    For i = 1 To lngLen
2        strMid = Mid(strInput, i, 1)
3        Select Case strMid
4            Case "가" To "힣", "ㄱ" To "ㅎ"
5                strTemp = strTemp & strMid
6        End Select
7    Next i
```

01. 문자열 길이만큼 순환합니다.
02. 한 글자씩 추출하여 변수에 할당합니다.
03. 추출한 값에 따라 분기합니다.
04. 한글이면 Case 문을 실행합니다.
05. 변수에 값을 연결합니다.

완성된 프로시저는 다음과 같습니다.

```
Function numTxt2(strInput As String, Optional lngType As Long = 0)
    Dim i            As Long
    Dim lngLen       As Long
    Dim strMid       As String
    Dim strTemp      As String

    Application.Volatile False

    lngLen = Len(strInput)

    strTemp = vbNullString
    Select Case lngType
        Case 0
            For i = 1 To lngLen
                strMid = Mid(strInput, i, 1)
                Select Case strMid
                    Case 0 To 9
```

```
                            strTemp = strTemp & strMid
                    Case "."
                        If i > 1 Then
                            If IsNumeric(Mid(strInput, i - 1, 1)) Then
                                strTemp = strTemp & strMid
                            End If
                        End If
                End Select
            Next i
        Case 1
            For i = 1 To lngLen
                strMid = Mid(strInput, i, 1)
                Select Case strMid
                    Case 0 To 9
                    Case "."
                        If i > 1 Then
                            If IsNumeric(Mid(strInput, i - 1, 1)) = False Then
                                strTemp = strTemp & strMid
                            End If
                        Else
                            strTemp = strTemp & strMid
                        End If
                    Case Else
                        strTemp = strTemp & strMid
                End Select
            Next i
        Case 2
            For i = 1 To lngLen
                strMid = Mid(strInput, i, 1)
                Select Case strMid
                    Case "가" To "힣", "ㄱ" To "ㅎ"
                        strTemp = strTemp & strMid
                End Select
            Next i
        Case 3
            For i = 1 To lngLen
                strMid = Mid(strInput, i, 1)
                Select Case strMid
                    Case "a" To "z", "A" To "Z"
                        strTemp = strTemp & strMid
                End Select
            Next i
        Case 4
            For i = 1 To lngLen
```

```
                    strMid = Mid(strInput, i, 1)
                    Select Case strMid
                        Case "A" To "Z"
                            strTemp = strTemp & strMid
                    End Select
                Next i
            Case 5
                For i = 1 To lngLen
                    strMid = Mid(strInput, i, 1)
                    Select Case strMid
                        Case "a" To "z"
                            strTemp = strTemp & strMid
                    End Select
                Next i
        End Select

        numTxt2 = strTemp
End Function
```

앞에서 만든 사용자 정의 함수를 시트에서 사용하는 방법은 다음과 같습니다.
=numTxt2($B$3,0)
B3셀 값에서 추출한 종류가 0이므로 숫자만 추출하여 결과값으로 반환합니다.

104 색상별 합계 구하기

합계를 구하기 위해서는 SUM 함수를 이용하거나 조건에 만족하는 경우는 SUMIF 함수를 이용하면 됩니다. 하지만 색상별 합계를 구하는 함수는 지원하지 않으므로 사용자 정의 함수를 만들어 사용하면 됩니다. 이때 주의할 것은 계산 옵션에 상관없이 색상을 변경해도 사용자 정의 함수가 다시 계산되어 값을 반환하지 않습니다. 따라서 색상을 모두 변경한 다음 다시 계산(F9)을 해야 합니다. 색상이 아닌 값이 변경된 경우에는 올바르게 작동되므로 다시 계산(F9) 할 필요가 없습니다.

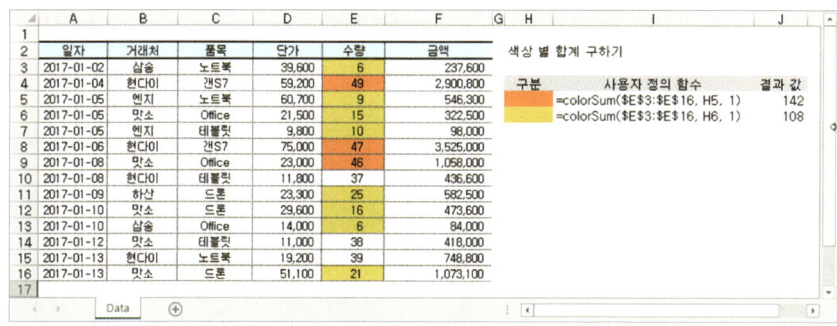

사용자 정의 함수를 만들기 위해 Function 문을 이용합니다.

```
Function colorSum(rngSum As Range, rngColor As Range, Optional lngFnc As Byte = 1) As Long
End Function
```

첫 번째 인수(rngSum)는 합계를 구할 범위입니다.
두 번째 인수(rngColor)는 채우기나 글꼴에 대한 색상 조건입니다. 세 번째 인수는 색상을 적용할 기준입니다. 'Optional'이므로 이 인수를 생략하면 1이 되므로 채우기 색상을 기준으로 계산합니다.

사용자 정의 함수를 일시적으로 표시할지를 결정합니다.

```
Application.Volatile True
```

True인 경우는 일시적인 함수로 워크시트의 셀에 대해 계산을 수행할 때마다 계산합니다.
False인 경우는 일시적인 함수가 아닌 입력 변수가 바뀔 때만 다시 계산합니다.

여기서 True로 설정한 것은 색상을 변경하고 다시 계산(F9)할 때 사용자 정의 함수도 함께 계산하기 위함입니다.

합계를 구할 범위를 *For Each … Next* 문으로 순환합니다.

```
For Each rng In rngSum
Next rng
```

채우기 색상으로 합계를 구하는 경우입니다.

```
1    If rng.Interior.Color = rngColor.Interior.Color Then
2        valSum = valSum + rng.Value
3    End If
```

01. 해당 셀의 채우기 색상과 기준 셀의 채우기 색상이 같으면 IF 문을 실행합니다.
02. 변수값에 해당 셀값을 더하여 누적합니다.

글꼴 색상으로 합계를 구하는 경우입니다.

```
1    If rng.Font.Color = rngColor.Font.Color Then
2        valSum = valSum + rng.Value
3    End If
```

01. 해당 셀의 글꼴 색상과 기준 셀의 글꼴 색상이 같으면 IF 문을 실행합니다.
02. 변수값에 해당 셀값을 더하여 누적합니다.

완성된 프로시저는 다음과 같습니다.

```
Function colorSum(rngSum As Range, rngColor As Range, Optional lngFnc As Byte = 1) As Long
    Dim rng         As Range
    Dim valSum      As Variant

    Application.Volatile True

    valSum = 0
    For Each rng In rngSum
        Select Case lngFnc
            Case 1
                If rng.Interior.ColorIndex = rngColor.Interior.ColorIndex Then
                    valSum = valSum + rng.Value
                End If
            Case 2
                If rng.Font.ColorIndex = rngColor.Font.ColorIndex Then
                    valSum = valSum + rng.Value
                End If
        End Select
    Next rng
    colorSum = valSum
End Function
```

앞에서 만든 사용자 정의 함수를 시트에서 사용하는 방법은 다음과 같습니다.

=colorSum($E$3:$E$16, H5, 1)

❶ colorSum : 사용자가 정의한 함수 이름입니다.

❷ $E$3:$E$16 : 합계를 구할 범위입니다.

❸ H5 : 채우기 색상이나 글꼴 색상이 있는 조건 셀입니다.

❹ 1은 채우기 색상, 2는 글꼴 색상, 생략하면 채우기 색상 기준입니다.

105 조건을 만족하는 경우의 최대값 구하기

MAXIFS라는 함수가 엑셀 2016 버전부터 지원됩니다. 하지만 이 함수는 Office 365 구독자용 프로그램에서만 사용이 가능하기 때문에 지원되지 않는 버전을 사용하는 경우에 해당 기능을 구현하는 방법에 대해 알아보겠습니다.

지정된 범위에서 조건에 만족하는 값의 최대값을 구하는 사용자 정의 함수 예제입니다.

구문과 매개 변수는 다음과 같습니다.
사용자 정의 함수를 만들기 위해 Function 문을 이용합니다.

```
Function MAXIFS(max_range As Range, ParamArray vCriteria() As Variant)
End Function
```

첫 번째 인수(max_range)는 최대값을 구할 범위입니다.
두 번째 인수(vCriteria())는 조건을 평가할 범위와 조건입니다. 'ParamArray' 키워드를 사용했기 때문에 임의의 개수를 인수로 사용할 수 있습니다.

사용자 정의 함수를 일시적으로 표시할지를 결정합니다.

```
Application.Volatile False
```

True인 경우는 일시적인 함수로 워크시트의 셀에 대해 계산을 수행할 때마다 계산합니다.
False인 경우 일시적인 함수가 아닌 입력 변수가 바뀔 때만 다시 계산합니다.

ParamArray로 넘겨 받은 인수의 행의 수와 개수를 구합니다.

```
1    lngRows = vCriteria(0).Count
2    ingClms = UBound(vCriteria, 1)
```

01. 행의 수를 구합니다.
02. 인수의 최대 범위를 구합니다. (0부터 시작)

합계를 구할 범위의 값을 배열에 담습니다.

```
vData = max_range.Value
```

범위의 값을 배열에 담는 이유는 속도 때문입니다. 범위를 순환하면서 값을 구하는 것보다는 배열 변수에 담아 배열 변수를 순환하면서 값을 구하는 방법이 처리 속도가 빠릅니다.

인수의 최대 범위를 순환합니다.

```
1        For k = 0 To ingClms Step 2
2            If vCriteria(k).Item(i) = vCriteria(k + 1) Then
3                blnCheck = True
4            Else
5                blnCheck = False
6            End If
7        Next k
```

01. 조건 범위와 조건은 세트로 이루어져야 하기 때문에 단계(Step)를 2로 설정합니다.
02. vCriteria(k).Item(i)는 ParamArray 변수(vCriteria)의 k번째에 해당하는 아이템의 i번째 값입니다. vCriteria(k + 1)는 ParamArray 변수(vCriteria)의 k + 1번째의 값입니다. 이 두 개의 값을 비교하여 같으면 IF 문을 실행합니다.
03. 변수에 True를 할당합니다.
04. 두 개의 값이 같지 않으면 Else 문을 실행합니다.
05. 변수에 False를 할당합니다.

```
1        If blnCheck = True Then
2            If vData(i, 1) > vMax Then
3                vMax = vData(i, 1)
4            End If
5        End If
```

01. 조건을 만족하면 IF 문을 실행합니다.
02. 새로 구한값(vData(i, 1))이 기존값(vMax) 보다 크면 IF 문을 실행합니다.
03. 최대값 변수의 값을 새로 구한값으로 할당합니다.

완성된 프로시저는 다음과 같습니다.

```
Function MAXIFS(max_range As Range, ParamArray vCriteria() As Variant)
    Dim i                   As Long
    Dim k                   As Long
    Dim lngRows             As Long
    Dim ingClms             As Long
    Dim blnCheck            As Boolean
    Dim vMax                As Variant
    Dim vData               As Variant

    Application.Volatile False

    lngRows = vCriteria(0).Count
    ingClms = UBound(vCriteria, 1)
    vData = max_range.Value

    For i = 1 To lngRows
        For k = 0 To ingClms Step 2
            If vCriteria(k).Item(i) = vCriteria(k + 1) Then
                blnCheck = True
            Else
                blnCheck = False
            End If
        Next k
        If blnCheck = True Then
            If vData(i, 1) > vMax Then
                vMax = vData(i, 1)
            End If
        End If
    Next i
    MAXIFS = vMax
End Function
```

앞에서 만든 사용자 정의 함수를 시트에서 사용하는 방법은 다음과 같습니다.

=MAXIFS($E$3:$E$16, $C$3:$C$16, H5)

① MAXIFS : 사용자가 정의한 함수 이름입니다.
② $E$3:$E$16 : 최대값을 구할 범위입니다.
③ $C$3:$C$16 : 첫 번째 조건이 있는 범위입니다.
④ H5 : 첫 번째 조건이 있는 범위와 비교할 값이 있는 범위입니다.

106 중복된 항목 제거하고 고유값만 추출하기

목록(거래처나 품목 등) 중에서 고유한 항목(중복된 항목은 하나만)만을 추출하기 위해서는 엑셀에서 제공하는 기본 기능인 '중복된 항목 제거'를 이용하는 것이 더 효율적이지만 해당 기능은 사용자 정의 함수로는 사용할 수 없습니다. 따라서 또 다른 방법 중 하나인 컬렉션 개체를 이용해 고유한 값만 추출하는 사용자 정의 함수를 만들어 보겠습니다.

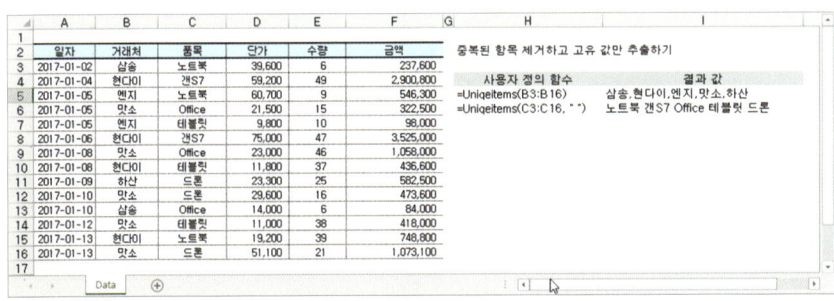

사용자 정의 함수를 만들기 위해 Function 문을 이용합니다.

```
Function Uniqeitems(ByVal vData As Variant, Optional strJoin As String = ",")
End Function
```

첫 번째 인수(vData)는 고유값을 추출할 범위의 값입니다.

두 번째 인수(strJoin)는 고유값을 연결할 연결 문자입니다. 'Optional'이므로 이 인수를 생략하면 콤마(,)로 연결합니다.

사용자 정의 함수를 일시적으로 표시할지를 결정합니다.

```
Application.Volatile False
```

True인 경우 일시적인 함수로 워크시트의 셀에 대해 계산을 수행할 때마다 계산합니다.
False인 경우 일시적인 함수가 아닌 입력 변수가 바뀔 때만 다시 계산합니다.

1. 컬렉션 개체를 이용해 고유값만 개체에 추가하기

컬렉션(Collection) 개체는 단일 개체로 관련된 항목 그룹을 참조할 수 있습니다. 컬렉션이 만들어지면 구성원들은 Add 메서드를 사용해서 추가하거나 Remove 메서드를 사용해 삭제할 수도 있습니다. 또한 특정한 구성원은 Item 메서드를 이용해 값을 반환할 수 있습니다. 단일 개체이기 때문에 컬렉션에 같은 값을 추가하면 오류가 발생하게 되는데, 항목을 추가할 때 오류가 발생하면 이미 추가된 것입니다. 오류를 무시(On Error Resume Next)하게 되면 중복되는 항목은 제외하고 중복되지 않은 항목만 컬렉션 개체에 추가합니다.

컬렉션(Collection) 개체의 변수 선언은 다음과 같습니다.

```
Dim myCol    As New Collection
```

컬렉션에 항목을 추가하는 방법은 다음과 같습니다.

```
1    On Error Resume Next
2    For Each c In vData
3        myCol.Add Item:=c, Key:=CStr(c)
4    Next c
```

01. 오류를 무시하고 다음 단계를 실행합니다.
02. 고유한 항목을 추출할 범위를 순환합니다.
03. 컬렉션(Collection) 개체에 해당 값을 추가합니다.

Add 메서드는 컬렉션(Collection) 개체에 구성원을 추가하며, 구문과 매개 변수는 다음과 같습니다.

object.Add item, key, before, after		
구성 요소	필수/선택	설명
object	필수	컬렉션입니다.
item	필수	컬렉션에 추가할 구성원입니다.
key	선택	위치 인덱스 대신에 컬렉션 구성원에 액세스하기 위해서 사용되는 핵심 문자열을 지정합니다.
before	선택	컬렉션 내에서의 상대적 위치 지정으로 추가될 구성원은 before 인수에 명시된 구성원 앞에 오게 됩니다.
after	선택	컬렉션 내에서의 상대적 위치 지정으로 추가될 구성원은 after 인수에 명시된 구성원 뒤에 오게 됩니다.

before와 after는 반드시 1부터 컬렉션의 Count 항목값 사이의 숫자이거나 문자인 경우에는 컬렉션의 key에 해당하는 값 중 하나여야 합니다. before 위치나 after 위치 중 하나만 사용이 가능하고 동시에 사용할 수 없습니다.

2. 컬렉션 개체의 구성원 제거하기

```
myCol.Remove ""
```

Remove 메서드는 컬렉션(Collection) 개체에서 구성원을 제거하며, 구문과 매개 변수는 다음과 같습니다.

object.Remove index		
구성 요소	필수/선택	설명
object	필수	컬렉션입니다.
index	필수	컬렉션의 구성원 위치를 지정합니다.

*index*는 반드시 1부터 컬렉션의 *Count* 항목값 사이의 숫자이거나 문자인 경우에는 컬렉션의 *key*에 해당하는 값 중 하나여야 합니다. *index*로 제공된 값이 기존의 컬렉션 구성원과 일치하지 않으면 오류가 발생합니다.

컬렉션 개체의 개수를 구하여 0보다 크면 배열(lst( ))에 컬렉션 개체의 아이템을 담습니다.

```
1    lngCnt = myCol.Count
2    If lngCnt > 0 Then
3        ReDim lst(1 To lngCnt)
4        For i = 1 To lngCnt
5            lst(i) = myCol.Item(i)
6        Next i
7    End If
```

01. 컬렉션(Collection) 개체에 있는 구성원 개수를 구합니다.
02. 구성원이 있으면 IF 문을 실행합니다.
03. 구성원의 크기로 배열 변수를 선언합니다.
04. 컬렉션(Collection) 개체의 구성원을 순환합니다.
05. 컬렉션 개체의 구성원 값을 배열에 할당합니다.

배열값을 연결 문자로 연결합니다.

```
Uniqeitems = Join(lst, strJoin)
```

배열의 값을 *Join* 함수를 이용해 연결 문자로 연결한 문자열을 사용자 정의 함수에 반환합니다.

완성된 프로시저는 다음과 같습니다.

```vba
Function Uniqeitems(ByVal vData As Variant, Optional strJoin As String = ",")
    Dim i       As Long
    Dim lngCnt  As Long
    Dim c       As Variant
    Dim myCol   As New Collection
    Dim lst()   As Variant
    
    Application.Volatile False
    
    On Error Resume Next
    For Each c In vData
        myCol.Add Item:=c, Key:=CStr(c)
    Next c
    myCol.Remove ""
    On Error GoTo 0
    lngCnt = myCol.Count
    If lngCnt > 0 Then
        ReDim lst(1 To lngCnt)
        For i = 1 To lngCnt
            lst(i) = myCol.Item(i)
        Next i
    End If
    Uniqeitems = Join(lst, strJoin)
End Function
```

앞에서 만든 사용자 정의 함수를 시트에서 사용하는 방법은 다음과 같습니다.

=Uniqeitems(B3:B16, ", ")

❶ Uniqeitems : 사용자가 정의한 함수 이름입니다.

❷ B3:B16 : 고유한 항목을 추출할 범위입니다.

❸ ", " : 고유값을 연결할 연결 문자입니다.(생략하면 콤마(,)로 연결)

107 함수 마법사 기능 흉내내기

함수 마법사를 실행하면 함수 목록이 순차적(오름차순 정렬)으로 표시되어 사용자가 선택하기 편리합니다. 또한 범주별로 묶여 있어 범주를 선택하면 해당 범주에 속한 함수들만 목록에 나열됩니다. 이 함수 목록에는 사용자 정의 함수도 표시할 수 있습니다. 다만, Private 키워드를 사용한 경우에는 함수 마법사 목록에는 표시되지 않습니다.

사용자 정의 함수가 없으면 사용자 정의 범주가 표시되지 않고 사용자 정의 함수를 하나 이상 추가하면 사용자 정의 범주가 자동으로 표시됩니다. 기본적으로 사용자 정의 함수는 사용자 정의 범주에 등록됩니다.

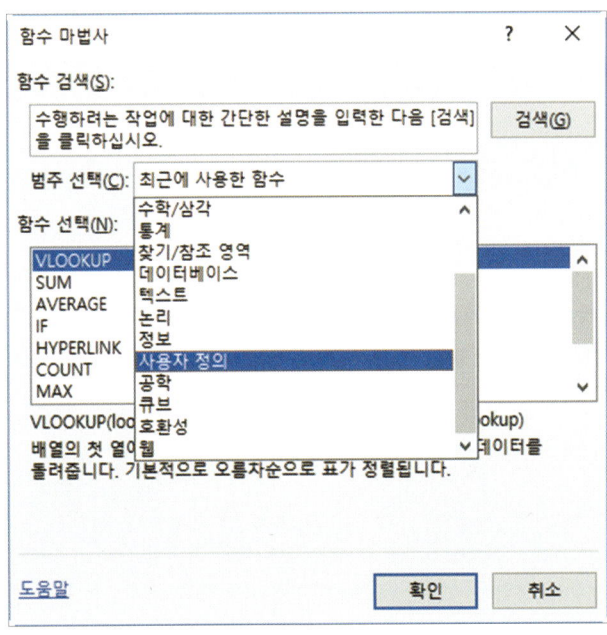

사용자 정의 함수를 특정 범주로 지정하는 직접적인 방법은 제공하지 않습니다. 따라서 사용자 정의 범주가 아닌 다른 범주에 등록하려면 Application.MacroOptions 메서드를 이용해 등록해야 합니다.

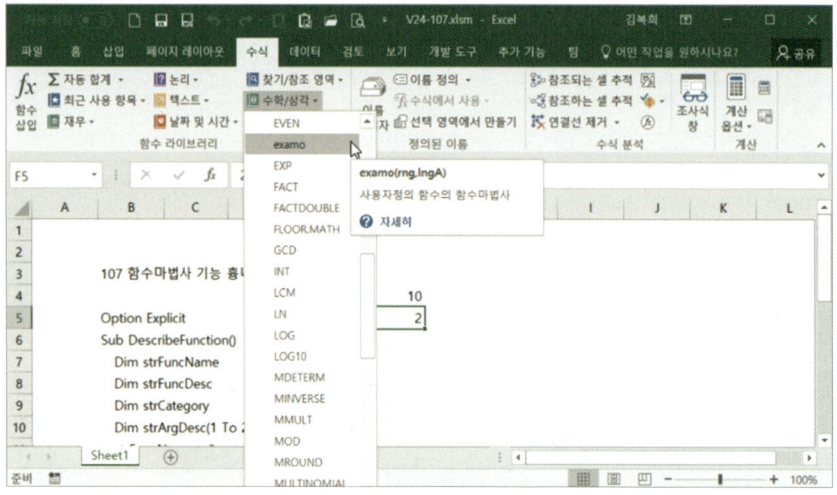

사용자 정의 함수를 만듭니다. 간단히 인수 2개를 받아 곱하는 함수입니다.

```
Function examo(rng As Range, lngA As Long)
    Application.Volatile False
    examo = rng.Value * lngA
End Function
```

• 사용자 정의 함수를 함수 마법사에 범주를 지정하여 추가하기

이전에 만든 사용자 정의 함수를 수학/삼각 범주에 추가해 보겠습니다. 또한 해당 함수를 실행했을 때 나타나는 [함수 인수] 대화상자에서 인수에 대한 간단한 설명 문구도 추가해 보겠습니다.

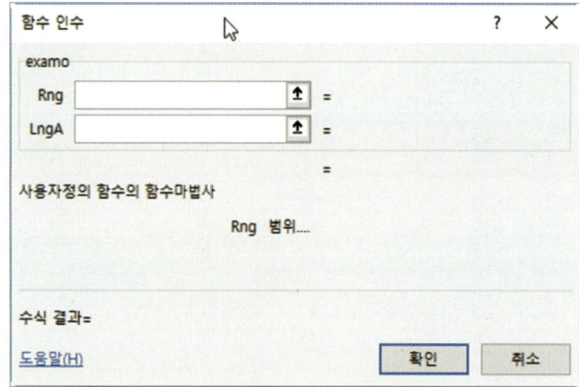

```
1   Sub DescribeFunction()
2       Dim strFuncName         As String
3       Dim strFuncDesc         As String
4       Dim strCategory         As String
5       Dim strArgDesc(1 To 2)  As String
6       strFuncName = "examo"
7       strFuncDesc = "사용자정의 함수의 함수마법사"
8       strCategory = 3
9       strArgDesc(1) = "범위...."
10      strArgDesc(2) = "곱할 값...."
11      Application.MacroOptions _
12          Macro:=strFuncName, _
13          Description:=strFuncDesc, _
14          Category:=strCategory, _
15          ArgumentDescriptions:=strArgDesc
16  End Sub
```

06. 사용자 정의 함수 이름을 변수에 할당합니다.
07. 함수에 대한 설명을 변수에 할당합니다.
08. 수학/삼각 범주로 설정합니다.
09. 첫 번째 인수에 대한 설명입니다.
10. 두 번째 인수에 대한 설명입니다.
11. Application.MacroOptions을 설정합니다.

Application.MacroOptions 메서드의 구문과 매개 변수는 다음과 같습니다.

expression.MacroOptions(Macro, Description, HasMenu, MenuText, HasShortcutKey, ShortcutKey, Category, StatusBar, HelpContextID, HelpFile, ArgumentDescriptions)

이름	필수/선택	데이터 형식	설명
Macro	선택	Variant	매크로나 사용자 정의 함수(UDF) 이름입니다.
Description	선택	Variant	매크로에 대한 설명입니다.
HasMenu	선택	Variant	이 인수는 무시합니다.
MenuText	선택	Variant	이 인수는 무시합니다.
HasShortcutKey	선택	Variant	True면 매크로에 바로 가기 키가 할당됩니다.(ShortcutKey 인수 지정 필수)
ShortcutKey	선택	Variant	바로 가기 키입니다.(HasShortcutKey가 True인 경우에 필수 요소)
Category	선택	Variant	기존의 매크로 함수 범주를 지정하는 정수입니다.(예:재무, 날짜/시간, 사용자 정의 등)

StatusBar	선택	Variant	매크로에 대한 상태 표시줄 텍스트입니다.
HelpContextID	선택	Variant	매크로에 할당된 도움말 항목의 컨텍스트 ID를 지정하는 정수입니다.
HelpFile	선택	Variant	HelpContextId로 정의된 도움말 항목이 있는 도움말 파일의 이름입니다.
ArgumentDescriptions	선택	Variant	함수 인수 대화상자에 표시되는 UDF의 인수에 대한 설명입니다.

Category 매개 변수 목록은 다음과 같습니다.

정수	범주	정수	범주
1	재무	17	세 번째 사용자 지정입니다.
2	날짜/시간	18	네 번째 사용자 지정입니다.
3	수학/삼각	19	다섯 번째 사용자 지정입니다.
4	통계	20	여섯 번째 사용자 지정입니다.
5	찾기/참조 영역	21	일곱 번째 사용자 지정입니다.
6	데이터베이스	22	여덟 번째 사용자 지정입니다.
7	텍스트	23	아홉 번째 사용자 지정입니다.
8	논리	24	열 번째 사용자 지정입니다.
9	정보	25	열한 번째 사용자 지정입니다.
10	명령	26	열두 번째 사용자 지정입니다.
11	사용자 지정	27	열세 번째 사용자 지정입니다.
12	매크로 제어	28	열네 번째 사용자 지정입니다.
13	DDE/외부 연결	29	열다섯 번째 사용자 지정입니다.
14	사용자 정의	30	열여섯 번째 사용자 지정입니다.
15	첫 번째 사용자 지정	31	열일곱 번째 사용자 지정입니다.
16	두 번째 사용자 지정	32	열여덟 번째 사용자 지정입니다.

Chapter 25

데이터 통합 프로그램 만들기

매일 발생하는 정보를 일별 또는 월별, 연별로 시트를 구분하여 입력하거나 파일로 구분하여 보관하는 사용자가 있습니다. 이렇게 여러 시트 또는 여러 파일로 나누어져 있는 경우에 보고서를 작성하기 위해서는 하나의 시트에 데이터를 취합하기 위해 많은 시간을 소요합니다. 예를 들어 월별 매출 추이 등을 분석하기 위해 월별로 저장되어 있는 파일을 열어서 가공을 해야만 보고서를 완성할 수 있습니다. 하지만 데이터가 한 시트에 입력되어 있다면 보고서 완성을 쉽게 할 수 있을 것입니다. 이렇듯 여러 시트 또는 여러 파일로 나누어져 있는 모든 데이터를 하나의 시트로 통합하는 기능을 만들어 보겠습니다.

108 모든 시트의 데이터를 한 시트에 통합하기

일별 또는 월별로 작성된 시트가 여러 개인 경우 통합할 시트를 제외한 모든 시트의 데이터를 통합 시트로 통합하여 하나의 시트에 데이터를 모아보겠습니다.

```
1   Sub SheetConsolidateDemo()
2       Dim lngLastRow   As Long
3       Dim rngDb        As Range
4       Dim sht          As Worksheet
5       Dim blnSheet     As Boolean
6       If Worksheets.Count = 1 Then
7           If Worksheets(1).Name = "통합" Then
8               MsgBox "통합할 데이터 시트가 존재하지 않습니다."
9               Exit Sub
10          End If
11      End If
12      Application.ScreenUpdating = False
13      On Error Resume Next
14      blnSheet = CBool(Len(ActiveWorkbook.Sheets("통합").Name) >= 1)
15      On Error GoTo 0
16      If blnSheet = False Then
17          Set sht = Worksheets.Add(after:=Worksheets(Worksheets.Count))
18          sht.Name = "통합"
19      End If
20      With Worksheets("통합")
21          .Range("B2").CurrentRegion.EntireRow.Delete
22          If Worksheets(1).Name = "통합" Then
23              Worksheets(2).Range("B2").CurrentRegion.Rows(1).Copy
24          Else
25              Worksheets(1).Range("B2").CurrentRegion.Rows(1).Copy
26          End If
27          .Range("B2").PasteSpecial xlPasteAll
28          .Range("B2").PasteSpecial xlPasteColumnWidths
29          For Each sht In Worksheets
30              If sht.Name <> "통합" Then
```

```
31                Set rngDb = sht.Range("B2").CurrentRegion
32                Set rngDb = rngDb.Offset(1).Resize(rngDb.Rows.Count - 1)
33                rngDb.Copy
34                lngLastRow = .Cells(Rows.Count, 2).End(xlUp).Row
35                lngLastRow = lngLastRow + 1
36                .Cells(lngLastRow, 2).PasteSpecial xlPasteAll
37                Application.CutCopyMode = False
38                Set rngDb = Nothing
39            End If
40        Next
41        .Range("B3").Select
42        MsgBox "작업이 완료되었습니다.", vbInformation
43    End With
44    Application.ScreenUpdating = True
45 End Sub
```

06. 워크시트의 개수가 1개이면 IF 문을 실행합니다.
07. 통합시트만 있으면 메시지를 출력한 다음 프로시저를 종료합니다.
12. 화면 갱신 모드를 해제합니다.
13. 해당 시트가 없어도 오류를 무시하고 다음 코드를 실행합니다.
14. "통합" 시트가 있는지 검사하고 있으면 True, 없으면 False 값을 변수에 할당합니다.
15. On Error…의 기능을 초기화합니다.
16. 통합 시트가 없으면 IF 문을 실행합니다.
17. 마지막 시트 다음에 시트를 추가합니다.
18. 추가한 시트 이름을 "통합"으로 변경합니다.
20. "통합" 시트를 With 문으로 지정합니다.
21. 기존 데이터를 삭제합니다.
22. 첫 번째 시트가 "통합" 시트이면 IF 문을 실행합니다.
23. 두 번째 시트에 있는 필드 이름을 복사합니다.
24. 첫 번째 시트가 "통합" 시트가 아니면 Else 문을 실행합니다.
25. 첫 번째 시트에 있는 필드 이름을 복사합니다.
27. 복사한 모든 내용을 붙여넣기 합니다.
28. 열 너비를 붙여넣기 합니다.
29. 시트를 순환합니다.
30. 해당 시트가 "통합" 시트가 아니면 IF 문을 실행하여 "통합" 시트로 누적하여 복사합니다.
31. B2셀이 있는 연속된 영역을 변수(rngDb)에 할당합니다.

32. 변수(rngDb)의 범위에서 필드 이름을 제외하기 위해 offset(1)을 하여 범위 전체를 한 칸 아래로 이동하고 전체 범위의 행수에서 -1을 해서 범위를 보정합니다.
    예) 범위가 B2:G30인 경우 offset(1)을 하면 B3:G31로 범위 전체가 한 칸 아래로 이동하게 되고 Resize(전체 범위의 행수 − 1)를 하면 B3:G30이 됩니다.
33. 조정된 범위를 복사합니다.
34. "통합" 시트의 B열 기준으로 마지막 행 번호를 구합니다.
35. 마지막 행 다음에 데이터를 붙여넣기 위해 마지막 행 번호 +1로 행 번호를 보정합니다.
36. 복사한 모든 내용을 붙여넣기 합니다.
37. 복사한 상태를 지웁니다. (복사하면 나타나는 점선 지우기)
38. 범위 개체를 초기화합니다.
41. B3셀을 선택합니다.
42. 작업 완료 메시지를 출력합니다.
44. 화면 갱신 모드로 전환합니다.

프로시저를 실행한 결과 화면은 다음과 같습니다.

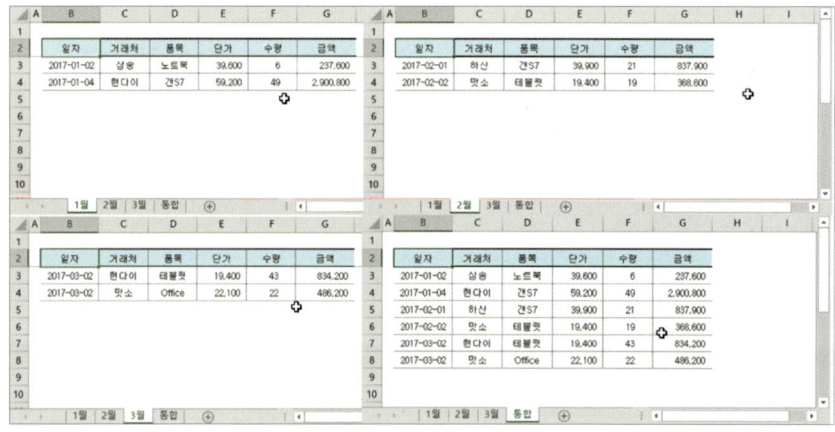

109 지정 폴더 내의 모든 파일 데이터를 한 시트에 통합하기

사용자가 지정한 폴더 내에 일별 또는 월별로 작성된 파일이 여러 개인 경우 모든 엑셀 파일을 하나의 시트에 모아보겠습니다. 불러올 엑셀 파일의 양식은 모두 동일해야 하고 만약 양식이 다르다면 불러오기 전에 불러올 필드 순서를 해당 파일의 필드에서 찾아서 불러오도록 하는 작업을 추가해야 합니다.

```
1   Sub FileConsolidateDemo()
2       Dim lngCnt              As Long
3       Dim lngLastRow          As Long
4       Dim strPath             As String
5       Dim strFileSpec         As String
6       Dim strFileName         As String
7       Dim strP                As String
8       Dim rngDb               As Range
9       Dim sht                 As Worksheet
10      Dim wb                  As Workbook
11      With Application.FileDialog(msoFileDialogFolderPicker)
12          .Show
13          If .SelectedItems.Count = 0 Then Exit Sub
14          strPath = .SelectedItems.Item(1)
15      End With
```

```
16          strP = Application.PathSeparator
17          strFileSpec = strPath & strP & "*.xls*"
18          strFileName = Dir(strFileSpec)
19          If strFileName = "" Then
20              MsgBox "해당하는 파일이 없습니다."
21              Exit Sub
22          End If
23          Application.ScreenUpdating = False
24          With ActiveSheet
25              .UsedRange.Clear
26              lngCnt = 0
27              Do While strFileName <> ""
28                  lngCnt = lngCnt + 1
29                  Set wb = Workbooks.Open(strPath & strP & strFileName, UpdateLinks:=2, ReadOnly:=False)
30                  Set sht = wb.Worksheets(1)
31                  Set rngDb = sht.Range("A1").CurrentRegion
32                  lngLastRow = .Cells(Rows.Count, "A").End(xlUp).Row
33                  If lngCnt > 1 Then
34                      Set rngDb = rngDb.Offset(1).Resize(rngDb.Rows.Count - 1)
35                      lngLastRow = lngLastRow + 1
36                  End If
37                  rngDb.Copy
38                  .Cells(lngLastRow, "A").PasteSpecial xlPasteAll
39                  If lngCnt = 1 Then
40                      .Range("A1").PasteSpecial xlPasteColumnWidths
41                  End If
42                  Application.CutCopyMode = False
43                  wb.Close False
44                  Set wb = Nothing
45                  Set sht = Nothing
46                  Set rngDb = Nothing
47                  strFileName = Dir()
48              Loop
49              .Range("A2").Select
50              MsgBox "작업이 완료되었습니다.", vbInformation
51          End With
52          Application.ScreenUpdating = True
53      End Sub
```

11. Application.FileDialog 속성을 이용해 파일을 불러올 폴더를 지정합니다.
12. 대화상자를 보여줍니다.
13. 폴더를 선택하지 않았다면 프로시저를 종료합니다.

14. 선택한 폴더 경로를 변수에 할당합니다.
16. 경로 구분 기호(\)를 변수에 할당합니다.
17. 선택한 폴더에 있는 파일 중 확장자가 xls가 포함된 모든 파일을 작업 대상으로 지정합니다.
18. 첫 번째 파일 이름을 변수에 할당합니다.
19. 파일명이 공백("")이면 지정된 파일이 없는 경우이므로 IF 문을 실행합니다.
20. 메시지를 출력합니다.
21. 프로시저를 종료합니다.
23. 화면 갱신 모드 해제합니다.
24. 활성 시트를 With 문으로 사용합니다.
25. 기존 데이터를 지웁니다.
26. 변수를 0으로 초기화합니다.
27.~48. 폴더를 순환합니다. (파일 이름이 공백("") 이 아닌 경우)
28. 파일 개수 변수의 값을 1 증가(+1) 시킵니다.
29. 파일을 열어 변수에 담습니다. (업데이트는 안함으로, 읽기 전용은 아님으로 설정)
30. 열기한 파일의 첫 번째 시트를 변수에 할당합니다.
31. 첫 번째 시트의 A1셀이 있는 연속된 영역을 변수(rngDb)에 할당합니다.
32. 시트의 A열 기준으로 마지막 행 번호를 구합니다. (현재 프로시저가 작성되어 있는 통합 문서의 시트)
33. 파일 개수 변수가 1보다 크면 IF 문을 실행합니다.
34. 변수(rngDb)의 범위에서 필드 이름을 제외하기 위해 offset(1)을 하여 범위 전체를 한 칸 아래로 이동하고 전체 범위의 행수에서 –1을 해서 범위를 보정합니다.
    예) 범위가 A1:G30인 경우 offset(1)을 하면 A2:G31로 범위 전체가 한 칸 아래로 이동하게 되고
    Resize(전체 범위의 행수 –1)를 하면 A2:G30 이 됩니다.
35. 마지막 행 다음에 데이터를 붙여넣기 위해 마지막 행 번호 +1로 행 번호를 보정합니다.
37. 조정된 범위를 복사합니다.
38. 복사한 모든 내용을 붙여넣기 합니다.
39.~41. 첫 번째 파일이면 열 너비 붙여넣기 합니다. 모든 파일마다 열 너비 붙여넣기 해도 되지만, 불필요한 작업이므로 한 번만 실행합니다.
42. 복사한 상태를 지웁니다. (복사하면 나타나는 점선 지우기)
43. 열기한 파일을 저장하지 않고 닫습니다.
44.~46. 범위 등 개체를 초기화합니다.
47. Dir 함수를 이용해 다음 파일의 이름을 구합니다.
49. A2셀을 선택합니다.
50. 작업 완료 메시지를 출력합니다.
52. 화면 갱신 모드로 전환합니다.

파일을 열기할 때 옵션 중 XlUpdateLinks 열거형은 다음과 같습니다.

이름	값	설명
xlUpdateLinksAlways	3	항상 업데이트합니다.
xlUpdateLinksNever	2	업데이트를 하지 않습니다.
xlUpdateLinksUserSetting	1	사용자 설정에 따라 업데이트합니다.

Chapter 26

사진 대지 프로그램 만들기

그림 파일을 불러오는 방법에는 엑셀 시트에 상품 이름이나 공사 이름이 입력되어 있고 지정한 폴더에서 해당 이름으로 된 그림 파일을 불러오는 방법도 있고 사용자가 사진을 하나 이상 선택하면 순차적으로 불러와서 셀에 순차적으로 삽입하는 방법도 있습니다.

110 병합된 셀의 크기에 맞게 사진 불러오기

기존에 삽입된 사진은 모두 삭제한 후 불러올 사진을 선택하면 순차적으로 사진을 삽입한 다음 셀이 병합되지 않았다면 해당 셀을 기준으로 조절하고 셀이 병합되어 있으면 병합된 범위를 기준으로 사진 크기를 조절합니다.

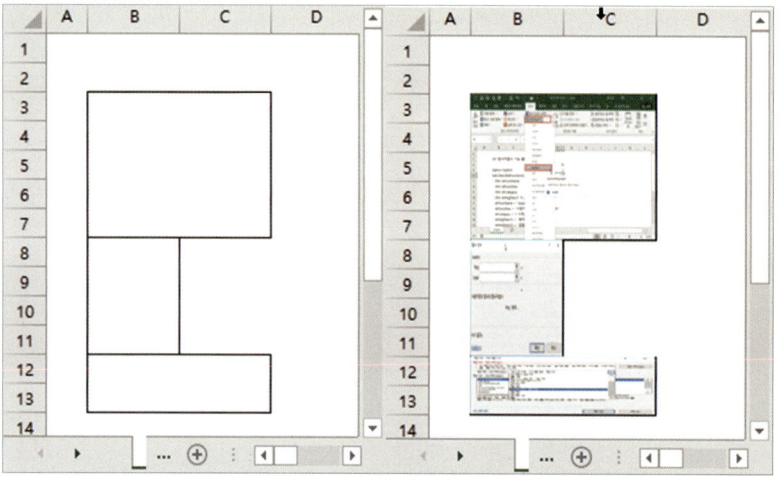

```
1    Const strType   As String = "Image Files (*.bmp;*.gif;*.tif;*.jpg;*.
     jpeg;*.wmf;*.png),*.bmp;*.gif;*.tif;*.jpg;*.jpeg;*.wmf;*.png"

2    Sub InsertPicture()
3        Dim i                  As Long
4        Dim lngCnt             As Long
5        Dim lngTopRow          As Long
6        Dim vFiles             As Variant
7        Dim vFile              As Variant
8        Dim sha                As Shape
9        Dim rngPic             As Range
10       Dim vList()            As Variant
11       Dim pic                As Picture
12       Application.ScreenUpdating = False
13       lngCnt = 0
```

```
14          For Each sha In ActiveSheet.Shapes
15              If sha.Type = msoPicture Then
16                  lngCnt = lngCnt + 1
17                  ReDim Preserve vList(1 To lngCnt)
18                  vList(lngCnt) = pic.Name
19              End If
20          Next sha
21          If lngCnt > 0 Then
22              ActiveSheet.Pictures(vList).Delete
23              Erase vList
24          End If
25          vFiles = Application.GetOpenFilename(fileFilter:=strType, Title:="사진대지", MultiSelect:=True)
26          If TypeName(vFiles) = "Boolean" Then
27              MsgBox "선택한 이미지 파일이 없습니다.", vbCritical
28              Application.ScreenUpdating = True
29              Exit Sub
30          End If
31          lngTopRow = 3
32          For Each vFile In vFiles
33              Set rngPic = ActiveSheet.Cells(lngTopRow, "B").MergeArea
34              With rngPic
35                  Set sha = ActiveSheet.Shapes.AddPicture(FileName:=CStr(vFile), _
36                                                      LinkToFile:=msoFalse, _
37                                                      SaveWithDocument:=msoTrue, _
38                                                      Left:=.Left, _
39                                                      Top:=.Top, _
40                                                      Width:=.Width, _
41                                                      Height:=.Height)
42                  sha.LockAspectRatio = msoFalse
43              End With
44              lngTopRow = lngTopRow + rngPic.Rows.Count
45              Set rngPic = Nothing
46              Set sha = Nothing
47          Next vFile
48          MsgBox "작업이 완료되었습니다.", vbInformation
49          Application.ScreenUpdating = True
50      End Sub
```

01. 불러올 사진 파일의 확장자를 상수에 지정합니다.
12. 화면 갱신 모드를 해제합니다.
13. 변수를 0으로 초기화합니다.

14.~20. 활성화된 시트에 있는 모든 Shape(도형, 자유형, OLE 개체, 그림 등) 개체를 순환하면서 그림(msopicture) 인 경우 삭제합니다.

15. Shape의 유형이 그림이면 IF 문을 실행합니다.

16. 카운트 개수가 1 증가합니다.

17. 배열 변수의 저장 공간을 다시 할당합니다.

18. 배열 변수에 그림 이름을 할당합니다.

21. 그림 개수가 0보다 크면 IF 문을 실행합니다.

22. 배열에 담은 모든 그림을 삭제합니다.

23. 배열의 요소를 초기화하여 저장 공간을 해제합니다.

25. 사진 파일을 선택하여 변수에 할당합니다.(복수 선택 가능)

26. 사진 파일을 선택하지 않았으면 IF 문을 실행합니다.

27. 메시지 박스를 출력합니다.

28. 화면 갱신 모드로 전환합니다.

29. 프로시저를 종료합니다.

31. 예제의 경우 첫 번째 사진을 삽입할 셀(B3)의 행 번호가 3이므로 3을 변수에 할당합니다.

32. 선택한 그림 파일을 순환합니다.

33. 사진을 삽입할 셀이 있는 병합된 범위를 할당합니다.

35.~41. 사진을 삽입합니다. 사진의 위치는 사진을 삽입할 범위(33에서 할당한 범위)의 왼쪽, 위, 너비, 높이로 지정합니다.

42. 사진의 크기를 조정할 때 도형의 높이와 너비를 서로 독립적으로 변경하게 설정합니다. msoTrue로 설정하면 가로 크기를 변경할 때 세로 크기도 비례하여 변경됩니다.

44. 다음 사진을 삽입할 셀의 행 번호를 구합니다.

45.~46. 개체를 초기화합니다.

48. 작업 완료 메시지를 출력합니다.

49. 화면 갱신 모드로 전환합니다.

Shapes.AddPicture 메서드의 구문과 매개 변수는 다음과 같습니다.

expression.AddPicture(Filename, LinkToFile, SaveWithDocument, Left, Top, Width, Height)

이름	필수/선택	데이터 형식	설명
Filename	필수	String	OLE 개체가 만들어질 파일입니다.
LinkToFile	필수	MsoTriState	연결할 파일입니다.
SaveWithDocument	필수	MsoTriState	그림을 문서와 함께 저장합니다.
Left	필수	Single	문서의 왼쪽 위 모서리를 기준으로 그림의 왼쪽 위 모서리 위치를 포인트 단위로 지정합니다.

Top	필수	Single	문서의 맨 위를 기준으로 그림의 왼쪽 위 모서리 위치를 포인트 단위로 지정합니다.
Width	필수	Single	그림의 너비를 포인트 단위로 지정합니다.
Height	필수	Single	그림의 높이를 포인트 단위로 지정합니다.

*LinkToFile*은 다음 *MsoTriState* 상수 중 하나일 수 있습니다.

이름	설명
msoCTrue	
msoFalse	그림을 파일에 대한 별도의 복사본으로 만듭니다.
msoTriStateMixed	
msoTriStateToggle	
msoTrue	그림이 만들어진 파일에 그림을 연결합니다.

*SaveWithDocument*은 다음 *MsoTriState* 상수 중 하나일 수 있습니다.

이름	설명
msoCTrue	
msoFalse	문서에 연결 정보만 저장합니다.
msoTriStateMixed	
msoTriStateToggle	
msoTrue	연결된 그림을 그림이 삽입된 문서와 함께 저장합니다. LinkToFile이 msoFalse인 경우 이 인수는 msoTrue여야 합니다.

기존 삽입된 사진을 삭제하는 코드는 다음과 같이 작업해도 가능합니다.

```
Dim pic         As Picture
For Each pic In ActiveSheet.Pictures
    lngCnt = lngCnt + 1
    ReDim Preserve vList(1 To lngCnt)
    vList(lngCnt) = pic.Name
Next pic
```

시트에 Active X 컨트롤에 있는 체크 박스 및 텍스트 박스 등을 삽입한 경우에는 해당 컨트롤도 순환할 때 포함되지만 데이터 형식이 Picture가 아니라 '형식이 일치하지 않습니다.'라는 오류가 발생합니다. 따라서 변수의 데이터 형식을 Picture가 아닌 Object로 선언하고 Pictures를 순환하면서 타입을 검사하는 구문을 추가해야 합니다.

```
Dim pic         As Object
For Each pic In ActiveSheet.Pictures
    If TypeName(pic) = "Picture" Then
        lngCnt = lngCnt + 1
        ReDim Preserve vList(1 To lngCnt)
        vList(lngCnt) = pic.Name
    End If
Next pic
```

Chapter 27

텍스트 파일 생성 및 불러오기

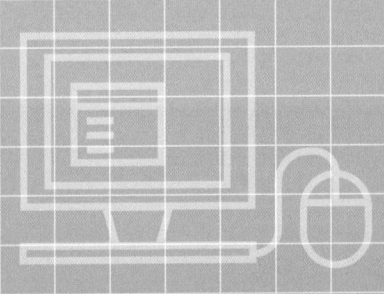

엑셀의 데이터를 텍스트 파일로 저장(저장할 때 파일 형식을 txt로 지정)하거나, 생성된 텍스트 파일의 데이터를 엑셀로 불러오는(외부 데이터 가져오기 기능) 기능을 제공합니다. 이번 장에서는 Open 문을 이용해서 텍스트 파일을 생성하고 불러오는 기능을 구현하는 방법에 대하여 알아보겠습니다.

111 | 텍스트 파일 생성하기

엑셀에 입력되어 있는 값을 텍스트 문서에 입력하고 파일을 생성하는 과정을 살펴보겠습니다.

Open 문으로 텍스트 파일을 열거나 새로 만듭니다.

```
Open 파일이름 For Output As #1
```

#1은 파일 번호를 지칭하며 이후 구문에서는 이 파일 번호를 사용하여 해당 파일을 참조할 수 있게 됩니다. #1을 이용해 파일을 Open 한 다음 또 다른 텍스트 파일을 Open 할 경우 #2처럼 사용합니다.

```
Open 파일이름 For Output As #2
```

이미 열기 한 파일 번호로 Open하면 오류가 발생합니다.

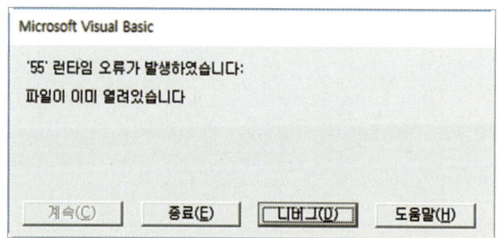

이럴 때 *FreeFile* 함수를 이용해 사용하지 않은 파일 번호를 구하여 사용하면 됩니다.

```
lngFileNo = FreeFile
Open 파일이름 For Output As lngFileNo
```

Seek 함수를 사용하여 위치를 지정할 수 있으며, 옵션 사항입니다.
Write #, *Print #*을 사용하여 텍스트 문서에 값을 기록합니다. 한 줄에 여러 개의 값을 입력할 경우에는 세미콜론(;)으로 구분합니다.
파일을 닫을 때는 Close 명령문을 사용하면 입력된 값은 저장됩니다.

워크시트에 있는 데이터를 일반 텍스트 파일로 생성하는 코드는 다음과 같습니다.

```
1   Sub CreateTextfileDemo()
2       Dim i                As Long
3       Dim lngLastRow       As Long
4       Dim strFileName      As String
5       strFileName = Application.GetSaveAsFilename(FileFilter:="Text File" & _   "(*.txt),*.txt", Title:="파일 이름 지정")
6       If strFileName = "False" Then
7           Exit Sub
8       End If
9       Application.ScreenUpdating = False
10      lngLastRow = Range("B" & Rows.Count).End(xlUp).Row
11      Open strFileName For Output As #1
12      For i = 1 To lngLastRow
13          Print #1, Range("B" & i).Value; Range("C" & i).Value
14      Next i
15      Close #1
16      MsgBox "작업이 완료되었습니다.", vbInformation
17      Application.ScreenUpdating = True
18  End Sub
```

05. 저장할 경로와 파일 이름을 변수에 할당합니다.

06.~08. 파일 이름을 지정하지 않았다면 프로시저를 종료합니다.

09. 화면 갱신 모드를 해제합니다.

10. B열 기준으로 마지막 행 번호 구하여 변수에 할당합니다.

11. Open 문을 이용해 지정한 파일명으로 빈 텍스트 파일을 생성하고 입력이 가능하게 합니다.

12.~14. B1부터 B열 마지막 행까지 순환하면서 값을 텍스트 문서에 입력합니다.

15. 텍스트 파일을 닫기입니다.

16. 작업 완료 메시지를 출력합니다.

17. 화면 갱신 모드로 전환합니다.

엑셀의 값이 B열, C열처럼 여러 개의 열에 입력된 경우에는 세미콜론(;)을 이용하여 새로운 줄로 바뀌지

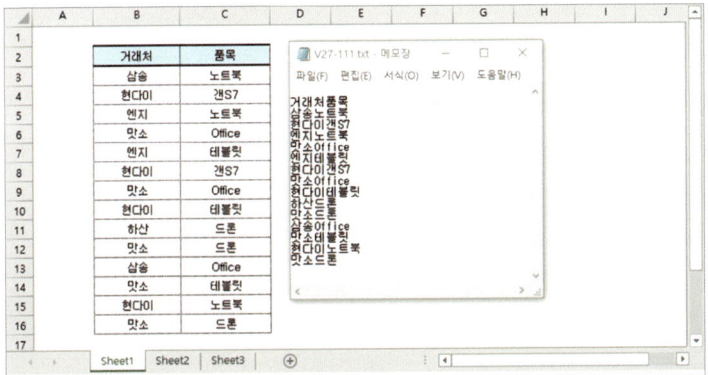

않도록 해야 합니다.

```
1  Print #1, Range("B" & i).Value; Range("C" & i).Value
2  Print #1, Range("B" & i).Value;
3  Print #1, Range("C" & i).Value
```

01. 첫 번째 방법은 여러 열의 경우 세미콜론(;)으로 구분합니다.
02.~03. 두 번째 방법은 한 줄로 입력하는 것을 여러 줄로 나누어 입력할 경우 맨 마지막에는 세미콜론(;)이 없는 것에 주의해야 합니다.

112 텍스트 파일 불러오기

이전 작업에서 엑셀에 있는 데이터를 텍스트 파일로 저장하는 것을 알아보았습니다. 이번에는 텍스트 파일에 있는 값을 엑셀로 읽어오는 과정을 살펴보겠습니다.

Open 문으로 텍스트 파일을 엽니다.
Seek 함수를 사용하여 위치를 지정할 수 있으며, 옵션 사항입니다.
Input #, Line Input # 명령어를 사용하여 텍스트 파일의 값을 읽어옵니다.

명령어	설명
Input #	한 줄을 읽어온 다음 연속되는 변수에 할당하고 각 변수들은 콤마로 구분합니다.
Line Input #	한 줄을 읽어옵니다. 복귀/개행 문자를 사용하여 구분합니다.

복귀 문자(carriage return character)는 인쇄 또는 표시 위치를 같은 행의 처음 위치로 이동시키는 서식(書式) 제어 문자이고, 개행 문자(line feed character)는 인자 위치나 표시 위치를 다음의 인자 행이나 표시 행의 최초의 장소로 이동시키기 위한 서식 제어 문자입니다.
Close 명령문을 사용하여 파일을 닫습니다.

텍스트 파일의 값을 읽어와서 엑셀 시트에 출력하는 코드는 다음과 같습니다.

```
1   Sub SelectTextfileDemo()
2       Dim lngCnt           As Long
3       Dim lngLastRow       As Long
4       Dim strLine          As String
5       Dim strFileName      As String
6       Dim lst()            As Variant
7       strFileName = Application.GetOpenFilename("Text File (*.txt), *.txt")
8       If strFileName = "False" Then
9           Exit Sub
10      End If
11      Application.ScreenUpdating = False
12      lngCnt = 0
```

```
13      Open strFileName For Input As #1
14      Do Until EOF(1)
15          Input #1, strLine
16          Line Input #1, strLine
17          lngCnt = lngCnt + 1
18          ReDim Preserve lst(1 To lngCnt)
19          lst(lngCnt) = strLine
20      Loop
21      Close #1
22      lngLastRow = Range("B" & Rows.Count).End(xlUp).Row
23      Range("B1:B" & lngLastRow).Clear
24      If lngCnt > 0 Then
25          Range("B1:B" & lngCnt).Value = Application.WorksheetFunc-
    tion.Transpose(lst)
26      End If
27      Erase lst
28      MsgBox "작업이 완료되었습니다.", vbInformation
29      Range("B2").Select
30      Application.ScreenUpdating = True
31  End Sub
```

07. 불러올 파일을 선택하여 변수에 할당합니다.

08.~10. 파일을 선택하지 않았으면 프로시저를 종료합니다.

11. 화면 갱신 모드를 해제합니다.

12. 개수를 헤아릴 변수를 초기화합니다.

13. Open 문을 이용해 텍스트 파일을 순차적으로 불러옵니다.

14.~20. 텍스트 파일을 순환하면서 파일의 마지막에 도달하면 True를 반환합니다.

15.~16. 텍스트 파일에서 하나의 행을 읽어서 변수(strLine)에 할당합니다.

17. 개수를 증가시킵니다.

18. 배열 변수의 저장 공간을 다시 할당합니다.

19. 배열 변수에 값(strLine)을 할당합니다.

21. 텍스트 파일을 닫습니다.

22. B열 기준으로 마지막 행 번호 구하여 변수에 할당합니다.

23. 기존 데이터를 지웁니다.(B1부터 B열 마지막 행까지)

24. 텍스트 파일에 값이 있어서 개수를 헤아린 변수가 0보다 크면 IF 문을 실행합니다.

25. 배열값이 열로 저장되어 있으므로 행/열 변환하여 시트에 입력합니다.

27. 배열의 요소를 초기화하고 저장 공간을 해제합니다.

28. 작업 완료 메시지를 출력합니다.

29. B2셀을 선택합니다.

30. 화면 갱신 모드로 전환합니다.

Chapter 28

설문조사 프로그램 만들기

선거 시즌이나 신상품 발매 등을 할 때 설문조사를 많이 진행하게 됩니다. 이 설문조사 내용을 엑셀에 입력할 때 올바른 값인지 유효성을 검사하여 올바른 자료만 내역에 누적하는 기능을 구현해 보겠습니다.

113 설문조사 데이터 누적하여 입력하기

설문조사를 하기 위해 어떤 내용으로 설문을 할지 결정합니다. 항목이 결정되었으면 각 항목별로 유효성 검사를 하여 올바르게 작성된 경우에만 설문 내용을 누적합니다. 이때 필수 입력 사항을 체크하는 방법과 유효한 목록에 해당하는 값인지 체크하는 방법을 알아보겠습니다.

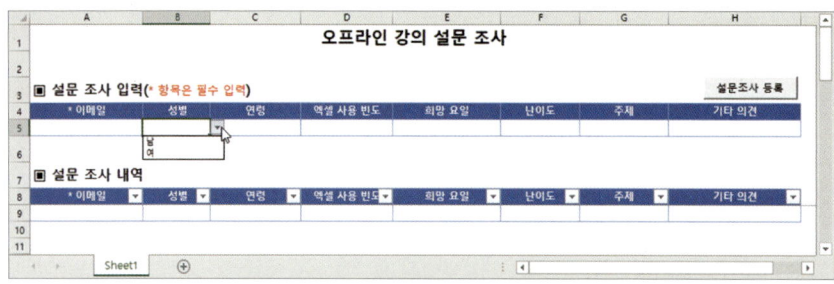

5행에 설문 내용을 입력한 다음 [설문조사 등록]을 클릭하면 9행부터 데이터를 누적하여 입력하는 예제입니다.

```
1   Sub InputData()
2       Dim lngLastRow          As Long
3       Dim lngColumnsCount     As Long
4       If Len(Range("A5").Value) = 0 Then
5           MsgBox "이메일은 필수 입력사항입니다.", vbCritical
6           Exit Sub
7       End If
8       Select Case Range("B5").Value
9           Case "남자", "여자", ""
10          Case Else
11              MsgBox "성별 값이 잘못되었습니다..", vbCritical
12              Exit Sub
13      End Select
14      Application.ScreenUpdating = False
15      lngColumnsCount = Range("A5").CurrentRegion.Columns.Count
16      lngLastRow = Cells(Rows.Count, 1).End(xlUp).Row
17      lngLastRow = lngLastRow + 1
```

```
18          Range("A" & lngLastRow).Resize(1, lngColumnsCount).Value = _
            Range("A5").Resize(1, lngColumnsCount).Value
19          Range("A5").Resize(1, lngColumnsCount).Copy
20          Range("A" & lngLastRow).Resize(1, lngColumnsCount).PasteSpecial _
            xlPasteFormats
21          Application.CutCopyMode = False
22          Range("A5").Resize(1, lngColumnsCount).ClearContents
23          Range("A5").Select
24          MsgBox "작업이 완료되었습니다.", vbInformation
25          Application.ScreenUpdating = True
26      End Sub
```

4.~7. 필수 입력 사항(A5셀)을 입력하지 않았으면 메시지를 출력한 다음 프로시저를 종료합니다. 이메일이 필수 입력 사항인 경우에 입력 유무를 검사하는 코드입니다. 좀 더 정교하게 하기 위해서는 이메일 규칙도 검사하는 코드를 추가해야 합니다.

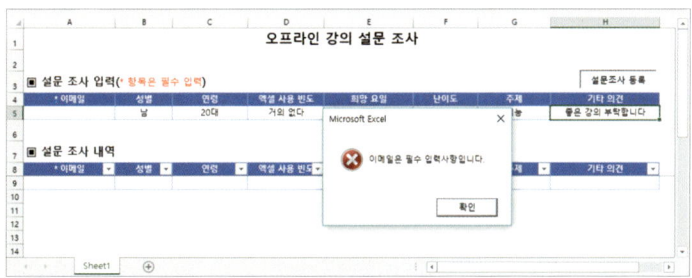

08.~13. 성별 유효성 검사를 합니다. 성별로 입력한 값이 '남자'와 '여자', 공란("")이 아닌 경우에는 메시지 박스를 출력하고 프로시저를 종료합니다. 성별(B5셀)에 엑셀 기능인 데이터 유효성 검사를 설정해 입력 가능한 목록만 입력하도록 설정했습니다. 하지만 다른 셀의 값을 복사하여 붙여넣기 하면 설정한 목록 외의 값도 입력이 되어 유효성 검사 기능이 무력화 됩니다. 따라서 VBA에서 한번 더 검사하는 구문을 추가해서 유효한 값인 경우에만 입력하도록 합니다.

14. 화면 갱신 모드를 해제합니다.
15. 입력 항목의 필드(열) 개수를 구합니다.
16. A열 기준으로 마지막 행 번호를 구합니다.
17. 마지막 행 다음에 데이터를 입력하기 위해 마지막 행번호 +1을 하여 로 행 번호를 보정합니다.
18. 입력 항목 값을 db(A9셀부터의 데이터)에 누적(마지막 다음 행)하여 입력합니다.
19. 설문조사 입력 범위를 복사합니다.
20. 입력한 데이터 범위에 서식 붙여넣기를 하여 서식을 적용합니다.
21. 복사 상태를 초기화합니다. (복사하면 생기는 점선 지우기)
22. 설문조사 입력 범위에 입력된 항목값을 지웁니다.

23. A5셀을 선택합니다.
24. 작업 완료 메시지를 출력합니다.
25. 화면 갱신 모드로 전환합니다.

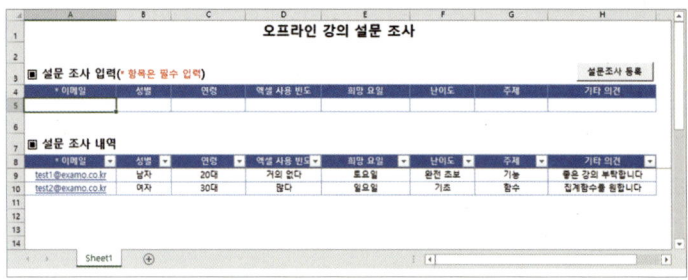

Chapter 29

명함관리 프로그램 만들기

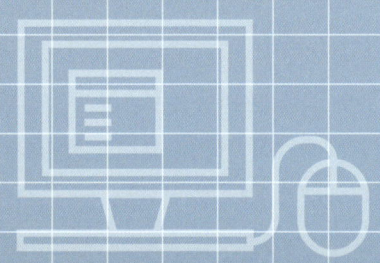

직장 생활을 하다 보면 명함을 많이 주고 받습니다. 이렇게 많이 받은 명함을 제대로 관리하지 못하면 연락할 일이 있을 때 찾기가 쉽지 않습니다. 이런 불편을 해소하고 명함을 쉽게 관리할 수 있도록 명함의 정보를 입력하고 원하는 조건에 만족하는 데이터를 검색하는 프로그램을 만들어 보겠습니다. 이번 장에서는 데이터를 등록하고, 수정, 삭제와 검색까지 다룰 예정입니다. 여러 가지 기능이 포함된 큰 규모의 프로그램이므로 잘 따라해보기 바랍니다.

114 명함 데이터 누적하여 입력하기

명함 정보를 입력하고 검색할 수 있는 시트 하나와 입력된 데이터를 누적할 db 시트로 구성합니다.

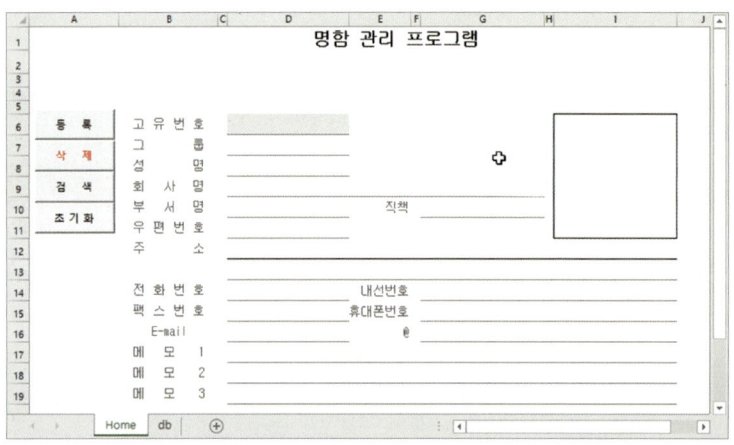

엑셀 워크시트는 데이터를 입력하고 불러오는 시트(Home)와 데이터가 누적되는 시트(db)로 구성하겠습니다. 시트 이름을 변경하는 경우 시트 이름 위에서 마우스를 더블클릭하여 수정 모드로 바꾼 다음 변경하는 방법과, 시트 이름 위에서 마우스 오른쪽 버튼을 클릭하여 나타나는 빠른 메뉴 중 [이름 바꾸기]를 이용하여 수정 모드로 바꾼 다음 변경하는 방법이 있습니다.

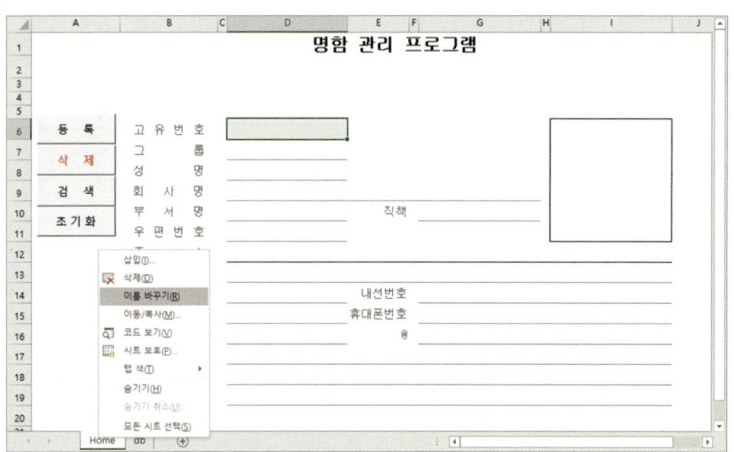

VBE 화면은 다음과 같이 구성하겠습니다.

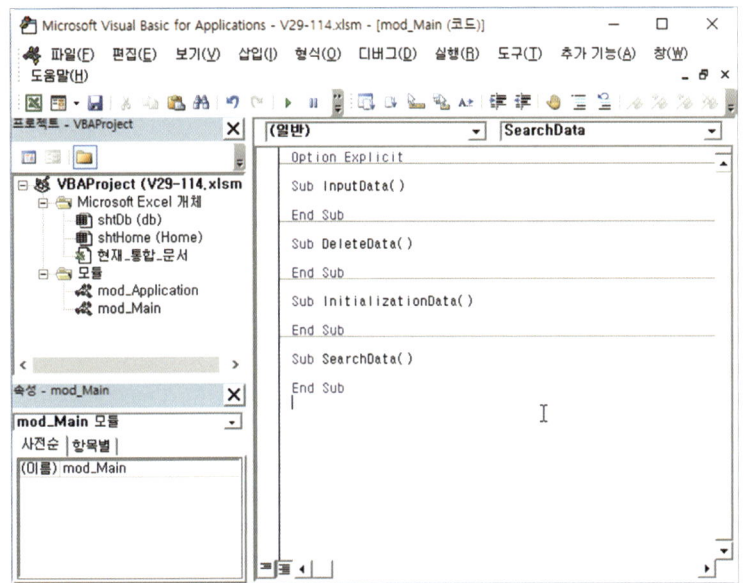

VBE 화면에서 시트의 코드 이름을 [속성] 창의 (이름)을 이용해 지정합니다. 시트의 성격을 쉽게 파악하기 위함이고 사용자가 원하는 이름으로 입력하면 됩니다.

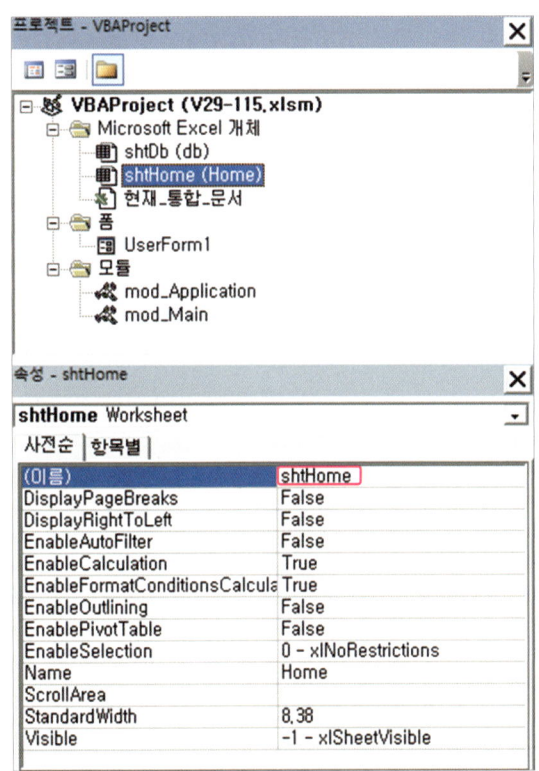

- 'Home' 시트는 [속성] 창의 (이름)을 'shtHome'으로 입력합니다.
- 'db' 시트는 [속성] 창의 (이름)을 'shtDb'로 입력합니다.

모듈은 mod_Main과 mod_Application 두 개로 구성하겠습니다.(모듈은 구분 하지 않아도 무방합니다.)

mod_Main 모듈에는 다음과 같은 프로시저로 구성하겠습니다.

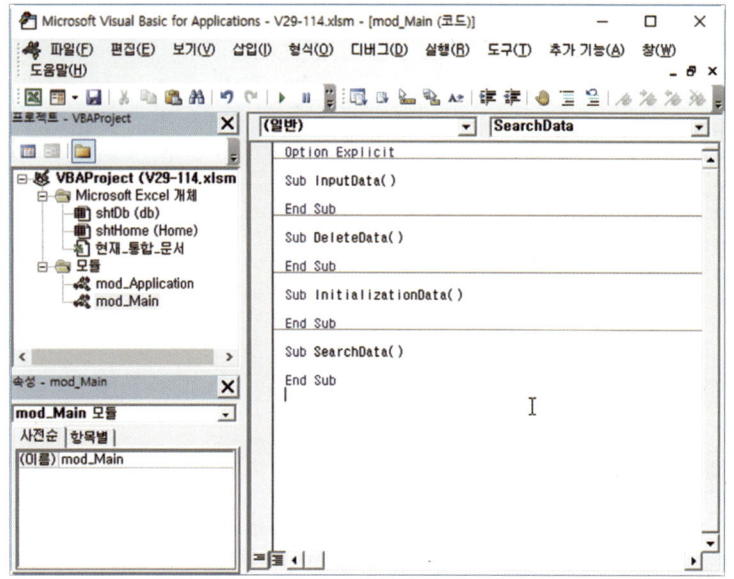

- InputData 프로시저 : 'Home' 시트의 데이터를 'db' 시트에 누적하여 데이터 입력합니다.
- DeleteData 프로시저 : 'db' 시트의 데이터를 삭제합니다.
- InitializationData 프로시저 : 'Home' 시트의 데이터를 초기화합니다.

mod_Application 모듈에는 공통으로 사용할 프로시저를 다른 프로시저에서 호출하여 사용하도록 하겠습니다.

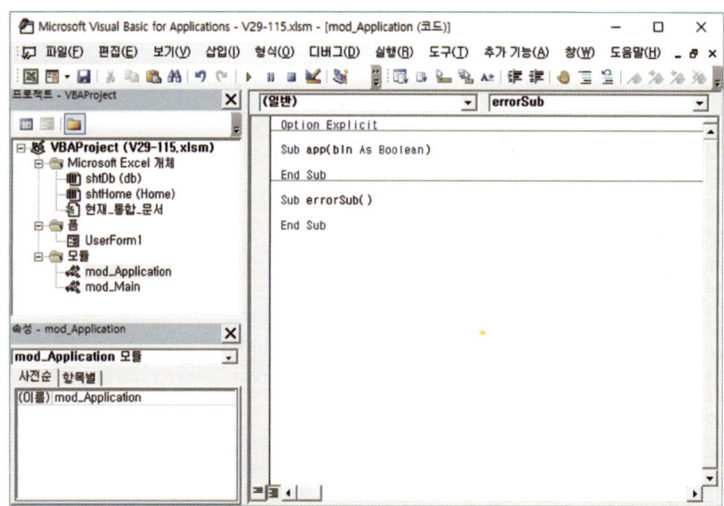

- app 프로시저 : 화면 갱신 모드, 이벤트, 경고, 수식 모드를 지정합니다.
- errorSub 프로시저 : 오류가 발생하면 오류 메시지를 출력합니다.

다른 프로시저에서 호출하여 사용하는 프로시저로 화면 갱신 모드, 이벤트, 경고, 수식 모드를 지정하는 예제입니다.

```
1   Sub app(bln As Boolean)
2       With Application
3           .EnableEvents = bln
4           .ScreenUpdating = bln
5           .DisplayAlerts = bln
6           If bln = False Then
7               .Calculation = xlCalculationManual
8           Else
9               .Calculation = xlCalculationAutomatic
10          End If
11      End With
12  End Sub
```

03. 이벤트 모드를 설정합니다.
04. 화면 갱신 모드를 설정합니다.
05. 경고 모드를 설정합니다.
06. 수식 계산 옵션을 설정합니다.
07. 수식 계산 옵션을 수동으로 설정합니다.
09. 수식 계산 옵션을 자동으로 설정합니다.

다른 프로시저에서는 다음과 같이 호출하여 사용합니다.

```
call app(False)
```

오류가 발생하면 실행하는 프로시저 예제입니다.

```
1   Sub errorSub()
2       MsgBox "Error Code : " & Err.Number & "" & vbCr & vbCr & _
3           "Error Explanation : " & Err.Description, vbCritical
4       Call app(True)
5   End Sub
```

02~03. 오류가 발생하면 오류 번호와 오류와 관련된 문자열을 메시지로 출력합니다.
04. app 프로시저를 호출(인수 True)합니다.

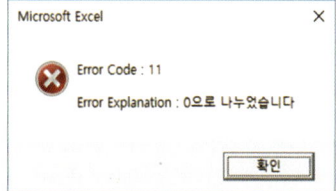

엑셀 시트에서 [등록]을 클릭하면 데이터를 db 시트의 마지막 행 다음 행에 입력하는 프로시저입니다. 단, 고유 번호가 db 시트에 있으면 이미 등록된 정보이므로 신규로 추가하지 않고 기존 데이터의 값을 변경하여 수정합니다.

```
1   Sub InputData()
2       Dim i                   As Long
3       Dim lngLastRow          As Long
4       Dim lngRow              As Long
5       Dim lngColumn           As Long
6       Dim lngColumnCount      As Long
7       Dim lngSNum             As Long
8       Dim rngDb               As Range
9       Dim rngF                As Range
10      Dim lst()               As Variant
11      Dim blnNew              As Boolean
12      On Error GoTo Go_Err
13      Call app(False)
14      lngColumnCount = 18
15      ReDim lst(1 To lngColumnCount)
16      For i = 2 To lngColumnCount
17          Select Case i
18              Case 2 To 5
19                  lngRow = i + 5
20                  lngColumn = 4
21              Case 6
22                  lngRow = 10
23                  lngColumn = 7
24              Case 7 To 10
25                  lngRow = i + 4
26                  lngColumn = 4
27              Case 11
28                  lngRow = 14
29                  lngColumn = 7
30              Case 12
31                  lngRow = 15
32                  lngColumn = 4
33              Case 13
34                  lngRow = 15
35                  lngColumn = 7
36              Case 14
37                  lngRow = 16
38                  lngColumn = 4
39              Case 15
```

```
40                lngRow = 16
41                lngColumn = 7
42            Case 16 To 18
43                lngRow = i + 1:   lngColumn = 4
44        End Select
45        lst(i) = shtHome.Cells(lngRow, lngColumn).Value
46    Next i
47    With shtDb
48        lngLastRow = .Cells(Rows.Count, 1).End(xlUp).Row
49        lngSNum = shtHome.Range("D6").Value
50        If lngSNum = 0 Then
51            blnNew = True
52        Else
53            Set rngDb = .Range("A2:A" & lngLastRow)
54            Set rngF = rngDb.Find(What:=lngSNum, LookIn:=xlFormulas, LookAt:=xlWhole)
55            If Not rngF Is Nothing Then
56                lngLastRow = rngF.Row
57                blnNew = False
58            Else
59                blnNew = True
60            End If
61        End If
62        If blnNew = True Then
63            If lngLastRow > 1 Then
64                lngSNum = .Range("A" & lngLastRow).Value
65                lngSNum = lngSNum + 1
66            Else
67                lngSNum = 100001
68            End If
69            lngLastRow = lngLastRow + 1
70        End If
71        lst(1) = lngSNum
72        .Range("A" & lngLastRow).Resize(1, lngColumnCount).Value = lst
73    End With
74    Erase lst
75    Range("D6").Value = lngSNum
76    Range("D7").Select
77    MsgBox "작업이 완료되었습니다.", vbInformation
78    Call app(True)
79    Exit Sub
80 Go_Err:
81    Call errorSub
82 End Sub
```

12. 오류 발생하면 Go_Err 레이블로 이동합니다.
13. 화면 갱신 모드, 이벤트, 경고 해제와 수식 수동 모드로 설정하기 위해 프로시저를 호출합니다.
14. db 시트의 필드 개수를 지정합니다.
15. 데이터를 담을 배열을 지정합니다.
16. 데이터를 배열에 담기 위해 순환합니다.
18. 필드 순서가 2번째부터 5번째인 경우 Case 문을 실행합니다.
19. 필드 순서가 2번째인 그룹은 'db' 시트의 경우에는 B열이므로 열 번호가 2입니다. 'Home' 시트에는 그룹이 D7셀이므로 행 번호는 7이 됩니다. 따라서 열 번호 2와 행 번호 7의 차이가 발생하므로 2라는 값에 5를 더해 7로 값을 보정합니다.
20. 'db' 시트의 2열~5열까지는 'Home' 시트의 D열에 데이터가 있으므로 열 번호 변수에 4를 할당합니다.
21. 필드 순서가 6번째인 경우 Case 문을 실행합니다.
22. 필드 순서가 6번째인 직책은 'Home' 시트에는 G10셀이므로 행 번호 변수에 10을 할당합니다.
23. 필드 순서가 6번째인 직책은 'Home' 시트에는 G10셀이므로 열 번호 변수에 7을 할당합니다.
24. 필드 순서가 7~10번째인 경우 Case 문을 실행합니다.
25. 필드 순서가 7번째인 우편번호는 'db' 시트의 경우에는 G열이므로 열 번호는 7입니다. 'Home' 시트에는 우편번호가 D11셀이므로 행 번호는 11이 됩니다. 따라서 열 번호 7과 행 번호 11과의 차이가 발생하므로 7이라는 값에 4를 더해 11로 값을 보정합니다.
26. 'db' 시트의 7열~10열까지는 'Home' 시트의 D열에 데이터가 있으므로 열 번호 변수에 4를 할당합니다.
43. 한 줄로 입력할 때는 콜론(:)으로 구분하여 입력합니다
45. 행 번호, 열 번호에 해당하는 셀의 값을 배열에 할당합니다.
47. 'db' 시트를 With 문으로 지정합니다.
48. A열 기준으로 마지막 행 번호를 구하여 변수에 할당합니다.
49. 'Home' 시트의 고유 번호를 변수(lngSNum)에 할당합니다.
50. 고유 번호의 값이 0이면 IF 문을 실행합니다.
51. 신규 등록이므로 변수(blnNew)에 True를 지정합니다.
52. 고유 번호에 값이 있으면 Else 문을 실행하여 'db' 시트에 입력되어 있는 고유 번호 위치를 찾습니다.
53. 'db' 시트의 고유 번호가 입력되어 있는 A열을 범위 변수에 할당합니다.
54. Range.Find 메서드를 이용해 고유 번호를 찾아 변수에 할당합니다.
55. 찾은 범위가 없지(Is Nothing) 않다면(Not) IF 문을 실행합니다.
56. 등록된 정보가 있으면 수정이므로 기존 입력된 행 번호를 변수에 할당합니다.
57. 수정이므로 변수(blnNew)에 False를 지정합니다.
58. 찾은 범위가 없으면 Else 문을 실행합니다.
59. 해당 고유 번호가 'Home' 시트에 입력되어 있지만 'db' 시트에는 입력되어 있지 않으므로 신규 등록에 해당되어 변수(blnNew)에 True를 지정합니다.
62. 신규 등록이면 IF 문을 실행하여 고유 번호를 생성합니다.
63. 마지막 행 번호 변수의 값이 1보다 크면 IF 문을 실행합니다.
64. 첫 번째 신규 등록이 아니므로 마지막에 입력된 고유 번호를 변수에 할당합니다.

65. 마지막 고유 번호에 +1하여 새로운 고유 번호를 생성합니다.
66. 첫 번째 등록이면 Else 문을 실행합니다.
67. 초기값으로 고유 번호를 생성합니다.(사용자가 임의로 지정합니다.)
69. 마지막 행 다음에 데이터를 입력하기 위해 +1로 행 번호를 보정합니다.
71. 고유 번호를 배열에 할당합니다.
72. 배열에 할당한 값을 'db' 시트에 누적(마지막 다음 행)하여 입력합니다.
74. 배열 요소를 초기화하고 저장 공간을 해제합니다.
75. D6셀에 고유 번호를 입력합니다.
76. D7셀을 선택합니다.
77. 작업 완료 메시지를 출력합니다.
78. 화면 갱신, 이벤트, 경고 모드, 수식 자동 모드로 설정하기 위해 프로시저를 호출합니다.
79. 프로시저를 종료합니다.
80. 오류 발생 시 이동할 레이블을 정의합니다.
81. 오류가 발생한 경우에만 'errorSub' 프로시저를 실행합니다.

엑셀 시트에서 [삭제]를 클릭하면 고유 번호를 db 시트에서 찾아 행을 삭제합니다. 삭제하면 복구할 수 없기 때문에 주의가 필요합니다.

```
1   Sub DeleteData()
2       Dim lngLastRow          As Long
3       Dim lngSNum             As Long
4       Dim rngDb               As Range
5       Dim rngF                As Range
6       On Error GoTo Go_Err
7       Call app(False)
8       lngSNum = shtHome.Range("D6").Value
9       With shtDb
10          lngLastRow = .Cells(Rows.Count, 1).End(xlUp).Row
11          Set rngDb = .Range("A2:A" & lngLastRow)
12          Set rngF = rngDb.Find(What:=lngSNum, LookIn:=xlFormulas, LookAt:=xlWhole)
13          If Not rngF Is Nothing Then
14              rngF.EntireRow.Delete
15              Call InitializationData
16              MsgBox "작업이 완료되었습니다.", vbInformation
17          Else
```

18	`        MsgBox "고유번호 [" & lngSNum & "]는 등록되어 있지 않습니다.",` `vbInformation`
19	`        End If`
20	`    End With`
21	`    Call app(True)`
22	`    Exit Sub`
23	`Go_Err:`
24	`    Call errorSub`
25	`End Sub`

06. 오류가 발생하면 Go_Err 레이블로 이동합니다.
07. 화면 갱신 모드, 이벤트, 경고 해제와 수식 수동 모드로 설정하기 위해 프로시저를 호출합니다.
08. 'Home' 시트의 고유 번호를 변수(lngSNum)에 할당합니다.
09. 'db' 시트를 With 문으로 지정합니다.
10. A열 기준으로 마지막 행 번호 구하여 변수에 할당합니다.
11. A2부터 A열 마지막 행까지의 범위를 범위 변수에 할당합니다.
12. Range.Find 메서드를 이용해 고유 번호를 찾아 변수에 할당합니다.
13. 찾은 범위가 있다면 IF 문을 실행합니다.(고유 번호를 찾은 경우입니다.)
14. 찾은 셀의 행을 삭제합니다.
15. 'Home' 시트 초기화를 위해 'InitializationData' 프로시저를 호출합니다.
16. 작업 완료 메시지를 출력합니다.
17. 찾은 범위가 없으면 Else 문을 실행합니다.(고유 번호를 찾지 못한 경우입니다.)
18. 등록된 정보가 없다는 메시지를 출력합니다.
21. 화면 갱신, 이벤트, 경고 모드, 수식 자동 모드로 전환합니다.
22. 프로시저를 종료합니다.
23. 오류 발생 시 이동할 레이블을 정의합니다.
24. 오류가 발생한 경우에만 'errorSub' 프로시저를 실행합니다.

엑셀 시트에서 [초기화]를 클릭하면 Home 시트의 데이터를 입력하는 모든 셀을 지우고, 사진이 있다면 사진도 삭제합니다.

```
1   Sub InitializationData()
2       Dim pic                 As Picture
3       Dim rngPic              As Range
4       With shtHome
5           .Range("D6:G9,D10:D11,G10,D12:I13,D14:D16,G14:I16,D17:I19").ClearContents
6           For Each pic In .Pictures
7               Set rngPic = Range(pic.TopLeftCell.Address & ":" & pic.BottomRightCell.Address)
8               If Not Application.Intersect(rngPic, .Range("I6").MergeArea) Is Nothing Then
9                   pic.Delete
10              End If
11          Next pic
12      End With
13  End Sub
```

04. 'Home' 시트를 With 문으로 지정합니다.
05. 지정된 범위의 값을 지웁니다.
06.~11. 그림 파일을 순환합니다.
07. 그림이 있는 셀 범위를 구하여 범위 변수에 할당합니다.
08.~10. 그림 범위와 사진을 삽입할 셀(I6 셀)이 겹치면 해당 그림을 삭제합니다.

115 검색 조건에 만족하는 데이터 불러오기

엑셀 시트에서 [검색]을 클릭하면 유저 폼이 실행되고 해당 유저 폼에서 검색 조건으로 검색하여 검색된 여러 데이터 중 하나를 선택하면 Home 시트에 해당 값을 출력해보겠습니다.

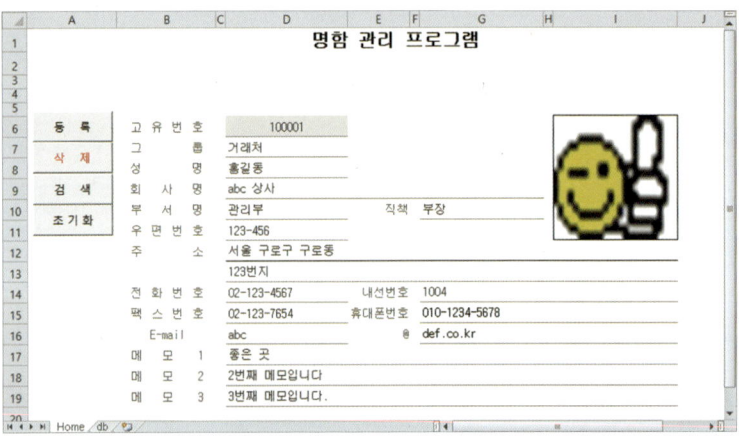

엑셀 시트에서 [검색]을 클릭할 때 사용할 유저 폼(UserForm1)을 하나 삽입합니다.
먼저 상단의 타이틀 배경으로 사용할 이미지를 하나 삽입합니다.

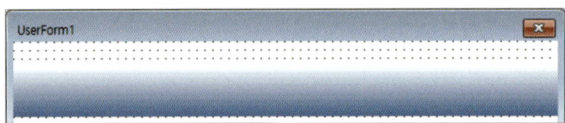

- 도구 상자에서 Image를 선택하여 원하는 위치에 드래그하여 삽입합니다.
- Image의 속성 중 Picture에서 [그림 로드]를 클릭하여 이미지를 선택합니다.

타이틀을 입력하기 위해 레이블(Label)을 하나 추가하고 Caption에 타이틀(명함 관리 검색화면)을 입력합니다.

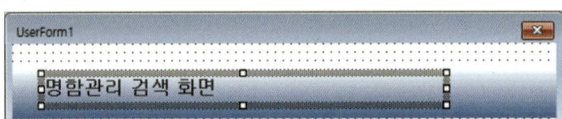

검색 조건에는 필드 이름을 선택할 콤보 박스(ComboBox)와 검색 키워드를 입력할 텍스트 박스 (TextBox)를 하나씩 추가합니다. 검색된 결과물을 보여주기 위해 리스트 박스(ListBox)를 추가하고 리스트 박스에는 행 번호, 고유 번호, 그룹, 성명, 회사명, 휴대폰 번호를 구성합니다. 다른 항목을 추가해도 되지만 복잡해지는 단점이 있어 여러 데이터 중 명함에서 구별할 수 있는 항목만 보여주도록 구성한 것입니다.

명령을 실행할 [검색], [시트에 입력], [닫기]의 커맨드 버튼(CommandButton)을 추가하고 개체별 이름은 다음과 같이 설정합니다.

① cmbSearch : 필드 이름 목록을 보여줄 콤보 박스입니다.
② txtFind : 검색 키워드를 입력할 텍스트 박스입니다.
③ ListBox1 : 검색된 목록을 보여줄 리스트 박스입니다.
④ cmdSearch : 검색 버튼입니다.
⑤ cmdInput : 시트에 입력하는 버튼입니다.
⑥ cmdClose : 닫기 버튼입니다.

엑셀 시트에서 [검색]을 클릭하여 유저 폼을 실행했을 때의 화면입니다.

유저 폼이 활성화될 때의 기초 작업입니다.

```
1    Private Sub UserForm_Activate()
2        ReDim lst(1 To 5)
3        lst(1) = "고유번호"
4        lst(2) = "그룹"
5        lst(3) = "성명"
6        lst(4) = "회사명"
7        lst(5) = "휴대폰번호"
8        Me.cmbSearch.List = lst
9        Erase lst
10       With Me.ListBox1
11           .ColumnCount = 6
12           .ColumnWidths = "0;72;54;54;104;84"
13       End With
14   End Sub
```

02. 콤보 박스의 목록을 생성하기 위해 배열을 선언합니다.
03.~07. 배열에 '고유번호' 등을 할당합니다.
08. 콤보 박스에 배열을 리스트로 설정합니다.
09. 배열 요소를 초기화하고 저장 공간을 해제합니다.
10. 리스트 박스를 with 문으로 지정합니다.
11. 리스트 박스의 열 개수를 설정합니다.
12. 리스트 박스의 열 너비를 설정합니다.

유저 폼에 있는 [검색]을 클릭하면 조건에 만족하는 목록을 db 시트에서 찾아 리스트 박스에 출력합니다.

```
1    Private Sub cmdSearch_Click()
2        Dim i                    As Long
3        Dim lngCnt               As Long
4        Dim lngRowsCount         As Long
5        Dim lngClm               As Long
6        Dim strField             As String
7        Dim strFind              As String
8        Dim rng                  As Range
9        Dim rngDb                As Range
10       Dim rngF                 As Range
11       Dim vData                As Variant
12       Dim lst()                As Variant
13       On Error GoTo Go_Err
14       With Me
15           strField = .cmbSearch.Value
```

```
16              If Len(strField) = 0 Then
17                  MsgBox "검색할 필드이름을 지정하세요.", vbCritical
18                  .cmbSearch.SetFocus
19                  Exit Sub
20              End If
21              strFind = .txtFind.Value
22              If Len(strFind) = 0 Then
23                  MsgBox "검색할 키워드를 입력하세요.", vbCritical
24                  .txtFind.SetFocus
25                  Exit Sub
26              End If
27              With shtDb
28                  Set rngDb = .Range("A1").CurrentRegion
29                  lngRowsCount = rngDb.Rows.Count
30                  Set rngF = rngDb.Rows(1).Find(What:=strField, Look-
    In:=xlFormulas, LookAt:=xlWhole)
31                  If Not rngF Is Nothing Then
32                      lngClm = rngF.Column
33                  Else
34                      MsgBox "검색할 필드이름을 db 시트에서 찾지 못했습니다.", vbCritical
35                      Me.cmbSearch.SetFocus
36                      Exit Sub
37                  End If
38              End With
39              vData = rngDb.Value
40              lngCnt = 0
41              For i = 2 To lngRowsCount
42                  If InStr(vData(i, lngClm), strFind) > 0 Then
43                      lngCnt = lngCnt + 1
44                      ReDim Preserve lst(1 To 6, 1 To lngCnt)
45                      lst(1, lngCnt) = i
46                      lst(2, lngCnt) = vData(i, 1)
47                      lst(3, lngCnt) = vData(i, 2)
48                      lst(4, lngCnt) = vData(i, 5)
49                      lst(5, lngCnt) = vData(i, 4)
50                      lst(6, lngCnt) = vData(i, 13)
51                  End If
52              Next i
53              .ListBox1.Clear
54              If lngCnt > 0 Then
55                  .ListBox1.Column = lst
56              Else
57                  MsgBox "검색 조건에 만족하는 데이터를" & vbCr _
```

```
58                         & "db 시트에서 찾지 못했습니다.", vbCritical
59                End If
60            End With
61            Set rngDb = Nothing
62            Set rngF = Nothing
63            Erase lst
64            Exit Sub
65        Go_Err:
66            MsgBox "검색에서 오류가 발생했습니다.", vbInformation
67        End Sub
```

13. 오류 발생하면 Go_Err 레이블로 이동합니다.
14. 'Me'는 프로시저가 입력되어 있는 유저 폼을 지칭합니다.
15. 검색할 필드 이름을 변수에 할당합니다.
16. 검색할 필드 이름을 지정하지 않았으면 IF 문을 실행합니다.
17. 메시지 박스를 출력합니다.
18. 검색할 필드의 콤보 박스를 선택합니다.
19. 프로시저를 종료합니다.
21. 검색할 키워드를 변수에 할당합니다.
22. 검색할 키워드를 입력하지 않았으면 IF 문을 실행합니다.
23. 메시지 박스를 출력합니다.
24. 검색할 키워드를 입력하는 텍스트 박스를 선택합니다.
25. 프로시저를 종료합니다.
27. 'db' 시트를 With 문으로 지정합니다.
28. A1셀이 있는 연속된 영역을 변수(rngDb)에 할당합니다.
29. 범위의 행의 수를 구하여 변수에 할당합니다.
30. Range.Find 메서드를 이용해 검색할 필드 이름을 찾아 변수에 할당합니다.
31. 찾은 범위가 없지(Is Nothing) 않다면(Not) IF 문을 실행합니다.
32. 찾은 범위의 열 번호를 변수에 할당합니다.
33. 찾은 범위가 없으면 Else 문을 실행합니다.
34. 메시지 박스를 출력합니다.
35. 검색할 필드의 콤보 박스를 선택합니다.
36. 프로시저를 종료합니다.
39. 범위 안의 데이터를 배열 변수에 할당합니다.
40. 변수값을 0으로 초기화합니다.
41.~52. 검색 범위를 순환하면서 검색 키워드에 해당하는 목록을 만듭니다.
42. 검색 키워드가 포함되어 있으면 IF 문을 실행합니다.
43. 개수를 증가시킵니다.

44. 배열의 2차원 크기를 변경합니다.
45.~50. 행 번호, 고유 번호, 그룹, 성명, 회사명, 휴대폰 번호 배열 변수에 할당합니다.
53. 리스트 박스를 초기화합니다.
54. 검색 조건에 만족하는 데이터가 있다면 IF 문을 실행합니다.
55. 리스트 박스에 검색된 목록을 출력합니다.
56. 검색 조건에 만족하는 데이터가 없다면 Else 문을 실행합니다.
57.~58. 메시지 박스를 출력합니다.
61.~63. 개체와 배열 변수를 초기화합니다.
64. 프로시저를 종료합니다.
65. 오류 발생 시 이동할 레이블을 정의합니다.
66. 오류가 발생한 경우에만 메시지 박스를 출력합니다.

유저 폼에서 검색 조건으로 검색된 하나 이상의 데이터 중 하나를 선택하고 [시트에 입력]을 클릭하면 해당 데이터를 엑셀 시트에 출력합니다.

```
 1   Private Sub cmdInput_Click()
 2       Dim i                   As Long
 3       Dim lngRow              As Long
 4       Dim lngDbRow            As Long
 5       Dim lngColumn           As Long
 6       Dim lngListindex        As Long
 7       Dim lngColumnCount      As Long
 8       Dim strPath             As String
 9       Dim strFileName         As String
10       Dim strP                As String
11       Dim sha                 As Shape
12       With Me
13           lngListindex = .ListBox1.ListIndex
14           If lngListindex = -1 Then
15               MsgBox "시트에 입력할 항목을 리스트박스에서 선택하세요.", vbCritical
16               Exit Sub
17           End If
18           lngDbRow = .ListBox1.List(.ListBox1.ListIndex, 0)
19       End With
20       Call InitializationData
21       lngColumnCount = 18
22       For i = 1 To lngColumnCount
23           Select Case i
24               Case 1 To 5
25                   lngRow = i + 5
26                   lngColumn = 4
```

```
27                Case 6
28                    lngRow = 10
29                    lngColumn = 7
30                Case 7 To 10
31                    lngRow = i + 4
32                    lngColumn = 4
33                Case 11
34                    lngRow = 14
35                    lngColumn = 7
36                Case 12
37                    lngRow = 15
38                    lngColumn = 4
39                Case 13
40                    lngRow = 15
41                    lngColumn = 7
42                Case 14
43                    lngRow = 16
44                    lngColumn = 4
45                Case 15
46                    lngRow = 16
47                    lngColumn = 7
48                Case 16 To 18
49                    lngRow = i + 1:    lngColumn = 4
50            End Select
51            shtHome.Cells(lngRow, lngColumn).Value = shtDb.Cells(lngDbRow, i).Value
52        Next i
53        With shtHome
54            strP = Application.PathSeparator
55            strPath = ThisWorkbook.Path
56            strPath = strPath & strP & "image"
57            strFileName = strPath & strP & .Range("D6").Value & ".JPG"
58            If Len(Dir(strFileName)) > 0 Then
59                Set sha = .Shapes.AddPicture(Filename:=strFileName, _
60                                    LinkToFile:=msoFalse, _
61                                    SaveWithDocument:=msoTrue, _
62                                    Left:=.Range("I6").Left, _
63                                    Top:=.Range("I6").Top, _
64                                    Width:=.Range("I6").MergeArea.Width, _
65                                    Height:=.Range("I6").MergeArea.Height)
66                sha.LockAspectRatio = msoFalse
67            End If
68        End With
```

69	Unload Me
70	End Sub

12. 'Me'는 프로시저가 입력되어 있는 유저 폼을 지칭합니다.
13. 리스트 박스에서 현재 선택한 항목을 변수에 할당합니다.
14. 변수의 값이 -1(아무것도 선택하지 않은 경우)이면 IF 문을 실행합니다.
15. 메시지 박스를 출력합니다.
16. 프로시저를 종료합니다.
18. 선택한 항목에 있는 데이터 중 '행 번호'를 변수에 할당합니다.
20. 'Home' 시트의 기존값을 지우는 프로시저를 호출합니다.
21. 'db' 시트의 필드 개수를 할당합니다.
22.~52. 'db' 시트의 해당 행을 순환하면서 'Home' 시트의 해당 셀에 값을 입력합니다.
23. 'db' 시트의 각 열 번호에 대한 'Home' 시트에 입력할 행 번호를 지정하기 위해 Case 문을 실행합니다.
24. 필드 순서가 1번째부터 5번째인 경우 Case 문을 실행합니다.
25. 필드 순서가 2번째인 그룹은 'db' 시트의 경우에는 B열이므로 열 번호는 2입니다. 'Home' 시트에는 그룹이 D7 셀이므로 행 번호는 7이 됩니다. 따라서 열 번호 2와 행 번호 7과의 차이가 발생하므로 2라는 값에 5를 더해 7로 값을 보정합니다.
26. 'db' 시트의 1열~5열까지는 'Home' 시트의 D열에 데이터를 출력해야 하므로 열 번호 변수에 4를 할당합니다.
51. 'db' 시트의 값을 'Home' 시트의 해당 셀에 입력합니다.
53.~68. 사진을 추가하기 위한 구문입니다.
53. 'Home' 시트를 With 문으로 지정합니다.
54. 경로 구분 기호(\)를 변수에 할당합니다.
55. 프로시저가 작성되어 있는 통합 문서의 경로를 변수에 할당합니다.
56. '경로명\image'를 폴더 변수에 할당합니다.
57. '지정경로\고유번호.JPG'라는 파일 이름을 변수에 할당합니다.
58. 사진 파일이 폴더에 있으면 IF 문을 실행합니다.
59.~65. 'I6'셀의 위치와 크기에 맞게 사진을 삽입합니다. 사진의 위치는 사진을 삽입할 범위('I6')의 왼쪽, 위, 너비, 높이로 지정합니다.
66. 사진의 크기를 조정할 때 도형의 높이와 너비를 서로 독립적으로 변경하도록 설정합니다. msoTrue로 설정하면 가로 크기를 변경할 때 세로 크기도 비례하여 변경됩니다.
69. 유저 폼을 닫습니다.

유저 폼에 있는 [시트에 입력] 버튼을 클릭하지 않고 유저 폼의 리스트 박스에서 원하는 데이터를 더블클릭해도 해당 데이터를 엑셀 시트에 출력하는 코드는 다음과 같습니다. 시트에 출력하는 기능을 구현하기 위해 [시트에 입력] 버튼에 연결된 프로시저를 다시 작성할 필요는 없고 [시트에 입력] 버튼에 지정된 프로시저를 호출하여 사용합니다.

```
1   Private Sub ListBox1_DblClick(ByVal Cancel As MSForms.ReturnBoolean)
2       Call cmdInput_Click
3   End Sub
```

02. [시트에 입력] 버튼을 클릭하면 실행하는 프로시저를 호출합니다.

유저 폼에 있는 [닫기] 버튼을 클릭하면 유저 폼을 닫습니다.

```
1   Private Sub cmdClose_Click()
2       Unload Me
3   End Sub
```

02. 유저 폼을 닫습니다.

시트에 있는 [검색] 버튼을 클릭하면 유저 폼을 보여줍니다. *UserForm1.Show*는 유저 폼을 열기한 다음 유저 폼에서 검색 조건을 입력하고 검색하여 검색된 목록 중에서 하나를 선택해 시트에 출력하고 '유저 폼을 닫기'까지의 기능을 실행합니다.

```
1   Sub SearchData()
2       Call app(False)
3       UserForm1.Show
4       Call app(True)
5   End Sub
```

02. 화면 갱신 모드, 이벤트, 경고 해제와 수식 수동 모드로 설정하기 위해 프로시저를 호출합니다.
03. 유저 폼을 나타나게 합니다.
04. 화면 갱신, 이벤트, 경고 모드, 수식 자동 모드로 설정하기 위해 프로시저를 호출합니다.

Chapter 30
매출관리 프로그램 만들기

매일 발생하는 매출 정보를 입력하여 누적된 DB를 생성합니다. 생성된 DB를 이용해 거래명세서를 작성하고 거래처별, 상품별, 월별 매출 현황 보고서를 생성합니다. 또한 조건에 만족하는 거래처의 거래명세서를 작성하여 인쇄하기와 파일로 저장하는 것을 알아보겠습니다.

116 매출 데이터 누적하여 입력하기

엑셀 시트의 구성은 다음과 같습니다.
- 입력 : 매출 데이터를 입력하는 시트입니다.
- 거래명세서 : 거래명세서를 불러오고, 인쇄하는 시트입니다.
- 리포트 : 조건에 만족하는 거래처별, 상품별, 월별 매출 현황 보고서를 만들 시트입니다.
- 거래처 : 거래처 정보를 관리하는 시트입니다.
- db : 매출 데이터를 누적하는 시트입니다.

1. 모든 시트(db 시트 제외)에 공통으로 사용할 시트 이동 버튼

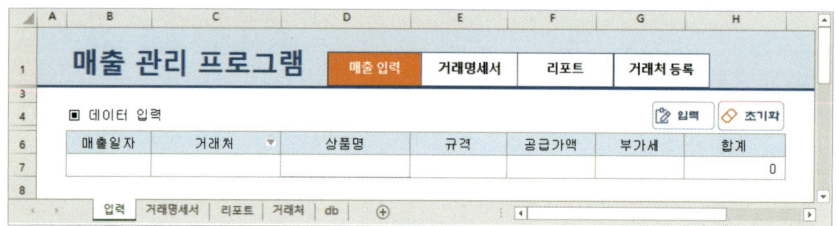

1) [매출 입력]
   - 버튼 이름 : menu_1
   - 기능 : '입력' 시트로 이동합니다.
   - 매크로 지정 : SheetSelect

2) [거래명세서]
   - 버튼 이름 : menu_2
   - 기능 : '거래명세서' 시트로 이동합니다.
   - 매크로 지정 : SheetSelect

3) [리포트]
   - 버튼 이름 : menu_3
   - 기능 : '리포트' 시트로 이동합니다.
   - 매크로 지정 : SheetSelect

4) 거래처 등록

- 버튼 이름 : menu_4
- 기능 : '거래처' 시트로 이동합니다.
- 매크로 지정 : SheetSelect

2. '입력' 시트의 메뉴 구성

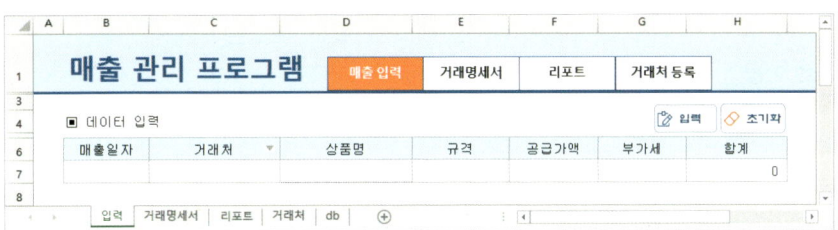

1) 입력

- 버튼 이름 : btn_Input
- 기능 : 입력 시트의 전체 매출 자료를 'db' 시트에 누적하여 입력합니다.
- 매크로 지정 : InputData

2) 초기화

- 버튼 이름 : btn_Initialization
- 기능 : '입력' 시트에 입력된 전체 데이터 지웁니다.
- 매크로 지정 : InitializationData

3) 거래처 조회

- 버튼 이름 : btn_Customer
- 기능 : 등록된 거래처 목록을 보여주고 거래처를 선택합니다.
- 매크로 지정 : ChoiceCustomer

3. '거래처' 시트의 메뉴 구성

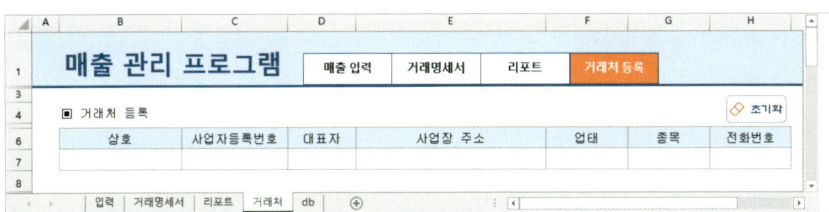

1) 초기화 ⬥ 초기화
- 버튼 이름 : btn_Initialization
- 기능 : '거래처' 시트에 입력된 전체 데이터를 지웁니다.
- 매크로 지정 : InitializationData

4. '거래명세서' 시트의 메뉴 구성

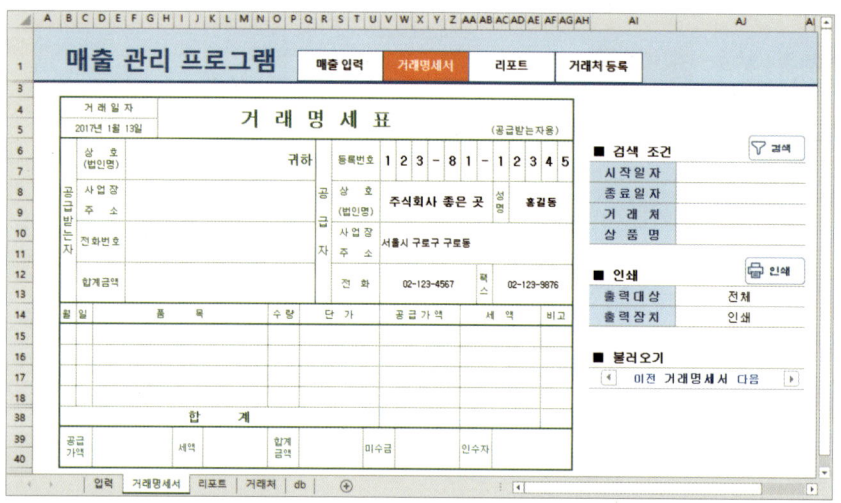

1) 검색 ▽ 검색

검색 조건(시작 일자와 종료 일자, 거래처명, 상품명)에 만족(AND 조건으로 모두 만족한 경우)하는 데이터를 불러옵니다.
- 버튼 이름 : btn_Search
- 기능 : 'db' 시트의 데이터에서 조건에 만족하는 데이터를 검색합니다.
- 매크로 지정 : SearchData

2) 인쇄 🖨 인쇄

거래명세서를 프린트하거나 PDF 파일로 생성합니다.
- 출력 대상
  - 전체 : 검색된 모든 거래처의 거래명세서
  - 1부 : 현재 작성된 거래처의 거래명세서
- 출력 장치
  - 인쇄 : 프린터로 출력
  - 미리보기 : 인쇄 미리보기
  - PDF 파일 : PDF 파일 생성
- 버튼 이름 : btn_Print

- 기능 : 전체 거래명세서 또는 현재 거래명세서를 출력하거나 인쇄 미리보기, PDF 파일을 생성합니다.
- 매크로 지정 : SetPrint

3) 불러오기 (검색한 다음에만 사용 가능)

- 이전 ◂ : 현재 작성된 거래처의 이전 거래처입니다.
- 다음 ▸ : 현재 작성된 거래처의 다음 거래처입니다.
- 버튼 이름 : 이전(btn_Previous), 다음(btn_Next)
- 기능 : 검색된 데이터 중 현재 출력된 거래명세서의 이전이나 다음 거래명세서를 출력합니다.
- 매크로 지정 : 이전(PreviousRecord), 다음(NextRecord)

5. '리포트' 시트의 메뉴 구성

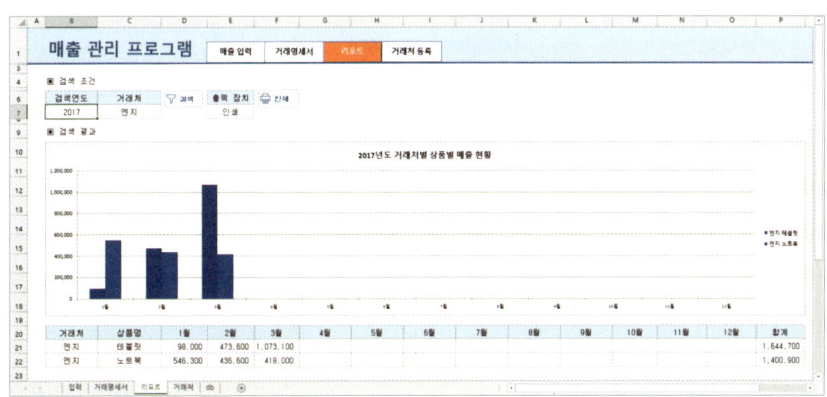

1) 검색

검색 연도와 검색할 항목(거래처, 상품) 중 한 항목을 선택한 다음 검색 키워드를 입력하고 [검색] 버튼을 클릭하면 조건에 만족하는 데이터를 불러옵니다. 검색 항목이 '거래처'인 경우에는 보고서 양식이 '거래처, 상품명, 1월, 2월…', '상품'인 경우에는 보고서 양식이 '상품명, 거래처, 1월, 2월…' 형식으로 작성됩니다. 합계금액을 내림차순으로 정렬하고 검색된 데이터가 10개를 초과하면 차트는 10개의 거래처(Top 10)만 생성합니다.

- 버튼 이름 : btn_Search
- 기능 : 조건에 만족하는 'db' 시트의 데이터를 불러와 보고서와 차트를 생성합니다.
- 매크로 지정 : ReportCreate

2) 인쇄

- 출력 장치
  - 인쇄 : 프린터로 출력
  - 미리보기 : 인쇄 미리보기
  - Excel 파일 : Excel 파일 생성

- 버튼 이름 : btn_Print
- 기능 : 리포트를 출력하거나 인쇄 미리보기, Excel 파일을 생성합니다.
- 매크로 지정 : ReportPrint

6. 'db' 시트의 필드 이름

데이터를 누적하는 용도로 셀 서식은 적용하지 않는 것이 좋으며, 필드 중 합계 필드는 필요하지 않습니다.

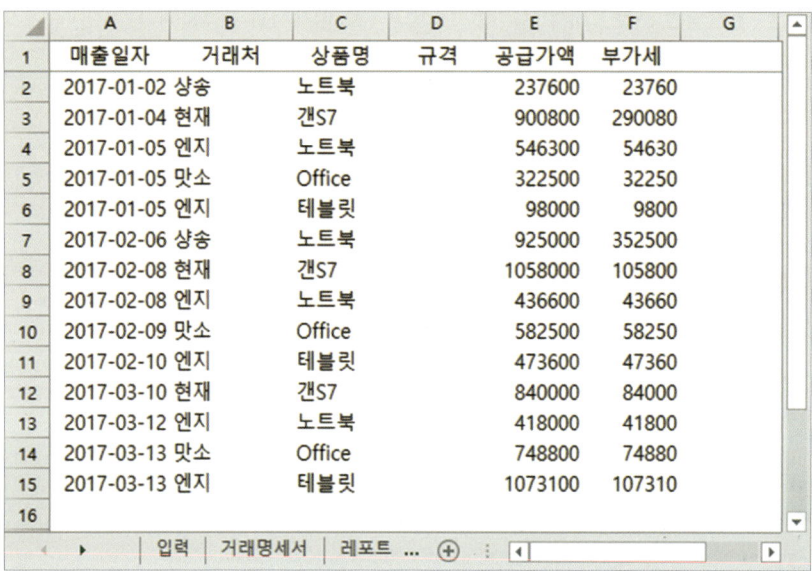

7. VBE 화면에서 시트의 코드 이름과 모듈, 프로시저 구성

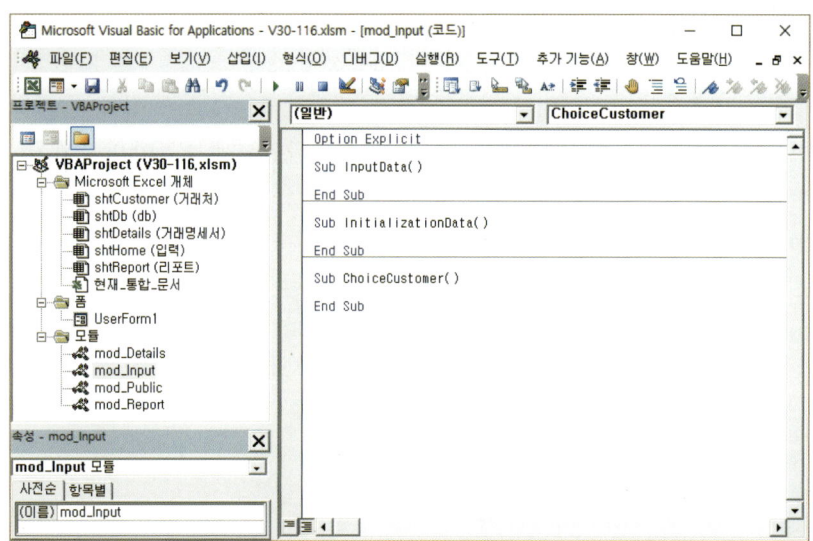

1) 시트의 코드 이름을 각 시트의 속성에서 다음과 같이 변경
- 입력 시트 : shtHome
- 거래처 시트 : shtCustomer
- 거래명세서 시트 : shtDetails
- 리포트 시트 : shtReport
- db 시트 : shtDb

2) 모듈 구성

공통으로 사용할 프로시저로 구성된 모듈입니다.
- 모듈 이름 : mod_Public
- 프로시저 목록
  - app : 화면 갱신 모드, 이벤트, 경고와 수식 모드를 지정합니다.
  - errorSub : 오류가 발생하면 정보를 알려줍니다.
  - SheetSelect : 지정된 시트로 이동합니다.

화면 갱신 모드, 이벤트, 경고, 수식 모드를 지정하는 프로시저입니다.

```
1   Sub app(bln As Boolean)
2       With Application
3           .EnableEvents = bln
4           .ScreenUpdating = bln
5           .DisplayAlerts = bln
6           If bln = False Then
7               .Calculation = xlCalculationManual
8           Else
9               .Calculation = xlCalculationAutomatic
10          End If
11      End With
12  End Sub
```

03. 이벤트 모드를 설정합니다.
04. 화면 갱신 모드를 설정합니다.
05. 경고 모드를 설정합니다.
06. 수식 계산 옵션을 설정합니다.
07. 수식 계산 옵션을 수동으로 설정합니다.
09. 수식 계산 옵션을 자동으로 설정합니다.

오류가 발생하면 실행하는 프로시저입니다.

```
1  Sub errorSub()
2      MsgBox "Error Code : " & Err.Number & "" & vbCr & vbCr & _
3              "Error Explanation : " & Err.Description, vbCritical
4      Call app(True)
5  End Sub
```

02.~03. 오류가 발생하면 오류 번호와 오류와 관련된 문자열을 메시지로 출력합니다.

04. app 프로시저를 호출합니다. (인수 True)

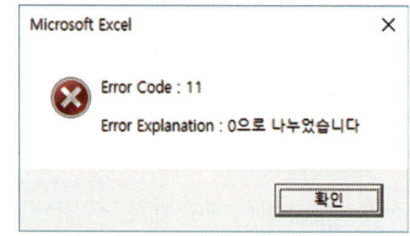

버튼을 클릭했을 때 해당하는 시트로 이동하는 프로시저입니다.
이 프로시저는 모든 시트에 있는 버튼들이 같은 매크로를 지정하여 사용하므로 클릭한 버튼의 이름을 반환받아 분기처리 합니다.

```
1   Sub SheetSelect()
2       Dim strMenuName          As String
3       strMenuName = Application.Caller
4       Select Case strMenuName
5           Case "menu_1"
6               shtHome.Select
7           Case "menu_2"
8               shtDetails.Select
9           Case "menu_3"
10              shtReport.Select
11          Case "menu_4"
12              shtCustomer.Select
13      End Select
14  End Sub
```

03. 클릭한 버튼 이름을 반환받아 변수에 할당합니다.

04. 클릭한 버튼 이름에 따라 분기합니다.

05. 매출 입력 버튼을 클릭한 경우입니다.

06. 입력 시트를 선택합니다.

07. 거래명세서 버튼을 클릭한 경우입니다.

08. 거래명세서 시트를 선택합니다.

09. 리포트 버튼을 클릭한 경우입니다.

10. 리포트 시트를 선택합니다.

11. 거래처 등록 버튼을 클릭한 경우입니다.
12. 거래처 시트를 선택합니다.

'입력' 시트에서 사용할 프로시저는 다음과 같습니다.

- 모듈 이름 : mod_Input
- 프로시저 목록
  - InputData : '입력' 시트의 데이터를 'db' 시트에 누적하여 입력합니다.
  - InitializationData : '입력' 시트의 데이터 전체를 지우기 합니다.
  - ChoiceCustomer : 거래처를 조회하여 사용자가 선택한 거래처를 입력합니다.

엑셀 시트에서 [입력] 버튼을 클릭하면 '입력' 시트의 데이터를 'db' 시트에 누적하여 입력하는 프로시저입니다.

```
1  Option Explicit
2      Const lngStartRow      As Long = 7
3  Sub InputData()
4      Dim i                  As Long
5      Dim k                  As Long
6      Dim lngLastRow         As Long
7      Dim lngRowsCount       As Long
8      Dim lngColumnsCount    As Long
9      Dim lst()              As Variant
10     On Error GoTo Go_Err
11     Call app(False)
12     With shtHome
13         lngLastRow = .Cells(Rows.Count, "B").End(xlUp).Row
14         If lngLastRow < lngStartRow Then
15             MsgBox "입력할 데이터가 없습니다.", vbCritical
16             Call app(True)
17             Exit Sub
18         End If
19         lngRowsCount = lngLastRow - lngStartRow + 1
20         lngColumnsCount = .Range("B" & lngStartRow).CurrentRegion.Columns.Count
21         lngColumnsCount = lngColumnsCount - 1
22         ReDim lst(lngStartRow To lngLastRow, 1 To lngColumnsCount)
23         For i = lngStartRow To lngLastRow
24             For k = 1 To lngColumnsCount
25                 lst(i, k) = .Cells(i, k + 1).Value
26             Next k
27         Next i
```

```
28        End With
29        With shtDb
30            lngLastRow = .Cells(Rows.Count, "A").End(xlUp).Row
31            lngLastRow = lngLastRow + 1
32            .Cells(lngLastRow, 1).Resize(lngRowsCount, lngColumnsCount).Value = lst
33            Erase lst
34        End With
35        Call InitializationData(True)
36        shtHome.Range("B" & lngStartRow).Select
37        MsgBox "작업이 완료되었습니다.", vbInformation
38        Call app(True)
39        Exit Sub
40   Go_Err:
41        Call errorSub
42   End Sub
```

02. 모듈 변수로 이곳 모듈에 있는 모든 프로시저에서 사용 가능하게 상수를 선언합니다. 입력 시트의 데이터가 7행부터 시작하므로 7로 선언됩니다.

10. 오류가 발생하면 Go_Err 레이블로 이동합니다.

11. 화면 갱신 모드, 이벤트, 경고 해제와 수식 수동 모드로 설정하기 위해 프로시저를 호출합니다.

12. '입력' 시트를 With 문으로 지정합니다.

13. B열 기준으로 마지막 데이터가 있는 행 번호를 구하여 변수에 할당합니다.

14. 마지막 행 번호가 시작 행 번호 보다 작으면 입력된 데이터가 없으므로 IF 문을 실행합니다.

15. 메시지 박스를 출력합니다.

16. 화면 갱신, 이벤트, 경고 모드, 수식 자동 모드로 전환합니다.

17. 프로시저를 종료합니다.

19. 데이터에서 행의 개수를 구하여 변수에 할당합니다.

20. 열의 개수를 구하여 변수에 할당합니다.

21. 합계 필드는 저장에서 제외하므로 -1을 하여 열의 개수를 보정합니다.

22. 데이터를 담을 배열 변수를 선언합니다.

23. 시작 행부터 마지막 행까지 순환합니다.

24. 시작 열부터 마지막 열 직전까지 순환합니다.

25. 배열 변수에 데이터(해당 행, 해당 열 값)를 할당합니다. Cells(i, k + 1)에서 K에 1을 더한 것은 데이터가 B열부터 시작하므로 열 번호를 보정하기 위함입니다.

29. 'db' 시트를 With 문으로 지정합니다.

30. A열 기준으로 마지막 데이터가 있는 행 번호를 구하여 변수에 할당합니다.

31. 마지막 행 다음에 데이터를 입력하기 위해 +1로 행 번호를 보정합니다.

32. 배열에 할당된 데이터를 마지막 행 다음 셀에 입력합니다.

33. 배열 요소를 초기화하고 저장 공간을 해제합니다.
35. 입력 시트를 초기화하는 프로시저를 호출합니다.
36. 데이터 시작 셀을 선택합니다.
37. 작업 완료 메시지를 출력합니다.
38. 화면 갱신, 이벤트, 경고 모드, 수식 자동 모드로 전환합니다.
39. 프로시저를 종료합니다.
40. 오류 발생 시 이동할 레이블을 정의합니다.
41. 오류가 발생한 경우에만 'errorSub' 프로시저를 실행합니다.

엑셀 시트에서 [초기화] 버튼을 클릭하면 '입력' 시트와 '거래처' 시트 중 활성화된 시트의 데이터 전체를 지우는 프로시저입니다. 또한 다른 프로시저에서 호출하여 사용하기도 합니다. 다른 프로시저에서 호출한 경우에는 이미 app 프로시저를 실행했으므로 다시 실행하지 않고 엑셀 시트에서 [초기화] 버튼을 클릭한 경우에만 실행하기 위한 용도로 인수를 설정합니다.

서로 다른 시트에서 하나의 프로시저를 같이 사용하므로 시트 이름을 명시하지 않고 현재 활성화된 시트를 기준으로 초기화합니다.

```
1   Sub InitializationData(Optional blnCall = False)
2       Dim lngLastRow            As Long
3       Dim lngRowsCount          As Long
4       Dim lngColumnsCount       As Long
5       If blnCall = False Then
6           Call app(False)
7       End If
8       lngLastRow = Cells(Rows.Count, "B").End(xlUp).Row
9       If lngLastRow < lngStartRow Then
10          MsgBox "초기화 할 데이터가 없습니다.", vbCritical
11          If blnCall = False Then
12              Call app(True)
13          End If
14          Exit Sub
15      End If
16      lngRowsCount = lngLastRow - lngStartRow + 1
```

```
17        lngColumnsCount = Range("B" & lngStartRow).CurrentRegion.Col-
          umns.Count
18        If ActiveSheet.CodeName = "shtHome" Then
19            lngColumnsCount = lngColumnsCount - 1
20        End If
21        Cells(lngStartRow, "B").Resize(1, lngColumnsCount).ClearContents
22        If lngLastRow > lngStartRow Then
23            Cells(lngStartRow + 1, "B").Resize(lngRowsCount, 1).Entire-
          Row.Delete
24        End If
25        If blnCall = False Then
26            Call app(True)
27        End If
28    End Sub
```

05. 프로시저 인수의 값이 False면 IF 문을 실행합니다. (엑셀 시트에서 [초기화] 버튼을 클릭한 경우)
06. 화면 갱신 모드, 이벤트, 경고 해제와 수식 수동 모드로 설정하기 위해 프로시저 호출합니다.
08. B열 기준으로 마지막 데이터가 있는 행 번호를 구하여 변수에 할당합니다.
09. 마지막 행 번호가 시작 행 번호보다 작으면 입력된 데이터가 없으므로 IF 문을 실행합니다.
10. 메시지 박스를 출력합니다.
11. 프로시저 인수의 값이 False면 IF 문을 실행합니다. (엑셀 시트에서 [초기화] 버튼을 클릭한 경우)
12. 화면 갱신, 이벤트, 경고 모드, 수식 자동 모드로 전환합니다.
14. 프로시저를 종료합니다.
16. 데이터 행의 개수를 구하여 변수에 할당합니다.
17. 열의 개수를 구하여 변수에 할당합니다.
18. 현재 활성화된 시트가 입력 시트이면 IF 문을 실행합니다.
19. 합계 필드를 제외하기 위해 -1을 하여 열 개수를 보정하고 변수에 다시 할당합니다.
21. 첫 번째 행의 데이터를 지웁니다.
22. 마지막 행 번호가 시작 행 번호보다 크다면 IF 문을 실행합니다.
23. 두 번째 행(시작 행 다음 행)부터 마지막 행까지 행을 삭제합니다.
25. 프로시저 인수의 값이 False면 IF 문을 실행합니다. (엑셀 시트에서 [초기화] 버튼을 클릭한 경우)
26. 화면 갱신, 이벤트, 경고 모드, 수식 자동 모드로 전환합니다.

거래처 상호를 직접 입력해도 되지만 거래처를 조회하여 입력하는 프로시저입니다.
거래처를 입력할 셀을 선택한 다음 [거래처 조회(▼)] 버튼을 클릭하면 실행합니다.

```
1    Sub ChoiceCustomer()
2        Dim lngRow           As Long
3        lngRow = ActiveCell.Row
4        If lngRow < 7 Then
5            MsgBox "거래처 이름을 입력할 셀을 선택한 다음 이용하세요.", vbInformation
6            Exit Sub
7        End If
8        Call app(False)
9        UserForm1.Show
10       Call app(True)
11   End Sub
```

03. 활성화된 셀의 행 번호를 구하여 변수에 할당합니다.
04.~07. 데이터 입력 가능 범위가 아니면 메시지를 출력한 다음 프로시저를 종료합니다.
08. 화면 갱신 모드, 이벤트, 경고 해제와 수식 수동 모드로 설정하기 위해 프로시저를 호출합니다.
09. 유저 폼을 실행합니다.
10. 화면 갱신, 이벤트, 경고 모드, 수식 자동 모드로 설정하기 위해 프로시저를 호출합니다.

거래처 조회에서 사용할 폼(UserForm1)을 추가합니다.

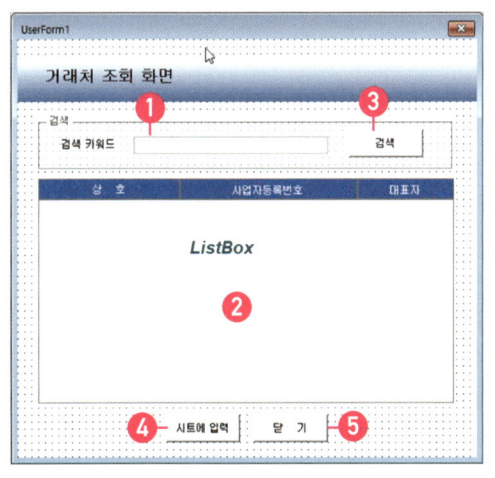

검색 키워드를 입력할 텍스트 박스(TextBox)와 검색된 결과를 보여줄 리스트 박스(ListBox)를 추가하고 리스트 박스에는 상호, 사업자등록번호, 대표자로 구성합니다.

명령을 실행할 [검색], [시트에 입력], [닫기] 커맨드 버튼(CommandButton)을 추가하고 개체별 이름은 다음과 같이 설정합니다.

❶ txtFind : 검색 키워드를 입력할 텍스트 박스입니다.
❷ ListBox1 : 검색된 목록을 보여줄 리스트 박스입니다.
❸ cmdSearch : 검색 버튼입니다.
❹ cmdInput : 시트에 입력하는 버튼입니다.
❺ cmdClose : 닫기 버튼입니다.

엑셀 시트에서 [거래처 조회(▼)] 버튼을 클릭하여 유저 폼을 실행했을 때의 화면입니다.

유저 폼이 활성화되면 다음과 같이 기초 작업을 합니다.

```
1   Private Sub UserForm_Activate()
2       With Me.ListBox1
3           .ColumnCount = 5
4           .ColumnWidths = "126;158;84"
5       End With
6   End Sub
```

02. ListBox1을 With 문으로 지정합니다.
03. 리스트 박스의 열 개수를 설정합니다.
04. 리스트 박스의 열 너비 설정합니다.

유저 폼에 있는 [검색] 버튼을 클릭하면 조건에 만족하는 목록을 '거래처' 시트에서 찾아서 리스트 박스에 출력합니다.

```
1   Private Sub cmdSearch_Click()
2       Dim i                   As Long
3       Dim k                   As Long
4       Dim lngCnt              As Long
5       Dim lngRowsCount        As Long
6       Dim strFind             As String
7       Dim rngDb               As Range
8       Dim vData               As Variant
9       Dim lst()               As Variant
10      On Error GoTo Go_Err
11      With Me
12          strFind = .txtFind.Value
13          With shtCustomer
14              Set rngDb = .Range("B7").CurrentRegion
15              lngRowsCount = rngDb.Rows.Count
16              lngRowsCount = lngRowsCount - 1
17              Set rngDb = rngDb.Offset(1).Resize(lngRowsCount)
```

```
18              End With
19              vData = rngDb.Value
20              lngCnt = 0
21              For i = 1 To lngRowsCount
22                  If InStr(vData(i, 1), strFind) > 0 Then
23                      lngCnt = lngCnt + 1
24                      ReDim Preserve lst(1 To 3, 1 To lngCnt)
25                      For k = 1 To 3
26                          lst(k, lngCnt) = vData(i, k)
27                      Next k
28                  End If
29              Next i
30              .ListBox1.Clear
31              If lngCnt > 0 Then
32                  .ListBox1.Column = lst
33              Else
34                  MsgBox "검색 조건에 만족하는 데이터를" & vbCr _
                        & "거래처 시트에서 찾지 못했습니다.", vbCritical
35              End If
36          End With
37          Set rngDb = Nothing
38          Erase lst
39          Exit Sub
40  Go_Err:
41          MsgBox "검색에서 오류가 발생했습니다.", vbInformation
42  End Sub
```

10. 오류가 발생하면 Go_Err 레이블로 이동합니다.
11. 'Me'는 프로시저가 입력되어 있는 유저 폼을 지칭합니다.
12. 검색할 키워드를 변수에 할당합니다.
13. '거래처' 시트를 With 문으로 지정합니다.
14. B7셀이 있는 연속된 영역을 변수(rngDb)에 할당합니다.
15. 범위의 행의 개수를 구하여 변수에 할당합니다.
16. 필드는 범위에서 제외이므로 -1을 하여 행의 개수를 보정합니다.
17. 필드를 제외한 범위를 재설정하여 변수(rngDb)에 다시 할당합니다.
19. 범위의 데이터를 배열 변수에 할당합니다.
20. 변수값을 0으로 초기화합니다.
21.~29. 검색 범위를 순환하면서 검색 키워드에 해당하는 목록을 만듭니다.
22. 검색 키워드가 포함되어 있으면 IF 문을 실행합니다.
23. 검색된 건수의 개수를 증가시킵니다.
24. 배열의 2차원 크기를 변경합니다.

25.~27. 상호, 사업자등록번호, 대표자의 값을 배열 변수에 할당합니다.
30. 리스트 박스를 초기화합니다.
31. 검색 조건에 만족하는 데이터가 있다면 IF 문을 실행합니다.
32. 리스트 박스에 검색된 목록을 출력합니다.
33. 검색 조건에 만족하는 데이터가 없다면 Else 문을 실행합니다.
34. 메시지 박스를 출력합니다.
37.~38. 개체와 배열 변수를 초기화합니다.
39. 프로시저를 종료합니다.
40. 오류 발생 시 이동할 레이블을 정의합니다.
41. 오류가 발생한 경우에만 메시지 박스를 출력합니다.

유저 폼에 출력된 목록 중에서 입력할 상호를 선택한 다음 [시트에 입력] 버튼을 클릭하면 상호를 시트에 출력합니다.

```
1    Private Sub cmdInput_Click()
2        Dim i                   As Long
3        Dim lngRow              As Long
4        Dim lngColumn           As Long
5        Dim lngListindex        As Long
6        Dim strCustomer         As String

7        With Me
8            lngListindex = .ListBox1.ListIndex
9            If lngListindex = -1 Then
10               MsgBox "시트에 입력할 항목을 리스트박스에서 선택하세요.", vbCritical
11               Exit Sub
12           End If
13           strCustomer = .ListBox1.List(.ListBox1.ListIndex, 0)
14       End With
15       lngRow = ActiveCell.Row
16       lngColumn = 3
17       Cells(lngRow, lngColumn).Value = strCustomer
18       Unload Me
19   End Sub
```

07. 'Me'는 프로시저가 입력되어 있는 유저 폼을 지칭합니다.
08. 리스트 박스에서 현재 선택한 항목을 변수에 할당합니다.
09. 변수의 값이 -1이면 IF 문을 실행합니다.(아무것도 선택하지 않은 경우)
10. 메시지 박스를 출력합니다.
11. 프로시저를 종료합니다.
13. 선택한 항목에 있는 데이터 중 '상호'를 변수에 할당합니다.

15. 활성화된 셀의 행 번호를 구하여 변수에 할당합니다.
16. 엑셀 시트에서 거래처가 입력되어 있는 열 번호(C열이므로 3으로)를 지정합니다.
17. 선택한 행의 거래처 열의 상호를 입력합니다.
18. 유저 폼을 닫습니다.

유저 폼의 리스트 박스에서 원하는 데이터를 더블클릭하면 해당 데이터를 시트에 출력합니다.

```
1  Private Sub ListBox1_DblClick(ByVal Cancel As MSForms.ReturnBoolean)
2      Call cmdInput_Click
3  End Sub
```

02. [시트에 입력] 버튼의 클릭 프로시저를 호출합니다.

유저 폼에 있는 [닫기] 버튼을 클릭하면 유저 폼을 닫기합니다.

```
1  Private Sub cmdClose_Click()
2      Unload Me
3  End Sub
```

02. 유저 폼을 닫기합니다.

117 거래명세서 양식에 데이터 불러오기

이전 작업에서 db 시트에 누적하여 입력한 데이터 중 조건에 만족하는 데이터를 이용하여 거래명세서를 작성하고, db 시트에 없는 정보(사업장주소와 전화번호)는 거래처 시트에서 해당 거래처 정보를 불러오도록 하겠습니다. 데이터 정보가 여러 시트(db, 거래처 시트)에 있어도 연결고리(거래처 코드 등)만 있으면 해당 데이터를 모두 불러와서 데이터를 완성할 수 있습니다.

거래명세서 시트에서 사용할 프로시저는 다음과 같습니다.

- 모듈 이름 : mod_Details
- 프로시저 목록
    - SearchData : db 시트에 있는 데이터 중 검색 조건에 만족하는 데이터를 불러옵니다.
    - DetailsPrint : 전체 또는 1부를 인쇄하거나 미리 보기, PDF 파일을 생성합니다.
    - PreviousRecord : 현재 출력된 거래명세서의 이전 페이지를 작성합니다.
    - NextRecord : 현재 출력된 거래명세서의 다음 페이지를 작성합니다.
    - OpenDetails : 불러올 페이지에 해당하는 거래명세서를 출력합니다

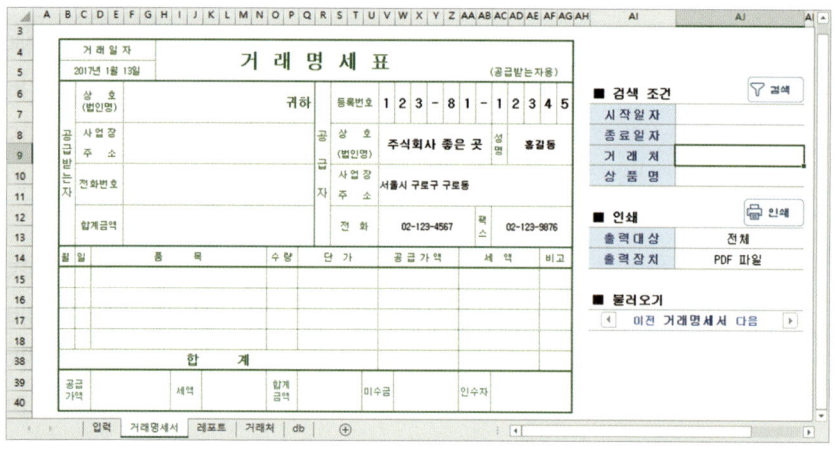

엑셀 시트에 있는 [검색] 버튼을 클릭하면 조건에 만족하는 목록을 시트에 출력합니다.

```vba
1   Option Explicit
2   Option Compare Text

3   Sub SearchData()
4       Dim i                   As Long
5       Dim lngLastRow          As Long
6       Dim lngCnt              As Long
7       Dim lngFromDate         As Long
8       Dim lngToDate           As Long
9       Dim strFindCustomer     As String
10      Dim strFindProduct      As String
11      Dim lst()               As Variant
12      Dim blnCheck            As Boolean
13      On Error GoTo Go_Err
14      Call app(False)
15      With shtDetails
16          lngFromDate = .Range("AJ7").Value
17          lngToDate = .Range("AJ8").Value
18          If lngToDate = 0 Then
19              lngToDate = 2958465
20          End If
21          strFindCustomer = .Range("AJ9").Value
22          strFindProduct = .Range("AJ10").Value
23      End With
24      With shtDb
25          lngLastRow = .Cells(Rows.Count, 1).End(xlUp).Row
26          lngCnt = 0
27          For i = 2 To lngLastRow
28              Select Case .Range("A" & i).Value
29                  Case lngFromDate To lngToDate
30                      blnCheck = True
31                  Case Else
32                      blnCheck = False
33              End Select
34              If blnCheck = True Then
35                  If InStr(.Range("B" & i).Value, strFindCustomer) > 0 Then
36                      blnCheck = True
37                  Else
38                      blnCheck = False
39                  End If
40              End If
41              If blnCheck = True Then
```

```
42                    If InStr(.Range("C" & i).Value, strFindProduct) > 0 Then
43                        blnCheck = True
44                    Else
45                        blnCheck = False
46                    End If
47                End If
48                If blnCheck = True Then
49                    lngCnt = lngCnt + 1
50                    ReDim Preserve lst(1 To lngCnt)
51                    lst(lngCnt) = i
52                End If
53            Next i
54        End With
55        With shtDetails
56            lngLastRow = .Cells(Rows.Count, "AL").End(xlUp).Row
57            .Range("AL1:AL" & lngLastRow).ClearContents
58            .Range("AJ1").Value = lngCnt
59            If lngCnt > 0 Then
60                .Range("AL1").Resize(lngCnt).Value = Application.Transpose(lst)
61                .Range("AI1").Value = 2
62                Call PreviousRecord(True)
63            Else
64                MsgBox "검색 조건에 만족하는 데이터를" & vbCr _
65                    & "db 시트에서 찾지 못했습니다.", vbCritical
66            End If
67        End With
68        MsgBox "검색이 완료되었습니다.", vbInformation
69        Erase lst
70        Call app(True)
71        Exit Sub
72    Go_Err:
73        Call errorSub
74    End Sub
```

02. 영어 대/소문자를 구분하지 않기 위해 Option Compare 문을 선언합니다.
13. 오류가 발생하면 Go_Err 레이블로 이동합니다.
14. 화면 갱신 모드, 이벤트, 경고 해제와 수식 수동 모드로 설정하기 위해 프로시저를 호출합니다.
15. '거래명세서' 시트를 With 문으로 지정합니다.
16. 검색 조건(매출 시작일자)을 변수에 할당합니다.
17. 검색 조건(매출 종료일자)을 변수에 할당합니다.
18.~20. 매출 종료일자를 입력하지 않았다면 9999년 12월 31일(2,958,465)로 지정합니다.

21. 검색 조건(거래처)을 변수에 할당합니다.
22. 검색 조건(상품)을 변수에 할당합니다.
24. 'db' 시트를 With 문으로 지정합니다.
25. A열 기준으로 마지막 데이터가 있는 행 번호를 구하여 변수에 할당합니다.
26. 변수값을 0으로 초기화합니다.
27.~54. 시작 행부터 마지막 행까지 순환하면서 검색 조건을 모두 만족하는 행 번호를 배열에 담습니다.
28.~33. 매출일자가 '시작일자 ~ 종료일자'에 포함되는지 비교하여 만족하면 True, 만족하지 못하면 False 값을 변수에 할당합니다.
34. 검색 조건(매출 일자)을 만족한 경우에만 IF 문을 실행합니다.
35.~39. 거래처의 검색 키워드가 포함되어 있으면 True, 그렇지 않으면 False 값을 변수에 할당합니다.
41. 검색 조건(거래처)을 만족한 경우에만 IF 문을 실행합니다.
42.~46. 상품의 검색 키워드가 포함되어 있으면 True, 그렇지 않으면 False 값을 변수에 할당합니다.
48. 4가지 검색 조건을 모두 만족한 경우에만 IF 문을 실행합니다.
49. 개수를 증가시킵니다.
50. 배열의 크기를 변경합니다.
51. 배열 변수에 행 번호를 할당합니다.
55. '거래명세서' 시트를 With 문으로 지정합니다.
56. AL열 기준으로 마지막 데이터가 있는 행 번호를 구하여 변수에 할당합니다.
57. AL열의 첫 번째 셀(AL1)부터 마지막 셀까지 값을 지웁니다.
58. AJ1셀에 검색된 건수를 입력합니다. (이전, 다음 거래명세서 불러오기 할 때 사용)
59. 검색 조건에 만족하는 데이터가 있다면 IF 문 실행
60. 검색 조건에 만족한 목록을 AL열에 입력합니다.
61.~62. 첫 번째 거래명세서를 출력합니다. 이전, 다음에 사용할 셀 'AI1'에 값 2를 입력하고 이전 거래명세서 불러오기 프로시저를 호출하여 1페이지에 해당하는 거래명세서를 출력합니다.
63. 검색 조건에 만족하는 데이터가 없으면 Else 문을 실행합니다.
64.~65. 메시지 박스를 출력합니다.
68. 검색 완료 메시지를 출력합니다.
69. 배열 요소를 초기화하고 저장 공간을 해제합니다.
70. 화면 갱신, 이벤트, 경고 모드, 수식 자동 모드로 전환합니다.
71. 프로시저를 종료합니다.
72. 오류 발생 시 이동할 레이블을 정의합니다.
73. 오류가 발생한 경우에만 'errorSub' 프로시저를 실행합니다.

거래명세서 불러오기에 있는 [이전] 버튼을 클릭하면 실행할 프로시저는 다음과 같습니다.

```
1   Sub PreviousRecord(Optional blnCall = False)
2       Dim lngPage              As Long
3       On Error GoTo Go_Err
4       With shtDetails
5           lngPage = .Range("AI1").Value
6           If lngPage = 1 Then
7               MsgBox "첫 번째 거래명세서 이므로" & vbCr & _
8                      "이전 거래명세서를 불러올 수 없습니다.", vbCritical
9               Exit Sub
10          End If
11          If blnCall = False Then
12              Call app(False)
13          End If
14          lngPage = lngPage - 1
15          .Range("AI1").Value = lngPage
16          Call OpenDetails
17      End With
18      If blnCall = False Then
19          Call app(True)
20      End If
21      Exit Sub
22  Go_Err:
23      Call errorSub
24  End Sub
```

03. 오류가 발생하면 Go_Err 레이블로 이동합니다.

04. '거래명세서' 시트를 With 문으로 지정합니다.

05. 현재 페이지 번호를 변수에 할당합니다.

06.~10. 현재 출력된 거래명세서가 1페이지이면 이전 페이지가 없으므로 메시지를 출력하고 프로시저를 종료합니다.

11.~13. 다른 프로시저에서 호출하지 않고 버튼을 이용해 실행한 경우에만 IF 문을 실행합니다. 다른 프로시저에서 호출한 경우에는 이미 app 프로시저를 실행했기 때문에 다시 실행하지 않고 엑셀 시트에서 버튼을 클릭한 경우에만 실행합니다.

14. 현재 페이지 값에서 -1을 하여 이전 페이지 값으로 보정하여 변수에 할당합니다.

15. 불러올 페이지 번호를 입력합니다.

16. 페이지 번호에 해당하는 거래명세서를 출력하기 위해 프로시저를 호출합니다.

18. 프로시저 인수의 값이 False이면 IF 문을 실행합니다. (엑셀 시트에서 버튼을 클릭한 경우)

19. 화면 갱신, 이벤트, 경고 모드, 수식 자동 모드로 전환합니다.

21. 프로시저를 종료합니다.

22. 오류 발생 시 이동할 레이블을 정의합니다.

23. 오류가 발생한 경우에만 'errorSub' 프로시저를 실행합니다.

거래명세서의 불러오기에 있는 [다음] 버튼을 클릭하면 실행할 프로시저는 다음과 같습니다.

```
1   Sub NextRecord(Optional blnCall = False)
2       Dim lngPage              As Long
3       On Error GoTo Go_Err
4       With shtDetails
5           lngPage = .Range("AI1").Value
6           If lngPage = .Range("AJ1").Value Then
7               MsgBox "마지막 거래명세서 이므로" & vbCr & _
8                      "다음 거래명세서를 불러올 수 없습니다.", vbCritical
9               Exit Sub
10          End If
11          If blnCall = False Then
12              Call app(False)
13          End If
14          lngPage = lngPage + 1
15          .Range("AI1").Value = lngPage
16          Call OpenDetails
        End With
17      If blnCall = False Then
18          Call app(True)
19      End If
20      Exit Sub
21  Go_Err:
22      Call errorSub
23  End Sub
```

06.~09. 현재 출력된 거래명세서가 마지막 페이지이면 메시지를 출력하고 프로시저를 종료합니다.

14. 현재 페이지 값에서 1을 더하여 다음 페이지 값으로 보정하여 변수에 할당합니다.

거래명세서 불러오기의 [이전] 프로시저(PreviousRecord)와 [다음] 프로시저(NextRecord)의 코드는 2곳만 다르고 나머지는 모두 동일합니다. [이전]은 현재 페이지 번호에서 -1을 하고 [다음]은 현재의 페이지 번호에서 +1을 합니다.

거래명세서에서 불러오기의 [이전] 버튼과 [다음] 버튼을 클릭하여 해당하는 페이지의 데이터를 불러오는 프로시저이며, 공통적으로 사용됩니다.

```
1   Sub OpenDetails()
2       Dim i                   As Long
3       Dim lngLastRow          As Long
4       Dim lngPage             As Long
5       Dim lngRow              As Long
6       Dim strCustomer         As String
7       With shtDetails
8           lngPage = .Range("AI1").Value
9           lngRow = .Range("AL" & lngPage).Value
10          .Range("B5").Value = shtDb.Range("A" & lngRow).Value
11          .Range("B15").Value = Month(shtDb.Range("A" & lngRow).Value)
12          .Range("C15").Value = Day(shtDb.Range("A" & lngRow).Value)
13          .Range("D15").Value = shtDb.Range("C" & lngRow).Value & " " & shtDb.Range("D" & lngRow).Value
14          .Range("V15").Value = shtDb.Range("E" & lngRow).Value
15          .Range("AA15").Value = shtDb.Range("F" & lngRow).Value
16          strCustomer = shtDb.Range("B" & lngRow).Value
17          With shtCustomer
18              lngLastRow = .Cells(Rows.Count, 2).End(xlUp).Row
19              lngRow = 0
20              For i = 7 To lngLastRow
21                  If .Range("B" & i).Value = strCustomer Then
22                      lngRow = i
23                      Exit For
24                  End If
25              Next i
26          End With
27          .Range("F6").Value = strCustomer
28          If lngRow > 0 Then
29              .Range("F8").Value = shtCustomer.Range("E" & lngRow).Value
30              .Range("F10").Value = shtCustomer.Range("H" & lngRow).Value
31          Else
32              .Range("F8").Value = vbNullString
33              .Range("F10").Value = vbNullString
34          End If
35      End With
36  End Sub
```

07. '거래명세서' 시트를 With 문으로 지정합니다.

08. 페이지 번호를 변수에 할당합니다.
09. 불러올 페이지에 해당하는 'db' 시트의 행 번호를 구하여 변수에 할당합니다.
10. 'db' 시트에서 해당하는 매출일자를 B5셀에 입력합니다.
11. 'db' 시트에서 해당하는 매출일자의 월을 구하여 B15셀에 입력합니다.
12. 'db' 시트에서 해당하는 매출일자의 일을 구하여 C15셀에 입력합니다.
13. 'db' 시트에서 해당하는 상품명과 규격을 D15셀에 입력합니다.
14. 'db' 시트에서 해당하는 공급가액을 V15셀에 입력합니다.
15. 'db' 시트에서 해당하는 부가가치세를 AA15셀에 입력합니다.

'db' 시트에 없는 공급 받는자 정보는 거래처 시트에서 불러옵니다.

16. 'db' 시트에 해당하는 상호를 변수에 할당합니다.
17. '거래처' 시트를 With 문으로 지정합니다.
18. B열 기준으로 마지막 데이터가 있는 행 번호를 구하여 변수에 할당합니다.
19. 변수값을 0으로 초기화합니다.
20.~25. 시작 행부터 마지막 행까지 순환합니다.
21. B열의 값이 상호 변수와 같으면 IF 문을 실행합니다.
22. 행 번호 변수에 순환문의 현재값을 할당합니다. (거래처 시트의 행 번호와 같습니다.)
23. For 문을 종료합니다.
27. 상호를 F6셀에 입력합니다.
28. 등록된 거래처가 있다면 IF 문을 실행하여 해당 거래처의 정보를 입력합니다.
29. 상호에 해당하는 사업장주소를 입력합니다.
30. 상호에 해당하는 전화번호를 입력합니다.
31. 등록된 거래처가 없다면 Else 문을 실행합니다.
32. F8셀을 지웁니다.
33. F10셀을 지웁니다.

118 조건에 만족하는 거래처의 거래명세서 전체 인쇄하기

DB 시트의 데이터 중 조건에 맞는 데이터를 전체 또는 현재 작성된 거래명세서만 인쇄하는 코드를 알아보겠습니다.

인쇄 대상과 출력 장치는 다음과 같이 설정합니다.
- 출력 대상 : 전체(검색된 모든 거래처의 거래명세서), 1부(현재 작성된 거래처의 거래명세서)
- 출력 장치 : 인쇄(프린터로 출력), 미리보기, PDF 파일(PDF 파일로 생성)

시트에 있는 [인쇄] 버튼을 클릭하면 인쇄 조건에 따라 실행하는 프로시저입니다.

```
1   Sub DetailsPrint()
2       Dim i                As Long
3       Dim lngFromPage      As Long
4       Dim lngToPage        As Long
5       Dim strPrintTarget   As String
6       Dim strPrintType     As String
7       Dim strPath          As String
8       Dim strP             As String
9       Dim strFileName      As String
10      Dim rngForm          As Range
11      Dim blnPreview       As Boolean
12      On Error GoTo Go_Err
13      Call app(False)
14      With shtDetails
15          strPrintTarget = .Range("AJ13").Value
16          If strPrintTarget = "전체" Then
17              lngFromPage = 1
18              lngToPage = .Range("AJ1").Value
19          Else
20              lngFromPage = .Range("AI1").Value
21              lngToPage = lngFromPage
22          End If
23          Select Case .Range("AJ14").Value
```

```
24                    Case "인쇄"
25                        blnPreview = False
26                    Case "미리보기"
27                        blnPreview = True
28                    Case Else
29                End Select
30                Set rngForm = .Range("B4:AG40")
31                strPath = ThisWorkbook.Path
32                strP = Application.PathSeparator
33                For i = lngFromPage To lngToPage
34                    .Range("AI1").Value = i
35                    Call OpenDetails
36                    Select Case .Range("AJ14").Value
37                        Case "인쇄", "미리보기"
38                            rngForm.PrintOut Preview:=blnPreview
39                        Case Else
40                            strFileName = Format(Now, "YYYYMMDDHHMMSS") & "_"
41                            strFileName = strFileName & .Range("F6").Value & ".pdf"
42                            strFileName = strPath & strP & strFileName
43                            rngForm.ExportAsFixedFormat Type:=xlTypePDF, Filename:=strFileName, Quality:= _
44                                xlQualityStandard, IncludeDocProperties:=True, IgnorePrintAreas:=False, _
45                                OpenAfterPublish:=False
46                    End Select
47                Next i
48            End With
49            MsgBox "인쇄가 완료되었습니다.", vbInformation
50            Call app(True)
51            Exit Sub
52      Go_Err:
53            Call errorSub
54      End Sub
```

12. 오류가 발생하면 Go_Err 레이블로 이동합니다.
13. 화면 갱신 모드, 이벤트, 경고 해제와 수식 수동 모드로 설정하기 위해 프로시저를 호출합니다.
14. '거래명세서' 시트를 With 문으로 지정합니다.
15. 출력 대상을 변수에 할당합니다.
16. 출력 대상이 '전체'이면 IF 문을 실행합니다.
17. 시작 변수를 1로 할당합니다. (첫 번째 데이터)
18. 종료 변수를 마지막 데이터 번호로 할당합니다.

19. 출력 대상이 '전체'가 아니면 Else 문을 실행합니다.

20.~21. 시작 변수와 종료 변수를 현재 출력된 거래명세서 번호로 할당합니다.

23.~29. 출력 장치에 따라 분기합니다. '인쇄'인 경우 변수에 False, '미리보기'인 경우 변수에 True를 할당합니다.

30. 거래명세서 범위를 변수에 할당합니다.

31. 현재 프로시저가 작성된 통합 문서의 경로를 변수에 할당합니다.

32. 경로 구분 기호(\)를 변수에 할당합니다.

33.~47. 출력 대상을 순환합니다. (시작 변수부터 종료 변수까지)

34. 불러올 페이지 번호를 입력합니다.

35. 페이지 번호에 해당하는 거래명세서를 출력하기 위해 프로시저를 호출합니다.

36. 출력 장치에 따라 분기합니다.

37. '인쇄', '미리보기'인 경우 프린트합니다.

39. '인쇄', '미리보기'가 아닌 경우 PDF 파일로 생성합니다.

40.~42. '현재 통합 문서의 경로\년월일시분초_상호.pdf'를 변수에 할당합니다.

43.~45. PDF 파일을 생성합니다.

49. 인쇄 완료 메시지를 출력합니다.

50. 화면 갱신, 이벤트, 경고 모드, 수식 자동 모드로 전환합니다.

51. 프로시저를 종료합니다.

52. 오류 발생 시 이동할 레이블을 정의합니다.

53. 오류가 발생한 경우에만 'errorSub' 프로시저를 실행합니다.

119 거래처별, 상품별, 월별 매출 현황 작성하기

검색 연도와 검색할 항목(거래처, 상품) 중 한 항목을 선택한 다음 검색 키워드를 입력하여 조건에 만족하는 데이터를 불러옵니다. 검색 항목에 따라 검색 키워드를 찾을 열의 위치를 구하고, 검색 항목이 거래처인 경우에는 보고서 양식이 거래처, 상품명, 1월, 2월…로 작성하고 검색 항목이 상품인 경우에는 보고서 양식이 상품명, 거래처, 1월, 2월…로 작성합니다.
합계금액은 내림차순으로 정렬하고 검색된 데이터가 10개를 초과하면 차트는 10개의 거래처(Top 10)만 생성하는 방법을 알아보겠습니다.

'리포트' 시트에서 사용할 프로시저는 다음과 같습니다.

- 모듈 이름 : mod_Report
- 프로시저 목록
  - ReportCreate : db 시트에 있는 데이터 중 검색 조건에 만족하는 데이터를 불러와서 보고서를 생성합니다.
  - ReportPrint : 보고서를 인쇄하거나 미리보기 또는 Excel 파일로 생성합니다.

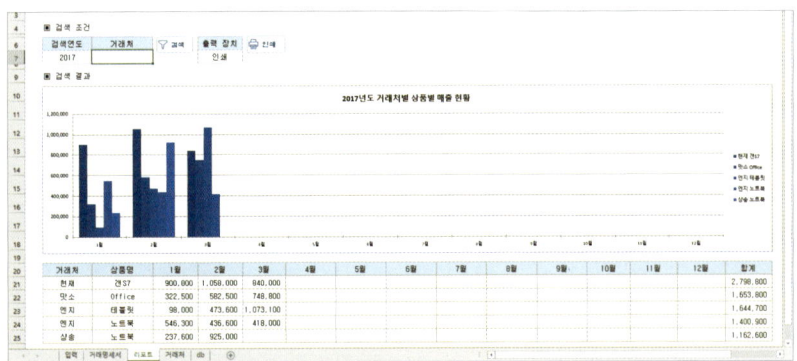

시트에 있는 [검색] 버튼을 클릭하면 조건에 만족하는 데이터로 보고서를 생성하는 코드는 다음과 같습니다.

```
1   Sub ReportCreate()
2       Dim i                   As Long
3       Dim lngStartRow         As Long
4       Dim lngLastRow          As Long
5       Dim lngRowsCount        As Long
6       Dim lngCnt              As Long
7       Dim lngYear             As Long
8       Dim lngFieldColumn      As Long
9       Dim lngColumn           As Long
10      Dim lngRow              As Long
11      Dim strFind             As String
12      Dim strField1           As String
13      Dim strField2           As String
14      Dim strKeyword          As String
15      Dim rngDb               As Range
16      Dim lst()               As Variant
17      Dim blnCheck            As Boolean
18      Dim objDic              As Object
19      Dim cht                 As ChartObject
20      Dim myChart             As Chart
21      Dim srs                 As Series
22      Dim srsColor(1 To 10)   As Long
23      On Error GoTo Go_Err
24      Call app(False)
25      With shtReport
26          lngYear = .Range("B7").Value
27          If .Range("C6").Value = "거래처" Then
28              lngFieldColumn = 2
29              strField1 = "거래처"
30              strField2 = "상품명"
31          Else
32              lngFieldColumn = 3
33              strField1 = "상품명"
34              strField2 = "거래처"
35          End If
36          strFind = .Range("C7").Value
37          .Range("B20").Value = strField1
38          .Range("C20").Value = strField2
39      End With
40      With shtDb
41          lngLastRow = .Cells(Rows.Count, 1).End(xlUp).Row
42          lngCnt = 0
43          Set objDic = CreateObject("scripting.dictionary")
44          For i = 2 To lngLastRow
45              If Year(.Range("A" & i).Value) = lngYear Then
46                  blnCheck = True
47              Else
```

```
                    blnCheck = False
                End If
                If blnCheck = True Then
                    If InStr(.Cells(i, lngFieldColumn).Value, strFind) > 0 Then
                        blnCheck = True
                    Else
                        blnCheck = False
                    End If
                End If
                If blnCheck = True Then
                    strKeyword = .Cells(i, 2).Value & .Cells(i, 3).Value
                    If objDic.exists(strKeyword) = False Then
                        lngCnt = lngCnt + 1
                        ReDim Preserve lst(1 To 14, 1 To lngCnt)
                        If strField1 = "거래처" Then
                            lst(1, lngCnt) = .Cells(i, 2).Value
                            lst(2, lngCnt) = .Cells(i, 3).Value
                        Else
                            lst(1, lngCnt) = .Cells(i, 3).Value
                            lst(2, lngCnt) = .Cells(i, 2).Value
                        End If
                        objDic.Add strKeyword, lngCnt
                        lngRow = lngCnt
                    Else
                        lngRow = objDic.Item(strKeyword)
                    End If
                    lngColumn = Month(.Cells(i, 1).Value)
                    lngColumn = lngColumn + 2
                    lst(lngColumn, lngRow) = lst(lngColumn, lngRow) + .Cells(i, "E").Value
                End If
            Next i
        End With
        With shtReport
            lngStartRow = 21
            lngLastRow = .Cells(Rows.Count, "B").End(xlUp).Row
            lngRowsCount = lngLastRow - lngStartRow + 1
            .Cells(lngStartRow, "B").Resize(1, 15).ClearContents
            If lngLastRow > lngStartRow Then
                .Cells(lngStartRow + 1, "B").Resize(lngRowsCount, 1).EntireRow.Delete
            End If
            If lngCnt > 0 Then
                .Cells(lngStartRow, "B").Resize(lngCnt, 14).Value = Application.Transpose(lst)
                If lngCnt > 1 Then
                    .Cells(lngStartRow, "B").Resize(1, 15).Copy
                    .Cells(lngStartRow, "B").Resize(lngCnt, 15).PasteSpecial xlPasteFormats
```

```
93                        Application.CutCopyMode = False
94                    End If
95                    .Cells(lngStartRow, "P").Resize(lngCnt).Formula = _
     "=SUM(RC[-12]:RC[-1])"
96                    Set rngDb = .Cells(lngStartRow, "B").Resize(lngCnt, 15)
97                    With .Sort
98                        .SortFields.Clear
99                        .SortFields.Add Key:=rngDb.Columns(15), _
     SortOn:=xlSortOnValues, Order:=xlDescending
100                       .SetRange rngDb
101                       .Header = xlNo
102                       .Apply
103                   End With
104                   Set rngDb = Nothing
105
106                   srsColor(1) = RGB(43, 75, 132)
107                   srsColor(2) = RGB(50, 86, 150)
108                   srsColor(3) = RGB(56, 95, 165)
109                   srsColor(4) = RGB(61, 103, 177)
110                   srsColor(5) = RGB(66, 110, 190)
111                   srsColor(6) = RGB(95, 129, 200)
112                   srsColor(7) = RGB(134, 155, 209)
113                   srsColor(8) = RGB(160, 175, 217)
114                   srsColor(9) = RGB(183, 193, 224)
115                   srsColor(10) = RGB(203, 210, 232)
116                   For Each cht In .ChartObjects
117                       cht.Delete
118                   Next
119                   Set myChart = ActiveSheet.Shapes.AddChart().Chart
120                   With myChart
121                       .ChartType = xlColumnClustered
122                       With .Parent
123                           .Left = shtReport.Range("B10").Left
124                           .Top = shtReport.Range("B10").Top + 6
125                           .Width = shtReport.Range("B1:P1").Width
126                           .Height = shtReport.Range("B10:H18").Height
127                       End With
128                       .ChartArea.Format.Line.Visible = True
129                       .HasTitle = True
130                       With .ChartTitle
131                           .Text = Range("B7").Value & "년도 거래처별 상품별 매출 현황"
132                           .Font.Size = 12
133                       End With
134                       For Each srs In .SeriesCollection
135                           srs.Delete
136                       Next srs
137                       Set srs = .SeriesCollection.NewSeries
138                       With srs
```

```
139                            .XValues = shtReport.Range("D20:O20")
140                            .Values = shtReport.Range("D21").Resize(1, 12)
141                            .Format.Fill.ForeColor.RGB = srsColor(1)
142                            .Name = shtReport.Range("B21").Value & " " & shtReport.Range("C21").Value
143                        End With
144                        If lngCnt > 10 Then
145                            lngCnt = 10
146                        End If
147                        For i = 2 To lngCnt
148                            Set srs = .SeriesCollection.NewSeries
149                            With srs
150                                .Values = shtReport.Range("D21").Cells(i, 1).Resize(1, 12)
151                                .Format.Fill.ForeColor.RGB = srsColor(i)
152                                .Name = shtReport.Range("B21").Cells(i, 1).Value & " " & shtReport.Range("C21").Cells(i, 1).Value
153                            End With
154                        Next i
155                        With .Axes(xlCategory)
156                            .AxisBetweenCategories = True
157                            .MajorTickMark = xlCross
158                            .TickLabelPosition = xlLow
159                            .TickLabels.Font.Size = 7
160                        End With
161                        With .Axes(xlValue)
162                            .TickLabels.Font.Size = 8
163                            .TickLabels.Font.Bold = False
164                            .TickLabels.Font.Color = RGB(0, 0, 0)
165                            .TickLabels.NumberFormatLocal = "#,##0;-#,##0"
166                        End With
167                        .SetElement (msoElementLegendRight)
168                        .Legend.Font.Size = 8
169                    End With
170                    Set myChart = Nothing
171                    Set srs = Nothing
172                    .Cells(lngStartRow, "B").Select
173                    MsgBox "검색이 완료되었습니다.", vbInformation
174                Else
175                    MsgBox "검색 조건에 만족하는 데이터를" & vbCr _
176                        & "db 시트에서 찾지 못했습니다.", vbCritical
177                End If
178        End With
179        Erase lst
180        Call app(True)
181        Exit Sub
182    Go_Err:
183        Call errorSub
184    End Sub
```

20. 차트 변수를 선언합니다.
21. 차트 계열 변수를 선언합니다.
23. 오류가 발생하면 Go_Err 레이블로 이동합니다.
24. 화면 갱신 모드, 이벤트, 경고 해제와 수식 수동 모드로 설정하기 위해 프로시저를 호출합니다.
25. '리포트' 시트를 With 문으로 지정합니다.
26. 검색 조건(검색 연도)을 변수에 할당합니다.
27. 검색 항목이 '거래처'이면 IF 문을 실행합니다.
28. 'db'시트의 B열에 거래처가 있으므로 열 번호 2를 변수에 할당합니다.
29.~30. 보고서의 필드를 할당합니다.
31. 검색 항목이 '거래처'가 아니면 Else 문을 실행합니다.
32. 'db'시트의 C열에 상품명이 있으므로 열 번호 3을 변수에 할당합니다.
33.~34. 보고서의 필드를 할당합니다.
36. 검색 키워드를 변수에 할당합니다.
37.~38. 보고서의 필드명을 입력합니다.
40. 'db' 시트를 With 문으로 지정합니다.
41. A열 기준으로 마지막 데이터가 있는 행 번호를 구하여 변수에 할당합니다.
42. 변수값을 0으로 초기화합니다.
43. 중복 항목을 제거하고 같은 항목끼리 집계하기 위해 dictionary를 생성합니다.
44. 시작 행부터 마지막 행까지 순환합니다.
45.~49. 해당 매출일자의 연도와 검색 연도가 일치하면 True, 일치하지 않으면 False를 변수에 할당합니다.
50. 검색 조건(매출 일자)을 만족한 경우에만 IF 문을 실행합니다.
51.~55. 검색 항목의 검색 키워드가 포함되어 있으면 True, 그렇지 않으면 False를 변수에 할당합니다.
57. 2가지 검색 조건을 모두 만족한 경우에만 IF 문을 실행합니다.
58. 거래처 & 상품명으로 키워드를 생성하여 변수에 할당합니다.
59. 지정된 키가 Dictionary 개체에 없으면 IF 문을 실행합니다. Exists 메서드는 지정된 키가 Dictionary 개체에 있으면 True, 없으면 False를 반환합니다.
60. 개수를 증가시킵니다.
61. 배열의 2차원 크기를 변경합니다.
62.~68. 검색 항목에 따라 배열의 첫 번째, 두 번째 값을 할당합니다.
69. 키와 항목 한 쌍을 Dictionary 개체에 추가합니다.
70. 개수를 행 번호 변수에 할당합니다.
71. 지정된 키가 Dictionary 개체에 있으면 Else 문을 실행합니다.
72. Dictionary 개체에 추가된 키에 해당하는 항목값을 행 번호 변수에 할당합니다.
74. 매출일자의 월을 구해 열 번호 변수에 할당합니다.
75. 리포트 양식이 '1월은 C열, 2월은 D열로…' 구성되어 있으므로 2(+2)를 더하여 열 번호를 보정합니다.
76. 해당 열에 누적하여 공급가액을 할당합니다. (누적된 공급가액 + 해당 공급가액)
80. '리포트' 시트를 With 문으로 지정합니다.

81. 보고서 양식이 21행부터 시작하므로 행 번호를 변수에 할당합니다.
82. B열 기준으로 마지막 데이터가 있는 행 번호 구하여 변수에 할당합니다.
83. 행 개수를 구하여 변수에 할당합니다.
84. 첫 번째 행의 데이터만 지워줍니다.(서식을 지우기 않음)
85.~87. 두 번째 행에 데이터가 있다면 두 번째 행부터 마지막 행까지 행을 삭제합니다.
88. 검색된 데이터가 있으면 IF 문을 실행합니다.
89. 배열의 값을 행 / 열 변환하여 입력합니다.
90. 검색 결과가 1건을 초과하면 IF 문을 실행합니다. (양식 복사하기)
91. 시작 행을 복사합니다.
92. 검색 결과의 개수 크기로 서식만 붙여넣기 합니다.
93. 복사 상태를 초기화합니다.
95. 합계를 구하는 수식을 입력합니다.

   * 차트를 Top 10만 생성하기 위해 합계 기준을 내림차순으로 정렬합니다.

96. 정렬할 범위를 변수에 할당합니다.
98. 기존 정렬을 지웁니다.
99. 정렬 범위의 15번째 열을 키로, 정렬은 내림차순(xlDescending)으로 정렬 기준을 추가합니다. (오름차순: xlAscending)
100. Sort 개체의 시작과 끝 문자 위치를 설정합니다. (정렬할 범위)
101. 정렬할 범위의 첫 번째 행에 머리글이 포함되어 있는지를 지정합니다.

이름	값	설명
xlGuess	0	Excel에서 머리글 행이 있는지 확인하고 있는 경우 위치를 확인합니다.
xlNo	2	기본값으로, 전체 범위를 정렬합니다.(머리글이 포함되지 않은 경우)
xlYes	1	전체 범위에서 머리글 제외하고 정렬합니다.(머리글이 포함되어 있는 경우)

102. 적용된 정렬 기준으로 해당 범위를 정렬합니다.
104. 개체를 초기화합니다. 기존 차트를 지우고 차트를 생성합니다.
106.~115. 차트 계열에 적용할 색상값을 변수에 할당합니다.
116.~118. 기존에 삽입된 차트 모두를 삭제합니다.
119. 차트를 생성하여 변수에 할당합니다.
120. 차트를 With 문으로 지정합니다.
121. 차트 종류를 묶은 세로 막대형으로 설정합니다.
122. 차트의 Parent(부모 개체)를 With 문으로 지정합니다.
123. ChartObject의 왼쪽 위치를 레포트 시트의 B10셀의 왼쪽 모서리 위치로 설정합니다.
124. ChartObject의 위쪽 위치를 레포트 시트의 B10셀의 위쪽 모서리 위치 +6으로 설정합니다.
125. ChartObject의 너비를 레포트 시트의 B1:P1셀의 너비로 설정합니다.
126. ChartObject의 높이를 레포트 시트의 B10:H18셀의 높이로 설정합니다.

128. 차트 영역의 테두리 선을 보이게 설정합니다.

129. 차트 제목을 있음으로 설정합니다.

130. 차트 제목을 With 문으로 지정합니다.

131. 차트 제목의 텍스트를 설정합니다.

132. 차트 제목의 글꼴 크기를 설정합니다.

134.~136. 차트 계열이 있으면 모두 삭제합니다.

137. 차트의 1번째 계열 요소를 추가합니다.

139. X축 범위를 설정합니다.

140. 차트 계열의 데이터 범위(Resize를 이용하는 방법)를 설정합니다.

141. 차트 계열의 전경색을 설정합니다.

142. 데이터 요소의 이름을 설정합니다.

144.~146. 검색된 데이터가 10개를 초과하면 차트는 10개의 거래처만 생성하기 위해 변수값을 재설정합니다.

147.~154. 두 번째부터 마지막까지 순환하면서 차트의 계열 요소를 추가합니다.

148. 차트의 n번째 계열 요소를 추가합니다.

150. 차트 계열의 데이터 범위를 설정합니다.

151. 차트 계열의 전경색을 설정합니다.

152. 데이터 요소의 이름을 설정합니다.

155. 차트의 X축을 With 문으로 지정합니다.

156. 축 위치를 설정합니다. (True : 눈금 사이, False : 눈금)

157. 축 주 눈금을 교차로 설정합니다.

158. 축 레이블을 낮은 쪽으로 설정합니다.

159. 축 레이블의 글꼴 크기를 설정합니다.

161. 차트의 Y축을 With 문으로 지정합니다.

162. 축 레이블의 글꼴 크기를 설정합니다.

163. 축 레이블의 글꼴 굵기를 설정합니다.

164. 축 레이블의 글꼴 색상을 설정합니다.

165. 축 레이블의 표시 형식을 설정합니다.

167. 차트 범례를 오른쪽에 표시하도록 설정합니다.

168. 차트 범례의 글꼴 크기를 설정합니다.

170.~171. 개체를 초기화합니다.

172. 시작 셀을 선택합니다.

173. 검색 완료 메시지 박스를 출력합니다.

174. 검색 조건에 만족하는 데이터가 없다면 Else 문을 실행합니다.

175.~176. 메시지 박스를 출력합니다.

179. 배열의 요소를 초기화하고 저장 공간을 해제합니다.

180. 화면 갱신, 이벤트, 경고 모드, 수식 자동 모드로 전환합니다.

181. 프로시저를 종료합니다.

182. 오류 발생 시 이동할 레이블을 정의합니다.
183. 오류가 발생한 경우에만 'errorSub' 프로시저 실행합니다.

시트에 있는 [인쇄] 버튼을 클릭하여 인쇄 조건에 따라 실행하는 프로시저입니다.

```
1   Sub ReportPrint()
2       Dim i                   As Long
3       Dim lngLastRow          As Long
4       Dim strPath             As String
5       Dim strP                As String
6       Dim strFileName         As String
7       Dim rngForm             As Range
8       Dim WB                  As Workbook
9       Dim sht                 As Worksheet
10      On Error GoTo Go_Err
11      Call app(False)
12      With shtReport
13          lngLastRow = .Cells(Rows.Count, "B").End(xlUp).Row
14          Set rngForm = .Range("B10:P" & lngLastRow)
15          Select Case .Range("E7").Value
16              Case "인쇄"
17                  rngForm.PrintOut Preview:=False
18              Case "미리보기"
19                  rngForm.PrintOut Preview:=True
20              Case Else
21                  strPath = ThisWorkbook.Path
22                  strP = Application.PathSeparator
23                  strFileName = Format(Now, "YYYYMMDDHHMMSS") & "_"
24                  strFileName = strFileName & "거래처별상품별매출현황.xlsx"
25                  strFileName = strPath & strP & strFileName
26                  rngForm.Copy
27                  Set WB = Workbooks.Add
28                  Set sht = WB.Sheets(1)
29                  sht.Paste
30                  sht.Range("A1").PasteSpecial xlPasteColumnWidths
31                  WB.SaveAs Filename:=strFileName, FileFormat:=xlOpenXMLWorkbook, CreateBackup:=False
32                  WB.Close False
33                  Set WB = Nothing: Set sht = Nothing
34          End Select
35      End With
36      Set rngForm = Nothing
37      MsgBox "인쇄가 완료되었습니다.", vbInformation
38      Call app(True)
39      Exit Sub
```

```
40   Go_Err:
41       Call errorSub
42   End Sub
```

10. 오류 발생하면 Go_Err 레이블로 이동합니다.
11. 화면 갱신 모드, 이벤트, 경고 해제와 수식 수동 모드로 설정하기 위해 프로시저를 호출합니다.
12. '리포트' 시트를 With 문으로 지정합니다.
13. B열 기준으로 마지막 데이터가 있는 행 번호를 구하여 변수에 할당합니다.
14. 보고서 범위를 변수에 할당합니다.
15. 출력 장치에 따라 분기합니다.
16. '인쇄'인 경우 프린터로 출력합니다.
18. '미리보기'인 경우 인쇄 미리보기를 합니다.
20. '인쇄', '미리보기'가 아닌 경우 엑셀 파일을 생성합니다.
21. 현재 프로시저가 작성된 통합 문서의 경로를 변수에 할당합니다.
22. 경로 구분 기호(\)를 변수에 할당합니다.
23.~25. '현재 통합 문서의 경로\년월일시분초_ 거래처별상품별매출현황.xlsx'를 변수에 할당합니다.
26. 보고서 범위를 복사합니다.
27. 통합 문서를 새로 만듭니다.
28. 새 통합 문서의 첫 번째 시트를 변수에 할당합니다.
29. 새 통합 문서의 첫 번째 시트에 붙여넣기 합니다.
30. 새 통합 문서의 첫 번째 시트에 열 너비를 붙여넣기 합니다.
31. 새 통합 문서를 다른 이름으로 저장합니다.
32. 새 통합 문서를 닫기합니다.
33. 36. 개체를 초기화합니다.
37. 인쇄 완료 메시지를 출력합니다.
38. 화면 갱신, 이벤트, 경고 모드, 수식 자동 모드로 전환합니다.
39. 프로시저를 종료합니다.
40. 오류 발생 시 이동할 레이블을 정의합니다.
41. 오류가 발생한 경우에만 'errorSub' 프로시저를 실행합니다.

Chapter 31

전표관리 프로그램 만들기
– 액세스(Access) DB 연동

회계관리 프로그램은 널리 알려진 더*이나 이*** 등을 많이 사용합니다. 이 프로그램을 이용하기 위해서는 비용이 많이 발생하고 회사의 실정에 맞지 않는 부분도 있습니다. 이 장에서는 간단하지만 매일 발생하는 매출이나 비용에 대한 데이터를 입력하고 거래일자, 계정과목, 거래처를 검색할 수 있는 예제를 만들어 보겠습니다. 데이터(DB)는 엑셀이 아닌 액세스(Access) 데이터를 연동하여 저장하고 불러오겠습니다.

120 테이블 설계하기

액세스(Access) 파일에 데이터를 입력하기 위해서는 데이터베이스(DB)를 생성한 다음 테이블(Table)을 만들고 항목을 추가하여 필드 이름과 데이터 형식을 지정합니다.

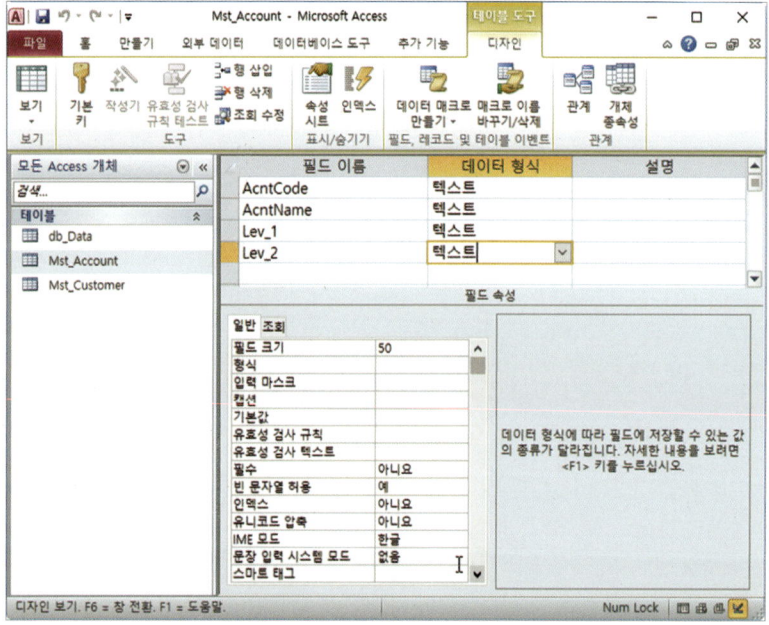

1. 계정과목 테이블을 다음과 같이 만듭니다.

- 테이블 이름 : Mst_Account
- 인덱스 : AcntCode

필드명(한글)	필드 이름	데이터 형식	필드 크기	비고
계정과목 코드	AcntCode	varchar	6	
계정과목 이름	AcntName	varchar	50	
대분류	Lev_1	varchar	50	자산, 부채, 자본
중분류	Lev_2	varchar	50	유형자산, 고정자산…

2. 거래처를 다음과 같이 만듭니다.

- 테이블 이름 : Mst_Customer
- 인덱스 : CoCode

필드명(한글)	필드 이름	데이터 형식	필드 크기	비고
거래처 코드	CoCode	varchar	6	
거래처 이름	CoName	varchar	255	
사업자등록번호	CoNumber	varchar	10	
대표자	CoCeo	varchar	50	
사업장 주소	CoAdrs	varchar	255	
업태	CoUp	varchar	50	
종목	CoJong	varchar	50	
전화번호	CoTel	varchar	20	

3. 분개장 테이블을 다음과 같이 만듭니다.

- 테이블 이름 : db_Data
- 인덱스 : datDate, Gubun

필드명(한글)	필드 이름	데이터 형식	필드 크기	비고
전표번호	JournalNo	varchar	8	
일련번호	sNo	INT		
날짜	datDate	varchar	10	
구분	Gubun	varchar	4	차변, 대변
계정과목 코드	AcntCode	varchar	6	
거래처 코드	CoCode	varchar	6	
금액	Amt	int		
적요	Comment	varchar	255	

데이터를 저장하기 위해 가장 먼저 해야할 작업이 데이터 베이스를 생성하는 것이고, 코드는 다음과 같습니다.

```
1   Option Compare Text
2   Public Const DBPath         As String = "C:\ex4mo\"
3   Public Const DBName         As String = "AccessDemo.accdb"
4   Sub AccessFileCreateDemo()
5       Dim strPath     As String
6       Dim strSql      As String
7       Dim oCatalog    As Object
8       Dim con         As Object
9       strPath = DBPath & DBName
10      If Dir(strPath) <> "" Then
11          MsgBox "액세스 파일이 있어 생성할 수 없습니다.", vbCritical, "DB 존재 확인!!"
12          Exit Sub
13      End If
14      Set oCatalog = CreateObject("ADOX.Catalog")
15      oCatalog.Create "Provider=Microsoft.ACE.OLEDB.12.0;Data Source=" & strPath
16      If oCatalog Is Nothing Then
17          MsgBox "액세스 파일을 생성하지 못했습니다.", vbCritical, "액세스 파일 생성 실패!!"
18          Exit Sub
19      Else
20          MsgBox "액세스 파일 생성이 완료되었습니다.", vbInformation, "액세스 파일 생성 완료!!"
21      End If
22      Set oCatalog = Nothing
23  End Sub
```

01. 영어 대/소문자를 구분하지 않기 위해 선언합니다.
02. 액세스 파일의 생성 경로를 상수로 선언합니다.
03. 데이터 베이스 이름을 상수로 선언합니다.
09. 액세스 파일의 생성 경로와 파일 이름을 변수에 할당합니다.
10.~13. 같은 이름의 액세스 파일이 있으면 메시지 박스를 출력한 다음 프로시저를 종료합니다.
14. 'ADOX.Catalog'의 오브젝트(Object)를 생성합니다.
15. 액세스 파일을 생성합니다.
16. 생성된 개체가 없으면 IF 문을 실행합니다.
17. 메시지 박스를 출력합니다.
18. 프로시저를 종료합니다.
19. 생성된 개체가 있으면 Else 문을 실행합니다.
20. 생성 완료 메시지 박스를 출력합니다.
22. 개체 메모리를 초기화합니다.

이전 작업에서 만든 데이터 베이스에 테이블을 생성하고 선택한 필드명 범위를 기준으로 항목을 구성합니다. 계정과목(D6:D9), 거래처(D14:D21), 분개데이터(I6:I13)를 선택하고 각각 실행하여 3개의 테이블을 만들겠습니다.

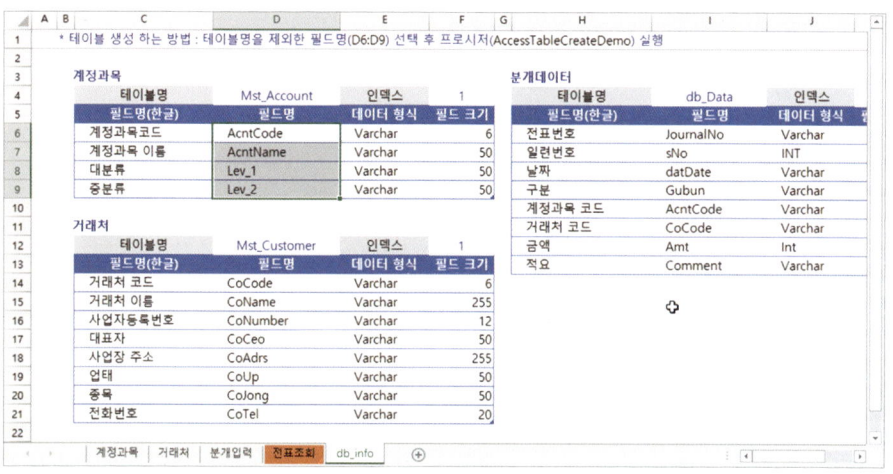

```
1   Sub AccessTableCreateDemo()
2       Dim i                As Long
3       Dim strFileName      As String
4       Dim strSql           As String
5       Dim strTableName     As String
6       Dim strFldName       As String
7       Dim strType          As String
8       Dim strSplit()       As String
9       Dim strIndex         As String
10      Dim rng              As Range
11      Dim rngDb            As Range
12      Dim con              As Object
13      strFileName = DBPath & DBName
14      Set con = CreateObject("ADODB.Connection")
15      con.ConnectionString = "Provider=Microsoft.ACE.OLEDB.12.0; Data Source=" & strFileName
16      con.Open
17      Set rngDb = Selection
18      strTableName = rngDb(1).Offset(-2).Value
19      On Error Resume Next
20      con.Execute "DROP TABLE " & strTableName
21      On Error GoTo 0
22      strSql = "CREATE TABLE " & strTableName & "("
23      For Each rng In rngDb
24          strFldName = CStr(rng.Value)
25          strType = rng.Offset(, 1).Value
```

```
26            Select Case strType
27                Case "Char", "VarChar", "Text"
28                    strType = strType & " (" & rng.Offset(, 2).Value & ")"
29                Case "Int", "Long", "Float", "Double"
30                    strType = strType
31            End Select
32            strSql = strSql & strFldName & " " & strType & ", "
33        Next rng
34        strSql = Left(strSql, Len(strSql) - 2) & ");"
35        con.Execute strSql
36
37        strSplit = Split(rngDb(1).Offset(-2, 2).Value, ",")
38        For i = 0 To UBound(strSplit)
39            strIndex = strIndex & rngDb(strSplit(i)) & ", "
40        Next i
41        strIndex = Left(strIndex, Len(strIndex) - 2)
42        strSql = "CREATE INDEX IX_" & strTableName & " on " & strTableName & "(" & _
43                    strIndex & _
44                    ");"
45        con.Execute strSql
46        Set con = Nothing
47        MsgBox "테이블 생성이 완료되었습니다.", vbInformation, "테이블 생성 완료!!"
48    End Sub
```

13. 액세스 파일의 생성 경로와 파일 이름을 변수에 할당합니다.
14. 'ADODB.Connection'의 오브젝트(Object)를 생성합니다.
15. 생성된 오브젝트의 연결 정보를 설정합니다.
16. 오브젝트를 엽니다.
17. 선택한 범위를 변수에 할당합니다.
18. 테이블 이름을 구하여 변수에 할당합니다. 선택한 범위(D6:D9)의 첫 번째 셀(D6)로부터 위로 2칸 이동한 셀(D4)입니다.
19.~21. 기존 테이블을 삭제합니다. 테이블이 없는데 삭제 쿼리를 실행하면 오류가 발생하므로 오류를 무시하고 진행하는 'On Error Resume Next' 구문과 함께 사용합니다.
22. 테이블 생성 쿼리문을 작성합니다.
23. 선택한 범위를 순환하면서 필드 이름과 데이터 형식으로 쿼리문을 작성합니다.
24. 필드 이름을 변수에 할당합니다.
25. 데이터 타입을 변수에 할당합니다.
26.~31. 데이터 타입에 따라 분기합니다. 문자열, 메모인 경우에는 필드 크기를 함께 표시(Varchar(10)) 하고, 숫자(정수, 실수)인 경우에는 데이터 타입만 표시(INT)합니다.

32. 쿼리문 변수에 할당합니다.
34. 쿼리문의 마지막 2글자(", ")는 불필요하므로 제외합니다.
35. 쿼리문을 실행하여 테이블을 생성합니다.

    인덱스를 생성하는 구문이며, 생성한 테이블에 인덱스를 추가하겠습니다. CREATE INDEX 인덱스 이름 ON 테이블 이름(필드명) 입니다.

37. 인덱스를 입력(F4셀)한 값을 Split 함수로 나누어 배열에 할당합니다.
38.~40. 배열을 순환하면서 해당하는 값을 연결하여 변수에 할당합니다.
41. 마지막 2글자(", ")는 불필요하므로 제외합니다.
42.~44. 쿼리문을 작성합니다.
45. 쿼리문을 실행하여 인덱스를 생성합니다.
46. 개체 메모리를 초기화합니다.
47. 메시지 박스를 출력합니다.

121 테이블에 데이터 입력 및 수정, 삭제하기

계정과목(Mst_Account) 테이블과 거래처(Mst_Customer) 테이블의 데이터는 거래 내역을 입력할 때 사용할 것입니다. 따라서 이 테이블에 입력되지 않은 항목은 거래 내역에 입력할 수 없도록 하겠습니다. 예를 들면 계정과목에 복리후생비가 등록되어 있지 않으면 거래 내역에서 복리후생비로 입력을 할 수 없게 됩니다. 따라서 신규 항목이 필요하면 계정과목 테이블(또는 거래처 테이블)에 먼저 등록을 한 다음 사용해야 합니다.

입력할 때 계정과목은 계정과목 코드, 거래처는 사업자등록번호로 체크하여 이미 등록된 데이터라면 신규 입력이 아니므로 해당 데이터를 변경하여 수정합니다. 이미 등록된 데이터를 삭제할 때는 삭제할 데이터를 선택한 다음 [삭제] 버튼을 클릭합니다.

1. 공통으로 사용할 프로시저 목록

- app : 화면 갱신 모드, 이벤트, 경고와 수식 모드를 지정합니다.
- errorSub : 오류가 발생하면 정보를 알려줍니다.

화면 갱신 모드, 이벤트, 경고, 수식 모드를 지정하는 프로시저입니다.

```
1   Sub app(bln As Boolean)
2       With Application
3           .EnableEvents = bln
4           .ScreenUpdating = bln
5           .DisplayAlerts = bln
6           If bln = False Then
7               .Calculation = xlCalculationManual
8           Else
9               .Calculation = xlCalculationAutomatic
10          End If
11      End With
12  End Sub
```

03. 이벤트 모드를 설정합니다.
04. 화면 갱신 모드 설정합니다.

05. 경고 모드를 설정합니다.
06. 수식 계산 옵션을 설정합니다.
07. 수식 계산 옵션을 수동으로 설정합니다.
09. 수식 계산 옵션을 자동으로 설정합니다.

오류가 발생하면 실행하는 프로시저입니다.

```
1    Sub errorSub()
2        MsgBox "Error Code : " & Err.Number & "" & vbCr & vbCr & _
3        "Error Explanation : " & Err.Description, vbCritical
4        Call app(True)
5    End Sub
```

02.~03. 오류가 발생하면 오류 번호와 오류와 관련된 문자열을 메시지로 출력합니다.
04. app 프로시저를 호출합니다. (인수 True)

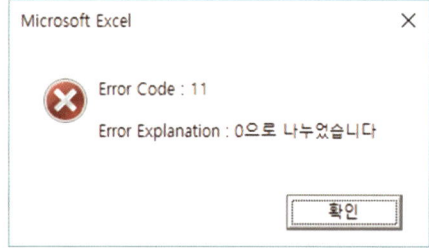

2. 계정과목 관리

계정과목을 등록하거나 수정하고 불필요한 계정과목은 삭제하는 것을 작성해 보겠습니다. 계정과목 시트의 코드 이름을 VBE의 속성에서 shtAccount로 변경합니다.

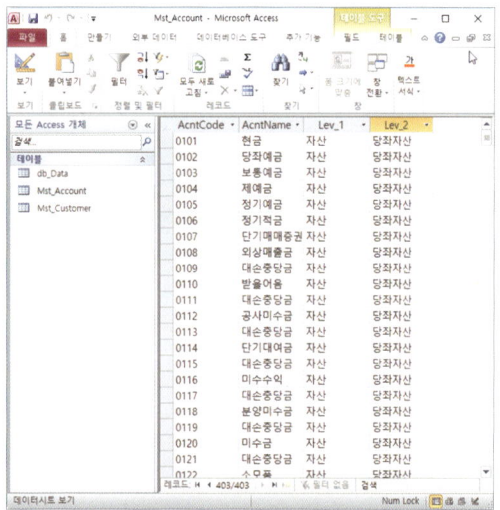

계정과목 시트의 계정과목 코드(B열)를 모두 액세스 파일(DB)의 계정과목 테이블(Mst_Account)에 등록해 보겠습니다. 등록된 계정과목 코드가 없으면 신규로 등록하고 등록된 계정과목 코드가 있으면 수정하는 코드는 다음과 같습니다.

```
1    Sub InputAccount()
2        Dim i                   As Long
3        Dim k                   As Long
4        Dim lngRecordCount      As Long
5        Dim lngStartRow         As Long
6        Dim lngLastRow          As Long
7        Dim lngRowsCount        As Long
8        Dim lngColumnsCount     As Long
9        Dim strPath             As String
10       Dim strSql              As String
11       Dim Rs_Cnt              As Object
12       Dim con                 As Object
13       On Error GoTo Go_Err
14       Call app(False)
15       With shtAccount
16           lngStartRow = 4
17           lngLastRow = .Cells(Rows.Count, "B").End(xlUp).Row
18           If lngLastRow < lngStartRow Then
19               MsgBox "입력할 데이터가 없습니다.", vbCritical
20               Call app(True)
21               Exit Sub
22           End If
23           lngRowsCount = lngLastRow - lngStartRow + 1
24           lngColumnsCount = .Range("B" & lngStartRow).CurrentRegion.Columns.Count
25           strPath = DBPath & DBName
26           Set con = CreateObject("ADODB.Connection")
27           con.ConnectionString = "Provider=Microsoft.ACE.OLEDB.12.0;Data Source=" & strPath
28           con.Open
29           Set Rs_Cnt = CreateObject("ADODB.Recordset")
30           For i = lngStartRow To lngLastRow
31               strSql = "SELECT Count(AcntCode) "
32               strSql = strSql & "FROM Mst_Account "
33               strSql = strSql & "Where AcntCode = '" & .Range("B" & i).Value & "'"
34               With Rs_Cnt
35                   .ActiveConnection = con
36                   .CursorLocation = 3
```

```
37                .CursorType = 3
38                .LockType = 1
39                .Open strSql
40            End With
41            lngRecordCount = Rs_Cnt(0)
42            Rs_Cnt.Close
43            If lngRecordCount = 0 Then
44                strSql = "INSERT INTO Mst_Account(AcntCode, AcntName, Lev_1, Lev_2) "
45                strSql = strSql & "VALUES("
46                strSql = strSql & "'" & .Range("B" & i).Value & "', "
47                strSql = strSql & "'" & .Range("C" & i).Value & "', "
48                strSql = strSql & "'" & .Range("D" & i).Value & "', "
49                strSql = strSql & "'" & .Range("E" & i).Value & "')"
50            Else
51                strSql = "UPDATE Mst_Account "
52                strSql = strSql & "SET AcntCode = '" & .Range("B" & i).Value & "', "
53                strSql = strSql & "    AcntName = '" & .Range("C" & i).Value & "', "
54                strSql = strSql & "    Lev_1    = '" & .Range("D" & i).Value & "', "
55                strSql = strSql & "    Lev_2    = '" & .Range("E" & i).Value & "' "
56                strSql = strSql & "Where AcntCode = '" & .Range("B" & i).Value & "'"
57            End If
58            con.Execute strSql
59        Next i
60    End With
61    MsgBox "작업이 완료되었습니다.", vbInformation
62    On Error Resume Next
63    con.Close
64    On Error GoTo 0
65    Set Rs_Cnt = Nothing
66    Set con = Nothing
67    Call app(True)
68    Exit Sub
69 Go_Err:
70    On Error Resume Next
71    con.Close
72    On Error GoTo 0
73    Call errorSub
74 End Sub
```

13. 오류 발생하면 Go_Err 레이블로 이동합니다.
14. 화면 갱신 모드, 이벤트, 경고 해제와 수식 수동 모드로 설정하기 위해 프로시저를 호출합니다.
15. '계정과목' 시트를 With 문으로 지정합니다.
16. 데이터의 시작 행 번호를 변수에 할당합니다.
17. B열 기준으로 마지막 데이터가 있는 행 번호를 구하여 변수에 할당합니다.
18. 마지막 행 번호가 시작 행보다 작으면 입력된 데이터가 없으므로 IF 문을 실행합니다.
19. 메시지 박스를 출력합니다.
20. 화면 갱신, 이벤트, 경고 모드, 수식 자동 모드로 전환합니다.
21. 프로시저를 종료합니다.
23. 데이터 행 개수를 구하여 변수에 할당합니다.
24. 열 개수 구하여 변수에 할당합니다.
25. 액세스 파일의 생성 경로와 파일 이름을 변수에 할당합니다.
26. 'ADODB.Connection'의 오브젝트(Object)를 생성합니다.
27. 생성된 오브젝트의 연결 정보를 설정합니다.
28. 오브젝트를 열기합니다.
29. 'ADODB.Recordset'의 오브젝트(Object)를 생성합니다.
30. 시작 행부터 마지막 행까지 순환하면서 데이터 DB에 등록합니다.

    * 다음은 해당 계정과목 코드가 DB에 등록되어 있는지 체크하는 구문입니다.

31.~33. 계정과목 코드를 조건으로 조건에 만족하는 개수를 구하는 쿼리문을 작성합니다.
34. Recordset 오브젝트를 With 문으로 지정합니다.
35. 커넥션을 지정합니다.
36. 커서를 지정합니다. (adUseClient)
37. 커서 타입을 지정합니다. (adOpenForwardOnly)
38. Look 타입을 지정합니다. (읽기만 가능)
39. 쿼리문을 실행합니다.
41. 결과값 변수에 할당합니다.
42. Recordset 오브젝트를 닫기합니다.
43. 결과값이 0이면 IF 문을 실행합니다.
44.~49. 신규로 등록하는 쿼리문을 작성합니다.
50. 결과값이 0이 아니면 Else 문을 실행합니다.
51.~56. 기존 DB 정보를 수정하는 쿼리문을 작성합니다.
58. 쿼리문을 실행합니다.
61. 작업 완료 메시지 박스를 출력합니다.
62.~64. 'ADODB.Connection'의 오브젝트(Object)를 닫기합니다.
65.~66. 개체를 초기화합니다.
67. 화면 갱신, 이벤트, 경고 모드, 수식 자동 모드로 전환합니다.
68. 프로시저를 종료합니다.

69. 오류 발생 시 이동할 레이블을 정의합니다.
70.~72. 오류가 발생한 경우 'ADODB.Connection'의 오브젝트(Object)를 닫기합니다.
73. 오류가 발생한 경우 'errorSub' 프로시저를 실행합니다.

시트에 있는 [등록] 버튼을 선택한 다음 마우스 오른쪽 버튼을 클릭하여 나타나는 빠른 메뉴 중 [매크로 지정]을 클릭하여 매크로 이름에서 매크로(InputAccount)를 지정합니다.

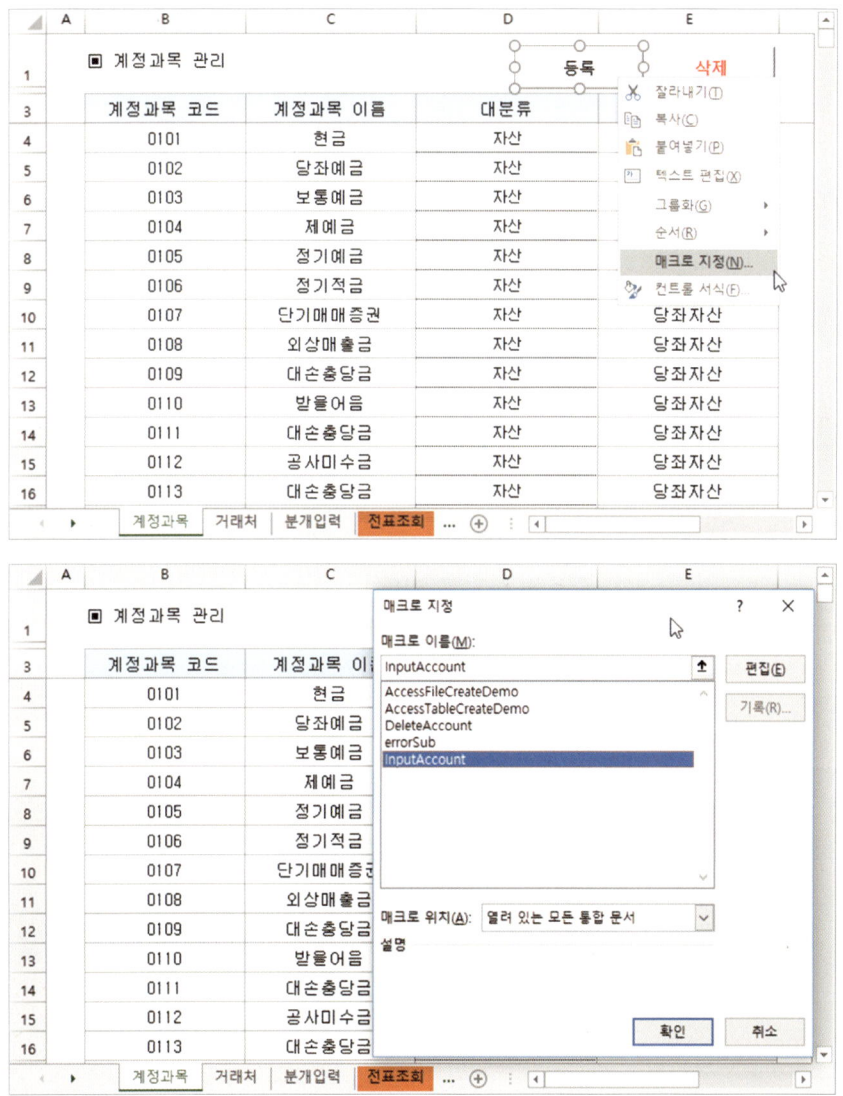

선택한 범위의 계정과목 코드를 액세스 파일(DB)의 계정과목 테이블(Mst_Account)에서 삭제하는 코드는 다음과 같습니다.

```vba
Sub DeleteAccount()
    Dim lngRow              As Long
    Dim strPath             As String
    Dim strSql              As String
    Dim rngDb               As Range
    Dim rng                 As Range
    Dim con                 As Object
    On Error GoTo Go_Err
    Set rngDb = Selection
    If rngDb.Cells(1).Row < 4 Then
        Exit Sub
    End If
    Call app(False)
    strPath = DBPath & DBName
    Set con = CreateObject("ADODB.Connection")
    con.ConnectionString = "Provider=Microsoft.ACE.OLEDB.12.0; Data Source=" & strPath
    con.Open
    For Each rng In rngDb.Cells
        If lngRow <> rng.Row Then
            lngRow = rng.Row
            strSql = "DELETE "
            strSql = strSql & "FROM Mst_Account "
            strSql = strSql & "Where AcntCode = '" & Range("B" & lngRow).Value & "'"
            con.Execute strSql
        End If
    Next rng
    rngDb.EntireRow.Delete
    MsgBox "작업이 완료되었습니다.", vbInformation
    Set rngDb = Nothing
    On Error Resume Next
    con.Close
    Set con = Nothing
    On Error GoTo 0
    Call app(True)
    Exit Sub
Go_Err:
    On Error Resume Next
```

38		con.Close
39		Set con = Nothing
40		On Error GoTo 0
41		Call errorSub
42	End Sub	

08. 오류가 발생하면 Go_Err 레이블로 이동합니다.

09. 선택한 범위를 변수에 할당합니다.

10.~12. 선택한 첫 번째 셀의 행 번호가 4보다 작으면 종료합니다.

13. 화면 갱신 모드, 이벤트, 경고 해제와 수식 수동 모드로 설정하기 위해 프로시저를 호출합니다.

14. 액세스 파일의 생성 경로와 파일 이름을 변수에 할당합니다.

15. 'ADODB.Connection'의 오브젝트(Object)를 생성합니다.

16. 생성된 오브젝트의 연결 정보를 설정합니다.

17. 오브젝트를 열기합니다.

18. 선택한 범위를 순환하면서 계정과목 테이블의 해당 데이터를 삭제합니다.

19. 기준이 되는 변수(lngRow)와 행 번호가 같지 않으면 다른 행이므로 IF 문을 실행합니다. 여러 열을 선택한 경우에는 한번만 실행하기 위해 행 번호를 비교합니다.

20. 해당 행 번호를 변수에 할당합니다.

21.~23. 삭제 쿼리문을 작성합니다.

24. 쿼리문을 실행합니다.

27. 엑셀 시트의 해당 행을 삭제합니다.

28. 작업 완료 메시지 박스를 출력합니다.

29. 개체를 초기화합니다.

30.~33. 'ADODB.Connection'의 오브젝트(Object)를 닫기합니다.

34. 화면 갱신, 이벤트, 경고 모드, 수식 자동 모드로 전환합니다.

35. 프로시저를 종료합니다.

36. 오류 발생 시 이동할 레이블을 정의합니다.

37.~40. 오류가 발생한 경우 'ADODB.Connection'의 오브젝트(Object)를 닫기합니다.

41. 오류가 발생한 경우 'errorSub' 프로시저를 실행합니다.

시트에 있는 [삭제] 버튼에서 마우스 오른쪽 버튼을 클릭하여 나타나는 빠른 메뉴 중 [매크로 지정]을 클릭하고 매크로 이름에서 매크로(DeleteAccount)를 선택합니다.

3. 거래처 관리

거래처를 등록 및 수정하고 불필요한 거래처는 삭제하는 구문을 작성하고 구현해 보겠습니다. 시트 거래처의 코드 이름을 VBE의 속성에서 shtCustomer로 변경합니다.

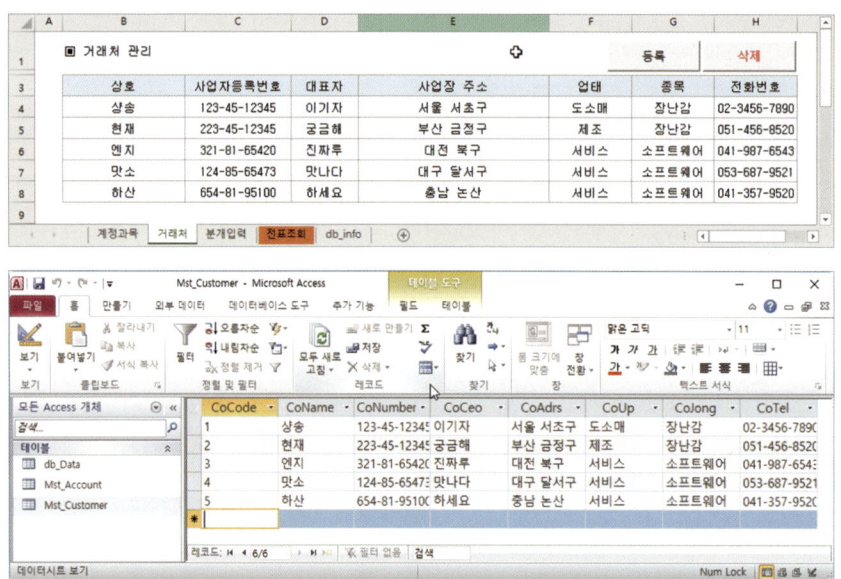

거래처 시트의 상호(B열)를 모두 액세스 파일(DB)의 거래처 테이블(Mst_Customer)에 등록해 보겠습니다. 등록된 사업자등록번호가 없으면 신규로 등록하고, 있으면 수정하는 코드는 다음과 같습니다.

```
1   Sub InputCustomer()
2       Dim i                   As Long
3       Dim k                   As Long
4       Dim lngRecordCount      As Long
5       Dim lngCustomerCode     As Long
6       Dim lngStartRow         As Long
7       Dim lngLastRow          As Long
8       Dim strFileName         As String
9       Dim strSql              As String
10      Dim Rs_Cnt              As Object
11      Dim con                 As Object
12
13      On Error GoTo Go_Err
14      Call app(False)
15      With shtCustomer
16          lngStartRow = 4
17          lngLastRow = .Cells(Rows.Count, "B").End(xlUp).Row
18          If lngLastRow < lngStartRow Then
19              MsgBox "입력할 데이터가 없습니다.", vbCritical
20              Call app(True)
```

```
21                  Exit Sub
22              End If
23              strFileName = DBPath & DBName
24              Set con = CreateObject("ADODB.Connection")
25              con.ConnectionString = "Provider=Microsoft.ACE.OLEDB.12.0;
    Data Source=" & strFileName
26              con.Open
27              Set Rs_Cnt = CreateObject("ADODB.Recordset")
28              For i = lngStartRow To lngLastRow
29                  strSql = "SELECT Count(CoNumber) "
30                  strSql = strSql & "FROM Mst_Customer "
31                  strSql = strSql & "Where CoNumber = '" & .Range("C" &
    i).Value & "' "
32                  strSql = strSql & "UNION ALL "
33                  strSql = strSql & "SELECT IIF(Max(CoCode) is NULL, 0,
    Max(CoCode)) "
34                  strSql = strSql & "FROM Mst_Customer"
35
36                  With Rs_Cnt
37                      .ActiveConnection = con
38                      .CursorLocation = 3
39                      .CursorType = 3
40                      .LockType = 1
41                      .Open strSql
42                  End With
43                  lngRecordCount = Rs_Cnt(0)
44                  If lngRecordCount = 0 Then
45                      Rs_Cnt.Movenext
46                      lngCustomerCode = Rs_Cnt(0)
47                      lngCustomerCode = lngCustomerCode + 1
48                      strSql = "INSERT INTO Mst_Customer"
49                      strSql = strSql & "(CoCode, CoName, CoNumber,
    CoCeo, CoAdrs, CoUp, CoJong, CoTel)"
50                      strSql = strSql & "VALUES("
51                      strSql = strSql & "'" & lngCustomerCode & "', "
52                      For k = 2 To 7
53                          strSql = strSql & "'" & .Cells(i, k).Value & "', "
54                      Next k
55                      strSql = strSql & "'" & .Range("H" & i).Value & "')"
56                  Else
57                      strSql = "UPDATE Mst_Customer "
58                      strSql = strSql & "SET CoName = '" & .Range("B" &
    i).Value & "', "
```

```
59                     strSql = strSql & "   CoCeo  = '" & .Range("D" & i).Value
    & "', "
60                     strSql = strSql & "   CoAdrs = '" & .Range("E" & i).Value
    & "', "
61                     strSql = strSql & "   CoUp   = '" & .Range("F" & i).Value
    & "', "
62                     strSql = strSql & "   CoJong = '" & .Range("G" & i).Value
    & "', "
63                     strSql = strSql & "   CoTel  = '" & .Range("H" & i).Value
    & "'"
64                     strSql = strSql & "Where CoNumber = '" & .Range("C" &
    i).Value & "'"
65                 End If
66                 con.Execute strSql
67                 Rs_Cnt.Close
68             Next i
69         End With
70         MsgBox "작업이 완료되었습니다.", vbInformation
71         On Error Resume Next
72         con.Close
73         On Error GoTo 0
74         Set Rs_Cnt = Nothing
75         Set con = Nothing
76         Call app(True)
77         Exit Sub
78     Go_Err:
79         On Error Resume Next
80         con.Close
81         Set con = Nothing
82         On Error GoTo 0
83         Call errorSub
84     End Sub
```

13. 오류 발생하면 Go_Err 레이블로 이동합니다.
14. 화면 갱신 모드, 이벤트, 경고 해제와 수식 수동 모드로 설정하기 위해 프로시저 호출합니다.
15. '거래처' 시트를 With 문으로 지정합니다.
16. 데이터의 시작 행 번호를 변수에 할당합니다.
17. B열 기준으로 마지막 데이터가 있는 행 번호를 구하여 변수에 할당합니다.
18. 마지막 행 번호가 시작 행보다 작으면 입력된 데이터가 없으므로 IF 문을 실행합니다.
19. 메시지 박스를 출력합니다.
20. 화면 갱신, 이벤트, 경고 모드, 수식 자동 모드로 전환합니다.
21. 프로시저를 종료합니다.

23. 액세스 파일의 생성 경로와 파일 이름을 변수에 할당합니다.
24. 'ADODB.Connection'의 오브젝트(Object)를 생성합니다.
25. 생성된 오브젝트의 연결 정보를 설정합니다.
26. 오브젝트를 열기합니다.
27. 'ADODB.Recordset'의 오브젝트(Object)를 생성합니다.
28. 시작 행부터 마지막 행까지 순환하면서 데이터 DB에 등록합니다.
29.~34. 사업자등록번호를 조건으로 조건에 만족하는 개수를 구하는 쿼리문을 작성합니다. UNION ALL은 두 개의 결과물을 합쳐 개수와 최대값(MAX)을 2줄로 반환합니다.
36. Recordset 오브젝트를 With 문으로 지정합니다.
37. 커넥션을 지정합니다.
38. 커서를 지정합니다. (adUseClient)
39. 커서 타입을 지정합니다. (adOpenForwardOnly)
40. Look 타입을 지정합니다. (읽기만 가능)
41. 쿼리문을 실행합니다.
43. 첫 번째 결과값(개수)을 변수에 할당합니다.
44. 결과값이 0이면 IF 문을 실행합니다.
45. 다음 레코드로 이동합니다. (두 번째 결과 레코드)
46. 최대값 레코드 결과값을 변수에 할당합니다.
47. 변수에 +1을 하여 신규 거래처 코드번호를 변수에 할당합니다.
48.~55. 신규로 등록하는 쿼리문을 작성합니다.
52.~54. 상호(B열)부터 종목(G열)까지 순환하면서 쿼리문을 작성합니다.
56. 결과값이 0이 아니면 Else 문을 실행합니다.
57.~64. 기존 DB 정보를 수정하는 쿼리문을 작성합니다.
66. 쿼리문을 실행합니다.
67. Recordset 오브젝트 닫기합니다.
70. 작업 완료 메시지 박스를 출력합니다.
71.~73. 'ADODB.Connection'의 오브젝트(Object)를 닫기합니다.
74.~75. 개체를 초기화합니다.
76. 화면 갱신, 이벤트, 경고 모드, 수식 자동 모드로 전환합니다.
77. 프로시저를 종료합니다.
78. 오류 발생 시 이동할 레이블을 정의합니다.
79.~82. 오류가 발생한 경우 'ADODB.Connection'의 오브젝트(Object)를 닫기합니다.
83. 오류가 발생한 경우 'errorSub' 프로시저를 실행합니다.

시트에 있는 [등록] 버튼을 선택한 다음 마우스 오른쪽 버튼을 클릭하여 나타나는 빠른 메뉴 중 [매크로 지정]을 클릭하여 매크로 이름에 매크로(InputCustomer)를 지정합니다.

선택한 범위의 사업자등록번호를 액세스 파일(DB)의 거래처 테이블(Mst_Customer)에서 삭제하는 코드입니다.

1	`Sub DeleteCustomer()`
2	`    Dim lngRow            As Long`
3	`    Dim strFileName       As String`
4	`    Dim strSql            As String`
5	`    Dim rngDb             As Range`
6	`    Dim rng               As Range`
7	`    Dim con               As Object`
8	`    On Error GoTo Go_Err`
9	`    Set rngDb = Selection`
10	`    If rngDb.Cells(1).Row < 4 Then`
11	`        Exit Sub`
12	`    End If`
13	`    Call app(False)`
14	`    strFileName = DBPath & DBName`
15	`    Set con = CreateObject("ADODB.Connection")`
16	`    con.ConnectionString = "Provider=Microsoft.ACE.OLEDB.12.0;Data Source=" & strFileName`
17	`    con.Open`
18	`    For Each rng In rngDb.Cells`
19	`        If lngRow <> rng.Row Then`
20	`            lngRow = rng.Row`
21	`            strSql = "DELETE "`
22	`            strSql = strSql & "FROM Mst_Customer "`
23	`            strSql = strSql & "Where CoNumber = '" & Range("C" & lngRow).Value & "'"`
24	`            con.Execute strSql`
25	`        End If`
26	`    Next rng`
27	`    rngDb.EntireRow.Delete`
28	`    MsgBox "작업이 완료되었습니다.", vbInformation`
29	`    Set rngDb = Nothing`
30	`    On Error Resume Next`
31	`    con.Close`
32	`    Set con = Nothing`
33	`    On Error GoTo 0`
34	`    Call app(True)`
35	`    Exit Sub`
36	`Go_Err:`
37	`    On Error Resume Next`
38	`    con.Close`
39	`    Set con = Nothing`

```
40        On Error GoTo 0
41        Call errorSub
42   End Sub
```

08. 오류가 발생하면 Go_Err 레이블로 이동합니다.
09. 선택한 범위를 변수에 할당합니다.
10.~12. 선택한 첫 번째 셀의 행 번호가 4보다 작으면 종료합니다.
13. 화면 갱신 모드, 이벤트, 경고 해제와 수식 수동 모드로 설정하기 위해 프로시저를 호출합니다.
14. 액세스 파일의 생성 경로와 파일 이름을 변수에 할당합니다.
15. 'ADODB.Connection'의 오브젝트(Object)를 생성합니다.
16. 생성된 오브젝트의 연결 정보를 설정합니다.
17. 오브젝트를 열기합니다.
18. 선택한 범위를 순환하면서 거래처 테이블의 해당 데이터를 삭제합니다.
19. 기준이 되는 변수(lngRow)와 행 번호가 같지 않으면 다른 행이므로 IF 문을 실행합니다. 여러 열을 선택한 경우에는 한번만 실행하기 위해 행 번호를 비교합니다.
20. 해당 행 번호를 변수에 할당합니다.
21.~23. 삭제 쿼리문 작성합니다.
24. 쿼리문을 실행합니다.
27. 엑셀 시트의 해당 행을 삭제합니다.
28. 작업 완료 메시지 박스를 출력합니다.
29. 개체를 초기화합니다.
30.~33. 'ADODB.Connection'의 오브젝트(Object)를 닫기합니다.
34. 화면 갱신, 이벤트, 경고 모드, 수식 자동모드로 전환합니다.
35. 프로시저를 종료합니다.
36. 오류 발생 시 이동할 레이블 정의합니다.
37.~40. 오류가 발생한 경우 'ADODB.Connection'의 오브젝트(Object)를 닫기합니다.
41. 오류가 발생한 경우 'errorSub' 프로시저를 실행합니다.

시트에 있는 [삭제] 버튼에서 마우스 오른쪽 버튼을 클릭하여 나타나는 빠른 메뉴 중 [매크로 지정]을 클릭하여 매크로 이름에 매크로(DeleteCustomer)를 지정합니다.

2. 일일 거래 내역 입력

매일 매일 발생하는 거래 내역을 분개하여 입력하는 것을 구현해 보겠습니다.
전표 한 장 단위로 입력을 해야 하고, 차변 합계 금액과 대변 합계 금액이 일치해야만 등록이 가능하도록 유효성 검사를 설정하도록 하겠습니다.

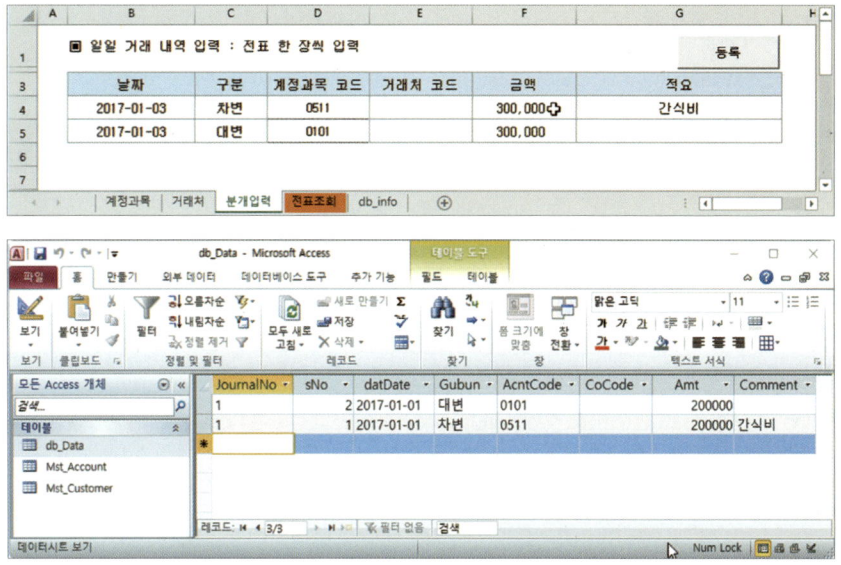

차변 금액의 합계와 대변 금액의 합계가 일치하면 전표를 등록하는 코드는 다음과 같습니다.

```
1   Sub InputJournal()
2       Dim i                   As Long
3       Dim k                   As Long
4       Dim lngJournalNo        As Long
5       Dim lngStartRow         As Long
6       Dim lngLastRow          As Long
7       Dim lngDrAmt            As Long
8       Dim lngCrAmt            As Long
9       Dim lngSNo              As Long
10      Dim strFileName         As String
11      Dim strSql              As String
12      Dim Rs_Cnt              As Object
13      Dim con                 As Object
14      On Error GoTo Go_Err
15      Call app(False)
16      With shtJournal
17          lngStartRow = 4
18          lngLastRow = .Cells(Rows.Count, "B").End(xlUp).Row
19          If lngLastRow < lngStartRow Then
20              MsgBox "입력할 데이터가 없습니다.", vbCritical
21              Call app(True)
22              Exit Sub
23          End If
24          For i = lngStartRow To lngLastRow
25              Select Case .Range("C" & i).Value
26                  Case "차변"
```

```
27                    lngDrAmt = lngDrAmt + .Range("F" & i).Value
28                Case "대변"
29                    lngCrAmt = lngCrAmt + .Range("F" & i).Value
30            End Select
31        Next i
32        If lngDrAmt <> lngCrAmt Then
33            MsgBox "차변 금액과 대변 금액의 합계가 일치하지 않습니다." & vbCr & _
                    "다시 확인하시기 바랍니다.", vbCritical
34            Call app(True)
35            Exit Sub
36        End If
37        strFileName = DBPath & DBName
38        Set con = CreateObject("ADODB.Connection")
39        con.ConnectionString = "Provider=Microsoft.ACE.OLEDB.12.0;Data Source=" & strFileName
40        con.Open
41        Set Rs_Cnt = CreateObject("ADODB.Recordset")
42        strSql = "SELECT IIF(Max(JournalNo) is NULL, 0, Max(JournalNo)) "
43        strSql = strSql & "FROM db_Data"
44        With Rs_Cnt
45            .ActiveConnection = con
46            .CursorLocation = 3
47            .CursorType = 3
48            .LockType = 1
49            .Open strSql
50        End With
51        lngJournalNo = Rs_Cnt(0)
52        lngJournalNo = lngJournalNo + 1
53        Rs_Cnt.Close
54        For i = lngStartRow To lngLastRow
55            strSql = "INSERT INTO db_Data"
56            strSql = strSql & "(JournalNo, sNo, datDate, Gubun, AcntCode, CoCode, Amt, Comment) "
57            strSql = strSql & "VALUES("
58            strSql = strSql & "'" & lngJournalNo & "', "
59            lngSNo = lngSNo + 1
60            strSql = strSql & lngSNo & ", "
61            For k = 2 To 5
62                strSql = strSql & "'" & .Cells(i, k).Value & "', "
63            Next k
64            strSql = strSql & .Range("F" & i).Value & ", "
65            strSql = strSql & "'" & .Range("G" & i).Value & "')"
66            con.Execute strSql
```

```
67          Next i
68      End With
69      MsgBox "작업이 완료되었습니다.", vbInformation
70      On Error Resume Next
71      con.Close
72      On Error GoTo 0
73      Set Rs_Cnt = Nothing
74      Set con = Nothing
75      Call app(True)
76      Exit Sub
77  Go_Err:
78      On Error Resume Next
79      con.Close
80      Set con = Nothing
81      On Error GoTo 0
82      Call errorSub
83  End Sub
```

14. 오류가 발생하면 Go_Err 레이블로 이동합니다.
15. 화면 갱신 모드, 이벤트, 경고 해제와 수식 수동 모드로 설정하기 위해 프로시저를 호출합니다.
16. '분개입력' 시트를 With 문으로 지정합니다.
17. 데이터의 시작 행 번호를 변수에 할당합니다.
18. B열 기준으로 마지막 데이터가 있는 행 번호를 구하여 변수에 할당합니다.
19. 마지막 행 번호가 시작 행보다 작으면 입력된 데이터가 없으므로 IF 문을 실행합니다.
20. 메시지 박스를 출력합니다.
21. 화면 갱신, 이벤트, 경고 모드, 수식 자동 모드로 전환합니다.
22. 프로시저를 종료합니다.
24.~31. 차변 금액의 합계와 대변 금액의 합계를 구하여 변수에 할당합니다.
32. 차변 금액 합계와 대변 금액 합계가 다르면 IF 문을 실행합니다.
33. 메시지 박스를 출력합니다.
34. 화면 갱신, 이벤트, 경고 모드, 수식 자동 모드로 전환합니다.
35. 프로시저를 종료합니다.
37. 액세스 파일의 생성 경로와 파일 이름을 변수에 할당합니다.
38. 'ADODB.Connection'의 오브젝트(Object)를 생성합니다.
39. 생성된 오브젝트의 연결 정보를 설정합니다.
40. 오브젝트를 엽니다.
41. 'ADODB.Recordset'의 오브젝트(Object)를 생성합니다.
42.~43. 전표번호를 구하는 쿼리문을 작성합니다.
44. Recordset 오브젝트를 With 문으로 지정합니다.

45. 커넥션을 지정합니다.
46. 커서를 지정합니다. (adUseClient)
47. 커서 타입을 지정합니다. (adOpenForwardOnly)
48. Look 타입을 지정합니다. (읽기만 가능)
49. 쿼리문을 실행합니다.
51. 최대값 레코드 결과값을 변수에 할당합니다.
52. 변수에 +1을 하여 신규 전표 번호를 변수에 할당합니다.
53. Recordset 오브젝트를 닫기합니다.
54. 시작 행부터 마지막 행까지 순환하면서 데이터 DB에 등록합니다.
55.~65. 신규로 등록하는 쿼리문을 작성합니다.
58. 전표번호를 문자열로 연결합니다.
59. 일련번호에 +1을 하여 새로운 일련번호를 생성합니다.
60. 일련번호를 문자열로 연결합니다.
61.~63. 날짜(B열)부터 거래처 코드(E열)까지 순환하면서 문자열로 연결합니다.
64. 금액(데이터 형식이 INT이므로 작은따옴표 없이 작성)을 문자열로 연결합니다.
65. 적요를 문자열로 연결합니다.
66. 쿼리문을 실행합니다.
69. 작업 완료 메시지 박스를 출력합니다.
70.~72. 'ADODB.Connection'의 오브젝트(Object)를 닫기합니다.
73.~74. 개체를 초기화합니다.
75. 화면 갱신, 이벤트, 경고 모드, 수식 자동 모드로 전환합니다.
76. 프로시저를 종료합니다.
77. 오류 발생 시 이동할 레이블을 정의합니다.
78.~81. 오류가 발생한 경우 'ADODB.Connection'의 오브젝트(Object)를 닫기합니다.
82 오류가 발생한 경우 'errorSub' 프로시저를 실행합니다.

시트에 있는 [등록] 버튼에서 마우스 오른쪽 버튼을 클릭하여 나타나는 빠른 메뉴 중 [매크로 지정]을 클릭하고 매크로 이름에서 매크로(InputJournal)를 선택합니다.

122 전표 조회 및 수정, 삭제하기

일일 거래 내역 데이터 중 검색 조건에 만족하는 데이터를 검색하여 시트에 출력하고, 검색된 데이터 값을 수정하거나 삭제하는 기능을 구현해 보겠습니다.

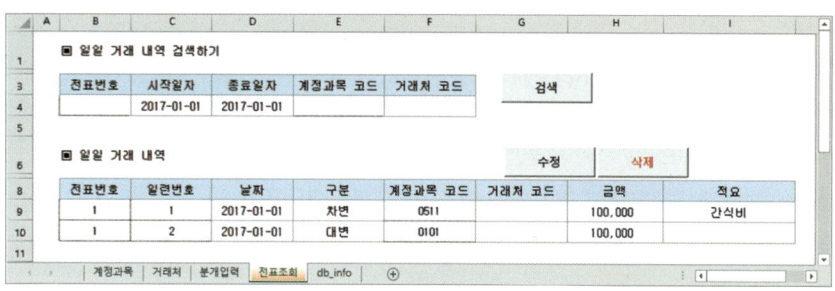

검색 조건(전표번호, 시작일자, 종료일자, 계정과목 코드, 거래처 코드)을 입력한 다음 [검색] 버튼을 클릭하면 검색 조건을 모두 만족하는 데이터만 불러옵니다. 그리고 검색 조건에 입력된 값이 없다면 모든 데이터를 불러옵니다.

```
1   Sub SearchJournal()
2       Dim lngConditionCount    As Long
3       Dim lngRecordCount       As Long
4       Dim lngStartRow          As Long
5       Dim lngLastRow           As Long
6       Dim lngRowsCount         As Long
7       Dim lngColumnsCount      As Long
8       Dim strSearch            As String
9       Dim strFileName          As String
10      Dim strSql               As String
11      Dim Rs_Cnt               As Object
12      Dim con                  As Object
13      On Error GoTo Go_Err
14      Call app(False)
15      With shtJournalSearch
16          lngStartRow = 9
17          lngLastRow = .Cells(Rows.Count, "B").End(xlUp).Row
```

```
18              lngRowsCount = lngLastRow - lngStartRow + 1
19              lngColumnsCount = .Range("B" & lngStartRow).CurrentRegion.Columns.Count
20              If lngRowsCount > 1 Then
21                  .Range("B" & lngStartRow).Offset(1).Resize(lngRowsCount - 1).EntireRow.Delete
22              End If
23              .Range("B" & lngStartRow).Resize(1, lngColumnsCount).ClearContents
24
25              strFileName = DBPath & DBName
26              Set con = CreateObject("ADODB.Connection")
27              con.ConnectionString = "Provider=Microsoft.ACE.OLEDB.12.0;Data Source=" & strFileName
28              con.Open
29              Set Rs_Cnt = CreateObject("ADODB.Recordset")
30
31              strSql = "SELECT * "
32              strSql = strSql & "FROM db_Data "
33
34              strSearch = .Range("B4").Value
35              If Len(strSearch) > 0 Then
36                  strSql = strSql & "Where JournalNo = '" & strSearch & "' "
37                  lngConditionCount = lngConditionCount + 1
38              End If
39
40              strSearch = .Range("C4").Value
41              If Len(strSearch) > 0 Then
42                  If lngConditionCount = 0 Then
43                      strSql = strSql & "Where datDate >= '" & strSearch & "' "
44                  Else
45                      strSql = strSql & "AND datDate   >= '" & strSearch & "' "
46                  End If
47                  lngConditionCount = lngConditionCount + 1
48              End If
49
50              strSearch = .Range("D4").Value
51              If Len(strSearch) > 0 Then
52                  If lngConditionCount = 0 Then
53                      strSql = strSql & "Where datDate <= '" & strSearch & "' "
54                  Else
55                      strSql = strSql & "AND datDate   <= '" & strSearch & "' "
56                  End If
57                  lngConditionCount = lngConditionCount + 1
```

```
58              End If
59
60              strSearch = .Range("E4").Value
61              If Len(strSearch) > 0 Then
62                  If lngConditionCount = 0 Then
63                      strSql = strSql & "Where AcntCode = '" & strSearch & "' "
64                  Else
65                      strSql = strSql & "AND AcntCode   = '" & strSearch & "' "
66                  End If
67                  lngConditionCount = lngConditionCount + 1
68              End If
69
70              strSearch = .Range("F4").Value
71              If Len(strSearch) > 0 Then
72                  If lngConditionCount = 0 Then
73                      strSql = strSql & "Where CoCode = '" & strSearch & "' "
74                  Else
75                      strSql = strSql & "AND CoCode   = '" & strSearch & "' "
76                  End If
77                  lngConditionCount = lngConditionCount + 1
78              End If
79
80              With Rs_Cnt
81                  .ActiveConnection = con
82                  .CursorLocation = 3
83                  .CursorType = 3
84                  .LockType = 1
85                  .Open strSql
86              End With
87              lngRecordCount = Rs_Cnt.RecordCount
88              If lngRecordCount > 0 Then
89                  .Range("B" & lngStartRow).CopyFromRecordset Rs_Cnt
90                  If lngRecordCount >= 2 Then
91                      .Range("B" & lngStartRow).Resize(1, lngColumnsCount).Copy
92                      .Range("B" & lngStartRow).Resize(lngRecordCount, lngColumnsCount).PasteSpecial xlPasteFormats
93                      Application.CutCopyMode = False
94                  End If
95              Else
96                  MsgBox "검색된 데이터가 없습니다.", vbCritical
97              End If
98              .Range("B" & lngStartRow).Select
99          End With
100         con.Close
```

```
101          Set con = Nothing
102          Set Rs_Cnt = Nothing
103          Call app(True)
104          Exit Sub
105      Go_Err:
106          On Error Resume Next
107          con.Close
108          Set con = Nothing
109          On Error GoTo 0
110          Call errorSub
111      End Sub
```

13. 오류 발생하면 Go_Err 레이블로 이동합니다.
14. 화면 갱신 모드, 이벤트, 경고 해제와 수식 수동 모드로 설정하기 위해 프로시저를 호출합니다.
15. '전표조회' 시트를 With 문으로 지정합니다.
16. 데이터의 시작 행 번호를 변수에 할당합니다.
17. B열 기준으로 마지막 데이터가 있는 행 번호를 구하여 변수에 할당합니다.
18. 입력되어 있는 행의 개수를 구하여 변수에 할당합니다.
19. 열의 개수를 구하여 변수에 할당합니다.
20. 행의 개수가 1보다 크면 IF 문을 실행합니다.
21. 시작 행 다음 행부터 마지막 행까지 행을 삭제합니다.
23. 시작 행은 값만 지웁니다.
25. 액세스 파일의 생성 경로와 파일 이름을 변수에 할당합니다.
26. 'ADODB.Connection'의 오브젝트(Object)를 생성합니다.
27. 생성된 오브젝트의 연결 정보를 설정합니다.
28. 오브젝트를 열기합니다.
29. 'ADODB.Recordset'의 오브젝트(Object)를 생성합니다.
31.~78. 조건에 만족하는 전표를 조회하는 쿼리문을 작성합니다.
34. 전표번호 검색 조건을 변수에 할당합니다.
35. 검색 조건이 있으면 IF 문을 실행합니다.
36. Where 절을 추가합니다.
37. 검색 조건 개수를 증가시킵니다.
40. 시작일자 조건을 변수에 할당합니다.
41. 검색 조건이 있으면 IF 문 실행합니다.
42. 검색 조건 개수가 0이면 IF 문을 실행합니다.
43. 첫 번째 검색 조건이면 Where 절을 추가합니다.
44. 검색 조건 개수가 0이 아니면 Else 문을 실행합니다.
45. Where 절이 이미 추가되었으므로 AND 문을 추가합니다.

47. 검색 조건 개수가 증가합니다.
50.~58. 종료일자에 대한 구문을 추가합니다.
60.~68. 계정과목 코드에 대한 구문을 추가합니다.
70.~78. 거래처 코드에 대한 구문을 추가합니다.
80. Recordset 오브젝트를 With 문으로 지정합니다.
81. 커넥션을 지정합니다.
82. 커서를 지정합니다. (adUseClient)
83. 커서 타입을 지정합니다. (adOpenForwardOnly)
84. Look 타입을 지정합니다. (읽기만 가능)
85. 쿼리문을 실행합니다.
87. 검색된 레코드 개수를 변수에 할당합니다.
88. 검색된 레코드가 있으면 IF 문을 실행합니다.
89. 시작 셀에 검색된 레코드를 출력합니다.
90. 검색된 레코드 개수가 2건 이상이면 IF 문을 실행합니다.
91. 첫 번째 행을 복사합니다.
92. 검색된 레코드 개수의 범위에 서식만 붙여넣기합니다.
93. 복사 모드를 해제합니다.
95. 검색된 레코드가 없으면 Else 문을 실행합니다.
96. 메시지 박스를 출력합니다.
98. 시작 셀을 선택합니다.
100. 'ADODB.Connection'의 오브젝트(Object)를 닫기합니다.
101.~102. 개체를 초기화합니다.
103. 화면 갱신, 이벤트, 경고 모드, 수식 자동 모드로 전환합니다.
104. 프로시저를 종료합니다.
105. 오류 발생 시 이동할 레이블을 정의합니다.
106.~109. 오류가 발생한 경우 'ADODB.Connection'의 오브젝트(Object)를 닫기합니다.
110. 오류가 발생한 경우 'errorSub' 프로시저를 실행합니다.

시트에 있는 [검색] 버튼에서 마우스 오른쪽 버튼을 클릭하여 나타나는 빠른 메뉴 중 [매크로 지정]을 클릭하고 매크로 이름에 매크로(SearchJournal)를 지정합니다.

검색된 전표의 값 일부 또는 전부를 변경하고 [수정] 버튼을 클릭하여 값을 업데이트하는 코드는 다음과 같습니다.

```
1   Sub UpdateJournal()
2       Dim i                As Long
3       Dim lngStartRow      As Long
```

```
4           Dim lngLastRow           As Long
5           Dim lngDrAmt             As Long
6           Dim lngCrAmt             As Long
7           Dim strFileName          As String
8           Dim strSql               As String
9           Dim Rs_Cnt               As Object
10          Dim con                  As Object
11
12          On Error GoTo Go_Err
13          Call app(False)
14
15          With shtJournalSearch
16              lngStartRow = 9
17              lngLastRow = .Cells(Rows.Count, "B").End(xlUp).Row
18              If lngLastRow < lngStartRow Then
19                  MsgBox "입력할 데이터가 없습니다.", vbCritical
20                  Call app(True)
21                  Exit Sub
22              End If
23
24              For i = lngStartRow To lngLastRow
25                  Select Case .Range("E" & i).Value
26                      Case "차변"
27                          lngDrAmt = lngDrAmt + .Range("H" & i).Value
28                      Case "대변"
29                          lngCrAmt = lngCrAmt + .Range("H" & i).Value
30                  End Select
31              Next i
32              If lngDrAmt <> lngCrAmt Then
33                  MsgBox "차변 금액과 대변 금액의 합계가 일치하지 않습니다." & vbCr & _
34                         "다시 확인하시기 바랍니다.", vbCritical
35                  Call app(True)
36                  Exit Sub
37              End If
38              strFileName = DBPath & DBName '"C:\ex4mo\AccessDemo.accdb"
39              Set con = CreateObject("ADODB.Connection")
40              con.ConnectionString = "Provider=Microsoft.ACE.OLEDB.12.0;
    Data Source=" & strFileName
41              con.Open
42              Set Rs_Cnt = CreateObject("ADODB.Recordset")
43
44              For i = lngStartRow To lngLastRow
45                  strSql = "UPDATE db_Data "
```

```
46              strSql = strSql & "SET datDate = '" & .Range("D" & i).Value & "', "
47              strSql = strSql & "    Gubun    = '" & .Range("E" & i).Value & "', "
48              strSql = strSql & "    AcntCode = '" & .Range("F" & i).Value & "', "
49              strSql = strSql & "    CoCode   = '" & .Range("G" & i).Value & "', "
50              strSql = strSql & "    Amt      = "  & .Range("H" & i).Value & " , "
51              strSql = strSql & "    Comment  = '" & .Range("I" & i).Value & "' "
52              strSql = strSql & "Where JournalNo = '" & .Range("B" & i).Value & "' "
53              strSql = strSql & "  and sNo      = "  & .Range("C" & i).Value
54              con.Execute strSql
55          Next i
56      End With
57      MsgBox "작업이 완료되었습니다.", vbInformation
58      On Error Resume Next
59      con.Close
60      On Error GoTo 0
61      Set Rs_Cnt = Nothing
62      Set con = Nothing
63      Call app(True)
64      Exit Sub
65  Go_Err:
66      On Error Resume Next
67      con.Close
68      Set con = Nothing
69      On Error GoTo 0
70      Call errorSub
71  End Sub
```

12. 오류 발생하면 Go_Err 레이블로 이동합니다.
13. 화면 갱신 모드, 이벤트, 경고 해제와 수식 수동 모드로 설정하기 위해 프로시저를 호출합니다.
15. '전표조회' 시트를 With 문으로 지정합니다
16. 데이터의 시작 행 번호 변수에 할당합니다.
17. B열 기준으로 마지막 데이터가 있는 행 번호 구하여 변수에 할당합니다.
18. 마지막 행 번호가 시작 행보다 작으면 입력된 데이터가 없으므로 IF 문을 실행합니다.
19. 메시지 박스를 출력합니다.

20. 화면 갱신, 이벤트, 경고 모드, 수식 자동 모드로 전환합니다.
21. 프로시저를 종료합니다.
24.~31. 차변 금액의 합계와 대변 금액의 합계를 구하여 변수에 할당합니다.
32. 차변 금액의 합계와 대변 금액의 합계가 다르면 IF 문을 실행합니다.
33.~34. 메시지 박스를 출력합니다.
35. 화면 갱신, 이벤트, 경고 모드, 수식 자동 모드로 전환합니다.
36. 프로시저를 종료합니다.
38. 액세스 파일의 생성 경로와 파일 이름을 변수에 할당합니다.
39. 'ADODB.Connection'의 오브젝트(Object)를 생성합니다.
40. 생성된 오브젝트의 연결 정보를 설정합니다.
41. 오브젝트를 열기합니다.
42. 'ADODB.Recordset'의 오브젝트(Object)를 생성합니다.
44. 시작 행부터 마지막 행까지 순환하면서 데이터 DB에 업데이트합니다.
45.~53. 업데이트하는 쿼리문을 작성합니다.
54. 쿼리문을 실행합니다.
57. 작업 완료 메시지 박스를 출력합니다.
58.~60. 'ADODB.Connection'의 오브젝트(Object)를 닫기합니다.
61.~62. 개체를 초기화합니다.
63. 화면 갱신, 이벤트, 경고 모드, 수식 자동 모드로 전환합니다.
64. 프로시저를 종료합니다.
65. 오류 발생 시 이동할 레이블을 정의합니다.
66.~69. 오류가 발생한 경우 'ADODB.Connection'의 오브젝트(Object)를 닫기합니다.
70. 오류가 발생한 경우 'errorSub' 프로시저를 실행합니다.

시트에 있는 [수정] 버튼에서 마우스 오른쪽 버튼을 클릭하면 나타나는 빠른 메뉴 중 [매크로 지정]을 클릭하고 매크로 이름에서 매크로(UpdateJournal)를 선택합니다.

검색된 전표 중 삭제할 데이터를 선택하여 삭제하는 코드입니다. 삭제는 전표번호 단위로 삭제합니다.

```
1   Sub DeleteJournal()
2       Dim lngRow          As Long
3       Dim strFileName     As String
4       Dim strSql          As String
5       Dim rngDb           As Range
6       Dim rng             As Range
7       Dim con             As Object
8       On Error GoTo Go_Err
9       Set rngDb = Selection
```

```
10          If rngDb.Cells(1).Row < 9 Then
11              Exit Sub
12          End If
13          Call app(False)
14          strFileName = DBPath & DBName '"C:\ex4mo\AccessDemo.accdb"
15          Set con = CreateObject("ADODB.Connection")
16          con.ConnectionString = "Provider=Microsoft.ACE.OLEDB.12.0; Data Source=" & strFileName
17          con.Open
18          For Each rng In rngDb.Cells
19              If lngRow <> rng.Row Then
20                  lngRow = rng.Row
21                  strSql = "DELETE "
22                  strSql = strSql & "FROM db_Data "
23                  strSql = strSql & "Where JournalNo = '" & Range("B" & lngRow).Value & "'"
24                  con.Execute strSql
25              End If
26          Next rng
27          con.Close
28          Set con = Nothing
29          Call SearchJournal
30          MsgBox "작업이 완료되었습니다.", vbInformation
31          Set rngDb = Nothing
32          On Error Resume Next
33          con.Close
34          Set con = Nothing
35          On Error GoTo 0
36          Call app(True)
37          Exit Sub
38      Go_Err:
39          On Error Resume Next
40          con.Close
41          Set con = Nothing
42          On Error GoTo 0
43          Call errorSub
44      End Sub
```

08. 오류가 발생하면 Go_Err 레이블로 이동합니다.

09. 선택한 범위를 변수에 할당합니다.

10.~12. 선택한 첫 번째 셀의 행 번호가 9보다 작으면 종료합니다.

13. 화면 갱신 모드, 이벤트, 경고 해제와 수식 수동 모드로 설정하기 위해 프로시저를 호출합니다.

14. 액세스 파일의 생성 경로와 파일 이름을 변수에 할당합니다.

15. 'ADODB.Connection'의 오브젝트(Object)를 생성합니다.
16. 생성된 오브젝트의 연결 정보를 설정합니다.
17. 오브젝트를 열기합니다.
18. 선택한 범위를 순환하면서 전표 테이블의 해당 데이터를 삭제합니다.
19. 기준이 되는 변수(lngRow)와 행 번호가 같지 않으면 다른 행이므로 IF 문을 실행합니다. 여러 열을 선택한 경우에는 한번만 실행하기 위해 행 번호를 비교합니다.
20. 해당 행 번호를 변수에 할당합니다.
21.~23. 삭제 쿼리문을 작성합니다.
24. 쿼리문을 실행합니다.
27. 'ADODB.Connection'의 오브젝트(Object)를 닫기합니다.
28. 개체를 초기화합니다.
29. 검색하는 프로시저를 호출하여 삭제가 반영된 결과를 검색합니다.
30. 작업 완료 메시지 박스를 출력합니다.
31. 개체를 초기화합니다.
32.~35. 'ADODB.Connection'의 오브젝트(Object)를 닫기합니다.
36. 화면 갱신, 이벤트, 경고 모드, 수식 자동 모드로 전환합니다.
37. 프로시저를 종료합니다.
38. 오류 발생 시 이동할 레이블을 정의합니다.
39.~42. 오류가 발생한 경우 'ADODB.Connection'의 오브젝트(Object)를 닫기합니다.
43. 오류가 발생한 경우 'errorSub' 프로시저를 실행합니다.

시트에 있는 [삭제] 버튼에서 마우스 오른쪽 버튼을 클릭하여 나타나는 빠른 메뉴 중 [매크로 지정]을 클릭하고 매크로 이름에서 매크로(DeleteJournal)를 선택합니다.

워드 파일의 페이지 수 구하기

워드로 작성된 문서 파일이 여러 개 있을 경우 전체 페이지를 확인하려면 파일들을 열어서 체크해야 합니다. 이번 장에서는 워드 파일에 접근하여 페이지 수를 구하는 방법을 알아보겠습니다.

123 워드 파일의 페이지 수 구하기

워드 파일이 저장되어 있는 폴더를 선택하면 순환하면서 파일 이름과 페이지 수를 출력하는 코드는 다음과 같습니다.

```
Sub FileConsolidateDemo()
    Dim lngCnt          As Long
    Dim lngPages        As Long
    Dim lngSum          As Long
    Dim strPath         As String
    Dim strFileSpec     As String
    Dim strFileName     As String
    Dim strP            As String
    Dim lst()           As Variant
    Dim wdApp           As Word.Application
    Dim wdDoc           As Word.Document

    On Error GoTo Go_Err
    With Application.FileDialog(msoFileDialogFolderPicker)
        .Show
        If .SelectedItems.Count = 0 Then Exit Sub
        strPath = .SelectedItems.Item(1)
    End With
    strP = Application.PathSeparator
    strFileSpec = strPath & strP & "*.docx"
    strFileName = Dir(strFileSpec)
    If strFileName = "" Then
        MsgBox "해당하는 파일이 없습니다."
        Exit Sub
    End If

    Application.ScreenUpdating = False
    Set wdApp = New Word.Application
    With ActiveSheet
        .UsedRange.Clear
        lngCnt = 0
```

```
32              lngSum = 0
33
34              lngCnt = 1
35              ReDim Preserve lst(1 To 2, 1 To lngCnt)
36              lst(1, lngCnt) = "파일 이름"
37              lst(2, lngCnt) = "페이지 수"
38              Do While strFileName <> ""
39                  lngCnt = lngCnt + 1
40                  ReDim Preserve lst(1 To 2, 1 To lngCnt)
41                  Set wdDoc = wdApp.Documents.Open(strPath & strP &
    strFileName)
42                  lngPages = wdDoc.Range.Information(wdNumberOfPagesInDocument)
43                  lst(1, lngCnt) = strFileName
44                  lst(2, lngCnt) = lngPages
45                  lngSum = lngSum + lngPages
46
47                  wdDoc.Close False
48                  Set wdDoc = Nothing
49
50                  strFileName = Dir()
51              Loop
52
53              .Range("A1").Resize(lngCnt, 2).Value = Application.
    Transpose(lst)
54              Erase lst
55              .Range("C1").Value = " 총 페이지 수: " & lngSum
56              .Range("A2").Select
57              MsgBox "작업이 완료되었습니다.", vbInformation
58          End With
59
60          wdApp.Quit False
61          Set wdApp = Nothing
62
63          Application.ScreenUpdating = True
64      Exit Sub
65      Go_Err:
66          MsgBox "Error Code : " & Err.Number & "" & vbCr & vbCr & _
67              "Error Explanation : " & Err.Description, vbCritical
68          Application.ScreenUpdating = True
69      End Sub
```

13. 오류가 발생하면 Go_Err 레이블로 이동합니다.
14. Application.FileDialog 속성을 이용해 파일을 불러올 폴더를 지정합니다.
15. 대화상자가 나타납니다.

16. 폴더를 선택하지 않았다면 프로시저를 종료합니다.
17. 선택한 폴더 경로를 변수에 할당합니다.
19. 경로 구분 기호(\)를 변수에 할당합니다.
20. 선택한 폴더에 있는 파일 중 확장자를 docx로 제한합니다.
21. 첫 번째 파일 이름을 변수에 할당합니다.
22. 파일명이 공백(" ")이면 지정된 파일이 없는 경우이므로 IF 문을 실행합니다.
23. 메시지 박스를 출력합니다.
24. 프로시저를 종료합니다.
27. 화면 갱신 모드를 해제합니다.
28. 워드(Word) 개체를 생성하여 변수에 할당합니다.
29. 활성 시트를 With 문으로 사용합니다.
30. 기존에 입력되어 있는 데이터를 지웁니다.
31.~32. 변수를 0으로 초기화합니다.
34. 필드를 입력하기 위해 개수 변수에 1을 할당합니다.
35. 배열의 2차원 크기를 변경하여 선언합니다.
36.~37. 필드 이름을 변수에 할당합니다.
38.~51. 폴더를 순환합니다. (파일 이름이 공백(" ")이 아닌 경우)
39. 파일 개수를 1 증가시킵니다.
40. 배열의 2차원 크기를 변경하여 선언합니다.
41. 워드 파일을 열어 변수에 할당합니다.
42. 워드의 Range.Information 속성을 이용해 페이지 수를 변수에 할당합니다.
43. 파일 이름을 변수에 할당합니다.
44. 페이지 수를 변수에 할당합니다.
45. 총 페이지를 구하기 위해 합계 변수에 페이지 수를 누적합니다.
47. 열기한 파일을 저장하지 않고 닫기합니다.
48. 개체를 초기화합니다.
50. Dir 함수를 이용해 다음 파일 이름을 구하여 변수에 할당합니다.
53. 배열값을 행/열 변환하여 A1셀에 입력합니다.
54. 배열 요소를 초기화하고 저장 공간을 해제합니다.
55. 총 페이지 수를 C1셀에 입력합니다.
56. A2셀을 선택합니다.
57. 작업 완료 메시지를 출력합니다.
60. 워드 파일을 저장하지 않고 워드(Word) 개체를 종료합니다.
61. 워드(Word) 개체를 초기화합니다.
63. 화면 갱신 모드로 전환합니다.
64. 프로시저를 종료합니다.
65. 오류 발생 시 이동할 레이블을 정의합니다.

66. 오류 번호와 오류와 관련된 문자열을 메시지로 출력합니다.
68. 화면 갱신 모드로 전환합니다.

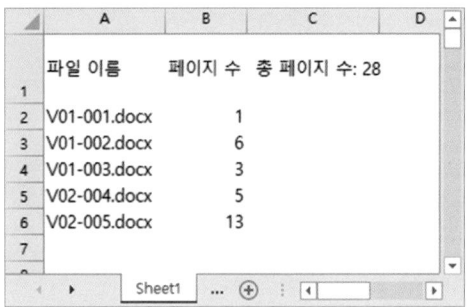

워드(Word)의 *Range.Information* 속성의 구문과 매개 변수는 다음과 같습니다.

expression.Information(Type)

이름	필수/선택	데이터 형식	설명
Type	필수	WdInformation	정보 형식입니다.

*WdInformation*의 종류는 다음과 같습니다.

이름	값	설명
wdActiveEndAdjustedPageNumber	1	지정된 선택 영역이나 범위의 끝을 포함하는 페이지 번호를 반환합니다.
wdActiveEndPageNumber	3	지정된 선택 영역이나 범위의 끝을 포함하며, 문서의 처음부터 계산한 페이지 번호를 반환합니다.
wdActiveEndSectionNumber	2	지정된 선택 영역이나 범위의 끝을 포함하는 구역 번호를 반환합니다.
wdAtEndOfRowMarker	31	지정된 선택 영역이나 범위가 표의 행 끝 표시에 있으면 **True**를 반환합니다.
wdCapsLock	21	Caps Lock 키가 설정되어 있으면 **True**를 반환합니다.
wdEndOfRangeColumnNumber	17	지정된 선택 영역이나 범위의 끝을 포함하는 표의 열 번호를 반환합니다.
wdEndOfRangeRowNumber	14	지정된 선택 영역이나 범위의 끝을 포함하는 표의 행 번호를 반환합니다.
wdFirstCharacterColumnNumber	9	지정된 선택 영역이나 범위에 있는 첫 문자의 위치를 반환합니다.
wdFirstCharacterLineNumber	10	지정된 선택 영역이나 범위에 있는 첫 문자의 위치를 반환합니다.
wdFrameIsSelected	11	선택 영역이나 범위가 프레임 또는 텍스트 상자 전체이면 **True**를 반환합니다.

이름	값	설명
wdHeaderFooterType	33	지정된 선택 영역이나 범위를 포함하는 머리글 또는 바닥글의 유형을 나타내는 값을 반환합니다.
wdHorizontalPositionRelativeToPage	5	지정된 선택 영역이나 범위의 가로 위치를 반환합니다.
wdHorizontalPositionRelativeToTextBoundary	7	지정된 선택 영역이나 범위의 가로 위치를 가장 가까운 텍스트의 왼쪽 가장자리를 기준으로 포인트 단위(1포인트 = 20트윕, 72포인트 = 1인치)로 반환합니다.
wdInClipboard	38	Microsoft Office Macintosh Edition에 포함된 언어 참조 도움말을 참고합니다.
wdInCommentPane	26	지정된 선택 영역이나 범위가 메모 창에 있으면 True를 반환합니다.
wdInEndnote	36	지정된 선택 영역이나 범위가 인쇄 모양 보기의 미주 영역이나 기본 보기의 미주 창에 있으면 True를 반환합니다.
wdInFootnote	35	지정된 선택 영역이나 범위가 인쇄 모양 보기의 각주 영역이나 기본 보기의 각주 창에 있으면 True를 반환합니다.
wdInFootnoteEndnotePane	25	지정된 선택 영역이나 범위가 기본 보기의 각주 또는 미주 창이나 인쇄 모양 보기의 각주 또는 미주 영역에 있으면 True를 반환합니다.
wdInHeaderFooter	28	선택 영역이나 범위가 머리글이나 바닥글 창 또는 인쇄 모양 보기의 머리글이나 바닥글에 있으면 True를 반환합니다.
wdInMasterDocument	34	선택 영역이나 범위가 하위 문서를 하나 이상 포함하는 마스터 문서에 있으면 True를 반환합니다.
wdInWordMail	37	선택 영역이나 범위가 머리글이나 바닥글 창 또는 인쇄 모양 보기의 머리글이나 바닥글에 있으면 True를 반환합니다.
wdMaximumNumberOfColumns	18	선택 영역이나 범위에 있는 행에서 가장 큰 표의 열 번호를 반환합니다.
wdMaximumNumberOfRows	15	지정된 선택 영역이나 범위에 있는 표에서 가장 큰의 표 행 번호를 반환합니다.
wdNumberOfPagesInDocument	4	선택 영역이나 범위와 관련된 문서의 페이지 수를 반환합니다.
wdNumLock	22	Num Lock 키가 설정되어 있으면 True를 반환합니다.
wdOverType	23	겹쳐쓰기 모드가 설정되어 있으면 True를 반환합니다.
wdReferenceOfType	32	비고 섹션의 표와 같이 각주, 미주, 메모 참조에 대한 선택 영역의 위치를 나타내는 값을 반환합니다.
wdRevisionMarking	24	변경 내용 추적이 설정되어 있으면 True를 반환합니다.
wdSelectionMode	20	다음 표와 같이 현재 선택 모드를 나타내는 값을 반환합니다.

wdStartOfRangeColumnNumber	16	선택 영역이나 범위의 시작 부분을 포함하는 표의 열 번호를 반환합니다.
wdStartOfRangeRowNumber	13	선택 영역이나 범위의 시작 부분을 포함하는 표의 행 번호를 반환합니다.
wdVerticalPositionRelativeToPage	6	선택 영역이나 범위의 세로 위치를 반환합니다.
wdVerticalPositionRelativeToTextBoundary	8	지정된 선택 영역이나 범위의 세로 위치를 가장 가까운 텍스트 위쪽 가장자리를 기준으로 포인트 단위(1포인트 = 20트윕, 72포인트 = 1인치)로 반환합니다.
wdWithInTable	12	선택 영역이 표에 있으면 True를 반환합니다.
wdZoomPercentage	19	Percentage 속성으로 설정된 현재 배율의 백분율을 반환합니다.